心身关系问题研究

费多益 著

2018年·北京

图书在版编目（CIP）数据

心身关系问题研究 / 费多益著. — 北京：商务印书馆，2018
ISBN 978-7-100-16592-1

Ⅰ. ①心… Ⅱ. ①费… Ⅲ. ①身心问题－研究 Ⅳ. ①B842.1

中国版本图书馆CIP数据核字（2018）第203686号

权利保留，侵权必究。

心身关系问题研究
费多益 著

商务印书馆出版
（北京王府井大街36号　邮政编码100710）
商务印书馆发行
三河市尚艺印装有限公司印刷
ISBN 978－7－100－16592－1

2018年10月第1版　　开本 640×960　1/16
2018年10月第1次印刷　印张 29 3/4

定价：92.00元

本书受国家社会科学基金重点项目"心身关系的哲学研究"
（批准号：13AZX008）资助

序　言

笛卡尔在他的第二沉思里，为二元论提出了这样的论证：（1）我无法怀疑我作为一个正在思考的心灵而存在；（2）我可以怀疑我的身体的存在；（3）我的心灵和我的身体不是同一个东西。① 他认为构成世界的是两种实体：物质实体和心灵实体。而在他看来，实体就是那些被别的东西作为主体而直接寓于其中的东西，即：它不依靠别的东西，它是其自身的原因。笛卡尔特别强调，心身这两个实体是完全独立的，且它们都具有实在性。

笛卡尔的论断与我们的常识非常一致。根据人们对世界的科学理解，我们能够解释自身存在的唯一方式是承认一切事物都是物质的。我们具有身体，但我们的身体至少在以下意义上不同于我们自己：当自己的身体发生了一系列戏剧性的变化之后，我们仍然可以存在——每人具有心灵，并且就此而言，他可以谈论自己心灵的变化。同时，尽管心灵实体与物质实体完全不同，但是它们

---

① 笛卡尔：《第一哲学沉思集》，庞景仁译，商务印书馆1986年版，第22—32页。

之间可以相互作用。每个心灵实体都与某个特定的物质实体有着极其密切的关联。你的身体会对你的计划和决定做出反应,你的心灵可以在感觉经验中接受你身体的信号,并从中获得关于你的身体状态和外在于你身体的世界状态的知识。这个世界只有通过你的感官才能作用于你的心灵。

事实上,对于"心"的探讨古已有之,在古希腊哲学中它们呈现为关于灵魂的各种说法。到了近代,这种讨论渐渐演变为对于心灵的探究。一方面,"灵魂"这个字眼已经与宗教紧密地联结,而哲学并非致力于此。另一方面,笛卡尔的心物二元论提出,物理实体的本质是空间中的广延,但心灵作为一个思维实体却没有广延,心灵实体的本质在于思考;他坚持我们的心灵不是我们的脑,心灵缺乏空间位置,并且在我们死后或身体消灭后仍然存在。将心灵的概念与思考活动、意识现象联系在一起,这与古代民族或中世纪神学宗教的灵魂概念区别开来,也开启了心身关系的哲学争论[①],构成了近现代心身问题讨论的焦点。

在二元论的论述中,有的哲学家拒绝接受心物互动的可能性,以莱布尼茨为代表的平行论者认为,心灵与物理领域平行地各行其是,某类心灵现象会与某类物理现象一起发生,但是它们彼此之间却绝无因果互动的关系。这派学说主要是为了辩护与解释:上帝才是实体种种变化的原因,物理实体与心灵实体分别而各自存在着

---

① Gary Hatfield, "Psychology in Philosophy: Historical Perspectives", in Sara Heinämaa and Martina Reuter eds., *Psychology and Philosophy: Inquiries into the Soul from Late Scholasticism to Contemporary Thought*, Springer, 2009, pp.1-25.

与上帝的联系。显然,二元论的平行论依赖于模糊且极有争议的神学假设,其学说已经被人抛弃。另一种观点是二元论的单向论,即主张只有物理状态单向地导致心灵状态,而心灵状态却不能导致任何结果。这一主张面临的问题在于:如何解释我们是有意向性的行动者?如果我们的意识倾向引发不了我们的身体行动,难道我们的行动主体感只是一个幻觉?总体看来,在二元论的说法中,互动论的观点是比较主流的。

然而,互动的二元论又明显违背了我们关于物质世界因果封闭的信念。关于世界在原因上自给自足的承诺已经得到了现代科学的支持,但假如心灵实体可以在物理世界中产生作用,那就意味着物质世界在原因上并不是自足的。而且,即便假定心灵实体除了具有心理特征之外,也可以具有某些物理特征,这样的困难依然不可避免。如果世界只存在着两类实体——物理的与心灵的,那么我们如何界定它们?如何在坚持心物二元论的前提下,保持物理实体与心灵实体彼此之间的协调一致?

普遍的看法是,笛卡尔的因果原则是根据相似性条件来理解的,这个条件解释了有限的原因(相对于上帝)是如何有助于它们相互影响的。一些学者对这种常见的观点提出质疑,并且提供了对笛卡尔的因果观的独特解读,这在解决笛卡尔是否用偶因或因果关系的术语思考身心关系以及笛卡尔究竟是否把感官思想视作天生或由身体造成的方面,无疑具有新意和优势。[①]

[①] Raffaella De Rosaa, "Descartes' Causal Principle and the Case of Body-to-Mind Causation", *Canadian Journal of Philosophy*, 2013, 43(4), pp. 438-459.

无论如何，心身关系问题引起了严重的形而上学困难。一方面，二元论（无论以何种形式出现）使意识的地位和意识的存在完全成为神秘的东西。我们如何设想意识同物理世界之间的任何种类的因果相互作用？由于设定了一个独立的精神领域，二元论不可能解释这个精神领域是怎样与我们生活在其中的那个物质世界相关的。另一方面，物理主义则宣称，实际上并不存在诸如第一人称的、主观的本体论的意识那样的东西，这最终否定了意识的存在，从而也否定了产生这个问题的现象的存在。[①] 那么出路何在呢？

就心智和大脑的关系而言，大多数现代心理学家已基本达成共识。我们对世界形成感知依赖于物理刺激作用于我们身体的方式，并最终激活我们的思维、感觉、意识。反过来，我们的思维和欲望又明确地支配我们的身体，影响我们的行为。但是大脑和心智之间紧密的关系却成为一个引起诸多争论的议题：像大脑这样的物理客体怎能支配像心智这样看不见摸不着的实体呢？

心身问题的核心在于：一个身体系统如何能够产生有意识的经验？我们可以把身体和意识经验之间的联系分解为两个部分：身体和心理之间的联系，以及心理和"现象的心灵"之间的联系。关于身体系统如何会有心理的性质，有学者提出了不错的想法，按照这样的途径，心理的身心问题已经得到了解决。余下的问题就是，这些心理的性质为什么以及如何被现象的性质所伴随，例如为什么

---

① Daniel E. Flage, "Descartes and the Real Distinction Between Mind and Body", *Review of Metaphysics*, 2014, 68(1), pp. 93-106.

所有的关于疼痛的刺激和反应都伴有疼痛的经验。当前的身体解释让我们远离心理的心灵,而难以理解的恰恰是心理的心灵和现象的心灵之间的联系。①

心身关系研究中的终极目标,是要理解心身这两类完全相异的事物为什么以及如何竟会相互作用,或意识如何从自然界产生出来。但是,在着手解决这个问题之前,有一个基础任务需要首先得到解决:心身关系至少必须先以一种基本的形式得到陈述。而要以基本的形式陈述心身关系,又存在着极大的障碍:我们必须将它还原为最低级的关系,并且要知道哪个心理事实和哪个大脑事实是直接并列的;必须找到其存在直接依赖于大脑事实的最小心理事实,同时还必须找到具有心理对应物的最小大脑事实。在如此找到的心理和物理的最小东西之间,将会有一种直接的关系,对这种关系的表述(如果它存在)所揭示的,应当是基本的心理—物理法则。

但是即便在我们将整个大脑过程当作其物质方面的最小事实时,这个方案也遇到了几乎同样的麻烦。首先是类推(即在整个大脑过程的组成和思想对象的组成之间的类推)上的困难。整个大脑过程由部分组成,由在视觉、听觉、触觉和其他中枢中同时进行的过程组成。思想的对象也由部分组成,其中的一些为我们所看见,另一些为我们所听见,其他的则通过触摸和肌肉的运作而为我们所感知。那么,思想自身为什么不是由诸多部分组成,思想的每一部分为什么不是对象的某一部分和大脑过程的某一部分的

---

① 大卫·查默斯:《有意识的心灵——一种基础理论研究》,朱建平译,中国人民大学出版社 2013 年版,第 39 页。

对应物呢?① 其次，也是更为棘手的是，大脑过程不仅是物理事实，而且是许多物理事实对于一个旁观的心灵的显现，同时还是我们用来称呼无数在特定位置上排列着的分子用以影响我们感官的方式的名称。如果存在一条基本的心理—物理法则，我们似乎就又完全回到了某种类似心灵要素的理论，因为作为"大脑"元素的分子事实，看上去自然应当不是与整个思想相对应，而是与思想中的元素相对应。

这些问题之所以几百年来没有得出答案，是因为它们不能单独由神经科学或脑科学来回答，可是 20 世纪哪一位哲学家还能像他们的前辈培根、笛卡尔、莱布尼茨那样身兼科学大师和哲学大师的双重身份呢? 我们看到的状况是这样的:科学家无暇顾及大脑机制以外的问题，而哲学家又只能在这个庞然大物的外围徘徊。当然，近二十年越来越多的情形表明:科学家对哲学问题发生了兴趣，而哲学家在积极地同科学家对话与合作。当代心身关系的哲学研究拂去了千年的神秘、虚构和讹误，以科学、逻辑、语义分析和思想实验为利器，试图通过问题转换、概念更新、方法的多元化、手段的精致化来寻求答案。一方面是旧理论的解构或变革，一方面是理论内部之间的碰撞、较量、吸纳和重构。

本书汇集了笔者十几年来对心灵哲学问题的思考，并力求将心身关系的许多领域从本体论、认识论与知识论、价值论方面加以集成与总结。在跟踪研究的基础上，笔者对于已经刊发的心得不

---

① 威廉·詹姆斯:《心理学原理》，田平译，中国城市出版社 2010 年版，第 114 页。

断予以修正和改进，选取了当代研究较多、属于前沿和焦点的一些问题。它们分别是：感受质、他心感知、个人同一性、自由意志、进化认知、情感推理，等等。

时间是判断学术著作生命力的良好尺度；但立足"当代"，却与这一时间判断标尺不无冲突。笔者试图兼顾两者，在其中寻找某种平衡：既要反映该领域的最新研究进展，又意欲对未来的探讨具有前瞻性和启示性意义。尽管如此，本书当然无法将心身关系领域的所有重要问题、概念及学说一一触及，在行家眼中，也许这本书说得太少了。书中涉及的深层理论问题还有许多，希望它们把我们带向心身关系背后的理性思考，使我们从一般的泛泛而谈进入涉及实质的形上探讨。

能够完成这本书，我必须感谢那些对我在心灵哲学领域进行长达十五年探索产生过重大影响的人。我要向那些在我学术成长中给予我扶助和贡献的师长、朋友和同事表示深深的谢意！在此成书之际，我尤其感谢高新民教授的耐心指点和大力支持，感谢出版方领导的慷慨和诚恳，感谢责任编辑李强先生和王璐女士一丝不苟的辛勤劳作。

拙稿虽经几次修改，但仍存在许多不足之处；笔者的目的在于抛出一块引玉的砖石，恳请学界同仁和广大读者不吝批评与指正。我将以这本书作为一个开始，期待有更多更好的作品出现。

费多益

2018 年 9 月

目 录

本体论
- 笛卡尔的遗产 ...3
  - 一、笛卡尔的挑战 ...4
  - 二、机械论对后世的统治 ...9
  - 三、活力论：摆脱"笛卡尔羁绊" ...14
  - 四、"存在巨链"与持续的心身之谜 ...20
- 感受质：纷争中的焦点 ...26
  - 一、意识经验中的时间倒置 ...28
  - 二、决定论与因果性 ...31
  - 三、感受质的本体论问题 ...37
  - 四、"私人性"的非还原物理解释 ...41
- 意识何以成为"有意识的"？ ...45
  - 一、理论主张与核心原则 ...45
  - 二、理论启示与证据支持 ...49
  - 三、质疑、辩驳与回应 ...53
  - 四、可行的进路 ...57
- 从"无身之心"到"寓心于身" ...65
  - 一、身体、社会象征与价值符号 ...66

二、身体、世界与嵌入心灵 ...71
　　三、诉诸"体验的心灵" ...76
　　四、生态效度与心灵衍化 ...82
　　五、身体意象、负载幻象与自我认同 ...86

寓身性进路：一种可能的方案？ ...92
　　一、寓身认知的理论主张与循证研究 ...93
　　二、感受质与寓身性 ...99
　　三、他心沟通与主体间性 ...105
　　四、心灵实在与身体实在 ...108

心身难题的概念羁绊 ...113
　　一、心身概念的不可通约 ...114
　　二、作为互换视角的"心"与"身" ...122
　　三、心身连续 ...126

实在的两种秩序 ...131
　　一、心身问题的形而上学 ...132
　　二、作为内在性存在的身体与生命 ...136
　　三、心身关系与两种实在 ...143

认识论与知识论

他心感知如何可能？ ...151
　　一、模仿：联结他人与自我 ...151
　　二、经验的直接投射 ...156
　　三、因果性考察 ...161
　　四、知识论特征 ...167

个人同一性 ...173

一、还原论立场 ...173

二、实在论批判 ...175

三、记忆作为历史"剧场" ...180

四、心理标准 ...185

五、物理标准 ...188

六、"非人称"与连续性 ...192

七、持续的多元重构 ...196

情感增强的个人同一性之争 ...201

一、自我认同中的情感标准 ...202

二、真实自我的叙事性与感受质 ...205

三、自我的客体化 ...210

四、选择的潜能与选择的独立性 ...214

同中之异：心智的表观遗传视角 ...219

一、表观遗传：创造性地适应 ...219

二、心智的表观遗传 ...225

三、"心智遗传"的误读与澄清 ...230

四、因果性分析 ...233

先验认知结构从何而来？ ...237

一、认知装置的心理起源 ...237

二、适应性与领域特殊性 ...243

三、超越自然选择与先天模块 ...246

意志自由的心灵根基 ...251

一、自由意志"判决性实验"及其纷争 ...251

二、自由意志的本质性规定 ...257

三、行为启动模式中的无意识 ...264
　　　四、作为阐释机制的意识 ...269
　　　五、意志自由：文明的阶梯 ...275
知识的确证与心灵的限度 ...282
　　　一、内在论的困境与信念范围的不可及性 ...282
　　　二、外在论的困境与知觉的非自明性 ...287
　　　三、知觉与知觉信念 ...292
　　　四、依赖于模型的经验自我校正 ...296
知识的信念假设 ...302
　　　一、基础信念的倒退 ...303
　　　二、信念辩护的取代 ...306
　　　三、内在状态的可直接访问性 ...311
　　　四、蕴藏于"知"的信念 ...314
知识的精神分析 ...319
　　　一、客观性何以能够"精神分析"？...320
　　　二、精神分析如何净化与升华？...326
　　　三、为何最终走向"去精神分析化"？...333

价值论

意义的来源 ...341
　　　一、作为内部进程的意义与意义的公共性维度 ...341
　　　二、意向网络与惯例 ...348
　　　三、复合意义与内在论的精致化 ...351
话语心智 ...358
　　　一、语言作为"世界经验" ...358

二、话语作为心理本体 ...364

三、认知研究的隐喻描述 ...369

情感依赖的理性与推理 ...376

一、情感在何种意义上是理性的 ...377

二、理性选择:"满意"而非最优 ...382

三、情感影响推理的神经基础与进化解释 ...386

四、情感影响推理的可能机制 ...391

五、情感:一种内化的行动 ...397

情绪的因果性探析 ...405

一、情绪的感受质 ...405

二、情绪与行为 ...411

三、情绪的意向性 ...416

四、情绪的评价性 ...420

情绪的内在经验与情境重构 ...424

一、情绪作为一种认知评价 ...424

二、非认知情绪与现象学考察 ...428

三、无意识层面与情绪的自主性 ...435

四、情绪与典范场景 ...439

情绪的社会形塑 ...444

一、情绪的建构主义主张 ...444

二、价值的内化与约定 ...449

三、范式转换与情绪的再建构 ...453

本 体 论

笛卡尔的遗产

> 他像一个巨人似的跨越这狭隘的世界：我们这些渺小的凡人一个个在他粗大的双腿下行走。
>
> ——《裘力斯·凯撒》，第一幕第二场

心灵哲学家的处境就像《裘力斯·凯撒》剧中的凯歇斯一样，因为要进入该领域，除了在笛卡尔的双腿下行走，别无他途①，甚至那些因找到一种完全不同的道路而不再称颂笛卡尔卓越成就的人，也莫不如此。笛卡尔随后的各派各支，无论是二元论者，还是唯物主义者，无论是内省主义者、行为主义者，还是计算主义者或者认知主义者，甚至那些宣称"笛卡尔终结"的人，都以某种方式回应了笛卡尔哲学。今天翻开任何一本心灵哲学的著作，我们都会发现，它们在开篇不能不提及笛卡尔——笛卡尔的思想是后世

---

① Stuart G. Shanker, "Descartes's Legacy: The Mechanist / Vitalist Debates", in Stuart G. Shanker ed., *Routledge History of Philosophy*, vol.9, *Philosophy of Science, Logic and Mathematics in the Twentieth Century*, Routledge, 1996, p.315.

心灵哲学发展的出发点。笛卡尔为他的追随者们提供了一个完整的机械论体系，他对"存在巨链"的攻击引发了长达四百多年的争论，从而留给后继者两种可能性——机械论与活力论，近代以来关于生命的形上观念基本上是沿着这两条道路前进的。

一、笛卡尔的挑战

亚里士多德曾说过，"人生来就是一种政治动物"；塞涅卡也说，"人是一种理性动物"。他们都将重点放在"动物"上——把人降低为一个动物物种。笛卡尔放弃了对统治了中世纪和文艺复兴时期的亚里士多德思想的盲目崇拜，决心通过阅读"世界这本活生生的书"而不是追随经典来继续他的研究，他只接受那些他自己能够看得清楚分明的思想，用他自己的心灵之眼。他抛弃了"存在巨链"（the great chain of being）的传统信条。他坚持认为，人和动物之间存在一种断裂，其间无法由任何缺失的链环填充。尽管身体可以是一架机器，但人具有推理，说一种语言，能够指导自己的行为并且意识到自己的认知能力，所以人绝不是动物。《谈谈方法》中没有暗示上述特征可以分为等级。相反，与古人的宇宙不同，笛卡尔的宇宙是二分的，其中心不是地球，也不是太阳，而是个体的心灵，心灵对周围的世界做出回应。

笛卡尔的论断代表了用理性和自我责任来战胜权威的诉求，正是这一点使得《谈谈方法》成为一篇革命性的文本，它的内容和写作风格都标志着摆脱传统的根本性突破。《谈谈方法》是一本极其大胆的著作，之所以说"大胆"，不仅是因为它给我们提供了分析笛卡尔关于心灵看法的重要基础，更是因为书中第五部分末尾的论证具有真正的革命性的影响。这一论证所发出的冲击波，其影响之大即便没有超过"我思故我在"，也至少可以与它相提并论，因为"存在巨链"是西方思想家长期以来笃信的教条。

对"存在巨链"的攻击引发了机械论与活力论之间的争论。为"存在巨链"进行辩护可以从两方面着手：要么表明动物的行为有多么聪明，要么表明人类的行为是多么机械。于是就出现了两种连续统图景：活力论或机械论。机械论者认为，生命现象完全能用那些控制着非生命世界的物理、化学规律来解释。活力论者则主张，生命的真正实体是"灵魂"或者"活力"，机体是为了灵魂和依靠灵魂而存在的，而灵魂则不是能够用严格的科学术语来理解的；存在着一种力和一系列无机界中不存在的性质，正是它使有机体具有了生命的特性。按照活力论的观点，生命系统所具备的自我修复或生殖特性，是由"活力"产生的。机械论者和活力论者之间的争论常常十分激烈，前者通过避开对意识的诉求把人简单等同于兽类，后者试图通过感觉的连续统来模糊化人与高级动物之间的界限。最具讽刺意味的是，双方都声称笛卡尔是他们的精神导师。

关于机器，人们对此有两个明显不同却又相互依赖的定义：一方面，机器，不论其是简单的还是复杂的，都是用来完成某项特殊工作的机械装置；另一方面，机器是指一个相互关联的各部分的组合，这一组合机械地完成它的预定的操作，也就是说，在此过程中，没有偶然的干预或仅通过自觉或不自觉的行为来维持调控。对生命机体来说，机器的首要意义必须在该术语的多种解释所限制的范围内才有意义。从这个定义出发，我们才可观察不可再缩小的生命力量，才可谈论维持生命所必需的力。机器的第二个定义是以否认心理学层面的作用，或者从更普遍的意义上讲，以否认生物学层面的作用为基础的。正是这种机器定义以其激进的形式重新燃起了是否真的存在动物机器的长期争论。与这一争论相关并且作为其最初的部分假设的，是诸如动物和人之间的关系以及人本身的界定等重要问题。

笛卡尔的作品是这一争论的发端。笛卡尔对科学有如此广泛深远的影响，以至许多与牛顿同时代的人物都把自己看作是他的门徒。他的著作《论人》和《论胎儿的形成》，纯粹从机械学的角度来解释身体的运作情况，"把人的肉体看成是由骨骼、神经、筋肉、血管、血液和皮肤组成的一架机器"[①]，从而把人解释为一部遵循物理定律而活动的机器。笛卡尔偏爱柏拉图的抽象的数学世界，而不喜欢哈维和桑克托留斯的定量方法。为了可以不受自然的复杂性（甚至于反常性）的阻碍，他选择了从普遍怀疑开始、以推理和直观为内容的方法作为接近真理的途径。这一时期的生理学历史进程被拉向机械论的轨道，可以说，主要是源自笛卡尔著述所起的作用。他虽然从来没有做过解剖分析，哪怕仅仅是为了坚持自己的先入之见，然而他却向其追随者们提供了一个完整的机械论体系。

---

① 笛卡尔：《第一哲学沉思集》，庞景仁译，商务印书馆1986年版，第88页。

在《谈谈方法》的第五部分里，笛卡尔以十分欣赏的口吻提到了哈维，并将他的血液循环论视为新科学的典范。哈维经过艰辛的观察和研究，发现血液通过心脏和一定的血管通道不断地循环流动着。心脏的搏动把血液压进肺动脉，使它流入肺脏，然后又通过肺静脉回到心脏，再通过大动脉流到全身，最后又通过大静脉回到心脏。血液在动物活着的时候循环不已，一旦停止，动物就会死亡。笛卡尔认为，这正好说明了生命就在于血液的机械运动，完全符合机械原理，同几何学一样清楚明白，无可置疑。

他所预设的一些前提甚至成为对后继进展的光辉预见。机械论深入到生物学各个领域，所有的生理功能都可以像石头、流水、狂风一样被解释为力学式运动以及由心脏所产生的热的运动。于是，盖仑的"三元气"学说被另一学说取代了，只有"动物元气"（animal spirit）保留下来，并转变为脑和神经中的"液体"。按照笛卡尔的解释，甚至人体本身也只是另外一种"尘世间的机器"——一台由血、肉、骨头组成的机器，我们可以解剖它，从而认识它的运动规律，也可以在它出现故障时修理它，使之恢复健康。

笛卡尔甚至用机械术语来解释回忆和情感。人的观念被看作动物元气在离开松果腺时所获得的印迹，"意志把元气推向大脑的各个不同的区域，直到它们与那个我们想要回忆的事物遗留下来的印迹所在的区域相遇为止"。记忆，似乎是一种生理性记录，它就像永久性的印记一样，被印在了神经纤维上。既然人是灵魂和肉体的结合物，那么，情感在灵魂中以及在身体这部机器中就都应该能被体验到。例如，灵魂中体验到的快乐，在身体中也有相应的部位——那儿的血液较其他部位的血液更加精细，在心脏中扩张，并且更容易兴奋。①

如果以精确的解剖学和生理学知识来判断，可以看出，笛卡尔在其论述中的确混入了不少想象。关于神经系统的解释，笛卡尔将各种各样的成分和活动纳入了一个实际上并不存在的系统内。其中，一个主要的问题是解释理性的元气和人体如何相互影响和作用。依照笛卡尔的说法，松果腺是灵魂的所在地，并且也是非物质的灵魂和肉体机器之间相互作用的唯一场所。动物元气沿着神经流动，好像一股非常精细的风，更像一团非常纯净、非常活跃的火，不断地、大量地从心脏向大脑上升，并从神经流到肌肉，然后由肌肉引起四肢运动。②那一时代的他不知道氧化作用，更不懂红血球以及小循环与大循环的关系，当然也就无法了解生理机制，但他的学说却得到了人们的广泛理解、效仿和信任。他向科学家们挑战，要求用与对待所有其他学科问题相同的方式来处理人类肉体和精神这两方面的问题。斯坦诺（Stano）称笛卡尔为第一个"敢于以一种机械方式来解释人类全部功能，特别是脑的功能"的人。③

不过，肉体这部机器不同于动物自动机，它被赋予了灵魂——居住于人体内，并控制着人体的"理性灵魂"。人会思想，

---

① 笛卡尔：《论灵魂的激情》，贾江鸿译，商务印书馆 2013 年版，第 33—34、81 页。
② 笛卡尔：《谈谈方法》，王太庆译，商务印书馆 2000 年版，第 43 页。
③ 参见洛伊斯·N. 玛格纳：《生命科学史》，李难等译，百花文艺出版社 2001 年版，第 412 页。

具有激情和意志;"理性灵魂"扮演着思维、意志力、意识、记忆、想象和理性的代理者的角色,它不仅起到这些功能之间媒介的作用,而且将人与他的创造者联系了起来,因而它是唯一免受纯粹的机械解释的实体。灵魂指挥了人的一切行动,所以人不是机器,这是笛卡尔机械唯物论的最后极限。

二、机械论对后世的统治

18、19世纪,关于笛卡尔身体理论的争论占据着生命科学。争论的焦点是笛卡尔的以下论断,即:"相信心灵会传递给身体以运动和热量是错误的。"[①] 19世纪中叶,机械论者成功地建立了热理论,他们把注意力转移到笛卡尔对反射性行为的描述上,并由此转向心理学,因为笛卡尔对"存在巨链"的攻击,正是以他对行动与反应所做的根本区分为基础的。像其他许多思想体系一样,笛卡尔的思想体系也是以异说为开端,以教条而终止。即便如此,机械论的方法还是指导了很多比起笛卡尔来更倾向于实验的科学家。机械论的含义随着生命科学研究的开展和新发现的获得而不断发生变化,这一概念在19世纪末甚至被"机制"所取代。有趣的是,到了20世纪后半叶,人们在从分子水平对很多生命现象进行分析时,又向机械论提出了新的要求。

阐明身体与灵魂间关系的确切本质,给许多信奉笛卡尔主义的

---

① 笛卡尔:《论灵魂的激情》,贾江鸿译,商务印书馆2013年版,第5页。

形而上学者提供了发人深思的材料。然而，并不是所有生理学家都能接受笛卡尔严格的二元论。他们提出的批评和解决办法，包含着真正严格的生物体机制的概念。在这个机制中，动物的功能（运动、生长、繁殖）以及所有智力的功能，包括从自觉到不自觉的全部的道德和心理行为，都不可分割地联系在一起，并出于解释的原因，被还原为存在的一个基本要素——物质。但物质本身有各种各样的定义。例如，有人认为，"物质"并不像传统的原子论者所想象的那样，是坚硬的、不可穿透的、无感觉的甚至惰性的颗粒，而是应该在它的定义中表现出许多特性，主要包括行动的能力和敏感性，从而与"生命"的显著现象——自觉和不自觉的行为——很接近了。这就是18世纪法国的唯物主义者的观点，他们通常将灵魂及其可能的属性从严肃的生理学著作中排除出去。随着灵魂被暂时搁置一边，那些研究动物以及人体功能的学者比从前更有望对有生命的机器进行深入地分析了。

拉美特里使公众注意到了生物体机制和更广的唯物观念之间的必然联系。他在经历了一次高热的煎熬后体会到，神志清醒的状况随着疾病的严重程度不同而不断变化着。这说明，人类的思维是脑的功能，且依赖于机体的健康状况。在《心灵的自然史》一书中，他表达了这方面的思想。拉美特里认为，我们无法真正知道灵魂究竟为何物，也无法知道物质到底是什么。既然我们从未发现过机体以外的灵魂，那么，为了研究灵魂的性质，我们必须先研究机体，而为了这么做，必须探究物质的规律。灵魂的自然史就是物质的能动原则的进化过程；植物、动物直到人这类物质都包括在内。①

在随后出版的《人是机器》中，拉美特里直接把人作为一架机器来加以讨论，这架机器完全按照物理和化学规律活动。他曾观察到动物的肠壁蠕动以及分离的肌肉能因刺激而收缩的现象。根据实验，他推论，如果这些对动物来说是事实，那么对人来说也必定会是事实。因为这两者的机体构成基本上是相同的。为了尽力从笛卡尔的精神—身体二元论中摆脱出来，拉美特里指出，即便是精神也必然直接依赖于物理化学过程，例如，鸦片、咖啡、酒精和其他一些药物等物质，既能影响机体又能影响精神，后者包括思想、情绪、想象及意志等；而且食物也能影响性格，例如，吃红色带血的肉类能形成凶残的性格。②拉美特里否定了笛卡尔那种认为人类在本质上不同于动物的观点。对拉美特里来说，人类基本上是猿猴的变种，而他之所以比猿猴高级，主要是因为有语言的能力。动物推理能力的发展程度虽然低于人类，但它们也并不仅仅是一种机器。这样，拉美特里就缩小了人类与动物在生理与精神力量这两者之间的差距。

关于笛卡尔框架在机械论思想的演化和持续中所扮演的首要角色，没有比坚持以机械论的方式专注于目的性行为的本质这一事例更好的例子了。对于机械论主张者而言，目标和意图不仅仅是一个令他们感到尴尬的问题，它们已经变成判断整个理论成功失败的

---

① 拉美特里：《心灵的自然史》，载北京大学哲学系外国哲学史教研室编译：《十八世纪法国哲学》，商务印书馆 1963 年版，第 213—218 页。

② 拉·梅特里：《人是机器》，顾寿观译，商务印书馆 1959 年版，第 21、53—54 页。

实验场。这种定式的根源在于笛卡尔试图以包括所有动物行为在内的方式解释反射行动，同时排除人类行为的很大一部分。对笛卡尔而言，反射行动是贮藏在大脑中的动物精神自动的或机器般释放的活动的结果：这一观点适用于所有反射动作，不管是动物的还是人类的。但不同于动物的是，人类拥有心灵，能够修正动物精神在松果腺里的反应，因此产生自觉的或有意识的行为。

为了捍卫"存在巨链"的观点，对得出这一结论的显而易见的回应是，确立这一点，即动物至少具有目的性行为（或者，极端地讲：所有动物行为都是目的性的）。还有另一种可选方案来捍卫连续统图景，即所有人类行为和动物行为都是自动的，尽管它们都受比更简单生命形式中的机制要复杂得多的机制所控制。这一方案在笛卡尔之前是难以想象的。鉴于18、19世纪的唯物主义受到还原论的影响，"机械论主张"以那些应用于动物热量理论之争的术语——如"目标"、"目的"、"意图"以及消除了与"活力"的亲缘关系成分的"意志"——来表达，就是自然而然的了。①

这一时期的生理学中，呼吸问题引起了人们的特别关注。呼吸具有为生物生存提供能量的主要功能，如气体的转换和产生，更重要的是它以生物体能使用的形式将热和能量释放出来。动物热量的持续产生，自古以来一直是人们思考和研究的对象；而"空气"以某种神秘的方式成为生命必不可少的东西。拉瓦锡这位18世纪化学改革中的领袖人物，证明生物体以与燃烧体完全相同的方

---

① Pamela Kraus, "Descartes's Legacy", *Review of Metaphysics*, 1999, 52(3), pp.681-684.

式分解以及重组大气层中的空气,那就是,每个活性媒介从空气中获取氧并用它产生二氧化碳。这些数据证明:在热能产生方面,火和生命的方式是相似的,并且很可能是相同的,两者的基础都是燃烧(氧化)过程中热量的常规释放。拉瓦锡原理的本质在于肯定了并不存在两种化学或物理学,一种适用于生物,而另一种则适用于无生命个体;相反,对所有物质来说,不管它们以怎样的形式存在,都有普遍的规律适用于它们,并且这些规律不允许有例外。①

呼吸过程(包括生物热量产生问题)中总体的物理和化学关系被认为严格符合能量守恒原理,这就表明,生物,不管它可能是什么东西,也不管它会被称为什么,都是物质宇宙不可分割的一部分;它的存在以及可被观察到的反应甚至有意识的行为,都依赖于能量的提供。许多生理学家认为诸如此类研究所取得的成功证明,生物体就是主要的物理科学解释性概念所可能要求的东西。于是,生命被认为仅仅是物质和运动的产物,或者说是使宇宙有生气的基本力量发挥作用的产物,激进的唯物主义者、机械论者或还原论者都坚持此观点。19世纪50年代人们就开始试图用实验研究证明生物的作为确实与能量守恒原理完全相符,该世纪末终于获得了证实。在生物与其外部世界——这个世界是生物能量供应的来源和排放处——之间的可测量的关系中,前者是一个能量转换装置,而且并不比那些利用机械学和热动力学原理做成的机器逊色,尽管

---

① 转引自威廉·科尔曼:《19世纪的生物学和人学》,严晴燕译,复旦大学出版社2000年版,第136页。

人们对于这台动物机器最基本的结构的认识仍然很模糊。

此外,生理学被还原论规定了具体的存在物、力、运动以及机械论的范围。还原论者假定,力和物质以及每一连续事件之间不可破坏的因果纽带,是生理学解释的最终术语。他们的世界是一个唯物主义以及机械论的宇宙。他们声称,这一规定的目的是取代唯心主义或唯灵论之类的思想。严格的还原论者和系统的自然哲学家都要求做绝对的解释,而且从本质上讲,他们在方法上都是臆测的,在主张上都是教条主义的。因此,从总体上看,两者之间最大的差别恐怕在于他们解释的内容,而非其解释形式或目的。

尽管许多生理学家发现机械论观念令人讨厌,还有人感到它对生命过程的研究没有明显的价值和可应用性,但是,在19世纪40年代,人们在生理学研究中再次运用了机械论的设想。物理学家和化学家的实验活动成为大家极感兴趣的对象。不过,机械论和电动力学的解释性概念,是否能被证明也适用于生理学现象?生活在21世纪的我们已经知道,动物的身体作为一个形体,虽然遵守着力学规律,但它不仅是一个形体,而且是一个有机的形体,还要遵守有机化学的、生物化学的、生理学的规律,它的运动远远不止是机械运动。而在当时对这一问题的思考,使得与机械论相对的观念逐渐活跃起来。

三、活力论:摆脱"笛卡尔羁绊"

如果说在《论人》等文本中,笛卡尔主要从物理的、机械的角度来看待人的身体,那么,在《论灵魂的激情》中,笛卡尔则从身体和灵魂的统一的角度来进行思考①,因而他向我们展现的在一定程度上不再是一种纯粹的身体的被动性,而是掺杂着我们的主观因素的一种更为复杂的特性。

为了推进动物是机器的观点,笛卡尔必须说明如何不必求助于生命力就能解释动物的热量和运动,从而必须表明,动物热量产生和肢体运动都不依赖于心灵的活动。在《谈谈方法》中,笛卡尔提出把热量理论作为解释一切动物官能的范式。他认为,心脏就像一个熔炉,产生出热量,这一过程类似于"无光之火"(即自发地燃烧或发酵),这些热量使得心室扩张和收缩(就像液体一滴滴地灌进高温容器中通常呈现的状态)。②

但是,笛卡尔的假设没有对温血动物在较大的温度范围内维持恒定热量的能力做出解释。正是为了解释这一现象,所谓生命要素被重新提出,但与传统著作所用术语大不相同。它被假定为一种"特殊的因果生命原则",在消化、循环、脉搏、供热、分泌、营养、呼吸、发音、生殖器官的发育、感知、运动、睡眠、知觉过程中发挥作用。③于是,如下三种独立成分的区分取代了二元论,它们是心灵、身体和生命原则,这样就产生了两个独立的问题,即心身问题和生命/物质问题。

---

① 参见笛卡尔:《论灵魂的激情》,贾江鸿译,商务印书馆2013年版,第3—46页。
② 笛卡尔:《谈谈方法》,王太庆译,商务印书馆2000年版,第38页。
③ Thomas M. Lennon, "Descartes's Legacy in the Seventeenth Century: Problems and Polemic", in Janet Broughton and John Carriero eds., *A Companion to Descartes*, Wiley-Blackwell, 2007, pp.467-481.

在 18 世纪末期的生物学中，所谓的"生命现象"究竟是该用特殊的生理规律解释，还是可以归于自然界的普遍规律，这个问题变得至关重要。在此之前的 17 世纪，人们试图对物体进行力学解释的追求，从牛顿革命中获得了巨大的动力，这不仅仅是由于牛顿成功地描绘出一种关于支配天地间一切物理规律的统一解释，而且因为他所运用的概念有数学的坚实性和解释力做保证。它同时对机械论和活力论的思想的产生了深深的影响：对前者产生影响，是因为它把注意力集中于物体的运动；对后者产生影响，则是因为它准许将"力"处理为"万有引力"用来解释生命现象。这样就不难理解机械论为何盛行于 19 世纪了。不过尽管如此，仍有人认为，虽然生命过程可以用物理化学原理加以探索、描述和讨论，但生物体通过其自发行为以及在实验检验之前所表现出的令人惊愕的顽固特性，证明了它们与物理王国不同的、为生物所独有的力量。

活力论背负了"让原始的形而上学动机战胜科学的严格精确性"的污名，并因此成为众矢之的。无疑，19 世纪的活力论者在"生命力"上做了许多出色的工作，然而，这种或那种生命力的特性和能力是什么，他们对此并不清楚。当然，这不妨碍活力论在那一时期新出现的有机化学中扮演的角色。有机物质似乎只在生物体中形成，因此被认为是维持生命存在的"活力"的产物。化学家李比希吸收了由万有引力建立起来的方法论典范以捍卫活力在生理学中的解释性作用。在他看来，活力与化学力有一个共同的基本特点：它们都依赖于一种使身体的基本粒子联合起来的秩序。摧毁生物体的形态，即身体的结构和功能的组成，就是摧毁生命本身。李比希断言活力是一种特殊的力，因为它呈现出的现象，在其他的已知力中都没有发现。李比希援引"活力"这个词，更多的是把它作为一种表达方式而不是一种实质，以便涵盖原本缺乏任何解释的生物体的明显活动。李比希声称，他的前提条件是这样一个事实，即每一结果必定有它的原因；而在他看来，这样的因果解释必须用"力"这个字眼来表达。①正如下降物质的运动是重力的结果一样，生命的"运动"也必定能用"活力"来解释。

李比希对活力的兴趣针对的主要是生命现象，他对这种独一无二的力的描述则较少，而这种主要通过定义进行的描述与要求其解释的现象又是不相称的。只要活力是一种"特殊的力"，其效应就"受某种规律所调节"，并且"这些规律必定与对抗性和运动的普适规律相一致"；只要这种过于简化的因果解释仍然流行，只要生命的现象不能纳入其他或许更基础的科学的解释范围——无论是由于我们的无知，还是由于已有证据确证生命的确是一种不可再简化的现象——各种各样的活力论就会表现得很活跃。活力论是一种可能的解释模式，只不过它的用处及其对科学家的贡献尚有疑问。李比希等人的活动反映了化学家们试图综合生物学过程的愿望，那些与他们持有共同观点的人都认为，化学原理广泛适用于生物体及其行为。当然，并不是所有这样的行为都能从化学中得到解释。然而，生命需要做总体的阐释，那些被隐藏的真

---

① 威廉·科尔曼：《19世纪的生物学和人学》，严晴燕译，复旦大学出版社2000年版，第164页。

实情况等待着人们去发现，在这种情况下，活力论将仍旧是人们所容易采用的理论。

根据逻辑经验主义的观点，消解笛卡尔难题的解决方案是取消错误的先验理论，《维也纳小组宣言》明确指出，推翻生物学中的活力论就如同在心理学中迫切地驱除"形而上学的重负和逻辑不一致性"一样。而一些科学史家已经提出警告，过于简化19世纪机械论和活力论的争论是有危险的。科学唯物主义、还原论唯物主义与李比希等人的活力论唯物主义这三者之间有着细微而又重要的区别。这些区别源于以下事实：两种——物理的和生理的——流行于17世纪至19世纪初的机械论，不仅是彼此独立的，甚至可能是相互对立的。[1]

动物热量的测定最初是一个经验问题，而到19世纪，它融入了心身问题的哲学争论中，这主要是因为"生命现象"这个尚未定型的概念不加区分地把有机生命体的生物过程（如再生、发育、呼吸、代谢）与人类经历的心理过程组合起来了。[2] 就科学唯物主义而言，把人的心理过程排除在生物化学的成功之外，似乎摈弃了那一时代的机械论思想而采用二元论的蒙昧主义，因为生物化学正在迅速地把活力论解释从生理学中驱逐出去。动物热量的问题远远不只是奠定了心理学的基础，事实上，它不仅左右着19世纪70年

---

[1] Thomas M. Lennon, "Descartes's Legacy in the Seventeenth Century: Problems and Polemic", in Janet Broughton and John Carriero eds., *A Companion to Descartes*, Wiley-Blackwell, 2007, pp.467-481.

[2] Richard A. Watson, "Descartes's Legacy", *International Studies in Philosophy*, 2003, 35(4), pp.292-293.

代以前的机械论／活力论之争，而且直接形成了一个焦点或核心，持续影响着人们对于心理学的关键态度。

19 世纪 60 年代，两个领域中独立取得的重大突破不仅对活力论关于动物的热量问题（以及由此带来的生命现象）的观点给予了毁灭性的打击，而且对机械论关于大脑所持的主张也产生了戏剧性的影响，这就是：一方面，李比希、赫尔姆霍茨和贝尔纳（C. Bernard）发现了机体能量储存所涉及的复杂生理机制；另一方面，布罗克（Pierre Paul Broca）和维尼克（Carl Wernicke）也揭示了特定的运动功能和语言功能。这些进展使人们更加断定，与稳态生命现象相关的东西，同样适用于大脑生命现象。正是这样一种假定，即任何心理过程的性质和原因的解释都必须是一种追求与热量理论相同的路线，使得 19 世纪末的唯物主义思想产生了分裂。尽管科学唯物主义和还原论唯物主义都激烈地反对二元论，但他们表现出的气质和目标却截然不同。

动物热量理论之争与反射行为之争，存在一个重要的相似点：两者都首先是受先入成见困扰的生物学问题，而这把它们带入了心身问题的哲学关注中。前文已述，笛卡尔攻击"存在巨链"的核心思想就是，主体知道其心灵的操作，包括认识、知觉、感觉、想象和影响等。我们体验到这些"灵魂的行动"，或者更普遍地说，"意志"是"直接从我们的灵魂出发，并且似乎只依靠它"。然而，尽管我们直接意识到"我们心灵的行为"，我们却不知道由我们的意愿所引起的身体动作所涉及的中间机制（即由心灵转向松果腺时所释放的动物精神激活的机制）。但这并不是说，参与维持身体热量和身体动作的这一过程是无意识的（unconscious），相反，它们是非意识的（non-conscious）。[①] 因为，假如它们是"无意识的"，这将意味着这些过程是在动物和人的低于意识的水平中发生的，而笛卡尔已经先天地排除了这一可能性。

四、"存在巨链"与持续的心身之谜

尽管笛卡尔主义者通常认为，笛卡尔企图使他的论证读起来像一个归纳假设，但他们从来不清楚：笛卡尔对于动物可能具有目的性行为的否定，究竟是经验论的观点还是理性主义的观点？的确，这种否定是作为一种假设而被解释和争论的。实质上，他的论证是，所有的肢体运动都是由"大脑中的震动"引起，而后者又是由两种不同的事件引起，即外部对象对感官的作用或内部的心理行为或心理状态。动物或自动机仅仅经历前一种现象，而人类则同时经历两种现象，这对动物或自动机来说，似乎是命中注定的。

笛卡尔在此处表达的观点是，反射动作是无意识的。这里起作用的区分是自愿的动作与非自愿的动作。非自愿的动作无须意志的干预就能发生，而我们所谓"自愿的动作"是由心灵决定的。这些意愿（终结于自身的纯粹心灵行为）本质上是无限的、无形

---

① Stuart G. Shanker, "Descartes's Legacy: The Mechanist / Vitalist Debates", in Stuart G. Shanker ed., *Routledge History of Philosophy*, vol.9, *Philosophy of Science, Logic and Mathematics in the Twentieth Century*, Routledge, 1996, p.333.

的，但是一切存在的意志（终结于身体的心灵行为）却受到身体化结构的限制。① 最重要的是，在观察者看来，自愿的与非自愿的动作看上去完全相同。正是因为我们每个人都能理解和报告自己的意愿，所以我们能对自愿的和非自愿的动作做出这种根本的区分，而动物缺少类似的能力，所以它们是受控的自动机。

意志的这些行为对理性而言是显而易见的，这一论点成为认识论不对称性的一个教条：我能够直接地知道引起我自己的行动的原因，但我仅能推断他人的身体动作是由类似的心理事件引起的。② 因此，就所有意图和目的而言，他人的行为与动物的行为都基于相同的认识论基础。但在笛卡尔看来，人不管多么愚笨，总能把各种词语组织编排在一起，向别人表达自己的思想；而除人之外，没有一种动物（无论它多么聪慧）能够这样做。这使我们有理由对我们的同类采取一种半唯我论的立场，但对动物则不可以，因为即便是疯子也能按照他们的意志叙述（由意志引发的身体动作），而动物却不能。

这个论点招致了这样一种回应：动物确实在进行交流，只不过是用一种我们无法理解的语言而已。例如，伽森狄（Pierre Gassendi）就反复强调，尽管动物的推理不像人类那样完美和丰富，但它们还是做出了推理，差别似乎只是程度的不同。然而，当笛卡尔论证动物缺乏创造性行为故而不能被认为具有创造力时，

---

① John Suttona et al., "Applying Intelligence to the Reflexes: Embodied Skills and Habits Between Dreyfus and Descartes", *Journd of the British Society for Phenomenology*, 2011, 42(1), pp. 78-103.

② 参见吉尔伯特·赖尔：《心的概念》，徐大建译，商务印书馆2005年版，第67—68页。

他就已经预料到了这种反对意见。笛卡尔直接将这一看法与"反射性动作是非适应性的"论断结合起来,对于心理学历史具有极其重大的意义。因为这一问题引发了关于"反射性行为是否有目的性"的长期争论。但是,在考察机械论的演变之前,我们要明白,无论反射理论进行多大的调整,从某种意义上说,整个论战都完全误解了笛卡尔的观点。笛卡尔曾写道:"假如不是我偶然从一个窗口看街上过路的人,在我看见他们的时候,我不能不说我看见了一些人……可是我从窗口看见了些什么呢?无非是一些帽子和大衣,而帽子和大衣遮盖下的可能是一些幽灵或者是一些伪装的人,只用弹簧才能移动的。不过我判断这是一些真实的人,这样,单凭我心里的判断能力我就了解我以为是由我眼睛看见的东西。"[①]他的意思是说,在被观察行为与我们自己的行为具有相似性这一基础上,我们的精神假定,穿越广场的人不是自动机。关于他们行为的原因,我们的心灵所能了解的并不比关于动物行为的原因所能了解的多。但是给定了人类行为和动物行为的差异,心灵就没有合理的根据把心理因果图式拓展到动物身上。

要想了解笛卡尔的这个观点在多大程度上统治着现代思想,我们只需从归因理论即可见一斑。海德(Fritz Heider)根据知觉推理理论分析了社会相互作用,他认为,社会判断包括的感觉信息的种类不比对象判断所包括的种类少。行为是些刺激性的因素,必须对它们进行"分类":它们被看作是外部原因或内部原因的结

---

① 笛卡尔:《第一哲学沉思集》,庞景仁译,商务印书馆1986年版,第31页。译文有改动。

果（内部原因包括行为者在行动时所熟悉的心理过程和心理状态）。我们的心智建立起关于态度如何产生意向，意向又如何产生行为的初步理论，并不断地对之进行修正。至于我们是否意识到、能否意识到这种心理活动，则是另外一回事情。①

根据认知主义对连续统的理解，我们从科学心灵的范式开始，通过递降的认知图式不断回溯，直到我们达到非语言处理的原始水平。而根据相反的行为主义者连续统图景，在逻辑上根本不需要预设这类"心智的建构"来解释其他主体和低等有机体的行为。20世纪初，詹宁斯（Herbert Jennings）描绘了心理过程的连续性，架起了"联结无机界化学过程与最高等动物的心理活动的桥梁"，这遭到了华生（John Broadus Watson）的尖锐责难。这并不意味着华生真是一位二元论者，事实上，他回避将主观性的术语用在人类身上。但这种并行所揭示的是，是否存在目的性反射行为的连续过程，与我们判断我们的近邻或其他动物是否有意识的标准，没有关系。它至多只是暗示了这一观点：如果我们都对动物行为／人类行为的这一机械论解释了如指掌，那么笛卡尔主义者或许就不得不提出一种更为极端的唯我论形式，即自己行为之外的所有人类行为都必须在动物行为水平上被对待。②

也就是说，无论做多少实验，例如，对切除大脑的青蛙、饥

---

① Bertram F. Malle, "Attributions", in Roy F. Baumeister and Kathleen D. Vohs eds., *Encyclopedia of Social Psychology*, SAGE Publications, Inc., 2007, p. 74.

② Thomas M. Lennon, "The Will's Free Choice: Does Descartes Change His Mind in the Principles?" *International Philosophical Quarterly*, 2016, 56(4), pp. 411-427.

饿的狗进行双盲检测或学习状况的测试，都无法解决笛卡尔对"存在巨链"的攻击。我们知道，三百多年来，与此相反的观点一直持续着，出现这一现象的原因大概是，笛卡尔自己远远不清楚其论点的性质是先验的还是后验的、观念的还是经验的。于是关于他把动物归入机械范围的动机，人们产生了种种争论：许多人怀疑他骨子里潜藏着唯物主义者的筹划，也有数量相当的人指责他进行争论的唯一目的就是阻碍唯物主义的发展。但几乎各派都一致认为，笛卡尔把矛头指向了动物的行为智慧，在他看来，要想理解人类的心理过程，必须怀疑动物的行为智慧，这可以沿着以下两条道路进行：或者把动物放回到认知凹处；或者重新定义智力行为，恢复人在自然秩序中的应有地位。

有趣的是，我们看到，人工智能的所有技术复杂性几乎都没有超越笛卡尔的原始论证。三百多年以来，心理学一直被这些无休止的"范式革命"所主宰，而哪一方都未能驳倒笛卡尔对连续统图景的攻击。这说明，我们需要着手处理的是由笛卡尔的论证建立起来的框架，而不是论证的结论。换句话说，由心身二元论提出的这一问题的解决，在于概念澄清的范围，而不是在于实证方面的理论，即在于哲学而不是心理学。这里，哲学主要关心的是连续统图景的持久影响，或者说是这样一个关键前提，即（包括人类和动物在内的）所有行动都是由隐藏的原因引起的复杂的活动序列，而心理学科学必须找这些原因的本质。

笛卡尔对"存在巨链"的攻击，影响了机械论连续统图景的发展。尽管机械论的复杂性不断增加，在人工智能理论中达到顶峰，但是，为什么它丝毫没能反驳笛卡尔对于连续图景的攻击？问及这一问题，其目的既不是赞扬笛卡尔，也不是想埋没他的功绩，而只是试图理解他的论证的性质，从而理解心理学赖以建立的基础，并阐明后继的机械论（直至并包括人工智能）所借助的类型论，因为心理学家正是试图凭借后者寻求摆脱被他们看作窒息了心灵科学发展的"笛卡尔羁绊"。笛卡尔的心身二元论开启了近代以来的心灵哲学，他提出的心身问题的两个方面，即心身区别和心身因果相互作用，似乎构成了迄今为止笛卡尔哲学的辩护者和反对者的共同领域。笛卡尔给他的后继者们留下两种可能性：或者是消解二元对立，或者是修订相互作用论，后世的心灵哲学基本上是沿着这两条道路前进的。而当代心灵哲学对意识的分析也具体体现了现代哲学对于传统的作为认识主体的"心灵实体"的解构。

感受质：纷争中的焦点

意识在脑中实现的神经过程，既有信息的加工整合，同时又有一个"为我"（for-me-ness）的意识感受，后者是"我"这个个体本身直接通达的内在维度。而功能主义和心灵表征理论常常忽视心灵的这一重要方面。功能主义不可避免地要面对"僵尸"（zombie）问题。僵尸在身体构成方面与我们完全一样，但唯独缺乏有意识的经验。它们的神经系统至少在物理上非常相似于我们，它们的行为也非常完整地反映了我们的行为。如果功能主义是正确的，那么有意识的质性感受对于心灵来说就不是必不可少的：僵尸具有所有的心灵状态，因而符合功能主义者的全部标准，但是，它缺乏渗透在我们有意识经验中的、质的感觉。它可能如我们一样，具有相同的心理结构和全部的心理状态（包括相信我们是僵尸这样的信念），但是完全没有有意识的经验。[①] 僵尸存在于这样一个

---

① 大卫·查默斯：《有意识的心灵——一种基础理论研究》，朱建平译，中国人民大学出版社2013年版，第118—119页。

世界中，从外表上看，它与现实世界没有什么明显的差别，但从内在方面来说，二者具有巨大的差异，或者说，这是一个没有内在维度的世界。

这样的僵尸是否可能？如果逻辑上不存在什么矛盾，那么，除了哲学家的思想实验外，它有没有经验上的证据呢？盲视与面孔失认症为此提供了生物学的依据。研究发现，一位患者的后脑皮质层的视觉区皮质层的某部位，因手术摘除形成视觉场中的一个盲区，称为视盲区。当将视觉刺激呈现在视盲区时，患者报告看不到任何东西，他对出现在视盲区的东西没有任何视觉经验。就视盲区而言，他是一位盲人；但是他却可以"猜测"到呈现在视盲区的东西的形状及位置等，这就是所谓的盲视（blindsight）现象。[1] 面孔失认症患者则没有能力由脸部来辨识熟悉的人是谁，包括其家人，甚至无法辨识自己的脸。病人知道正在看的是人脸，也能描述面部特征，判断性别与年龄等，唯独不知道这是谁的脸。要想知道这是谁的脸，必须依赖其他线索，如说话的声音或穿着等。显然，他具有关于脸部的视觉经验，却无法解读这些意识经验。[2] 这个病例与盲视病例刚好相反。盲视者没有意识经验，却可以处理该经验的内容；面孔失认症者有意识经验，却无法处理该经验内容。这两个案例对功能主义构成两个不同角度的挑战。

---

[1] Petra Stoerig, "Blindsight", in Robert A. Wilson and Frank C. Keil eds., *The MIT Encyclopedia of the Cognitive Sciences*, The MIT Press, 1999, pp. 88-89.

[2] Austen Clark, "Perception Preattentive and Phenomenal", in Paul Thagard ed., *Philosophy of Psychology and Cognitive Science*, Elsevier B.V., 2007, p. 166.

一、意识经验中的时间倒置

我们已经了解到，痛觉是脑皮质层的作用，而不是身体的作用，因此在适当的脑区施加刺激会引发被试的痛觉。如果同时刺激被试的左手背及负责右手背相应位置的左脑痛觉区，那么左手背的刺激会传到右脑而产生痛觉，而左脑特定区的刺激也会引生右手背的痛感。实验中，被试被要求报告哪只手先有痛觉。照理来说，右手背会先痛，因为我们直接在左脑施以刺激。但令人惊奇的结果是，被试说左手先痛，然后右手痛。这似乎是不可能的，因为左手的痛觉所需要的处理时间显然大于右手的痛觉所需要的处理时间——时间竟然在意识经验中颠倒过来了。这样的结果对唯物论构成威胁，但艾克尔斯（Eccles）认为，意识经验中的时间与物理事件的时间不一致的现象不可能由神经生理的运作历程得到解释，在他看来，是意识作用调整了时间。[①] "飞现象"（Phi-phenomenon）是时间倒置的另一个实例。被试被要求目视两个灯，一个为绿色，另一个为红色，绿灯在左，红灯在右。绿灯先亮后暗，然后红灯接着亮。被试报告看到的是，绿灯往右走慢慢改变颜色，过了二灯距离中点后逐渐转红，最后变成红灯。问题是，当绿灯走到中点时，红灯尚未亮起，被试已经看到绿灯转

---

① Rick Grush, "The Temporal Content of Perceptual Experience", in John Symons and Paco Calvo eds., *The Routledge Companion to Philosophy of Psychology*, Routledge, 2009, pp. 603-604.

红了。①

　　还有一个事例与意志自由问题有关。在所有文化中，人们都相信存在某种程度的意志自由。能够选择自己的行为，是人之为人的特征之一。在哲学领域，这个概念意味着心灵控制身体的部分动作；在科学领域，自由意志意味着，身体的动作，包括大脑在内，不全由物理因果关系所决定。当你被要求举起右手时，你举起你的右手。直觉上你的意志控制了你的手臂的运动。然而神经心理学研究发现，在你有意识地决定举起右手之前约一秒钟，你脑中负责手臂运动的区位已经完成输送举右手的信号了。换句话说，你的脑动作比你的意识快了约一秒钟。你真的有自由意志吗？还是说自由意志的意识只是脑的伴随现象，不具因果效力？或者说，脑的作用与意识作用的时间不一致？

　　很多批评者质疑道，在实验中，大脑准备电位出现的提前时间非常短，这也许只是由于人们对有意识的运动或决策报告不准确造成的。鉴于这种怀疑，海恩斯（John-Dylan Haynes）等人重复并拓展了李贝特（Benjamin Libet）的经典脑波实验，他们以功能核磁共振成像仪作为大脑扫描器对实验者进行了测试分析。研究支持了李贝特的结论，并进一步拉大了时间间隔。② 海恩斯认为，在人们做出某个决定前，大脑会在无意识中自发性地兴奋，这是大脑为

---

　　① C. James Goodwin, "Psychology in the 20th Century", in Stephen F. Davis and William Buskist eds., *21st Century Psychology: A Reference Handbook*, SAGE Publications, Inc., 2008, p.15.

　　② Chun Siong Soon, Marcel Brass, Hans-Jochen Heinze, and John-Dylan Haynes, "Unconscious Determinants of Free Decisions in the Human Brain", *Nature Neuroscience*, 2008, 11(5), pp.543-545.

随后做决定而准备的过程,并非人们通常认为的思考过程。假如意识不能控制我们的行为,那么它进化的意义何在?李贝特等人表示,意识的作用可能在于它具有否决能力,即停止去做那些大脑已发出信号要我们做的事情——"制止"才是人类自由意志的存在意义;人类无法决定"自由做"什么,只能决定"自由不做"什么。尽管如此,此项发现备受争议:实验中,参与者被要求当他们决定移动一只手指时就说出时间,事实上,这一操作没有听起来那样直接。视觉活动是缓慢的,而参与者很有可能在他们做出意识决定移动后很快就有所反应。这将导致他们说出的时间过早(比如,当他们做出决定,他们的大脑已经在腾出时间处理时钟上更早的时间了)。

后续的研究者意识到了这一点,因此他们在分别控制的条件下,要求参与者提供施放在他们手上的电击时间,而这个时间估计的误差被用于纠正参与者们做出动作决定的估计。在一项新的研究中,邓奎(Adam N. Danquah)及他的同事指出,人们的触觉机制的不同会导致其功能运转速度的不同。他们按照李贝特实验的设置复制了控制情境,但是他们不仅要求参与者提供轻微的电击时间,还要求被试提供瞥向时钟以及听见时钟的滴答声的时间(该声音通过耳机传输)。研究者发现,参与者们对于视觉和听觉的估计并不比对电击感知的估计精确(比如:他们估计得过早了)。换言之,李贝特会在估计参与者们做出决定的时间方面因采用视觉或听觉控制任务而得出不同的结论。邓奎等人表示,考虑到模式和研究中的主观偏差而造成的变动程度,他们在选用何种纠正标准来估算人们意识到危险发生的时间方面变得困难——李贝特的研究小组低估了大脑准备活动控制人的动作的动机程度！①

然而，该研究对于大脑的自由意识仍有待于深入分析：第一，在准备电位的起始与行为决定之间仅仅存在几百毫秒的时间延迟，因此这就有可能存在一种潜在的不准确性，也就是说，在这么短暂的间隔中，通过主观报告的方式测量行为决定时间，也许会错误地将脑活动起始点与意图的形成这两者在时间关系上发生错误地分离；第二，准备电位产生于辅助运动区，它只提供了运动计划相对晚期阶段的信息，因此，并不能确定辅助运动区是运动行为决策的起源。此外，该实验只是简单地去选择用左手还是右手去按钮，不能映射精神活动性或更复杂的思想决定。②

二、决定论与因果性

自由意识是否作为一种独立的力量存在？20世纪之前，随着牛顿物理学获得巨大成功，机械论的观点支配着科学界。牛顿经典理论认为，宇宙是一个巨大的时钟机构，依据定律机械地运转。这个封闭的系统根本容不下非物质的灵魂，因为根据粒子物理以及神经生理学的基础，如果我们的思考、行为、感受、意志等的表现

---

① Adam N. Danquah, Martin J. Farrell, and Donald J. O'Boyle, "Biases in the Subjective Timing of Perceptual Events: Libet et al. (1983) Revisited", *Consciousness and Cognition*, 2008, 17(3), pp.616-627.

② Richard Swinburne, *Mind, Brain, and Free Will*, Oxford University Press, 2013, pp.199-201.

基于脑这个器官，而脑的运作是基于神经电冲动，电冲动是基于生理的电化学变化，电化学变化又是基于基本粒子之间的关系，而基本粒子之间的关系还受制于物理定律，那么我们的一切活动无可避免地被锁在因果链之中，包括意志。

量子力学迫使我们不再以确定性而改用或然率的方式来解释自然界的某些现象，而且，某些随机因素可能改变整个系统的结果，它们看来似乎都是不可预测的。于是，有人以量子力学中粒子的随机现象作为自由意志的理论基础。然而，即使在实际操作上真的无法预测，在本质上，它们的运作也还是依据自然法则的，换句话说，它们的运作仍旧是被预先决定的。[1]

看来，即使是现代物理学也无法容许自由意志的存在。因此，现在的问题就在于：意志的基础是基于神经电冲动，还是独立于物质世界而存在的另一种实体？如果是前者，我们拥有自由意志的体验只是一种错觉。从而问题就变成，脑中如何及为什么创造这种错觉。如果是后者，我们就必须寻找意志这个非物质的存在是如何影响我们的神经电冲动的。按照神经科学的解释，"自由意志"问题内生于"神经元运动"中。这不啻于说，所谓的"先验理论"毫无价值。康德强调不能放弃我们的自由意志，尽管这是针对"唯有拒绝才彰显自由意志"而言的，但其"先验"色彩浓厚的论述及其影响，都在昭示一个问题：为什么让我们放弃自由意志

---

[1] Benjamin Libet, "Do We Have Free Will?" in Robert Kane ed., *The Oxford Handbook of Free Will*, Oxford University Press, 2002, pp. 551-563.

这么困难？而与此同时，我们对因果论也坚信不疑。常言道，万事皆有因，我们预设了在我们与自然的关系中，一切事件的发生都是先前充足因果条件的结果。

由此，自由意志会成为一个问题的关键就在于决定论：如果凡事必有因，理论上我们可以追溯到第一因，并且按照因果关系来描述这个世界。按照决定论（determinism）的概念框架，当起始条件被确定后，自然界依照不变的物理法则来运作，未来的一切都早已被决定。根据这样的假设，意志就必须独立于因果关系存在，否则就会受限于因果关系的锁链之中，也就没有自由可言，因为如果自由意志存在，则未来是开放的、不确定的。此外，决定论者认为，世间的万事万物都无一例外地由该事物或事件存在或发生之前的先决条件以及自然规律唯一地确定，如此，人们在这里似乎就没有选择和行动的自由。

于是，自由意志问题在当代已被自由意志论者转换成这样一个问题：我（身体／大脑）是如何不受物理条件的控制做出决策。如此，人们自然可以合法地运用当代神经科学、量子力学等大量模型和证据。关于自由意志究竟是什么东西（问题1）就成为自由意志是如何产生的以及是否和决定论相容的问题（问题2）。[1]

关于自由意志是否与决定论相容，一些哲学家试图探索不同于传统的兼容论和自由论的新思路。例如，慎思自由意志论认为，非决定论因素发生在人们进行慎思的过程中，而早于做出抉择的那

---

[1] Mark Balaguer, *Free Will as an Open Scientific Problem*, The MIT Press, 2010, pp. 55-63.

一刻；类似的，抉择自由意志论认为，非决定因素发生在进行抉择的那一刻，所以人还是有自由意志的。丹尼特（Daniel Dennett）认为，决定论并不威胁自由意志，我们拥有一种与决定论不相容的自由意志。与丹尼特不同，霍布斯认为，自由意志与决定论是相容的，我们所说的表面自由其实就是真正的自由，它与自由意志相容。丹尼特和霍布斯都承诺了自由意志，但是出于不同的理论立场。

这里，我们就自由意志的问题梳理一下几种观念：决定论/非决定论和相容论/不相容论。

（1）自由意志与决定论不相容，根本不存在自由意志——这是强决定论的观点。

（2）自由意志与决定论相容——这是霍布斯的观点。

（3）自由意志与决定论不相容，但仍然存在自由意志——这是丹尼特的观点。

实际上霍布斯给出了对自由意志的消除式解决方案，现代的相容论者和消除论者受到了霍布斯的启发，提出了四个重要的问题，在凯恩（Robert Kane）看来，以下四个问题处于自由意志问题争论的核心：

（1）相容性问题：自由意志与决定论相容吗？

（2）意义问题：我们为什么需要一种与决定论不相容的自由意志？这种自由意志就是我们想要的吗？如果是，为什么？

（3）可理解性问题：这样一种与决定论不相容的自由意志是可理解的吗？或者如批评者所言是神秘晦涩的吗？

（4）存在问题：这样的自由意志存在于自然的秩序中吗？如果存在，在哪里？

这四个问题是相互关联的，对其中一个问题的回答依赖于我们对其他三个问题的回答。大致来说这四个问题分为两对：相容性问题和意义问题；可理解性问题和存在问题。要论证确实有一种有意义的与决定论不相容的自由意志，就必须展示这样一种与决定论不相容的自由意志是可理解的，而且在自然世界能够找到。也就是说，他们必须处理可理解问题和存在问题。[1]

关于自由意志通常提到的一种说法是：在相同环境中，如果同一个自主体可以做与此不同的决定，那么，这个决定是自由的。事实上，这并不意味着自由意志，因为任何非确定性的自主体（如一个随机对象或量子）都可以有这样的表现。更进一步，任何基于围绕一个决定的客观环境的标准都无法成功定义自由意志。因为如果自主体的思想、感知、情绪和行为等也算在自主体之外，那么客观环境也应该包括这些思想、感知、情绪和行为。可见，只有当存在着一个从其客观环境中分离出来的自主体时，才有自由意志可言。[2] 这样的分离正是二元性的本质。也就是说，如果没有二元性，那么就既没有自主体，也没有自主体作用的对象，如此，自由意志也就是无意义的了。

不管是哪种观点，真正的自由选择看起来难以琢磨。在确定

---

[1] Robert Kane, "Libertarianism", in John Martin Fischer, Robert Kane, Derk Pereboom, and Manuel Vargas eds., *Four Views on Free Will*, Blackwell Publishing Ltd., 2007, pp.1-40.

[2] Peter van Inwagen, *Thinking about Free Will*, Cambridge University Press, 2017, pp.21-25.

性的世界里，也许的确不存在客观的选择自由。但是，客观自由的不存在并不能排除自由的主观性。客观世界中的"随机"和主观世界中的"自由"是不同的概念。真正的自由，要求我们的意志决定我们的行为，无论现象世界是否完全确定。

如果我们根据直观相信自由意志存在，那么，目前尚无任何科学理论可以用来解释自由意志的法则，否则，我们就必须同意，需要一种完全不同于现在物理规律的新概念框架来统合心灵现象的因果关系。而假如否定自由意志存在，由于自由意志在心灵概念的框架中扮演重要的角色，我们便需要一个与现在心灵法则不同的新概念框架来重新理解心灵现象的因果关系。看来，无论结果是哪一个，我们都必须拥有一个新的概念框架。另一种可能性是，我们需要一个既不同于现在的物理概念框架，也不同于现在的心灵概念框架的全新框架来重新统合心灵与物理的因果法则。也就是说，心灵概念与物理概念，至少有一个需要改变。

如果上述与时间有关的反常事例构成真正的挑战，我们如何解释意识时间与物理时间的倒置现象？我们是否要重新理解因果性？物理世界中如何可能存在两种不同的时间呢？正是这些解决困难的尝试，引发了哲学界对"感受质"的研究兴趣。感受质（qualia）是指感受、体验到的经验本身的性质，也指对经验的质的特征或内容的感受。它是一种不具有意向性的心理状态或现象上有意识的经验，它包括：（1）知觉经验，比如视觉、听觉、触觉等；（2）身体感受，比如痛、痒、热、饥饿、头晕等；（3）体会到的反应或情绪，比如紧张、高兴、沮丧、痛苦等。①例如我们看见一个黄色的柠檬，它所给予我们的那种亮黄和椭圆或卵形的感受就是感受质。布洛克（Ned Block）曾把意识区分为取用意识（access consciousness）和现象意识（phenomenal consciousness）：前者泛指与一个整体性的心灵状态可以用于认知、言语和高水平动作控制等功能有关的意识；后者则指主观经验和感受。取用意识与注意力及其他的思想活动有关，例如我可以意识到我正在想哲学问题；现象意识则与感觉经验有关，当你觉得痛时，你一定会意识到痛。②例如，"我感到牙痛"，而不说"我知道牙痛"，因为感受是一种经验活动，而知道是一种认识活动。

三、感受质的本体论问题

感受质的本体论问题是当前心灵哲学中的焦点问题。感受质作为一种非客观的质性特征，它揭示了与单纯的物理客体不同的主体的方面。例如，现代科学成果表明，颜色经验是对象属性与主体身体的联合——只有当电磁辐射作用于视网膜时，我们才能够看见东西；当周围的光照条件适当，在某个频率范围内的电磁辐射作用于视网膜，而且视锥细胞吸收了这种辐射，并产生了可

---

① Michael Tye, "Qualia", in Edward N. Zalta et al. eds., *Stanford Encyclopedia of Philosophy*, 2007, pp.1908-1924.

② Ned Block, "On a Confusion about a Function of Consciousness", *Behavioral and Brain Sciences*, 1995, 18(2), pp.227-247.

以为大脑的神经回路系统加工的电信号时，我们看到了特定的颜色。颜色的产生不能只归于客体本身。感受质具有内在性和私人性（privateness），更多地被理解为心的特性：感觉经验始终具有纯粹的物理行为描述无法传达的东西，仅仅外在的和公共性的描述始终是不全面的；它是由某个个体自身体验到的，每个意识事件都是一种独特观点的某个经验过程。

同时，经验状态中的差异不是观点上的差异的结果，而是根源于观点由以被观察的方式上的差异。在经验的质中，"有一种经验可能是什么？"表现出差异的东西不是那种经验所关于的对象——因此不是我们的固定的观点——而是这些对象从那种观点出发得到表征的方式。① 那么，在物理世界中如何可能产生意识呢？一个具有意识的我如何可能出现？为什么我（的意识）是出现在此时而不在彼时，是出现在这里而不是在那里？上述第一个问题是关于现象经验的内容或感受质如何可能由物理世界产生的问题。第二个问题则是关于现象经验的主体问题。物理事物无所谓主体性，现象经验则必然有主体性。主体性如何可能由物理事物产生，一个经验的主体在物理世界中如何可能呢？

内格尔（Thomas Nagel）的蝙蝠论证在某种意义上界定了意识的这一疑难问题所在。内格尔认为，我们永远不可能"知道"作为一只蝙蝠的感觉。大部分的蝙蝠使用声呐系统来知觉外在世界，

---

① 弗雷德·德雷特斯克：《感受性质、表征论与自然主义》，载高新民、储昭华主编：《心灵哲学》，商务印书馆 2002 年版，第 180 页。

它们的大脑能够接受属于声呐系统的信息，而且这些信息使蝙蝠知道东西的远近、形状以及移动方式。这些功能可以被我们的视觉系统模拟，但是，它们知觉的形式不同于我们的任何知觉方式。我们也许可以拥有关于蝙蝠的脑神经结构及其作用的完备知识，也许可以用计算机来仿真蝙蝠的声呐"视"界，但是我们永远无法拥有用声呐"看"世界的经验。我们没有理由认为这种知觉方式的主体经验是任何我们能够经验到的。所以，我们难以建立一个观念来描述成为一只蝙蝠是什么样子。[①] 这个问题不仅仅发生在不同的物种之间，即使同为人类，你也无法"知道"别人的感觉经验像什么。感觉经验的内容具有主观性，要透过直接经验才能获得，客观的科学方法是无法接近它的。

科学的说明并不能解释如何复制或产生出特定的感受质或经验状态。设想一位杰出的科学家，凭借他的天赋和所掌握的流体动力学和气象学的知识，构想出一种完备的理论来解释飓风这一复杂的自然界现象。他采用一套精密的电脑模型来执行运算以理解飓风的形成方式，甚至连某次飓风具备哪些特性，也能够进行预测。该理论让我们了解飓风如何生成或如何通过某些情况发生，然而理论却不能创造出飓风经验。同样，以脑为基础的意识理论需要提出因果说明来阐述其特性，不过，我们不该预期理论可以"通过描述"而产生感受质。

---

① 托马斯·内格尔：《成为一只蝙蝠可能是什么样子》，载高新民、储昭华主编：《心灵哲学》，商务印书馆2002年版，第105—122页。

杰克逊（Frank Jackson）著名的玛丽论证生动地展示了问题的困境。关于物理科学是否能充分解释感觉经验内容，杰克逊的经典思想实验给予了有力的回击。实验假设的玛丽一生住在一个只有黑白两种颜色的房间内，其视觉经验只有黑白二色。即便玛丽拥有完备的脑神经科学知识，并知道一切关于色彩视觉的认知机制，有一天当她走出房间，看到红苹果，获得了红色的视觉经验，这也是她以前从来没有的经验。虽然她知道红色，也知道脑神经系统如何认知红色，并且具备关于红色的所有知识，但是她没有见过红色的东西，也就不具备红色的视觉经验。[①] 因此，物理科学的知识是不完备的，无法涵盖感觉经验知识。

然而，面对杰克逊等人的反驳，舒梅克（Sydney Shoemaker）的回应是：使经验之间的关系成为具有质的相似性的关系的东西是，这种关系在对客观相似性的知觉认识中所起的某种"功能"作用，即它倾向于产生关于这种相似性存在的知觉信念。同样，使经验之间的关系成为具有质的差异性的关系的东西是它在对客观差异性的知觉认识中所起的相应的作用。对质的相似性和差异性做出明确说明这一主张是合理的，正如主张信念、愿望这类心理状态能从功能上定义一样。固然，特定的质的状态不能从功能上加以定义，但是把质的状态与其他类型的心理状态区别开来的东西是，它们的"类型—同一条件"应当根据质的相似性概念而被给予；

---

① 弗兰克·杰克逊：《玛丽不知道什么》，载高新民、储昭华主编：《心灵哲学》，商务印书馆 2002 年版，第 98—100 页。

如果质的相似性概念本身能用功能术语加以定义，进而质的状态的同一条件能用功能术语加以说明，那么即使特定的质的状态不能从功能上加以定义，质的状态的类别也是能从功能上去定义的。①

四、"私人性"的非还原物理解释

个体独特的主观感受如何从客观物理世界产生和表现出来，意识的这一问题被查尔默斯（David Chalmers）看作摆在哲学面前的"难问题"。主体性牵涉到一个心灵主体在世界中极其特殊且不可还原的性质。这个性质很难用一般的语言来形容，因为语言的主要功能是人际沟通，而主体性的最主要特征是其严格的私密性（privacy）。我们无法完全掌握别人的感觉经验内容——感觉经验之所以是主观的，是由于它无法离开经验的主体而被掌握；要掌握一个感觉经验只有亲自去体验它。这个严格的私密性在物理世界中如何可能呢？到目前为止，可能说明经验的主体性的只有时空弯曲这个现象。除此之外，我们找不到任何物理性质足以提供一个可能的解释。

关于意识的研究所面对的是两种不同的对象：一种是从主观的角度用内省方法得到的自己头脑中的"内部现象"，我们据此承认意识的存在；另一种从客观的角度用仪器所观察到的他人头脑

---

① 悉尼·休梅克：《功能主义与感受性》，载高新民、储昭华主编：《心灵哲学》，商务印书馆2002年版，第155—156页。

中的"外部现象"。那么，我们根据什么判断外部现象的机制能够对内部现象构成合理的解释呢？"红绿眼镜"思想实验可以加深我们对这一困难的认识。假设一对同卵双生子，在他们刚出生时，给其中一位装上一副特殊的隐形眼镜，该眼镜的功能是把红光变成绿光、把绿光变成红光，这样，他所看到的红绿色彩恰好是颠倒的，但这对孪生子和旁观的第三者都不可能发现这一事实。即使有一个全能的第三者，可以知道两个人所有神经元的活动，但他想要说明两人感觉的不同却并不容易。换言之，我们可以检测出色盲，但不可能知道别人眼里的红色感觉与我所感觉到的是否一样。

目前，依然有许多研究者在争论皮层的哪个区域甚至哪些特殊的神经元，在意识产生过程中发挥作用。他们试图通过解剖分析来寻找脑的哪一部分结构与意识有密切关系。埃德尔曼（Gerald M. Edelman）和托诺尼（G. Tononi）则与这种基于还原论的研究策略相反，他们认为，意识产生于整个大脑，例如，它不能在一个特殊区域里被查明，而需要大脑多处的神经活动。埃德尔曼希望从整体上把握意识的规律，提出了"神经元群选择理论"，将大脑视为在生物进化中发展出来的一个选择性系统。他在《自然意识：一种理论框架》一文中强调了意识的整合性（integration）和分化性（differentiation）。前者认为，每一种意识状态是许多小单元联合行为的结果。后者说明，在一个短时间（几百毫秒）内意识只能经历大量可能状态中的极少数，也就是"意识"剧场中可上演的节目单极为丰富，如谈天、听课、骑车等等，但真正上台演出的只是众多节目中的一个。神经系统是以选择而非指令的方式处理信息的,两者的根本差异在于选择性系统中存在着"节目单",意识的这种多变性和差异显示了意识具有广泛的通道、关联性以及复杂分布的特性。①

埃德尔曼对感受质问题提出了独特的解释。他认为,感受特质与神经结构以及与之相对应的动态结构密切相关。再进入(reentry)对意识的出现很重要,它是输出信号的再次呈现,包含回馈,但又不等于回馈。所谓再进入就是大脑中的神经信号沿双向通路在神经元之间的传进和传出的过程。在大脑皮层各区域的大量神经元,通过交互的、会聚的和发散的联结通路而联结起来。80%以上的通路存在两个相反走向的纤维,是"再进入"的解剖结构基础,从而使分布在各处的脑功能得以整合。在大脑各处的神经元群之间强烈而快速的再进入相互作用的同时,神经元群的活动模式也在不停地变化,并且彼此能比较清楚地区分开,从而形成意识经验。再进入维持着神经系统对刺激响应的整体性和同步性,从而为意识的主观性提供了基础。

诚如丹尼特所言,人类意识是最后幸存下来的不解之谜。在对意识的探索中,传统的概念框架无法解决心物问题,因为它同时使用了主观的和客观的立场,而这两个立场又是互相排斥的——客观科学的发展过程就是以移除主观内容的方式而前进的;一个

---

① Gerald M. Edelman, "Naturalizing Consciousness: A Theoretical Framework", *Nature*, 2003, 100(9), pp. 5520-5524.

现象描述得越客观，它就包含越少的主观内容，反之亦然。事实上，更主观的观点和更客观的观点之间的差别实际上是一个程度的问题，并且它覆盖了一个广泛的范围。这既需要对客观性的形式做某种修改，也需要认识到它不可能凭自身提供一幅完整的世界图景或者一种对世界的完整的态度。心灵哲学需要一个打破主客绝对分隔的概念框架，通过在特定的层次上积累我们的信息，即从一种立场出发进行广泛的观察，我们可以增加关于世界的知识；但只有当我们考察了同先前的理解有关的世界与我们自身之间的那种关系，并形成了一个对我们自身、世界及二者间的相互作用拥有一种更超然的理解的新概念时，我们才能把我们的理解提升到一个新的层次。① 在新的恰当的本体论中，主观与客观、心灵与身体彼此跨越鸿沟，所谓的心身问题就也就不存在了。② 这样的途径暂时还没有找到，不过，它至少提供了一个解决问题的方向。

---

① 托马斯·内格尔：《本然的观点》，贾可春译，中国人民大学出版社 2010 年版，第 3—4 页。

② Kevin White and Thomas Nagel, "Mind and Cosmos: Why the Materialist Neo-Darwinian Conception of Nature Is Almost Certainly False", *Review of Metaphysics*, 2014, 68(1), pp.187-189.

意识何以成为"有意识的"?*

意识状态与非意识状态有什么根本区别?为什么有时按压一下指头这一简单行为被看作产生了某种意识经验,而走路时保持身体平衡或专注地弹琴这样的复杂过程却被认为是无意识的?高阶意识理论给出的答案是:前者为高阶的表征所伴随,后者则没有。所谓的高阶意识(higher-order consciousness)即指,我们会意识到自己的思想或行动,这种意识不是经验状态,而是关于自己的心理状态的元思想(meta-thought)。

一、理论主张与核心原则

与意识经验相关的判断是分层的:初阶判断是随着意识经验一

---

* 原文题为《高阶意识理论探析》,刊载于《哲学动态》2016 年第 12 期。本文在此基础上做了修订。

同出现的判断,它不是关于经验本身的,而是关于经验的对象的,例如,当我看到一个红颜色的苹果,我拥有一个"某些事物是红的"判断;高阶判断是关于意识经验的更加直截了当的判断,例如,我有一个红色的感觉,我有点儿头痛,我经验到了某些情绪,等等。

意识既可以是被动的,即当我们在留意其他事物时对呈现给眼睛的物体的表面注视;也可以是主动的,即盯着某事物时给予它的专注的考察,它是心灵用来把其视角转向内部、观察自身的行为和运作的能力。当我们任由感觉信息自由地进入我们的意识状态而不特别去注意某个对象时,意识是开放的,也是自然的和无须尽力的,例如我们在漫步街头或欣赏风景时就是如此。相反,当我们要从不断接收到的感觉输入流中刻意找出某个对象,意识通常需要做出一番努力,例如我们在竭力回忆某件事或记住某样东西,我们想象一幅场景或陷入沉思,我们做计划或预测其结果,我们进行计算或从若干选项中有意选取一种……这些时刻的意识都是主动的。

意识的高阶表征理论(higher-order representational theories of consciousness,简称 HOR)试图通过高阶的心理状态与一阶的心理状态之间的表征关系对意识经验的质的特征(qualitative character)做出解释。尽管对于"表征究竟是什么?"还存在着分歧,一些学者认为表征是知觉,另一些学者认为是思想,但他们都秉持一个基本的信念,即意识是一种表征关系——高阶的心理状态表征一阶的心理状态。[1] 自上而下的注意可以导向空间中的特定位置或整

---

[1] Isabel Gois, "A Dilemma for Higher-Order Theories of Consciousness", *Philosophia*, 2010, 38(1), pp.143-156.

个视野中任何一处的特定属性或特定物体。某种形式的选择性注意是形成有意识的知觉的必需条件——只有那些被我注意的物体才会影响我的思维；如果没有选择性关心，经验将是一片混沌。

以日常生活中常见的情形为例：全神贯注看书的人没有注意到窗外噪音，但最终突然注意到了它。这个例子很好地展示了心智状态上的现象意识（phenomenal consciousness）与通达意识（access consciousness）之间的差异。现象意识指主观经验或感受质；通达意识包括所有感觉知觉信息的处理，可通达于思想、语言及行动指导。就此而言，他对噪音始终具有现象意识，但并不必然具有通达意识；只有当他注意到噪音，他对噪音才有了通达意识（并且也许才发现他一直都听到那个噪音）。[1] 关注是一种自愿的行为，它要求主动开始，并且只要愿意，就可以持续下去；但意识既可以主动、也可以被动，并且它无法持续，而只能在各种思维之间不断变化。

对于意识的高阶理论来说，意识是一个人对他自己内部心智状态的觉察或表征，"某个心智状态或事件是有意识的，当且仅当主体觉知到他处于这个状态或主持这个事件（aware of being in the state or hosting the event）"[2]。阿姆斯特朗（David M. Armstrong）曾举如下例子进行说明：某人开了很长时间的车，在这期间他一直

---

[1] Ned Block, "On a Confusion about a Function of Consciousness", *Behavioral and Brain Sciences*, 1995, 18 (2), pp. 227-287.

[2] William G. Lycan, "Have We Neglected Phenomenal Consciousness", *PSYCHE*, 2001, 7(3), pp. 1-15.

沉浸在思考或交谈中，以至于完全没有注意自己的开车行为，甚至被问到刚刚经过的红灯，他都回忆不起来，不过，尽管他在驾驶途中是无意识的，他仍然执行了很多复杂的操作，如加速、减速、停车、避开行人和其他车辆等。[1] 整个驾驶过程中，主体当然有知觉，他看到红灯、路况及其他车辆等，但这些觉察状态本身是无意识的，因为没有高阶状态表征它们，主体在驾驶过程中没有去觉察"我在驾驶"。

高阶意识理论围绕及物性原则对意识进行了阐释。我们知道，"觉知"涉及"被觉知之物"，即关系到某个特定的对象。例如，我们不会单独地说出"我觉知"这样的语句，只有当我们将所及的对象指出后，句子才有完整的意义。这就是及物意识（transitive consciousness），即意识到某事物或意识到某事物是如此这般。与此相对，状态意识（state consciousness）并不涉及觉知，不需要通过指出它所及的对象来让句子的意义变得完整，我们用它只是指称心理状态所具有的性质。这种不及物意识（intransitive consciousness）没有对象，但它是有意识的或清醒的，不是处于无意识的或睡眠状态。在对两种意识区分的基础上，罗森塔尔（David Rosenthal）提出及物性原则（transitivity principle）：一个心理状态是有意识的，当且仅当主体以某种适当的方式觉知（aware of）自己正处于该心理状态。换句话说，有意识的状态是我们对之

---

[1] David M. Armstrong, *The Mind-Body Problem: An Opinionated Introduction*, Boulder: Westview Press, 1999, pp. 118-122.

有意识的状态。这一原则运用到对意识的说明中就是，某一状态之所以成为有意识的，就是因为它是高阶思想的对象。这意味着，如果存在着对某一阶状态的二阶判断，那么这个一阶状态就是意识的内容。[①] 无论某人已经学会什么还是知道什么，他意识到的是那些占据其心灵的及物意识的对象。显然，某人知觉上意识到的任何东西都是被感知到的事物，然而，并非某人感知到的所有事物都是他意识到的东西。

二、理论启示与证据支持

及物性原则在阐述"心理状态如何成为有意识的"的同时，也对感受质进行了独特的诠释。感受质是主体在拥有有意识心理状态时所感受到的那些感觉或主体觉知到他所处的心理状态所具有的那些心理性质。对高阶思想理论而言，这些心理性质是由于"被觉知"才得以主观地呈现出来。当心理状态是无意识的时候，由于一阶心理状态并不被主体所觉知，其具有的心理性质不会被主体所觉知，这就使得它们没有主观呈现的可能；而当心理状态变为有意识的时候，一阶心理状态及其所具有的心理性质被主体所觉知，主体对这些心理性质的觉知构成了后者的主观呈现。这就是为什么感受质会在有意识的心理状态中存在的原因。由此，高阶理论提出下述现象原则：感受质是由高阶思想如何表征一阶心理状态所

---

① David Rosenthal, *Consciousness and Mind*, Oxford: Clarendon Press, 2006, p.26.

完全地决定的。

通常我们认为，感受质在我们拥有感官经验时就会存在，但高阶理论强调，感受质由高阶意识的内容所决定。如此，高阶意识成为一个信念类型的心理状态。这如何可能？回答是，对感觉经验有关概念的学习，通常能够让我们意识到感官状态的性质之间更细致的差异。在高阶意识理论看来，主体是通过高阶思想来觉知心理性质的，而一阶心理状态实际上具有什么样的心理性质与我们这里所谈的现象特征并没有任何关联。主体的觉知并不是通过显现一阶心理状态所具有的心理性质来让主体觉知它，相反，它类似对某一特定场景的描述，可能增减或改变一些东西，而并不完全符合实际状况。意识及其质的特性是实例化（instantiate）在高阶表征关系上的，例如，只有在我知觉到西红柿的同时伴随着"看到了西红柿"这一高阶意识时，我才算是有意识地知觉到了西红柿。

也就是说，有意识状态下完成的动作与无意识状态下完成的动作的本质差别在于，它存在着有关这些动作的高阶意识。如此也就不难理解意识事件是如何发生的，因为意识并不是独立存在于高阶意识之外的东西。我们的大脑有一个功能，专门负责解释它所感知的各种状况。当大脑开始告诉我，我有身体、有感觉、有意图，会思考判断、分析得失、规划未来等的时候，所有这些诠释都变成"我的"，而且是由我告知"我"的，这时我就具有了意识。负责解释的大脑原本就属于我的一部分，所以不仅是我拥有感觉，更是我认为我拥有感觉——意识由于诠释而出现，这就是"高阶"的真正含义。

心灵可以在处于有意识的状态时并没有关注它们，它的注意力完全转向了其运作所针对的外部客体。比如，当人生气的时候，他的注意力转向了侵犯他的那个人和侵犯发生时的环境，而生气这种激情完全不是他关注的对象。知觉、记忆及想象的产物形成了意识经验的内容，不过，人们所觉知到的是被加工对象，而不是加工过程。事实上，大脑无法处理所有的输入信号，它要对面临的超负荷信息进行审查，而最终的选择是以忽略未受关注的部分为代价，只选取一小部分做进一步加工——注意在此扮演了重要的角色。[①]当然，要形成有意识的主观体验，一个先决条件就是要处在有意识的状态中。

神经学的病例观察显示出，主体即便在没有对应现象特征的情况下，也能做出简单的辨识或反应。例如，盲视患者大脑相关区域（初级视觉皮质区）受到损伤，因而不具有正常人在同样条件下所具有的相应的感受质。其中有一类病人，他们的眼睛没有受损，具备正常的视网膜感光能力，其视神经也正常传送讯号；但由于视觉脑区再无法正常运作，因此他们没有任何视觉经验。对于处于盲区的线条，患者自称根本看不到，而当被要求猜测线条的方向、颜色、形状、位置等简单属性时，他们又表现出一定的分辨力，其描述的准确程度远远高于单纯的猜测。[②]在另一个实验中，盲视患

---

① 克里斯托弗·科赫：《意识与脑：一个还原论者的浪漫自白》，李恒威、安晖译，机械工业出版社 2015 年版，第 30 页。

② Antti Revonsuo, "Consciousness as Phenomenal Ether?" *Behavioral and Brain Sciences*, 2003, 26 (4), pp.422-423.

者被要求独自走过一道堆了许多杂物的长廊,并尽量躲避障碍物,结果他成功地完成了任务。①

从这些案例我们可以推断,视觉信息可能绕过初始视觉皮质而直接传入较高阶的脑区;视网膜和其他初级视觉结构中的活动,是通过影响高级区域反应这一间接(而非直接)的方式,对有意识视知觉产生作用。由此,成人视网膜的损伤会致盲,但是,这并没有消除某种有意识视觉经验的可能性,他们仍然具有视觉想象、视觉记忆和视觉梦境。相反,某些视觉皮层区域(高级区域)的损伤则会消除视觉知觉、想象和做梦的所有各个方面。② 这些现象都支持了高阶思想理论。

此外,幻肢患者即使在自己整条腿都被切除后,仍然有腿痛的感觉,那么什么事件与他的疼痛相对应呢?人体各肢体神经在汇入大脑后分别将信息传送到各自对应的大脑皮层分区,后者接收信息并将它们传递到大脑更高一层的意识中心,从而使人感到肢体的存在。肢体突然丧失后,各分区神经元便失去了信息输入,但仍可以向高层意识中心发送一些混乱的信息,高层意识仍然会认为来自分区的信息是关于某个肢体的。因此,真实的情形是:脊骨中的坐骨神经受到了刺激,引发大脑中的神经元放电,进而为他提供了感觉到腿痛的经验,即使没有任何引起他"腿痛"的事件。如果

---

① Beatrice de Gelder et al., "Intact Navigation Skills after Bilateral Loss of Striate Cortex", *Current Biology*, 2008, 18(24), pp. R1128-R1129.
② 杰拉尔德·埃德尔曼、朱利欧·托诺尼:《意识的宇宙:物质如何转变为精神》,顾凡及译,上海科学技术出版社2004年版,第167页。

实体的因果力从物理到心理都能被继承，那么似乎所有真实的因果行为都可被基于物理属性和物理因果力的低阶描述所覆盖。于是，我们不免疑惑：心理因果性到底是以某种方式不同于物理因果性，还是根本就是独立于后者的？

三、质疑、辩驳与回应

高阶意识理论被一些人看作是心智的物理主义手段，但事实上，它本身并不蕴含心智的自然主义化，这是因为它并未断言高阶意识对低阶意识的表征就是物理性因果过程。尽管如此，这种理论还是面临着不少问题，其核心原则也受到以下几方面的批评。

第一，它拒绝了对于无法具有高阶意识的生物来说存在着意识的可能性，也无法很好地解释某些心理状态如冥想，后者似乎没有任何种类的思维参与其中。作为表征论的一种，高阶意识理论断言，任何心灵状态的现象性特征都依赖于那个状态的意向性。然而，有些情绪状态并不表征或关于任何状态，它们是经验自身固有的——经验包括对感受内容的觉知，这种觉知属于高阶知觉；但被表征的只是被意向的内容，而不是经验的全部内容。[1]

物理世界可以区分为表象与实在，我们所能观察到的只能是事物所呈现的现象。而"表象"与"实在"的区别对于意识并不适

---

[1] William G. Lycan, "Philosophy of Mind", in Nicholas Bunnin and Eric Tsui-James eds., *The Blackwell Companion to Philosophy*, Blackwell Publishers Ltd, 2003, pp. 173-195.

用，这是由于每一感受质所呈现给主体的那种质性感受就是它的本质。在感觉情形中，不存在不同于感觉本身的对象。虽然我们感觉的对象是被感知到的东西，但感觉行为或感觉操作不会以概念的方式把任何一种对象"呈现"于心中，它不能表征那个被最终感知到的物体或性质——那是知觉官能的概念操作和信念操作的作用。感觉的本质就是被感受到，而且它只能是我们所感受到的东西。①换言之，并不存在一个对象"疼痛"以及感觉这个疼痛的行为，相反，只存在主体的伤痛体验，它伴随着某种表征失调的知觉。当你牙痛的时候，那种尖锐的痛感，就是你那牙痛的质性特征。疼痛的感觉似乎就是它的本质——我们可以想象具有其他因果作用的痛或痛的因果关系，然而却不痛（没有那种感觉）。对感受质这类心理状态来说，表象就是实在。

第二，按照及物性原则，只有在被主体觉知到他自身正处在该心理状态时，这个被觉知到的心理状态才会成为有意识的心理状态。对此，德雷斯基（Dretske）指出，生活中存在着很多未被主体觉知，但却是有意识心理状态的现象。②事实上，这一驳斥并不构成威胁，因为它是从一阶表征论的立场出发去判定什么样的心理状态算是有意识的；并且他忽略了一点，即被主体觉知的必要条件并未包含主体一定要将某一阶心理状态觉知为特定的事实。

第三，及物性原则提出心理状态有意识的充分条件，即当主体

---

① 托马斯·里德：《按常识原理探究人类心灵》，李涤非译，浙江大学出版社2009年版，第85页。
② Dretske Fred, "Conscious Experience", *Mind*, 1993, 102(406), pp.263-283.

觉知到它自身正处于某个心理状态时。由于高阶理论强调被主体觉知的有无是心理状态有无意识的关键，而作为其对象的心理状态则扮演着无足轻重的角色，因而即便将对象进行任意替换，我们仍然可以得到相同的结果。换言之，从"被觉知"使得一阶心理状态变成有意识的，我们可以进一步推出"被觉知"使得"被觉知"的对象变成有意识的，那么，当石头被主体觉知后，这块石头是否也会变成有意识的石头呢？①

面对这个质疑，罗森塔尔辩驳道，反对者在这里错误地理解了及物性原则中所定义的意识——只有当我们采取"意识是心理状态的内在性质"这一观点时，上述指责才会成立。在反驳者看来，意识性质的基础是一阶心理状态本身。但对高阶意识理论而言，意识是一种关系性质，是由主体的觉知、被觉知的心理状态以及两者的觉知关系所构成。对石头的感知或思维不能使得石头或其他类似的物理事物变得具有意识性，因为类似的物理事物本身就不是（低阶的）心理状态。高阶理论所要解释的是心理状态的意识性，因此石头问题根本没有切中要害。

第四，低阶心理状态需要高阶心理状态表征才会具有意识，也将不可避免地陷入无限循环。因为，关于意识的观念仅存于内在的意义被内在的其他东西所感知的情形，这将导致内在感知的无限理论实体的出现。要使意向性发挥作用，身体内的某处必然有接

---

① B. Cunningham, "Capturing Qualia: Higher-Order Concepts and Connectionism", *Philosophical Psychology*, 2001, 14(1), pp. 29-41.

收器，因此，意识可能只有在意义之内涵被体内的某种东西感知时才会存在，好比在人脑中有一个小矮人在观察人的思想。问题是，对于意识的小矮人来说，他需要另一个小矮人来观察它的思想。依此类推，就会出现无限数量的小矮人，如此形成无穷回归。针对此疑问，高阶理论者给予了有效的回应，其核心在于坚持高阶表征自身并不必须是意识性的。意识对于心理状态而言并非内在和本质性的，这不仅蕴含着低阶心理状态原本是无意识的，而且蕴含着与之独立的高阶的心理状态无须是意识性的，由此也就不会产生所谓的无穷倒退了。

第五，也是最为棘手的，如前所述，高阶意识理论是用高阶思想与一阶心理状态之间的高阶表征关系来说明意识与现象特征的。表征关系本身存在误表征（misrepresentation）的可能性：一种情形是匹配错误，如错觉（illusion）；另一种是被表征对象事实上不存在，如幻觉（hallucination）。相应地，高阶思想与一阶心理状态之间的高阶表征关系也包含上述情况。而相比之下，后一种情形即无目标问题（targetless problem）是高阶思想理论面临的一个较为致命的反驳。布洛克指出：在无目标状况中，就本体论层面而言，主体只拥有一个高阶思想，根据及物性原则，该高阶意识由于没有被更高阶的高阶意识所表征，因此是一个无意识的心理状态；而在现象层面上，根据现象原则，感受质是完全被高阶意识所决定的，因此尽管缺少一阶心理状态，但它的现象特征仍然存在。这就造成了自相矛盾的结论，因为感受质的前提是主体必须拥有一个相对应的有意识的心理状态，缺少了这一心理状态，现象特征如何可能存在？

一方面，如果缺少作为某个心智状态的低阶状态，就没有任何东西会成为有意识的对象；另一方面，如果高阶表征存在，主体就必然是有意识的。这两种说法显然发生了冲突。[1]

现实生活里，无目标或误匹配的情形的确存在。例如，患者手臂被注射了麻醉剂，但当他观看另一个人手臂被打时，他的脑海里也能产生被打的感觉，他与他人的意识似乎没有任何真正的差异。此时高阶状态即疼痛的表征仍然存在，但它表征的对象即低阶的状态疼痛本身已经消失了，也就是说，病人仍然是有"通达意识"的。如果高阶表征对通达意识是充分的，这个高阶表征并不一定伴随着关于它的更高阶表征（即便存在，也会导致一个无穷后退），所以它自身是无意识的，但感受质却是有意识的，这就导致了一个悖论。[2]对于布洛克来说，这里的关键在于，我认为我正拥有一种某物在我看来是什么样的经验，是因为我根据内在观察到我具有这个属性而做出判断的。这同样适用于我如何判断我是有意识的。但意识的高阶理论拒绝这种直接性，我的判断不是根据那种特定属性做出的，也就是说，现象意识在我的判断过程中并没有起到作用。

四、可行的进路

"无目标状况"被认为是击中了高阶意识理论的要害。导致这

---

[1] Ned Block, "The Higher-Order Approach to Consciousness Is Defunct", *Analysis*, 2011, 71(3), pp.419-431.

[2] William G. Lycan, *Consciousness and Experience*, The MIT Press, 1996, p.113.

一困境的原因在于高阶意识理论中的三个要素——及物性原则、现象原则与所谓的自明之理（obvious truism，即OT）：对主体S与时间t而言，若S有感受质，则存在一个符合下面两个条件的心理状态M，（1）在t时刻S处于M；（2）在t时刻，M是有意识的；它构成了主体拥有一个有意识的心理状态的前提。在无目标状况中，及物性原则蕴含了主体并不拥有一个有意识的心理状态这个命题，但是现象原则与自明之理却蕴含了"主体拥有一个有意识的心理状态"这个相反的论断。[①] 这意味着，高阶思想理论的两大原则包含了彼此冲突的论断，因而无法成立。

解决上述矛盾的最简便的方式就是放弃三个原则中的任何一个。例如，我们可以拒绝及物命题，这样确实避免了矛盾的出现，因为命题"主体并不拥有一个有意识的心理状态"会因及物性原则的放弃而消失。[②] 然而，正是及物性原则才使高阶思想理论得以解释感受的主体特质，假如它被摈弃，高阶理论也就无法解释其所要解释的现象。

相比之下，代价较小的方案是对这三个原则重新诠释以维护高阶思想理论的核心。威斯伯格（Weisberg）采取的就是这种方式。在他看来，及物性原则表明，高阶表征关系两端分别是高阶思想和一阶心理状态，因此，当一阶心理状态不存在时，高阶表征

---

① Uriah Kriegel, *Subjective Consciousness: A Self-Representational Theory*, Oxford University Press, 2009, p.130.
② R. Brown, "The HOROR Theory of Phenomenal Consciousness", *Philosophical Studies*, 2015, 172 (7), pp.1783-1794.

关系就不存在。无目标状况带来挑战的根本原因在于反驳者对及物性原则的误解，如果我们予以澄清，回归其本意，也就不会出现所谓的矛盾了。他试图用意向关系（intentional relation）澄清及物性原则：及物关系本身并不因意向对象存在与否而发生改变。高阶思想与之建立起高阶表征关系的仅仅是一个意向对象（merely intentional object），它完全只是信念的一种创造结果，于是，即便不存在一阶心理状态，主体仍然拥有一个有意识的心理状态，这样，我们可以在不放弃任何原则的前提下化解克里格尔所提出的悖论。① 由此，引入"仅仅是一个意向性对象"的理解方式解决了无目标状况中高阶思想与一阶心理状态表征关系缺乏的问题。然而，如果一段关系是真正意义下的关系，那么关系的两端必须都是实存的物体或实在对象，如此看来，威斯伯格所建立起来的意识与现象特征的高阶表征关系是一种虚假关系。

如前所述，布洛克与威斯伯格所提出的策略都没能完善地处理无目标难题，但这并不意味着高阶思想理论不具有可行性。事实上，每位后继者在挽救困局时所暴露出的缺陷，在某种程度上也提示出解决问题的线索。首先，及物性原则以及意识作为关系的观点不能被舍弃；其次，纯粹的意向对象并不是一个实存的对象，因此，它与高阶思想之间并不能建立起一个实质意义下的意识与现象特征的关系。② 这提醒我们需要调整意向关系的结构。因为，不是

---

① J. Weisberg, "Misrepresenting Consciousness", *Philosophical Studies*, 2011, 154(3), pp.409-433.
② 李建城：《论意识的高阶思想理论》，台湾中正大学哲学系 2015 年硕士学位论文，第 67—76 页。

所有的一阶认知状态都对应于有意识的经验，可能存在与经验根本不对应的关于世界的一阶判断。因而，这一理论需要一个附加条件以区分诸多一阶状态的相应类别。为此，一个显而易见的做法是约束那些状态的作用。

问题的关键在于如何理解意向性。意向性表示或表征了那些外在于心智的东西，不过，它被用于描述的思想对象并不实际地存在，而是具有意向的内存在或者仅仅意向地存在于思维主体之中。一些意向状态（如信念）具有心灵到世界的适应指向，即使没有什么东西是它们关涉的，表征也能产生——表征可以在没有表征对象时存在。[①] 例如，尽管不存在独角兽，但我能够思考独角兽。也就是说，这些心理状态本身具有某种内在特征，这种内在特征如其所是，即使实际上不存在任何独立于心智的世界。例如：我看见了一段卷曲的绳子，并尖叫："蛇！"在某种意义上，我"看见"的是绳子，并且我的经验是"关于"这段绳子的：绳子是我的视觉经验通过心理表征实际上所关联的东西。而在另一种意义上，我"看见"了一条蛇，那段绳子通过某种远距刺激而关联于我的心理表征，我之所以害怕它，只是因为我把它当成了一条蛇。我的视觉经验具有那种"关于"一条蛇的意向特征，即使它实际上所关联的是条绳子，或者即使全然不存在任何恰当的远距刺激。

---

① 约翰·R. 塞尔：《意向性：论心灵哲学》，刘叶涛译，上海世纪出版集团2007年版，第8、17页。

由此，意向关系所涉及的就是心理状态与这个世界相"勾连"的方式，它不是去解释心理状态实际上是如何与这个世界发生关系的，而是去解释心理状态是如何具有关联任何事物的现象特征的。意向特征在本质上是内在的而非派生的，它将会决定哪一个对象是它所必定关联的。① 某个意识状态的信息内容只与意识状态本身的出现密切相关，而并不一定与外部世界直接关联。即使在没有外界输入的情况下，它仍然可以构造出意识场景。梦就是这方面最突出的表现。当我们做梦时，我们同样是有意识的——并不是对外部世界有意识，而是对我们梦中世界的体验有意识。人在做梦时丧失内省，但做梦与清醒时的意识非常相似：他通常能够辨认出视觉对象与环境，他的语言也很通顺，他所描述的故事甚至高度连贯。梦也可以提供信息，在某些条件下梦中的意识状态甚至会决定当时的行为。例如，快速眼动睡眠失常症患者会按照他们在梦中经历到的特殊意识状态产生相应的行动；精神分裂症也提供了同样的案例。

　　也就是说，心理状态在行为中所起的因果作用，通常更依赖于世界在我们的心理状态中是如何呈现给我们的，而不是依赖于世界实际上是如何存在的。虽然意向性表示或表征了那些外在于心智的东西，但是这些心理状态本身具有某种内在特征，这种内在特征如其所是，即使实际上不存在任何独立于心智的世界。当感觉被

---

① 罗纳德·麦金太尔：《胡塞尔与心的表征理论》，载约翰-克里斯蒂安·史密斯编：《认知科学的历史基础》，武建峰译，科学出版社2014年版，第138页。

经历着时，它们是有意识的，即在体验上是被给予的，且这一被给予性并不是对象化的结果，也不是由于感觉被一个（内）知觉当成了对象——感觉并不是作为对象而被给予，而恰是作为主观体验。意向体验自身被经历着，但它们不是以一种对象化的方式显现；它们既不能被看到也不能被听到。这些意向对象并不是意向的真实的部分，而是在它们当中被意念的东西，是意向的特殊的意义，并且是只有对于像"意义"这样的东西才有意义的诸样态中的意义。我们能够将自己的注意力指向我们的体验并因此将它们当作一个内知觉的对象，这一切只是发生在我们对它们进行反思的时候；这里所说的对象，并不是指对象本身，而是指在给予方式的"如何"之中的对象，当我全面地连贯地询问被给予的方式和有效性的样式时，我认识到，这种意识生活完全是有意向地完成着的生活，从而生活世界以及它的全部变化着的表象内容才可能部分地重新获得意义和有效性，部分地已经获得意义和有效性。[①] 体验的质性特征完全在于那些对象"被体验为"拥有的性质属性，即现象质性是那些被表象之物的属性，在"感觉如何"方面的差异实际上是意向性的差异。

理解意向性内容和心理状态的另外一条路径诉诸指称理论。对指称的研究表明，专名和自然种类语词即使在说话人对所指物的知识不完整或有缺陷时，仍然能够发挥指称作用。指称并不仅仅依赖

[①] 胡塞尔：《欧洲科学的危机与超越论的现象学》，王炳文译，商务印书馆2001年版，第246、289页。

于说话人对相关语词所做的背景描述，还依赖于说话人与一个语词的所指物的关系，而这种关系是根据上下文来定的，它并不是纯粹的认识关系。① 心灵的意向状态如信念、愿望和意图等被认为包含了一种不可取消的关系成分。意向内容对于意向对象的指涉，是通过一种或多种呈现模式（mode of presentation）即各种可能的方式来确定一种给定状态的事务或事件。关于这一点，克兰（Tim Crane）也做出了细致的阐释，他主张把内容作为意向关系的客体，意向内容指的是意向对象的某个层面，或更精确地说是意向对象被意向到的那个层面。② 按照这样的观点，意向内容的存在与否与意向对象的存在与否彼此之间是独立的。这意味着，一阶心理状态的实存与否并不会影响到高阶思想如何表征主体正处于什么样的（一阶）心理状态。换言之，在无目标状况中，由高阶意识与高阶意识的内容间所建立起来的高阶表征关系仍然是存在的。而高阶表征关系的存在，对高阶意识理论而言，事实上等同于主体拥有一个有意识的心理状态。一阶心理状态的不存在并不意味着主体不拥有一个有意识的心理状态。这样我们可以在消解无目标状况中所蕴含的矛盾的同时，避免虚假关系的责难。

综观心灵哲学的发展脉络，不难看出，高阶意识理论为当代关于意识的探讨提供了有益的启示，但同时它对于意识难问题的解释

---

① 泰勒·伯格:《语言哲学和心灵哲学：1950—1990》，载陈波主编：《分析哲学——回顾与反省》，四川教育出版社 2001 年版，第 187 页。

② Tim Crane, "Intentionalism", in Ansgar Beckermann, Brian P. McLaughlin, and Sven Walter eds., The Oxford Handbook of Philosophy of Mind, Oxford University Press, 2009, pp. 475-491.

也充满了争论。不过,无论如何,高阶理论代表着一种研究纲领或方向①,它试图针对"什么使某一心理状态成为有意识的"给出探索性的描述框架,尽管很多细节仍然亟待解决。

---

① Uriah Kriegel, "In Defense of Self-Representationalism: Reply to Critics", *Philosophical Studies*, 2012, 159(3), pp.475-484.

从"无身之心"到"寓心于身"*

从古希腊时期开始,身体和灵魂的二元对立就是西方哲学的一个基本构架。人们似乎认为自己的身体是无思想的物质,与他们的灵魂和心智有着根本的区别。不论"身体"这个词还意味着其他什么含义,它指涉了一种不具备理解力的事物,成为无法进行判断和选择的事物的代名词,成了决断和自由意志的反义词。① 在笛卡尔那里,心灵和身体之间虽然存在一个密切的互动,但它们是两个本质不同的存在物,身体代表着感性、偶然性、不确定性;心灵则意指理性、真理、稳定性、确切性。身体就这样一直处于一种隐匿和遮蔽的状态。不过,到了 19 世纪,尼采不仅以新的态度看待理性、情感、思想、意志,而且重新考察人的身体及其与精神的

---

* 原文题为《从"无身之心"到"寓心于身"——身体哲学的当代进路》,刊载于《哲学研究》2011 年第 2 期。本文在此基础上做了修订。

① 兰德·马克沃特尔:《自然的身体:我们这些离经叛道者》,龙冰译,载汪民安、陈永国编:《后身体:文化、权力和生命政治学》,吉林人民出版社 2003 年版,第 137 页。

相互关系，并把权力的运作（尤其是当权力以躯体为目标来生产知识和主体性时）当作研究的主题。哲学家们开始关注身体与思想之间的隐秘联系，他们用"身体"来反抗意识哲学的独断性，展开了所谓的"哲学身体化"的运动。而20世纪下半叶以后，"身体"更是进入众多学者的研究视野，从被审视的对象变为思想和行为的主体，并得到整个人文社会科学的广泛关注，同时也成为当代政治和文化的一项重要议题。本文旨在探讨和分析身体哲学作为一种当代哲学研究趋向的理论表现和方法论意义。

一、身体、社会象征与价值符号

尼采之后，身体理论占据了哲学的重要位置，尽管理论各异，但共同特点都是从身体的固有物质性出发，让身体抵达某种社会实践层面，使身体和社会结合起来，将身体作为世界的出发点。为身体进行的祛魅及世俗化贯穿了整个西方现代历史，这一问题包括个体如何在生活规划的身体发展策略中做出选择，也包括谁来决定对身体的产物及身体各部分进行处置。过去曾经是自然的一个方面的身体，作为社会和政治意义的载体而受到关注；身体逐渐服从于人的干涉或根本性的统治，变成了一个互动、占有与再占有以及联结系统化的专家知识的场所。与那些把社会比作家庭的方式相比，把社会比作身体更能使社会的权威秩序显得不可避免和无可更迭，身体也由此成为意识形态中尖锐矛盾的策源地。

福柯的大部分著作都与身体具有紧密的联系。在谈论"精神病"、"临床医学"、"监狱制度"这些现象时,"身体"一直是这些问题得以展开的载体,而他所研究的这些对象,都需要并且也只能在人的身体上得到显现。在知识考古学和权力系谱学中,福柯将各种社会事件的起源不是归结为某个特定的、固定不变的历史结构,而是在不同社会历史阶段中依据不同力量关系网络呈现的断裂性不断重构的过程。但是,福柯认为,任何源起及其不断重构的过程,归根结底都同"身体"密切相关。没有任何一个历史过程,哪怕是一个瞬间,是可以脱离身体的存在和运作的。"肉体——以及所有深入肉体的东西,食物、气候、土地——是源头之所在:就像肉体产生欲望、衰弱以及过失一样……过去的所有事件……同样在肉体中相互联结、间或倾轧。也会相互解散、相互斗争、相互消解,追逐着不可克服的冲突……所以,谱系学作为来源分析,处在肉体和历史的环接上。"[1] 身体的历史形塑实际上就是各种历史事件的有形档案库,也是各种历史事件的物质见证。

然而,身体的各个部位的功能及其运作过程,在很大程度上受到社会文化环境的影响和限定,而其活动方式和行动效果也直接在社会文化环境中呈现出来。因此,福柯并不停留在一般性地探讨身体和心灵、思想之间的相互关系,而是通过身体各部位活动方式的社会规范化同个人主体化之间的相互关系,探索不同历史时代的社会制度和规范对于个人身体状况及其活动方式的限定过程,探

---

[1] 福柯:《尼采、谱系学、历史》,王简译,载杜小真编选:《福柯集》,上海远东出版社1998年版,第152—153页。

索在身体各部位功能的产生和满足过程中个人身体同社会制度和规范之间的互动状况。他从身体的最基本部位（如消化系统和性器官系统的基本运作过程）进一步深入说明维持个人生命所必须的要求及欲望等是如何关系到整个社会制度的维持和运转的。它们在表面上似乎是属于肉体生命的生理运作过程，但实际上，它们都在很大程度上具有社会道德和文化意义，并在不同的时代，通过各种制度和仪式的规定而被严格地社会化和文化象征化。[1] 福柯所进行的研究的目的就是要说明权力机制究竟怎样直接与人的身体相联——与许多的身体、功能、生理过程、感觉及享乐相联；不仅不取消人体，而且还使其出现在这样的分析里，其中，生物性和历史性二者之间的关系是随着以生命为本的权力之现代技术的发展而日益复杂化的，而不是像传统社会学在其理论中所描绘的那样是前后相接的。因此它不是那种考虑到人们发现身体或赋予身体以意义和价值的方式才对身体给予重视的"精神风貌史"而是"身体本身的历史"和人们用来包围身体中更物质、更具活力的东西的那种方式史。[2]

同尼采相似，德勒兹也把身体看作一股活跃的升腾的积极性的生产力量。德勒兹对尼采的身体哲学进行了细致解读和进一步发展，他将身体抽象为一种生产性的力量、一部巨大的欲望机

---

[1] 高宣扬：《福柯的知识考古学和权力系谱学》，冯俊、弗兰西斯·弗·西博格等：《后现代主义哲学讲演录》，陈喜贵等译，商务印书馆2003年版，第503页。

[2] 福柯：《死亡的权利和治理生命的权力》，尚恒译，载杜小真编选：《福柯集》，上海远东出版社1998年版，第383页。

器。在他那里，作为欲望的身体可以无休无止地生成、流变、闯荡。欲望生产是一个矛盾的过程，它受到来自内部（无器官躯体）和外部（社会）的压制。"无器官的躯体"(body without organs)并不是"没有器官的躯体"，而是一种"未被机构化的躯体"（a body without organization），是一个反结构性的身体，一个生成性和可变性的身体；"一个摆脱了它的社会关连、它的受规戒的、符号化的以及主体化的状态，从而成为与社会不关连的、解离开的、解辖域化了的躯体，因此它能够以新的方式进行重构"①。无器官身体以内在迫害器官的形式或外在迫害代理者的形式进行内部反抗或外部反抗。②欲望被德勒兹诠释为本质上是非中心化的、片断的、动态的，欲望的运动并非在于寻找其所欠缺的且能够满足它的那些客体，而是在它自己充沛的能量的驱动下去寻求常新的联结和展现。可以说，对欲望的追求代表了一种远离现代性的主体理论的趋势。

对待身体的态度变化反映了西方价值的世俗化倾向，西方传统价值曾经强调禁欲与内心控制，而 20 世纪增长的消费文化和时尚产业则着重于对身体表面的操控。对现实的理性主义的再现与解释图式被看作凝固和僵化的、阻碍着创造性能力的压迫性强制物。当代社会的"文化"已经成为商品化的符号系列运作的代名词和装饰品，在这样的背景下，与"身体为之服务"的传统伦理相反，

---

① 斯蒂文·贝斯特、道格拉斯·凯尔纳:《后现代理论：批判性的质疑》，张志斌译，中央编译出版社 1999 年版，第 118 页。
② 吉尔·德勒兹:《无器官的身体》，陈永国译，载汪民安、陈永国编:《后身体：文化、权力和生命政治学》，吉林人民出版社 2003 年版，第 112 页。

"使个体为自己的身体服务"的当代伦理成为优先考虑的基础。"在经历了一千年的清教传统之后,对它作为身体和性解放符号的'重新发现',它在大众文化中的完全出场……都证明身体变成了救赎物品"①,身体彻底取代了灵魂。

在消费主义盛行的同时,人们对身体的审美性质日渐重视,身体资本成为品位的一个标准。但身体之所以被重新占有,其所依据的并不是主体的自主目标,而是一种娱乐及享乐主义效用的标准化原则、一种直接与一个生产和指导性消费的社会编码规则相联系的工具约束。因此,"被解放了的身体"是一种表象,后者仅仅说明,某种有关灵魂的意识形态被一种更具功用性的意识形态所取代——身体的自发表现代替了完全内在的灵魂的超验性。然而,这种表现是虚假的,正如灵魂在18世纪以前那样,变成了特权化的精神支柱。如今,身体作为经济支柱、个体的指导性心理原则和会控制的政治策略已经渗透于生产目的之中;身体沦落成一种投入工程的客体,这一工程比之身体开发在劳动力方面的异化,更加深刻。

身体对日常生活中心地位的占据,在"习性"的重要性方面展现得尤为明显。体态身姿造成的印象,属于一个人最不容易刻意改变的外部表现,正是出于这个缘故,它们被视为这个人"习性"的呈现。布尔迪厄通过对那些与自身社会习性相关的职业群体的调查发现,身体聚积着社会的权力和社会不平等的差异性。身体

---

① 波德里亚:《消费社会》,刘成富、全志钢译,南京大学出版社2000年版,第138页。

作为象征符号，其本身也是资本，它往往可以置换成经济资本，也可以转化为一种文化资本，而这种转化是经由身体的特定实践得以实现的。习性，或者说实践感，是世界的"准身体化"意图。实践信念不是一种心理状态，更不是由精神自由决定的对制度化教理和信条的信从，而是一种身体状态——原始习得把身体当作备忘录，同时又将它当作寄存最可贵价值的所在。① 例如，人们重视一些重大集体典礼，这不仅因为要隆重地表现集团的风貌，而且基于一种更为隐蔽的意图，即通过对实践活动的严格安排，对身体特别是情绪的人体表达（笑声或眼泪）的有规则的支配来组织思想和启发感情。习性作为一种知识，是手和身体的记忆；在培养习性的时候，恰恰是我们的身体在"理解"。身体容纳了对社会世界结构的意识，而社会结构通过内化进入到身体当中，身心在此统一起来，在这个意义上，实践感就是身体感。

二、身体、世界与嵌入心灵

20世纪下半叶，各种各样的影响促进了从现象学到心理学的发展。梅洛-庞蒂的身体现象学就是在哲学基础上建立的一种心理学模式。笛卡尔的"我思"被梅洛-庞蒂的知觉的身体—主体所替代。笛卡尔主义把知觉定义为外部世界的给定物体的内部表现，由此产生了主体/客体二元论以及相关的一切问题。根据梅洛-庞

---

① 皮埃尔·布迪厄：《实践感》，蒋梓骅译，译林出版社2003年版，第88、101、212页。

蒂的观点,诸如此类的问题在笛卡尔主义/心灵主义的框架内是无法充分解决的,因此必须从根本上重新思考知觉。这一批判成为梅洛-庞蒂关于知觉的身体性以及身体的意向性分析的出发点。

梅洛-庞蒂关于时间、空间、他人、自然世界、自由、主体间性等问题的论述和思想,都是通过对身体的讨论展开的。在这里,身体不再是视觉与触觉的手段,而是视觉和触觉的占有者——"眼"即"可见的"身体,"心"则是"不可见的"精神;身体提供了知觉客体的条件和来自于知觉的意义。身体注视一切事物,也能够注视它自己,它是对于它自身而言的可见者和可感者;由于万物和我的身体是由相同的材料做成的,身体的视觉就必定以某种方式在万物中形成,或者事物的公开可见性就必定在身体中产生一种秘密的可见性。[①]身体与世界是"共在"关系,世界是和我的身体的各部分一起呈现给我的——不是通过一种"自然几何学",而是通过一种类似于和存在于身体各部分之间的联系,是一种活生生的联系。对世界的理解从对身体的理解开始,因为世界不是一个对象性的存在,不可能被理性认识所穷尽;通达世界的道路,是通过身体,去体验、去知觉。

"通过身体认知世界"的思想在20世纪末的莱考夫(Lakoff)和约翰逊(Johnson)那里进一步得到彰显。莱考夫和约翰逊首先批判了客观主义关于思维的一些错误观点,后者忽略了人类认知的一个重要特征,即在形成有意义的概念和进行推理的过程中,人类

---

① 莫里斯·梅洛-庞蒂:《眼与心》,杨大春译,商务印书馆2007年版,第36—37、39页。

的生理构造和身体经验发挥了关键的作用。在此基础上他们提出，空间概念的形成来源于每人不断的空间体验，即个体与自然环境之间的相互作用，由此产生的概念就是我们赖以生存的最根本的概念。① 心智离不开直接的身体经验，这种经验并不只是为某种类型的身体所拥有这么简单，事实上，每一项经验都是在一定的、广泛深厚的文化前提下获得的，文化假设、价值和态度并不是一个我们可以选择是否施加于经验之上的概念外衣，文化已经隐含在每一种经验本身中，我们正是用这样的方式去体验我们生活的世界。我们的身体和我们的自然、文化环境的本质，通过自然维度赋予我们的经验以结构。重复出现的经验导致范畴的形成，范畴就是拥有自然维度的经验完形。这些"完形"界定经验中的连贯性：当我们依据直接源自身体、环境或在环境中互动而获得的经验完形而认为经验具有连贯的结构时，我们就是在直接理解经验；而当我们用一个经验域的完形来结构化另一个域的经验时，我们就是在隐喻式地理解经验。②

寓身认知理论援引梅洛-庞蒂的著述作为其立论的理论基础和依据，梅洛-庞蒂曾在《行为的结构中》表达了机体和环境相互规定和选择的见解，他谈道："……机体的全部运动始终都受到外部影响的制约，如果我们愿意，我们完全可以把行为当作是环境的

---

① 乔治·莱考夫、马克·约翰逊：《我们赖以生存的隐喻》，何文忠译，浙江大学出版社2015年版，第57—58页。
② 乔治·莱考夫、马克·约翰逊：《我们赖以生存的隐喻》，何文忠译，浙江大学出版社2015年版，第201页。

某种结果。但同样,就像机体获得的全部刺激只有借助于其先前的运动(它们通过把感受器官暴露给外部影响而得以完成)才得以可能一样,我们可以说行为是全部刺激的首要原因。这样刺激物的形式是由机体本身、由它自己呈现给外部作用的固有方式创造的……机体按照其感受器的本性,按照其神经中枢的阈限,按照其组织的运动,在物理世界中选择了它要感受的那些刺激。"[1]受此启发,寓身认知论提出了如下主张:(1)认知依赖于经验的种类,这些经验来自具有各种感知运动的身体;(2)这些个体的感知运动能力自身内含在一个更广泛的生物、心理和文化的情境中。该主张意在强调感知与运动过程、知觉与行动本质上在活生生的认知中是不可分离的,因为这二者在个体中不是纯粹偶然地联结在一起的,而是通过演化合为一体的。[2]

在关于认知的探讨中,我们无法避免这样的逻辑蕴含:任何科学描述(或对生物现象或对心智现象)本身必然是我们认知系统结构的产物。我们总是在一个生物、社会和文化信念与实践的既定背景中实施那个反思行为,我们对这一背景的假定恰恰是某个我们正在做的东西;我们思考这整个图式,包括置身其中的背景。这个往复循环的基轴就是经验和认知的寓身性——既包含作为经验结构的能动的身体,也包含作为认知机制的情境或环境中的身体。

---

[1] 莫里斯·梅洛-庞蒂:《行为的结构》,杨大春、张尧均译,商务印书馆2005年版,第27—28页。

[2] F. 瓦雷拉、E. 汤普森、E. 罗施:《具身心智:认知科学和人类经验》,李恒威、李恒熙、王球、于霞译,浙江大学出版社2010年版,第139页。

寓身认知研究更多地吸取了现象学消除实体二元论与属性二元论的思想。如果心灵不是脱离身体的独立实体，如果心灵不是与行为无关的副现象，那么我们能否建立一种身中之心的理论构想呢？身中之心的核心思想在于：心灵不仅不是脱离身体的某种实体或者属性，心灵原本就是行为或者身体活动，并且任何心灵活动都植根于身体活动中。如果我们能够把二元论支配下的心灵称为实体之心、副现象之心，那么我们就可以把"身中之心"称为身体—心灵或嵌入心灵（embedded mind），或干脆概括为身体性的心灵。身体—心灵概念并不是把身体和心灵表述为相关的两个实体或者属性。将身体和心灵用连字符联结起来，目的是为了说明，心灵就是身体，身体与心灵是一体而不可分的。不过，身体与心灵的统一并不是传统心身同一论向大脑物理生理状态的还原，它所要表明的是：心灵与能动身体活动的等同。

在探索心灵的过程中，身体哲学对于笛卡尔哲学的二元论的批评是深刻的，其各种理论都否定了心灵在认知上的优先性与优越性，进而将研究焦点放在身体而不是意识上；对于身体的探讨同时包括了从属性与身体—自由的可行性。它不仅强调了把身体和心灵看成分离的实体是不可能的，还引导我们注意到我们与世界以及意义、想象和理性的身体基础的实际关联。这种对认知活动的重构以及对心灵观念的重新解释，向我们展现了一条建设性的道路，尽管我们目前在这条道路上仅仅迈出了一小步，尽管这条道路的轮廓目前并不十分清晰。

三、诉诸"体验的心灵"

关于认知的研究，从心理学进展来看，20 世纪 70 年代占主导性地位的是认知主义（cognitivism）或符号研究进路；80 年代兴起了以神经的网络加工为理论基础的联结主义（connectionism），它通过脑的生物活动来类比人的认知活动。在人工智能界，意识被看作一种人脑中信息处理的方式。那么，大脑是如何表示和处理信息的呢？学界主要存在模块论和分布论这两种主张，前者隐含着先验论的观点，后者则多少具有经验论的意味。就模型（本体论及信念上的类比）而言，符号主义把人脑看作符号操作系统，认为人类思维在本质上就是一种符号处理过程，因此可以用静态、有顺序的数字计算模型来处理智能；联结主义则以神经生理为基础融合人脑的认知功能和特性，采用数字化特征（而非逻辑规则）转换信息、平行地处理亚符号。[1] 非分布的系统往往受一个统一命令的指挥，有一个集中发布命令的机构，各网络层是一个串行的关系；而分布系统具有多个发布命令的机构，这里显然包含异步的内容，因为没有统一的指挥机构自然表现为非同步。分布系统也因此表现出容错性好、具有自学习能力、可实现联想而且速度快等特点。

值得一提的是，反映意识内容的强烈兴奋模式在同一时刻往往

---

[1] Alan Garnham, "Cognitivism", in John Symons and Paco Calvo eds., *The Routledge Companion to Philosophy of Psychology*, Routledge, 2009, pp. 99-110.

只有一个，所以说意识活动是串行的，然而大脑同时还是一个并行的信息处理系统。对此我们如何理解呢？实际上，意识反映了当前脑处理的最重要的事件，大脑中同时存在有意识和无意识的多种神经活动，它是以意识为串行中心的特殊的并行信息处理系统。[①]模块论和分布式理论作为两种互相对立和竞争的范式，各自都可以解释现存的一些发现：模块论能有效说明认知心理过程中的干扰、概括、等级区分等现象，例如，脑损伤病人的一些语言故障确实支持语言结构的模块理论；并行计算则在神经系统中广泛存在，而且相比之下，分布式理论在模拟相对简单的认知过程方面较为成功。

认知心理学以其丰富的实验成果迅速改变着心理学的面貌，但与此同时也遭到诸多诟病。这些批判主要针对方法论层面：认知心理学的研究只关注个体的认知现象，却忽视了个体与个体、个体与文化间互动关系以及个体作为其成员的社会结构的本质。传统的认知心理学家采用计算机隐喻来解释心理活动：程序员不需要相应的硬件知识，相应地，认知心理学家只需在行为分析的水平上发现运行心理的程序。而如今，愈来愈多的心理学家已认识到，人类的信息加工的角色在功能上几乎每一个重要的方面都不像是一个标准的数字计算机。

当代认知心理学的基础是心理表征理记和计算理论。表征理论把认知看作是再现对象世界，计算理论把认知看作是一种根

---

① Amanda J. C. Sharkey and Noel Sharkey, "Connectionism", in John Symons and Paco Calvo eds., *The Routledge Companion to Philosophy of Psychology*, Routledge, 2009, pp. 180-191.

据有限的形式系统或算法规则对信息的计算或对符号的操纵过程。可以说，无论认知主义还是联结主义，揭示的都是计算的心灵（computational mind），后者与体验的心灵（experiential mind）仍有相当的距离，然而人的完整认知应该同时包括上述两个方面。[1]意识的难解之谜并没有被解开，不过其间的争论似乎给了我们方法论上的启示，即它的最终解决要寄希望于多学科的整合。值得欣慰的是，最近三十年来，认知心理学研究呈现出新的趋向，这就是注重在日常的生存情境中考察心理现象的发生和发展，试图建立与人的经验意识相吻合的认知模型，通过人的直观体验的实在特征来揭示认知活动。

由于心理现象量化研究的结果较为具体精确，所以，现代认知的几乎各个领域的理论，都是在标准的实验室条件下进行的。然而，实验室研究在许多方面没有恰当地表现日常生活的真实情况。心理实验中，被试的反应未必直接由刺激引起，而多半是以刺激为线索针对主试而采取的主观反应。这种对自变量的干扰可能通过两种途径起作用：（1）被试对自己角色、实验情景及实验目的的理解；（2）被试所采取的动机方向。也就是说，被试多半会针对主试的假设表现出自以为合于要求的行为特征（demand characteristics），也会表现出现所谓的霍桑效应（Hawthorne Effect）。[2] 这些复杂的

---

[1] Ray Jackendoff, "The Mind Doesn't Work That Way: The Scope and Limits of Computational Psychology(review)", *Language*, 2002, 78(1), pp. 164-170.

[2] Kerri Pickel, "Memory and Eyewitness Testimony", Stephen F. Davis and William F. Buskist eds., *21st Century Psychology: A Reference Handbook*, Sage Publications, 2008, p.441.

"附加"影响足以说明，实验情景与"真实"世界之间产生了差异，前者成为由被试和实验者之间的交往构成的短暂的、人为的和非常态的情境，其结果因此难以推广到一个较大的群体。

实验室研究的一个突出方面是所谓的脱钩问题（decoupling problem）。随着研究日趋深入，人们越发感到，实验法运用的范围非常有限——对于兴趣、需要、情绪、愿望、意志之类的研究课题，实验法往往难以控制众多的无关变量，并且非自然的环境影响了个体的心理和行为反应，其测试的效度必定受到质疑。还有些研究出于道德的原因，不能对被试加以控制，如研究环境对个体的发展等。对此，奈瑟（Ulric Neisser）指出，信息加工进路的研究并未探索出摆脱实验室限制的关于人的本质的任何方面，它的基本假设没有超越它赖以存在的计算机模型。[①] 然而，人类的心智毕竟不是一台通用计算机，仅仅是器官对外部的刺激就非常敏感。难怪艾森克（E. W. Eysenck）慨叹："从新现象的发现导致数量惊人的相关分支现象进行研究这一角度看，记忆研究的科学性越高，它就越远离它所应该具有的目标"[②]，尽管这一结论是悲观和令人沮丧的，但却发人深省，因为在内部认知活动中，动机和情绪的变化可能产生质的影响；过分集中于严格控制条件下的内在心理加工过程而忽视或无视发生在日常生活中的知觉和记忆的某些主要特征，认知心理学的发展将难免重蹈行为主义的覆辙，从而成为一个狭隘

---

① Ulric Neisser, "Ecological Psychology", in Robert A. Wilson and Frank C. Keil eds., *The MIT Encyclopedia of the Cognitive Sciences*, The MIT Press, 1999, pp. 255-256.
② E. W. Eysenck：《认知心理学的现在和将来》，乐国安译，《心理学动态》1990 年第 1 期。

的、失去了意义的特殊化领域。

这并不是想以此说明纯粹描述的科学概念和方法在心理学中完全不允许被应用,也并不想否定区分纯粹身体的经验和关于精神的东西的经验的意义。对我们来说,重要的是批判地阐明整个近代心理学的物理主义的先入之见,一方面是对于指导着描述的、却未曾被仔细分析的经验概念进行批判,另一方面是在描述的科学和说明的科学的对比中对于那种将二者并列起来并看成是相似的解释方式进行批判。

现象学考察人们对于现实的感觉,即世界呈现在个体面前的方式。在它那里,是主观感觉而非客观世界本身主导了人类的心理:我们所感知到的与外部世界所客观存在的并不一定相同;我们的行为更多地依赖于客观物体所显现出来的样子而非其真实的样子。胡塞尔认为,感觉带给我们有关世界的直接知识,它是对世界本来面目的看法,但是存在于我们知觉中的目的能够歪曲这种真实性。歪曲表现出许多形式,从简单的视错觉到种族偏见都是这种歪曲。知觉之所以被歪曲,通常是由于我们的心灵是观念、假设和期待的一团混合物,因此"有关心灵的科学,根本不可能按自然科学行事,根本不可能在方法上求教于自然科学,即使是在描述与说明对立的图式中也不可能……只有从现实地自身给予的直观中……从原初的生活世界的经验中……从心灵东西的固有本质中汲取"[①]。按

[①] 胡塞尔:《欧洲科学的危机与超越论的现象学》,王炳文译,商务印书馆2001年版,第190—191、268页。

照心理学的概念，心灵被它的所作所为所刻画；而按照现象学的概念，心灵被它感觉的方式所刻画。

强调现象学在心理学中重要性的学者论证说，科学研究同样需要来自人类经验的详细的现象学研究的补充，其论点的基础在于，心理学与自然科学或生物科学极为不同，它研究的对象是人，而人是有意识的，这一点使得人与其他生物相区别，人类经验是活生生的而且能以第一人称的方式进行清晰的口头表达。意识是心理学家所关心的专门的和最重要的事物，这种关心要求特殊的研究技术，它略微不同于传统科学所采用的研究技术，而后者对于行为研究是更适宜的。[①] 现象学已为心理学家提供了得以解决其一系列特殊的问题的特殊探讨，"现象学悬置"可以被视作一种从对内在意向性内容进行反思到对内在过程进行不受人为限制的、任意解释的方法。

研究者收集了各种探讨并从中概括出一些共同主题：首先，心理学家应该关心整个人的机能而不是把人分成孤立的过程（如学习和记忆）。其次，在一定范围内，人具有选择性或选择做什么的自由意志；意识是人的基本过程，对它的研究与对人本身的研究不可分割。再次，心理学家应该关心现实生活的需要、问题和起着重要作用的人们的动机，而不只是考虑实验室研究的事物；同时，由于面临的对象独特，心理学家应该设计出适合于他们的题材的方

[①] Dan Zahavi, "Philosophy, Psychology, Phenomenology", in Sara Heinämaa and Martina Reuter eds., *Psychology and Philosophy: Inquiries into the Soul from Late Scholasticism to Contemporary Thought*, Springer, 2009, pp. 247-262.

法，而不是简单地因袭传统科学的技术，也不能逃避做出有价值判断的责任。最后，心理学家需要关心帮助人们理解他们自己，而不是仅仅关心对行为的预测和控制。①

四、生态效度与心灵衍化

实验心理学家致力于了解记忆和忘却现象，追求从根本上了解大脑和感觉器官，并视之为能够选择、组织、存贮和检索信息的系统。他们认为，奠定这种理解的基础，需要借助在高度控制的从而在总体上是高度模拟的条件下严格设计的实验。于是，在记忆实验的过程中，被试一般会面对两组材料：口头的和非口头的。口头材料包括一系列的专名、形容词、动词、散文片断、诗歌和故事；非口头材料一般包括几何图形以及人物、静物和风景的图片。为了能够描写和对被试的表现进行分类，认知心理学家将这些被试置于实验情境下，尽量消除特别的文化内容。他们的研究所关心和探索的是基本认知结构的存在及其普遍性，所寻求识别的是"基础结构"、"初始过程"、"一般现象"以及人性不可或缺的通用的心理机能。

然而，认知研究的生态学范式强调：认知活动都是根植于文化背景的。例如，我们承认，在大多数文化中，男人和女人之间

---

① David Woodruff Smith, "Cognitive Phenomenology", in Daniel O. Dahlstrom, Andreas Elpidorou, and Walter Hopp eds., *Philosophy of Mind and Phenomenology*: *Conceptual and Empirical Approaches*, Routledge, 2016, pp.15-33.

的记忆将会不同,因为他们之间的教育和职业是不同的;但我们也看到,文化背景极为不同的见证人,对于同样一个事件,尤其是类似口头传说涉及的那些复杂事件,其回忆将不可避免地存在差异。近二十几年来,生态效度(ecological validity)日益受到关注,它已被心理学家普遍接受并成为他们实验研究与设计的重要参考指标。生态效度指把心理学研究结果推广到真实生活情境的程度,这个概念强调对于自然发生的心理过程和具有功能意义的心理现象的研究。它被用来衡量某一理论或某一实验结果是否具有实用价值,构成了变化,是实验结果应用于不同人群、任务或刺激的外部效度的判别标准[1]。也就是说,如果一项研究缺乏生态效度或生态效度极低,那么它所得到的是被试在这项具体研究中的心理和行为反应,而不是他们在日常生活中的真实表现。

以记忆研究为例,早期认知心理学家艾宾浩斯利用无意义音节作为记忆材料,其目标是简化刺激并孤立反应,并由此得出了著名的艾宾浩斯记忆曲线。这种形式化的研究很少涉及具有日常意义的行为,但揭示描述性回忆模式的记忆材料不同于无意义音节,它来源于被试的日常生活,不仅对被试来说无须施加特别的观察方式和回忆方式,而且排除了时间限定的要求。20世纪中叶,巴特莱特(Frederic Bartlett)意识到,发展心理学理论的必要途径是开展以解决实际问题为基础的研究,他大大缩小了基础心理学和实用

---

[1] Kathleen M. Galotti, *Cognitive Psychology in and out of the Laboratory*, Thomson Wadsworth, 2008, pp. 19, 29-30.

心理学之间的差距，并赋予心理学的研究以更多的现实色彩。他否定了艾宾浩斯的传统观点，反对其无意义音节实验脱离实际的做法，开始研究接近真实生活环境中的记忆。他采用了接近日常生活的图片和故事，用"描述法"、"象形文字法"、"系列再现法"和"日记法"等来考察记忆的全过程，并研究了个人对与自己有关信息的记忆即自传体记忆。在巴特莱特那里，心理过程通常以现实的方式包含在记忆术语之下，正如这些心理过程实际发生于任何正常的个体身上一样，既发生在社会团体内，也发生在社会团体外。这些方法的目的，除了考虑回忆的实际正确性外，还要分析被试进行自由描述而引起的论点以及在回答主试问题时被试自己的想法；这些领域所考察的是被试自然发生的行为而不是心理学家引导的特殊行为。[1]尽管巴特莱特理论中的推测成分较多，难以得到广泛的接受，不过他的研究促使许多人从完全不同的角度去思考记忆的性质和动力问题。

迄今为止心智的计算—表征理解（computational-representational understanding of mind，简称CRUM）观点在认知研究中占据着主导地位。所谓表征（representation）就是信息在人脑中呈现和记载的方式，认知主义和联结主义都把认知看作表征——认知主义把符号加工看作是表征的适当载体，联结主义认为突现的整体状态表征着世界的特征。[2]"表征"概念在某种程度上是基于基础主义和本

---

[1] 弗雷德里克·C. 巴特莱特：《记忆：一个实验的与社会的心理学研究》，黎炜译，浙江教育出版社1998年版，第60—234、296—310页。

[2] 保罗·萨伽德：《心智——认知科学导论》，朱菁、陈梦雅译，上海辞书出版社2012年版，第11—13页。

质主义的，似乎信息或意义作为普遍性知识或事物的本质、规律或真理，可以通过现象表现出来，而符号就是由以揭示隐含在其中的信息或意义的载体。

　　生成的观点反对把表征作为认知科学的阿基米德点，而把认知看作身体化的行动（embodied action），强调认知是在人所从事的各种活动基础之上心灵和世界的共同生成（enaction），是彼此结构勾联（structural coupling）的历史，也是这一"生成"过程中人的真实生活经验的反映。① 另一些学者认为，人的认知没有结构，没有规则；由于大脑与环境之间随时都有信息交流，而且处在不断变化的连续的认知状态，因此认知就是认知主体与环境的互动。他们将认知理解为一个动态系统（dynamical system），一个包括任何随时间改变而改变的系统。在他们看来，符号主义和联结主义在认知图景中忽略了时间，而事实上，认知者在与源于环境的信息打交道的过程中，其大脑状态持续地发生改变，并且某种非计算动态系统中的状态空间不断地衍化；只要搞清楚不同时间心理状态的变化过程，就可以揭示心灵的奥秘。② 这无疑对认知行为的连续性提供了时间维度的自然主义的说明。如果说，对心理表征权威地位的否定消解了外在世界的所谓基础，那么，对认知结构和规则的否定则表现出更加彻底的反基础主义。

---

① Benjamin Bergen and Jerome Feldman, "Embodied Concept Learning", Paco Calvo and Antoni Gomila eds., *Handbook of Cognitive Science: An Embodied Approach*, Elsevier Ltd., 2008, pp. 315-318.

② Chris Eliasmith, "Moving Beyond Metaphors: Understanding the Mind for What It Is", *Journal of Philosophy*, 2003, 100(10), pp. 493-520.

现象学思想的心理学价值是对人与世界统一体的强调：意识中存在的客体不同于自然界的客体（自在的）——精神是自主、自为的存在；体验以及通过体验呈现的意义成为心理学的研究对象；同时，现象学并不排斥实证方法，恰恰相反，两者的关系是相互依存的。[①] 事实上，我们不得不面对一些实质性的问题，比如，如何保证通过现象学构建令人信服的、适合心理学发展的更好框架？如何实现在现实生活中研究真实的体验和心理，同时又保持研究方式的科学性？等等。正由于存在上述诸多问题，作为非主流心理学的现象学心理学在整个心理学中的地位仍需拭目以待。

五、身体意象、负载幻象与自我认同

朝向身体的回归，产生了一种对自我认同的新的追求。在高度现代性的条件下，身体与自我的关系远比前现代时期更加亲密。20世纪20年代，心理学和社会学界开启了对于身体意象（body image）的研究。身体意象指个体心中对于自己身体的描绘，换言之，就是个体怎么看自己的身体外形；它不仅是一种认知架构，而且包括他人的态度以及与他人的互动，涉及身体意象的本质，包括影响体形知觉变动的原因、过轻与过重的感觉以及身体意象对于人

[①] Jeffrey Yoshimi, "Prospects for a Naturalized Phenomenology", in Daniel O. Dahlstrom, Andreas Elpidorou, and Walter Hopp eds., *Philosophy of Mind and Phenomenology: Conceptual and Empirical Approaches*, Routledge, 2016, pp. 287-304.

际互动的影响等等。① 它被用来探索个体对于自己身体的觉察与体验，最近十几年，学术界以及社会大众也开始重视身体意象这个议题，布莱恩·特纳（Bryan S. Turner）甚至用身体社会（somatic society）一词来说明身体意象这个议题在当代社会的重要性。心理学家也逐渐关注和探讨哪些心理因素会影响到个体对于自己身体的满意程度。格罗根（Sarah Grogan）把身体意象界定为对自己身体的知觉、想法及感受，其要素包含：身体大小的推测估计、对自己外形魅力的评估以及对于自己体形的感觉。对身体不满（body dissatisfaction）就是个体对于自己身体之负面的想法与感觉，这种自我对身体的知觉不仅是个体主观的经验意识，而且受到社会互动经验的影响，因此被看作一种社会建构的产物。②

与身体意象相关的是身体的自我认同。在日常生活的互动中，身体的实际嵌入是维持连贯的自我认同感的基本途径。个体为了能够保持正常外表而同时又确信拥有超越时空的个人连续性，必须在变化的互动场景之间保持稳定的行为举止，并有效地将其行为举止整合到个人化的叙事之中。欧文·戈夫曼（Erving Goffman）的一系列作品显示出，在所有的社会互动情境中，个体被期望对其身体保持的控制是如何的严密和繁杂。对身体的规则化的控制成为一种基本手段，正是借助它，自我认同的个人经历才得以维护；而与此同时，自

---

① Régine Waintrater, "Body Image and Identity in Victims of Extreme Violence", in Ekaterina Sukhanova and Hans-Otto Thomashoff eds., *Body Image and Identity in Contemporary Societies: Psychoanalytic, Social, Culture and Aesthetic Perspectives*, Routledge, 2015, pp. 49-53.

② Sarah Grogan, *Body Image: Understanding Body Dissatisfaction in Men, Women and Children*, Routledge, 2007, pp. 40, 135, 190.

我依据其肉体化不停地"展现"在他人面前。身体的惯例性控制构成能动的本质及被他人接受（信任）为有能力的存在本质的内在组成部分。日常生活中的角色表演所要求的表达一致，指出了在我们的人性化自我与我们的社会化自我之间一个至关重要的差异：作为人，我们也许只是被反复无常的情绪和变幻莫测的精力所驱使的动物；但是，作为一个社会角色，我们必须保持相对稳定的状态，我们不允许我们的高级社会活动像我们的知觉和机体意识那样紧随我们的机体状态而变化。[①] 他人的反应和自我监督总是在提醒人们注意理想中的身体和镜子里的身体之间的裂沟；人们用这种自我监督来觉察并努力修正存在于社会认可的身体和个人拥有的身体之间的距离。

高度现代性的出现，对于自我认同来说，很重要的一点就是更持久、更强烈的自我反思性，而自我的反思性也拓展至身体。对身体进行反思监控，其实就是在对"生活制度"进行反思，持续的关心"身体"也就是要选择采纳一种符合自己身体变化理想的"生活制度"。吉登斯（Anthony Giddens）考察了通过自我和身体的内在参照系统而形成的自我认同现象。他借用戈夫曼"正常外表"这一概念进行了分析。"正常外表"是（受到严密监控的）身体举止，个体在"常态"情境中借助它们主动地再生产保护壳。"正常外表"意味着个体可以继续现行的活动而无需对环境的稳定性投以太多关注。很多时候，尽管人们以"正常外表"行事，但是仍处

[①] 欧文·戈夫曼：《日常生活中的自我呈现》，冯钢译，北京大学出版社2008年版，第41—47页。

于焦虑中，原因在于这种身体外表并没有与自我或自我认同形成一致。这就是身体行动和自我认同产生了分离，其结果是直接对自我认同造成冲击，产生"存在性焦虑"。"身体"之所以对自我及自我认同有如此重要的作用，原因在于它是一种为获得"本体安全"的形体表达。人们为了获得这种安全感而严密地监控自己的身体。肉体的脱身在日常生活的紧张情景中当每个人的本体安全被打乱时都能感受到，但通常是暂时的反应而非长久的分离。不过，一旦分离变得持久，自我扭曲或精神上的分裂就会产生。精神分裂症患者与正常人之间的分别就在于，保持"正常外表"对于他们而言是一种可怕的重负。① 这种情形下的自我认同叙事允许个体带有疏离、憎恨或玩世不恭的态度来目睹身体的活动。

人们对于自我的认同也依赖于自我免于身体所受的遭遇，于是，为现代幻象所包围的那些疾病往往被视为自我审判或自我背叛的一种形式。在关于身体的意象中，如果把健康比作"各器官的平静状态"，那么疾病则是"一些器官的反叛"——疾病是通过身体说出的语言，是通过身体表达出来的意志。桑塔格（Susan Sontag）考察了疾病（尤其是传染性流行病，如结核病、麻风病、梅毒、艾滋病及恶性肿瘤等）如何被一步步隐喻化的过程，从"仅仅是身体的一种病"到转变为一种道德评判或政治态度。结核病、癌症、艾滋病被人们赋予大相径庭的含义，以至于它们被打上时代

---

① 安东尼·吉登斯：《现代性与自我认同：现代晚期的自我与社会》，赵旭东、方文译，生活·读书·新知三联书店1998年版，第65页。

的烙印，背负了贵族社会、工业社会、当代社会的时代之名。肺结核曾经是一种比较普遍的致命性疾病，但它与优雅、清瘦、热情关联起来，似乎成为19世纪的浪漫主义疾病，这种疾病的隐喻抬高了患者的精神地位和价值。相反，癌症则是一种现代性的苦难，被认为是心灵受挫者、无表达能力者、压抑者（尤其那些被压抑的具有愤怒情绪的人）易得之病，例如酒鬼患食道癌，吸烟者患肺癌……甚至连心脏病这种原来很少受到责难的疾病，如今也多半被视为饮食过度、生活方式奢靡付出的代价，或意志薄弱、缺乏审慎、沉溺于不健康生活方式的结果。癌症还常被社会变迁、城市和政治等主题借用，被刻画成囊括了20世纪种种负面行为的一些意象，如畸形增长、能量匮乏等，而且扮演着惩罚癌症受害人的至高角色，而这样的神话阻止了人们努力寻求或获取更完整的治疗。①

艾滋病所遭遇的污名比癌症更为严重。它被看作是一种不体面或失德之病——它的不安全行为不只是弱点，简直就是放纵、犯罪，甚至它是某一特定的"危险族群"或"贱民团体"的专利。桑塔格敏锐地揭示了艾滋病在微观过程与传播方式上所附着的两种隐喻——"入侵"和"污染"。艾滋病被描绘为一种侵略的病——病毒会寄居其中、占领领土，被想象成异类的"他者"……无论病人是否为受害者。艾滋病被意指为最先出现于落后原始的地域、然后才扩散到美国或欧洲的疾病……它接替瘟疫成为对社会的报应或对集体的惩罚，向原先接受消费主义的民众释放出一个信息：

---

① 苏珊·桑塔格：《疾病的隐喻》，程巍译，上海译文出版社2003年版，第8—12页。

你最好自我管理、自我节制，以免葬送自己。①

综上所述，20世纪对身体的解读，力图弱化其间的自然化成分，并融合了不同视阈的价值判断。身体哲学触及到了人类社会和文化及其主体最深层的本质问题，它对人的本性及其在社会运作中的各种角色和表演进行了独到而精致的分析，深刻地揭示出当代西方社会的内在矛盾及其运作机制。从方法论上讲，身体哲学摒弃了身心二元对立的思路，不过，围绕着身体展开的研究依然很难摆脱对个体—社会、自然/物质—文化、本质主义与建构主义等等基本立场或关系的探讨。身体本体论通常是沿着基础主义或反基础主义的路径：前者从身体现象学角度理解活生生的经验，试图分析机体系统、文化框架和社会进程这三者之间的复杂互动；后者将身体概念化为有关社会关系性质的话语，或者把身体理解为一个象征系统或社会结构的隐喻，身体尤其有关它的正常问题（以及与之相伴随的真理问题），是协商确认的，是它被构建的合法性的话语的产物。就认识论而言，主要的争论发生在社会建构主义者和反建构主义者之间：前者认为身体是被话语实践所社会性地建构的，后者则坚持身体独立于那些表征它的话语形式。②为此有必要打破对于身体研究的认识论与存在论、身体本体与表征/话语之间的对立，既关心"身体在社会中是如何被形塑的"，又要揭示社会自身是怎样在身体的事务中建构起来，从而理解身体作为特殊的历史联结的复杂性。

---

① 苏珊·桑塔格：《疾病的隐喻》，程巍译，上海译文出版社2003年版，第92—96页。
② 布莱恩·特纳：《身体问题：社会理论的新近发展》，汪民安译，载汪民安、陈永国编：《后身体：文化、权力和生命政治学》，吉林人民出版社2003年版，第34页。

寓身性进路：一种可能的方案?

20世纪70年代中后期以来，随着实证主义的式微，认知研究的科学心理学范式不断遭到某些方面的质疑，人们越来越关注现实生存中的人是如何认知的，并以非实证的观点重新开始认知的理论探索。而人的实际认知情形首先是：一个活生生的身体（living body）在实时（real-time, on-line）环境中的行动（action）。寓身认知（embodied cogniton）正是在这样的思考基础上逐渐产生和成长起来的研究进路和纲领，它在当代认知心理学乃至整个认知科学中，已经成为一个逐渐凸显的话题。与经典认知研究相比，寓身认知最重要的理论洞见就是：认知主体从物理装置与生物大脑扩展为包含大脑在内的活的身体；无论是知觉还是抽象思维等认知活动，都深深植根于身体活动之中。随着研究的深入，寓身认知从哲学思辨走向实证探讨，不少实验心理学家开始从寓身的角度看待认知过程，许多心身问题也支持了寓身认知的基础假设。

一、寓身认知的理论主张与循证研究

现代认知心理学中占据统治地位的是认知主义（cognitivism）和联结主义（connectionism）。认知主义的基本精神是将认知理解为基于规则的符号表征计算；联结主义的基本理念则是将认知理解为大脑神经网络的并行计算，同时这种认知活动就是对于人类生物大脑活动的一种功能模拟。但二者都赞同认知的核心是一种可实现于物理装置或者生物大脑的计算活动。然而在我们的日常生活中，存在着许多人类自然智能形式，它们不断地促使我们反思和修正经典认知的计算假设和大脑假设。例如，网球运动员不用计算网球运行轨道就可以击打到它，盲人可以利用手杖安全摸索到家，人们能够熟练地利用手势动作等体态语言表意和交流，这些直接利用身体感知的认知活动是经典认知难以解释的，这些人类自然智能形式表明：计算并不是理解和建构认知活动的唯一方式；认知活动不仅离不开生物大脑，而且与人类身体及其所处环境的互动密切相关。解释人类自然智能形式的需要，催生了寓身认知研究的理论框架。

寓身认知的英文表述是"embodied cognition"，按照其所表达的"身心合一"、"心寓于身"的观点，我们把它译作"寓身认知"。寓身性是对认知主体和认知过程属性的一种描述，主张认知主体不是一个纯粹的心智，而是嵌入物理环境的身体中的心智；认知过程是认知主体通过物理的身体与环境进行交互的过程。认知过程依赖于有机体周围外在环境的特征。在认知活动中，有机体嵌入环境并能主动利用身体和环境中的资源简化认知任务，实现大脑、身体和世界更紧密的联结。[①] 寓身认知不再把计算看作认知活动的本质和唯一途径；同时，寓身认知不再坚持经典框架的大脑假设，而是把大脑、身体与环境组成的整体活动系统作为理解和建构认知活动的实在基础。无论是知觉还是抽象思维等认知活动，都不再被限定于大脑内部，而是深深植根于身体活动之中；心灵和精神是生物体的一种活动方式（a method of its workings）。

寓身认知理论主张：（1）在人类认知中处于基本地位的概念范畴是基本层次范畴，属于同一类别的成员可以引起人们在行为上大致相同的反应。基本层次与非基本层次的范畴的区别是以身体为基础的，概念化的基本层次构成寓身认知的基石，认知正是在这个基点上进一步发展的。[②]（2）情境是认知系统的一部分，"情境"包括这样几层内涵：a. 注重实时环境对于认知的作用；b. 强调环境与认知主体的互动作用；c. 情境既包括物理环境和他人，还蕴含着社会文化的内涵。[③] 克拉克认为，不仅知觉等低级认知能力形成于主体—环境互动之中，而且高级认知能力也是形成于主体—环境互动之中的。诸如心灵和智力这些成熟的认知能力更像是船舶导航

[①] D. Borrett, S. Kelly, and H. Kwan, "Bridging Embodied Cognition and Brain Function: The Role of Phenomenology", *Philosophical Psychology*, 2000, 13 (2), pp.261-267.

[②] Fred A. Keijzer, "Theoretical Behaviorism Meets Embodied Cognition: Two Theoretical Analyses of Behavior", *Philosophical Psychology*, 2005, 18(1), pp.123-143.

[③] Margaret Wilson, "Six Views of Embodied Cognition", *Psychological Bulletin and Review*, 2002, 9(4), pp.625-636.

而不仅仅是生物大脑的能力。船舶导航是在不同个体、工具以及实践行为组成的一个扩展性复杂系统的良好协调和适应中完成的。我们通常所谓的精神能力，是一个更宽广的包容环境的扩展系统的属性，大脑不过是这个系统的一部分而已。[1]

寓身认知是针对认知心理学的缺陷进行的哲学反思和建构，它的主张在认知科学研究中是否具有理论价值，它的论断能否在主流心理学中占有一席之地？我们从心理学的具体研究入手进行分析，这些相关研究成果的出现，尤其是当代认知神经科学的相应支持，分别为寓身认知获得认同提供了有力的证据。

镜像神经元 20世纪90年代初，意大利帕尔玛大学的贾科莫·里佐拉蒂研究小组发现了一个有趣的事实。他们在测算短尾猿大脑运动前区皮质脑细胞的电活性研究中发现，猴子在进行简单的目标导向行为（譬如伸手去抓一块水果）时，一些特别的神经细胞活跃起来；尔后，当实验猴观看别人进行相同举动时，脑中同一批神经元也会再度活跃，就像先前它们自己实施这一行为一样。由于这批新发现的神经元似乎让观看者在脑中直接反映出他人的行为，因此研究者称之为镜像神经元（mirror neuron），它们不仅在我们执行某种动作时被触发，而且在我们观看别人动作时，也会被触发。[2] 这就意味着，我们其实不需要思索和分析，只需要激活大

---

[1] Andy Clark, *Supersizing the Mind: Embodiment, Action, and Cognitive Extension*, Oxford University Press, 2008.

[2] Giacomo Rizzolatti and Laila Craighero, "The Mirror-Neuron System", *Annual Review of Neuroscience*, 2004, vol.27, pp.169-192.

脑中的同一区域，就可以实时领会他人的思想。某人所做的动作，可造成另一个人脑部的活化，后者从内心深处就能了解前者在做什么，因为镜像机制让他的脑子里也经历了同样的动作。镜像神经元不是通过概念推理，而是通过直接模仿来让我们领会别人的意思——通过感觉而非思想。

腹脑 人们常常以为，肠道只不过是带有基本条件反射的肌肉管状体，但近年来，科学家惊奇地发现，人类的许多感觉和知觉都是从腹内传出来的，研究发现，腹中有一个非常复杂的神经网络，它包含1亿个以上的神经元、1000亿个神经细胞，其数目甚至比骨髓的神经元和细胞还多。一些学者提出，肠道本身的神经元环路就是一个独立的大脑，这个第二大脑也称腹脑（abdominal brain）。腹脑与中枢神经系统一样敏锐和复杂：腹脑与大脑的细胞数量相当，并且细胞类型、有机物质及感受器都极其相似；腹脑拥有属于自己的负责免疫和保卫的细胞；腹脑中也存在着大多数神经递质，例如，血清素这种神经传导物质，主要由肠道分泌，但是大脑松果体也有少量存在。血清素一方面会促进肠道蠕动，一方面也与我们的精神状况有关，常用的抗忧郁症药——百忧解就是用来提高血液中血清素的量。另外，像神经肽蛋白等神经传感器的存在也加大了它与大脑间的这种相似性。[1] 两个脑在功能上是相互影响、相互关联的。

---

[1] Vanessa Ridaura and Yasmine Belkaid, "Gut Microbiota: The Link to Your Second Brain", *Cell*, 2015, 161(2), pp.193-194.

当然，更为重要的是，腹脑这一由神经元、神经递质和蛋白组成的网状结构，能使肠神经系统独立运作、自主判断和发号施令。腹脑具有非常强大的信息接收系统，它能够精确侦测成千上万的化学物质，一旦发现有害于身体健康的外来毒素，就马上做出反应，引起下痢、呕吐等预防动作。腹脑还会根据生理变化发号施令，例如：十二指肠会分泌一种胆囊收缩素，使胆囊收缩放出胆汁，同时引起饱足感、幸福感。格尔松（Michael Gershon）认为，人体胃肠道组织的神经细胞综合体独立于大脑工作并与之进行信号交换，由"第二大脑"参与的记忆和思考过程将影响一个人的理性思维。[1]

脑损伤与神经可塑性 经典的结构与功能定位说将大脑各种功能限定于脑的特定区域，按照这一观点，脑一旦患有疾病就终生不愈。然而随着医学的发展，人们逐渐发现，损伤后的人脑仍具有适应性，具体表现在，由多种原因引起的脑损伤如脑卒中、脑外伤等所致的运动、语言等方面的功能障碍，在其病理学上的恢复完成后，经过学习和训练，脑的功能仍可以得到不同程度的恢复。其原因或者是由于发生病变的脑区部分得到修复，或者是由于邻近的脑区具有了病变脑区的功能，也就是说，脑在一定条件下具有定向改变其结构与功能以进行补偿替代的能力。

空间关系的行为图式 皮亚杰的发生认识论为寓身认知提供了重要的心理学依据。他以"感知运动阶段"来称呼儿童认知发

---

[1] Michael D. Gershon, "The Enteric Nervous System: A Second Brain", *Hospital Practice*, 1999, 34 (7), pp.31-42.

展的最初阶段,这也表明了动作在儿童早期认知发展中的重要作用。随着表征和动作的发展,主体的动作越来越内化,情境也逐渐地向反向发展着自身,由于新的可能性和必然性的形成的双加工,主体的操作几何学被无穷地扩展,最终它包括了(有时甚至可以预期)科学发现的客体空间的任何事物,更不用说超越科学解释的事物了。[①] 要看出可能性和必然性如何在动作变得内化之前就被构成,这是困难的。在皮亚杰看来,感知运动智力正是个体智力的最初表现形式,心理运算和它所支持的智力成就都源于内化的动作。

借用莱考夫的说法,以往的认知理论建立在传统的知识、理性和心灵概念之上,这些概念或多或少受到身心二元论的影响,它们都是脱离身体的。离体的实在论(disembodied realism)在客体和主体之间制造了一道无法跨越的鸿沟,这样,对于客观现实的了解只有两种可能:要么通过物体本身来了解,要么通过主观意识来了解。[②] 心智的寓身观强调了身体与世界的相互作用,它认为,使得认知、心智、知识成为可能的绝不是什么超验的东西,而是我们的身体经验。寓身观揭示出传统实在论的不足,同时又提供了支持实在论的证据。

[①] 皮亚杰:《可能性与必然性》,熊哲宏译,华东师范大学出版社 2005 年版,第 209、337 页。

[②] Shaun Gallagher, "Phenomenological and Experimental Contributions to Understanding Embodied Experience", in Tom Ziemke, Jordan Zlatev, and Roslyn M. Frank eds., *Body, Language and Mind*, Volume 1: *Embodiment*, Mouton de Gruyter, 2007, pp. 271-290.

二、感受质与寓身性

寓身认知是针对认知心理学的缺陷进行的反思与建构,它的核心理念与主张在获得典型的认同证据时,其对意识难问题的解决途径也凸显了寓身认知作为一种认知研究新兴发展趋向的方法论意义及其影响。

感受质或可感受性是心身关系中的一个重要问题。感受质特指感、知觉意识的主观属性,例如我们在品尝食物、倾听音乐以及遭受撞击等行为中形成的独特主观感受。杰克逊通过假设弗雷德这个人具有比我们更强的颜色知觉能力来论证感受质的存在。对于一堆成熟的西红柿而言,我们可能只能辨别一种西红柿的红色,但是,弗雷德却可以分辨出更多的红色,他至少能够区分出一个我们不能分辨的红色(红$_n$)。我们能不能对弗雷德对红$_n$的特殊感觉做出物理主义的解释呢?杰克逊通过知识论的论证否定了这一点。其论证是这样的:假定一位杰出的科学家玛丽精通一切关于视觉的神经生理学知识。如果玛丽一直待在一间黑白颜色的房间里并且只能通过一台黑白电视监视器去研究世界,那么当玛丽走出房间,并且被给予一台彩色监视器的时候,玛丽能够通过她的神经生理学知识解释她对新世界的感觉吗?显然,物理主义是不能解释感受质的,他说:"感受性质是物理主义描述所遗漏的东西。知识论证的富于论战性的力量在于:要否认下述核心主张是很困难的,即人们可能有一切物理信息,而并没有一切应有的信息。"①

物理主义的确难以解释感受质问题,但是这是否就能有充分的理由得出:感受质就是我们无法解释的副现象呢?如果我们不想由此陷入一种二元论立场,那么就必须对感受质提供一种物理主义的说明。杰克逊的论证是有道理的,我们不能通过客观的物理知识说明主观性的意识体验;不过,杰克逊的结论是错误的,因为感受质并非一种可有可无的不具有因果作用的意识现象。如果我们不愿接受杰克逊的结论,那么我们应当寻求一种什么样的物理主义解释呢?内格尔曾经提出一种可能的物理主义解释方案。如果我们能够找到一种物理层面,这个物理层面的"客观活动能够具有一种主观特征";同时,作为认知活动的"主观经验能够具有一种客观特征",这样,我们是不是就可能通过一种修正的物理主义来解释感受质呢?内格尔把这种方案展望为"一种不依赖移情作用或想象的现象学",这一现象学的目标是:以一种能为不具有这些经验的生物所理解的形式描述(至少部分描述)经验的主观特征。② 这种方案的实质就在于找到一种既具有主观性又具有客观性的物理说明层面。

身体性思想为解决感受质的问题提供了一种可能的哲学理念。早在 16 世纪,法国哲学家蒙田就断言,身体每个部位都有它自己

---

① 弗兰克·杰克逊:《副现象的感受性质》,载高新民、储昭华主编:《心灵哲学》,商务印书馆 2002 年版,第 86 页。
② 托马斯·内格尔:《成为一只蝙蝠可能是什么样》,载高新民、储昭华主编:《心灵哲学》,商务印书馆 2002 年版,第 118 页。

的情绪及主张。例如，我们脸部下意识的表情，多少次泄露了我们内心的秘密，将我们暴露在大庭广众之下。不仅脸孔，而且心、肺和脉搏也会莫名其妙地兴奋起来：看到赏心悦目的东西，我们全身会掠过一阵难以觉察的兴奋和激动；激动和恐惧会使我们的头发擅自竖立，皮肤自行颤抖，手会伸向我们不让它伸向的地方，舌头变僵，声音会哽住……① 而这些毛发竖起、心跳加速、张口结舌说不出话来等等行为，都不受我们控制。仅仅通过对他人的身体及其各种运动的持续不断的视知觉，一个秩序井然的关于他的心理生活和他的经验的指示系统就被构造出来。

法国现象学的先驱梅洛-庞蒂提出了现象身体的思想：身体既是物理生理的身体，又是能动的主体。他把知觉概括为一种既具有主观性又具有客观性的身体活动，例如，就空间知觉而言，空间知觉不是我们构造出来的客观空间，相反，空间知觉是"主动的身体在一个物体中的定位"②。身体状况和体验的不同决定空间知觉的不同，这就点出了知觉的主观性特征。梅洛-庞蒂把这种既主观又客观的特征称为知觉的含混性，并通过透视概念来表达它。例如，我们可能从不同侧面（某一些外观，包括颜色、形状和大小等）对办公桌形成不同的认识，这种认识的变化称为"透视"，那么透视会不会妨碍我们对于客观事物的知觉乃至于认识呢？梅洛-庞蒂说："透视在我看来并不是事物的主观变形，相反地是它

---

① 蒙田：《蒙田随笔全集》上卷，潘丽珍等译，译林出版社2001年版，第114页。
② 莫里斯·梅洛-庞蒂：《知觉现象学》，姜志辉译，商务印书馆2000年版，第138页。

们的属性之一，或许还是它们的本质属性。正是透视性使得被知觉者在自身中拥有一种隐藏起来的、难以穷尽的丰富性，使得被知觉者是一'物'。"①

身体活动固有的主体性特征，不仅在梅洛-庞蒂的现象学中得到表达，而且在寓身认知的思想中被理解为寓身概念的重要维度。罗尔（Tim Rohrer）把寓身性分成两大类：一类是"作为广义体验的寓身性"，另一类是"作为身体基质的寓身性"。后者主要强调生理的和神经生理学等与所谓的"客观"方法相关联的身体基质，而前者则聚焦于主体的特定社会、文化和历史的体验。② 此外，莱考夫和约翰逊等人也主张，身体在概念等认知活动构成中发挥作用的时候，本身就蕴含着一种主体性的维度。

寓身性思想对于身体活动主体性特征的强调，给出了关于感受质的一种物理解释。身体是活的、能动的身体，从而与死的、纯粹的分子或原子的物理身体区分开来。正如皮菲弗尔（Pfeifer）等人所说："感受质作为伴随知觉活动的主观感觉，标志着主观感觉与物理系统在解释上的鸿沟。而感受质与身体密切相联，与我们感官系统的物理、生理和形态学结构紧密相关。"③ 正是由于这个原因，寓身认知对解决感受质问题的方案保持乐观的态度。

---

① 莫里斯·梅洛-庞蒂：《行为的结构》，杨大春、张尧均译，商务印书馆 2005 年版，第 275 页。
② Tim Rohrer, "The Body in Space: Dimensions of Embodiment", in Tom Ziemke, Jordan Zlatev, Roslyn M. Frank, eds., *Body, Language and Mind*, Volume 1: *Embodiment*, Mouton de Gruyter, 2007, p. 359.
③ Rolf Pfeifer and Fumiya Iida, "Embodied Artificial Intelligence: Trends and Challenges", in F. Iida et al. eds., *Embodied Artificial Intelligence*, Springer, 2004, 3139 (1), pp. 1-26.

视觉探索是个典型范例。认知心理学曾基于信息加工理论来解释知觉,例如,马尔(David C. Marr)就将视觉获得看作是一个计算过程,认为人的视觉系统由许多计算机制组成,后者实现对于外部对象的信息采集和加工,通过把视觉还原为一个计算过程,就可以获得一个对于外部世界的知觉。而巴拉德(Dana H. Ballard)则主张依据身体活动来研究视觉,在他看来,视觉的任务不是建构一个针对三维空间的内在表征模型,而是依据实在环境和实时行动的需要有效和经济地利用视觉信息。巴拉德将经典框架中的视觉研究称为"纯粹视觉"范式,而将自己的研究范式称为"能动视觉"(animate vision)研究。在"能动视觉"范式中,行动的作用是首要的,而基于内在表征或者信息的形式化加工和计算则是次要的。与马尔的视觉计算理论相比,巴拉德的"能动视觉"研究具有两个重要突破:(1)身体行动(例如眼睛的扫视运动)承担了计算的重要功能;(2)主体与环境的持续互动消除了创造通用的表征模型的需要。[1]

身体主体性的普遍性为相互理解的实现提供了共同的基础。脑神经活动的研究成果表明,在人的情绪感受中,不仅有真正与愉快或不愉快情绪的主观性质相关的心理成分,还有直接来自各种内外感官上的认知性感知觉成分。研究发现,任何一种主观感受,都由两个心理特征结合而成:由某种刺激引起的一种认知性感知觉和

---

[1] Andy Clark, "An Embodied Cognitive Science?" *Trends in Cognitive Sciences*, 1999, 3(9), pp. 345-351.

一种伴随的情绪，它们从两个不同的神经回路产生，并在工作记忆区结合起来。[①] 在"感受是由感觉和情绪结合而成"的论断中，我们的所有感受都是情绪被对象化到身体和外界对象之中的结果。例如，痛觉主要是由强烈的不愉快情绪（或痛情绪）与身体位置的感觉（也有一些来自这个位置上的其他机械性感觉）结合而成。当我们的手因受到某种伤害性刺激而产生痛感时，这意味着对手的这个位置的感觉和对这个不愉快情绪的感受结合在了一起。但我们在主观上并未感受到这一切都发生在脑内，也不知道这个不愉快情绪来自杏仁核，我们只知道"痛"发生在手上。已经失去手的人同样能感觉到手在痛，而一个有手的人如果被破坏了情绪神经通路，虽然能感觉到手的存在，但却感受不到手的痛。这就是情绪的对象化现象，即明明"痛"情绪发生在脑内，而我们的主观经验却是痛在手上，把这个痛知觉为当前手的一种特性。身体上的快感也一样。我们可以称这种现象为情绪的身体化。

将情绪整合入认知神经科学的范畴，使我们能够以与理解视觉相似的方式去理解情绪。这一做法的重要贡献还在于指出，脑和躯体，即心智和躯体是不可分割的，为消除心理和身体两者之间的鸿沟提供了科学依据，并从一个全新的视角对情绪的本质进行了诠释：情绪是对我们身体状态的直接观察，是身体和以生存为目的的身体调节之间的联结，同时还是身体和意识之间的联结。

---

① 安东尼奥·R.达马西奥：《感受发生的一切：意识产生中的身体和情绪》，杨韶刚译，教育科学出版社2007年版，第216、219页。

三、他心沟通与主体间性

能够顺畅进行语言交流的双方，他们的脑神经活动扫描结果揭示出，关于一个物理概念（或自然词项），言说者和聆听者如何获得一致性的理解。研究者发现，讲述者和收听者的大脑活动区域有很多重叠的部分，两者的大脑活动出现了同步现象。根据 fMRI（功能性磁共振成像）扫描结果，复杂的神经反应的相互作用对应着两人对故事有共鸣，就仿佛语言联结了两个被试的大脑。

我们知道，相对常人而言，一个盲人无法理解或无法完全理解颜色的概念，正如一个聋人不能理解或不能完全理解声音的概念。然而，这样的解释并不意味着：如果某人（据称）要对视觉或听觉经验有所感受，他必须看见有颜色的物体或听到八度音阶的音符，并根据自己的经验定义颜色的概念或者声音的概念。倘若果真如此，那就意味着知觉性质的概念显然是由"个人经验"来定义的，即诸如"红色"或"绿色"、"F 大调"或"B 小调"等词汇是根据颜色或音调的个体样本来定义的，不具有公共性。

然而，这是没有意义的。因为并不存在或不可能存在这样的个人样本——由它来定义语言的表达，并作为词汇正确使用的标准。确切地说，诸如颜色、声音、嗅觉和味觉这些知觉性质的概念是由公共样本来定义的，而不是个人的经验，尽管只有具有正常颜色视觉的人才能看见和区分样本，他必须能够看到而且真正看到指示的样本，并且能将它作为被定义的颜色词语的标准来正确使用——他必须能够做那些具有正常色视觉的人才能做的事情。

的确,感觉具有私人性或主观性,但是为某一主体所有并不是某种感觉的特征,诸如疼痛之类的感觉主体是谁并不能决定他所具有的疼痛的特性。也许你会反驳说,你的痛是你的,我的痛是我的——它们怎么可能相同呢?这是产生混淆的实质所在。事实上,是我的还是你的,这并不是识别头疼的特征——这些表示所属关系的词描述了谁觉得头疼,而不是所讨论的头疼是什么样。同样,不能将"只有能看到颜色的人才能完全掌握颜色词语的用法"这样的事实,与"颜色词语是由个人不可交流的经验所定义的"这样的谬误相混淆。因此,感觉词语在第三人称的情形下需根据公共的行为标准来使用,它们并不是根据个人经验或感受质来定义的。维特根斯坦的分析正是从唯我论和怀疑论开始,以语言表述的公共性证明了他人无可争议的存在。

基于神经科学最新研究发现的"镜像神经元",从生物层面印证了主体间性。"镜像神经元"的发现显示,当我们看到某人在做某件事时,我们大脑中的同一区域也被激活,如同我们自己正在做这件事一样。其关键之处在于:我们其实不需要思索和分析,只需要激活大脑中的同一区域,就可以实时领会他人的思想;某人所做的动作,可造成另一个人脑部的活化,后者从内心深处就能了解前者在做什么,因为镜像机制让他的脑子里也经历了同样的动作。以目标为导向的行为动作组成,与了解他人意图的能力之间,似乎具有精确的联系。这项机制把单纯的动作行为,与更庞大的动作语意网络相连,让我们不必使用复杂的认知装置,就能迅速且直接了解他人的行为。①

　　源自镜像神经元的工作机制，具有一种"内部视角"，比如，他人可以被我经验到，且这些经验接近现象学描述的途径。一个通向他心的现象学，需要给出对共情、同感等等具体形式的分析。这些分析应该揭示出，在有关每一个他人经验组成的案例中，人类心智都具有通过幻象模式来表征他人经验的多个维度的能力（比如疼痛的感知、味觉、哀伤和快乐甚至意愿的感受）。作为一个与他人完全不同的人，我们不可能具有他人亲自的经验，而镜像神经元的发现促使我们去研究在真正行为产生前我们对他人的同感和对他人身体行为的共同行为方式。在共同经验幻象中，我们经验到了一种接近感和一种在认知上的直接的身体等同感，这是我们通达他心的基础。②

　　我们无法体会他人的体验，或以我们通达自身的方式通达他人。但我们不应该将体验通达限定为第一人称通达，因为我绝不可以在自己的感觉域内对一个外在被感知的他者躯体直接发生同感，不可以直接地看到他人内在的感受、体验和经验；我只有在我自己的意识里对他的情形进行当下化的处理，才可能对他产生同感。引起我的当下化意识的根据是，我已经不再把他的躯体单纯作为外在的躯体来感知，而是看成像我的本有身体那样的另一个本有的身体。当我体会他人的面部表情或者有意义的行为时，我正

---

① Francesca Garbarini and Mauro Adenzato, "At the Root of Embodied Cognition: Cognitive Science Meets Neurophysiology", *Brain and Cognition*, 2004, 56 (1), pp. 100-106.
② D. 洛马尔：《镜像神经元与主体间性现象学》，陈巍译，《世界哲学》2007 年第 6 期。

体会异己的主体，但体会他人的心灵和我体会自己的心灵有本质上的差别，正是由于这一差别，我们才能够宣称，我们所体会的心灵是他人的心灵。① 如果我能够像通达自身的体验一样通达他人的意识，他人就不再是他人，而成为我自身的一部分。

四、心灵实在与身体实在

由于主张心智的身体属性，强调认知过程受到中枢神经系统的结构和身体物理特性的制约，寓身认知研究取向也引起了学界一些质疑：回归身体是否在重复"把心理的归结为生理的"这一错误？是否意味着重蹈还原论的覆辙？需要指出的是，从寓身认知的观点来看，心智和身体是一体的，既然是一体的现象，那么就不存在谁更根本、谁取代谁的问题。寓身认知研究充分利用了神经科学的方法和技术，但是它并不主张把心理还原为生理或物理，其神经科学的解释不具有排他性，其所运用的神经科学数据和结论也未构成对认知过程的充分说明，因为凭借着伴随心理现象而发生的脑神经生理活动，往往难以区分复杂而丰富的精神活动的特异性。可以说，寓身认知遭遇的还原论批判是现有的传统观念体系的一种反映，传统的物质观把物质视为绝无心性的死东西，从而造成了心灵与肉体的决然对立，心身关系陷于两难并无法合理调和。所以，

---

① D. 扎哈维：《同感、具身和人际理解：从里普斯到舒茨》，陈文凯译，《世界哲学》2010年1期。

心身问题不是事实问题，而是人类对它的看待和理解之基本观念存在问题。

因此，要真正解决心身问题，首先就应该变革这种传统的物质观。早在17世纪，斯宾诺莎的哲学就为此迈出了重要的一步。斯宾诺莎主张，思维与广延都是同一实体的两个并存的属性，而非笛卡尔所说的两个相互独立的实体。会思想的实体和有广延的实体是同一个实体，只是在一种场合从这个属性去理解，而在另一种场合从另一种属性去理解。他强调，纵然两个属性可以设想为确实有区别，也就是说，这个属性无须借助那个属性，我们也不能因此便说它们是两个存在物或两个实体。① 基于这样的观点，他认为心灵与身体也是同一的，只不过是以两种方式表示出来。

罗素的两面论也肯定了心灵和物质是感官材料的两个方面。在他看来，世界的终极实体既非心、也非物，而是一种比二者更基本的材料即感觉。同样一些感觉材料，按照物理规律相互联系时，就构成了物理对象；而按照心理规律相互联结时，则构成了心灵。感觉是心理世界和物理世界共有的东西，是心与物的交汇点。心灵和物质被看作产生于这样一种中立的材料，它构成了物理学和心理学都可以建立于其上的基础。所谓"心灵"和"物质"都属于感觉经验的逻辑构造，其区别不过是排列上的不同；它们之所以被引进，不是因为观察揭示了它们，而是因为它们具有语言学上的便

---

① 斯宾诺莎：《伦理学》，贺麟译，商务印书馆1983年版，第10、49页。

利,提供了一种方便的陈述因果律的方法。[①] 物理学研究的是大脑外的因果关系,而心理学研究的则是大脑内的因果关系——后者不包括生理学家对大脑作外部考察时所发现的那些因果关系。在某种意义上说,那些既是物理学的又是心理学的材料就是发生于大脑里的事件:它们有一连串外部原因,这是由物理学研究的;它们也有一连串内部结果(记忆、习惯等),这是由心理学来研究的。

精神问题看似离物理学很远,但是,如今的物理学已远远超越了无生命物质的领域。甚至许多物理学家相信,物理学规律也不再是对客观世界的客观反映,而是我们对我们观察到的世界的一些描述方式。基于此种趋向,保罗·戴维斯(Paul Davies)将精神—肉体的双重性类比为波粒二象性,他认为精神—肉体问题的解决可能是与量子测量问题的解决密切相关的。[②] 这样,物理事件和精神事件是一种实在的两种表现形式。按照拉兹洛(Ervin Laszlo)的解释,世界上独立实在的只有一个心理—物理统一系统,如果把观察者的视角做相应变换,那么一个内省的心灵事件系统就很可能是一个能够被外界观察的物理事件系统。由此,从内省角度看,自然系统是(心灵事件的)认知系统;同样,从外部观察,认知系统是自然系统。关于自然系统和认知系统的分类,是由观察者对于事物的描述方式决定的。这样的系统并非"二元的",而是"双

[①] 伯特兰·罗素:《心的分析》,贾可春译,商务印书馆2009年版,第16、119、252、270页。

[②] 保罗·戴维斯:《上帝与新物理学》,徐培译,湖南科学技术出版社2007年版,第123页。

透视的",从两种观点出发都是可观察的。①心理和生理状态代表一个实在的两个完全不同的方面,哪一个都不可能还原为另一个。两面性的物质观为我们解决物理主义、二元论和突现论三者的理论困难指出了方向。一方面,物质世界的因果关系是受能量和质量之守恒性所制约的,它不能接受非物质作用的影响,具有完全的闭合性——这就是物质世界的因果闭合原则。

另一方面,进化具有渐进性,有心灵的人类是从低等生物进化出来的。在进化论中,没有任何东西表明非精神活动性的生物祖先会突然出现精神活动。当然,精神活动的形式可能进化,并跳跃地进化,但这样的假定,即在进化的某一特殊时刻,纯粹的物理化学组织系统会突然转变为心理—物理系统,则是武断的,毫无根据的。这不禁让我们想起莱布尼茨曾将物质与精神看作以微知觉为基本规定的单子。在莱布尼茨看来,物质是微知觉的一种表现,"微知觉"又被称作细微的知觉或微小的知觉,其含义是无察觉、无反省的知觉。它不仅仅指察觉不到的感觉,而且指没有察觉和反省伴随的无意识领域。微知觉是单子的本质规定,正是由于微知觉,才使得单子获得持续性和永恒性而成为真正的实体。由于微知觉不像思维那样局限于人,而是遍及动物、植物乃至无机界,这样就使单子得以统摄万事万物而成为普遍的实体即本体。②从而,合理的结论是,自然普遍具有心灵属性。如果把心灵这个

---

① 欧文·拉兹洛:《系统哲学引论:一种当代思想的新范式》,钱兆华、熊继宁、刘俊生译,商务印书馆1998年版,第166—167页。
② 莱布尼茨:《人类理智新论》,陈修斋译,商务印书馆1982年版,第8—9、12—13页。

假设仅仅当成是纯粹的解释方式,那么扩大精神现象的范围决不只有启发价值,而且还具有逻辑的前后一致性。

当然,寓身认知在受到极大关注的同时也引发了人们的疑问:它能否或者是否应该取代传统的认知心理学?它是否能够解决目前主流认知研究面临的种种危机?如何在当代认知科学中对寓身认知进行定位?事实上,寓身认知是对经典认知研究框架的一种发展,它比传统的认知心理学更加适合理解日常生活中人们的心理与行为。传统认知研究并不是没有看到身体与环境在认知中的作用,然而,寓身认知不仅揭示了环境是如何约束系统的,而且展示出这些约束本身又是如何被系统的感知运动结构所说明的。寓身认知在一定程度上克服了经典框架的理论瓶颈,对人类认知活动进行了重新建构;它不仅大大扩展了认知科学研究的理论视野,还在形而上学层面上导向了对心灵的重新审视。作为一种理解认知的建设性方案,寓身认知的确代表了一种重构认知的新进路,为我们提供了一条更加深入地理解人类心灵与行为的可行途径。

寓身认知远远没有成为心理学的主流,但是,它能够而且应当成为心理学大厦的一部分。就认知科学研究本身来说,经典认知、寓身认知以及其他可能的认知研究框架,共同构成了认知研究的整体图景,这些研究框架之间的关系不是冲突的,而是互补的,这种互补也反映了认知现象的复杂性和多样性。

心身难题的概念羁绊 *

自古希腊时期开始,哲学家们就在追问心灵是什么,而笛卡尔则将心身关系及其矛盾凸显出来。在他那里,心灵和身体在本质上如此地不同,但日常经验却显示出心身的结合和统一是不争的事实,那么,一个无广延的思想为何能够以及如何与有广延的身体相互作用呢?这一论题不仅构成了心灵哲学的重要内容,而且成为当代哲学基本问题的表现形式之一,其确切表述在很多情形中被归为"心理—物理学问题"[1]——假如心理属性不同于而又依赖于物理属性,它为什么能够对行为发生影响?这些心理的东西怎样影响了物理的东西?

我们对于世界的认识依赖于我们对世界所持有的基本概念。尽管并非每一个概念都必须对应世界的某个存在物,但是,虚假的

---

* 原文刊载于《哲学研究》2016 年第 10 期。本文在此基础上做了修订。

[1] 罗德里克·M. 齐硕姆:《心身问题、描述心理学与心理物理学问题》,载高新民、储昭华主编:《心灵哲学》,商务印书馆 2002 年版,第 4 页。

概念所组成的理论无法真正帮助我们弄清自然真相。例如，18 世纪以前，科学家相信燃烧与氧化的原因在于"燃素"，而现在我们知道，自然界中并没有这样可被燃烧的特定物质，"燃素"是一个错误概念。当我们遭遇心身难题时，我们是否想过，也许问题的症结也源自我们所使用的概念？换句话说，我们对物质与心灵的概念掌握程度决定了我们如何理解它们之间的关联，如果概念本身有缺陷，那么我们就无法借助这些概念的分析来弥合心灵与物质在逻辑上的裂缝。

一、心身概念的不可通约

从概念的种类来看，用以把握心灵的主观层面的形式与用来了解大脑的客观层面的形式似乎是两种截然不同的东西——心灵不可还原为物质。这种还原涵盖了两个方面：本体论还原与因果还原。本体论还原指把某种对象还原为其他种类的对象，例如把基因还原为 DNA 分子。显然，对于意识而言，我们无法进行本体论还原，因为其他现象的还原依赖于区分"客观物理实在"和纯粹的"主观现象"以及从被还原现象中消除现象；而在意识情形中，它的实在就是现象，如果我们试图去除现象，只把意识定义为背后的物理实在，那么还原的要点也就失去了。[①] 因果还原指被还原实体的因果力完全能够由还原现象的因果力得到说明。例如，

[①] 约翰·R. 塞尔：《心灵的再发现》，王巍译，中国人民大学出版社 2005 年版，第 103 页。

某些物体是固态的，由此带来的因果效应是：固态物体具有抗压性、不被其他物体穿透等特性，这些因果力可由分子在晶格结构中的振动来因果地说明。如果心灵现象的因果关系可以被物理现象的因果关联完全解释，我们就认为心灵在因果上可以还原为物理现象。以"痛"为例，我们具有主观的痛感，知道痛的感觉及其与其他感觉的关联；我们也有一些对痛的客观认识，如正在经历痛的人的表情、止痛药的作用甚至痛的大脑机制等。但是，当我们试图以物理理论的因果关系说明心灵现象的因果关系时，却遭遇了如下困难。

1. 经验表述的语言限制。表达意义并进行交流始终是语言最重要的功能。在关于物质世界的物体或事件的描述与讨论中，语言为我们形成共同的知识和观念提供了强有力的保证——符号的结合构成了意义的条件，并且具有其意指的始终唯一确定性。词和词之间的联结方式反映了事物与事物之间的联结方式；命题则是处在对世界的投影关系中的命题记号。但在描述人的经验这个方面，语言则很难达到统一的效果，甚至经常会不准确或词不达意。因为，一切语言都是有限度的。不论语言如何构成，语句的结构和事实的结构之间某种共同的东西本身是不能在语言中被说出来的。[①] 无论我们使用逻辑语言抑或日常语言，都无法把超越语言的东西表达出来。每当我们使用一个词语表示某种东西时，我们就实施并认可了一次归纳行为，而且与此相应，这一词语的运用通

---

① 维特根斯坦：《逻辑哲学论》，贺绍甲译，商务印书馆1996年版，第34页。

常被视为定义了一个类，并对这个类赋予了某种本质属性。但是，语言这种形式体系在被应用于经验时，包含着某种不确定性，从而在这样的过程中被非形式化了。意义的形式化从一开始就依赖于非形式化意义的实践，语词就是这样被赋予了丰富的不可言传的内涵①，在这种意义上，默会思维接管了跨越逻辑鸿沟的控制权。

　　知识的默会成分使得我们知道一些东西，但是无法清楚地说出所知道的是什么。而在描述内心感觉时，这样的困难尤为明显——心灵概念的内容比我们的语言所能表达出来的更为丰富和复杂。例如，在我们的经验中，我们有许多不同类型的痛，但是，我们却没有同样多的词汇来表示。又如每个人可能经验到的不同色彩的数量极大，但我们能够给出名称的只是其中的少数，而且，能记住的色彩也非常有限；同时对于两种不同色彩饱和度的颜色，我们虽然用语词描述出它是什么颜色，却无法确定其色度②——感觉经验对不同色彩的分辨力高于概念与记忆对色彩的分辨力。

　　意识具有分化性或多样性，我们某一时刻某个意识状态的出现是对事件无数的不同状态进行区分的结果。无论我们经验或想象的不同意识状态的数量有多么庞大，我们仍然能够把它们区别开，即使其间的差异难以用语言描述。这一特点帮助我们理解为什么我们人类区分明暗如此简单的行为被看作是有意识的，而一个物理

---

① 迈克尔·波拉尼：《个人知识——迈向后批判哲学》，许泽民译，贵州人民出版社2000年版，第381页。
② Michael Tye, *Consciousness, Color, and Content*, The MIT Press, 2000, p.41.

装置（如光敏二极管）在执行同样的任务时，却不会被如此看待。因为二极管区分明暗的工作只需最少的信息——有无光照，与此相比，对于人来说，经验到"完全亮"和"完全暗"只是无数可能的意识经验中的两个特殊状态，选择其中之一意味着从大量的信息中进行挑选。① 每种意识状态都排除了无数的其他意识状态而呈现出来。

此外，许多经验是先天的——发育中的个体可能在有语言之前已有某种思想，这也是婴儿在会说话之前就能懂得父母意图的原因。固然，初级意识需要概念形成的过程，不过，在这里，概念一词不是命题式的，而是指把与某一对象有关的不同的知觉分类联系起来并构造某种普遍特性的能力，它反映了对各种知觉共同特征的一种抽象。例如，不同的脸有许多不同的细节，但是大脑能够辨识出所有脸都具备的共有的相似特征。因为概念化的过程是通过对脑的知觉区和运动区活动的高阶映射实现的，而语言在这之后才发展起来，用以加强我们的概念交流和情感交流。

2. 心理事件的非封闭性。物理实在的特征之一是，物理变化能由那些把这个变化与其他从物理上描述的变化和条件联系起来的规律做出说明；在物理法则中，每一物理事件都可以被一种规律性的可检验的词汇所描述，后者用必要条件和充分条件的结构建立了概念间的关联。例如，氢气和氧气通过化合产生水，氢气和氧气作为

---

① 杰拉尔德·埃德尔曼、朱利欧·托诺尼：《意识的宇宙：物质如何转变为精神》，顾凡及译，上海科学技术出版社2004年版，第37—38页。

反应物是必要条件,缺少其中任何一样都不可能完成反应;而作为非反应物的催化剂是一种充分条件,具备了上述三要素,反应就会发生。但心理概念却不能提供这样一种解释模型,心理实在的特征是,对它的归属必须依赖于心理主体的理智、信念和意向的背景。

这是因为心理事件并不构成一个封闭的系统——有许多并非属于心理系统的事件会影响到心理事物。没有任何一个心理—物理陈述是(或能纳入)严格的规律,因此也就不存在我们能据以预言或说明心理现象的严格规律。试想,如果用充要条件来表达心灵现象之间的关联,其形式就是,当一个人有某个信念、欲望或情绪时,而且如果某些条件成立,那么,这个人一定会做出某个举动。然而,事实上,我们无法如此描述。例如,在什么情况下我会感觉痛?或者,哪些情况会让我失望难过?无论提出什么样的必要条件或充分条件,都可能会有例外。又例如,某人 S 害怕某事 T,那么,S 不喜欢 T,对于这样的陈述,我们很容易找到反例——人们确实可能会喜欢他们所害怕的东西,又爱又怕的情形并不少见。同样地,痛的感觉常常让我觉得不悦,那么,痛和不悦有某种因果上的关联,但"痛并快乐着"是生活中常有的事情。如此等等,我们会发现,用以描述心灵状态因果关联的法则是无法统一的,只有在我们知道特定的同一关系时才能对特定的心理事件做出说明。[①]这样的说明需要诉诸一个人的感知、愿望、习惯、知

---

① 唐纳德·戴维森:《真理、意义、行动与事件》,牟博译,商务印书馆 1993 年版,第 263—264 页。

识和信念等诸多因素。

也许有人会反驳道：我们所知的心灵法则主要源自意识经验，但在无意识层面，是否真的也没有必然性与充分性呢？然而，事实上，即使我们在无意识层面找到充要条件，心灵现象也仍然不具有充分与必要条件的规律。这是因为，当我们有相同的意识经验时，我们的大脑有可能处于不同的状态。神经科学的研究结果显示，并非所有的大脑活动都会产生意识，意识体验归于大脑的全局的或分布式功能，但并不是大脑的所有细胞群都参与这一过程。例如，对大脑皮层的许多区域施加电刺激并没有得到任何一种有意识的报告，但是这些"静默"区域里的神经细胞的确对刺激做出了响应。大脑中只有特定种类的神经活动为有意识事件的出现奠定基础。例如，即使初级视觉皮层中的一百万个神经元起劲地在运动，如果得不到上层神经元的响应，其汹涌激烈的活动可能也不会引起一次意识体验。[1] 其结果是，那些与意识产生不直接相关的神经活动虽导致了不同的大脑状态但后者所表现出的意识经验却可能是相同的。

3. 意识的第一人称特质。与一般的科学研究领域不同——在一般科学研究领域中，我们通常可以从某种"上帝之眼"的视角对现象进行描述，并且认为，一种观点或思想形式，愈少依赖于个体的结构的特性以及个体在世界中的位置，或者说愈少依赖于个体所

---

[1] 克里斯托弗·科赫：《意识与脑：一个还原记者的浪漫自白》，李恒威、安晖译，机械工业出版社2015年版，第26页。

属的那种特殊生物的特征，则它就愈是客观的。[1] 例如，我们认为光波波长比颜色更为客观，这是因为每个人或许对色彩或其饱和度、明亮度等有所争议，也就是说，在"所见"方面并非完全一致，但是，当我们用仪器去测量时，每个人都会得到相同的波长数据——通过由主体视觉获得的内容，我们可以获得较为客观的概念。

然而，当谈到意识时，我们需要把对外部事物的描述与我们的内部体验联系起来，我们想说明的过程关乎我们自己——有意识的观察者，我们不能把自己置身事外。为什么意识不像其他那些独立于观察者的属性那样可以被还原为神经元的行为，就像固体性被还原为分子的行为一样呢？因为意识具有一种第一人称的主体特质，只有当它被如此经验到时，它才是存在的。与此形成对比，关于其他现象如消化、光合作用等，我们却可以区分它们以及我们对它们的经验，这使得它们的还原成为可能。就此而言，经验的主体性是心灵概念中不可或缺的要素，当它被去除时，意识的内涵和实质也就被消解。

这个区别涉及知识论特征：我们对自己的心智状态拥有某种别人不可能分享的通路；内省性的自我觉察与他人对某人心智状态的觉察之间存在一种基本的不对称性。这不是说我们对自己的状态能获得更大的确定性，也不是说我关于它们的知识是不可错的，而只是说，我拥有特殊的方法来把握我的思想和感觉，这种方法（内省）是别人无法使用的。我关于自己心灵状态的知识是

---

[1] 托马斯·内格尔：《本然的观点》，贾可春译，中国人民大学出版社2010年版，第3页。

直接的，无须任何中介，我不必推断我是有意识的，也不必通过观察自己的行为来确认我在执行它。例如，你关于头痛的有意识的经验其实就是你患有头痛这个经历，而不是"头痛发生了，接着你在观察它的时候经验到了它的发生"。而作为对照，观察则提供了一条达及其对象的对称的通路，你我都能通过观察把握同样的外部对象，他人对我的意识状态的了解通常是从我的行为进行推断的。

如我们看到的那样，心灵哲学中出现的问题大都不能得到直接的研究，而一个经验的问题至少在原则上是可以通过实验来裁决的。科学所探究的是事物的客观或公开的状态，后者可以被不同的人从不同的角度加以认识，但是心灵的内容只能被自己直接觉察到。如果承认意识经验必定具有这种主体性，那么我们就不能指望仅仅通过科学而掌握它的本质，因为科学是一种第三人称观点的研究，它所提供的是具有一定标准或规则的知识，而意识经验是第一人称性质的感受，是对我们所具有的特定能力的主观体验。这些体验不能直接通过本质上是公共的和主体间的科学理论进行交流；任何一种描述都不能代替个体对意识的主观经验。这似乎意味着，对心灵的任何说明都必须给这种自我意识以一定的地位——所有的意识，都必须为一个自我所拥有。正是在这种意义上，我们认为，能够采取他人的态度并利用这一态度控制自己的行动时，才有了所谓的心灵；当个体具有了自我意识时，心灵才逐渐显现出来。心灵状态所具有的这种能力是心灵不同于物质身体的重要方式。

二、作为互换视角的"心"与"身"

在我们关于心灵的设想中，有一些是与现在掌握的实验证据相容的，另一些则与实验结果相互冲突。科学虽然提供了一种再现经验发现的知识体系，但它不能告诉我们如何解释这些发现，也不意味着困扰心灵哲学的深层问题能够从经验上得到解决。同时，当我们在追问心灵是什么时，我们很难从那些相互对立的哲学观点及其争论中得出明确的结论，因为探讨心灵所提出的问题仍然是一些根本的形而上学的问题。这种情形类似于休谟对因果关系的质疑与分析：我们相信因果关系的存在是因为我们在根本上是用因果关系的概念框架来思考问题的，只要我们依赖这样的框架，我们就摆脱不了因果关系的限制。我们所面临的困难与其说是缺乏详尽的信息，不如说是缺乏对所获取信息进行说明的适当架构或对作为基础的本体论的较为恰当的观念。它提供给我们的，不是可以从中推导出有关心灵的真理的公理系统，而是一个可以在其中对经验进行融贯解释的概念体系，在它里面，来自若干学科的命题能够统一在一起。

就此而言，要在心身难题上有所进展，我们需要超越在难问题表述中蕴含的物质概念。当我们用物质一词意指那种可以感觉到或可以进行测量的东西时，我们没有理由假定，关于物质世界的一切东西，都能通过物理的客观性概念而得到理解。一个事物可以同时具有精神的和物理的这两组相互不可还原的性质，因此大脑可以成为精神状态的主体；类似地，心灵除了具有心理的属性之外，也具有物理的属性。① 而事物的空间的各部分是不能互相分离的，不论在事实方面，还是在心理方面：在现实情形中，要分割它，我们就得把原来连续的部分隔离开；在心理方面，要想有所分割，我们内心就得在原本是连续的地方，存想两个面积。一个人自然可以只思考与"一呎"相应的一段空间，而同时并不必思考其他部分；他自然可以只思考"日"的光而不思考它的热，只思考物体的被动性而不思考它的广袤……这是一种局部的思考，但他在这样思考时，却并不能使不相系属的两个片段互相分隔开，并且他也不曾以为它们是能分离的。②

这种"局部的思考"，即通过视角的变换看到不同事物的情形，类似于在模棱两可的图像中进行的观察。例如，对于图 1，人们可以说它是鸭子，也可以说它是兔子——在不断变换的场景中，二者都有充分的理由，但不能同时成立。类似地，在图 2 中，人们既可以看到酒杯，也可以看到两个人在对视，但无法同时发现酒杯和侧视面孔。意识中总是一个事物占据了注意的中心，其他的所有事物，包括这个事物的其他透视形式，都退居到台后。问题的关键就在于不同的面相，而面相即是概念。当我们从鸭子概念出发，看到的就是鸭子；从兔子概念出发，看到的就是兔子。③ 争论源自

---

① 约翰·海尔：《当代心灵哲学导论》，高新民等译，中国人民大学出版社 2006 年版，第 185 页。
② 洛克：《人类理解论》，关文运译，商务印书馆 1959 年版，第 140 页。
③ 维特根斯坦：《哲学研究》，李步楼译，商务印书馆 1996 年版，第 298—304 页。

不同的概念，而非事物本身。

图 1 鸭兔图　　　　图 2 酒杯/对视 两可图

心灵哲学的本体论与之具有内在的一致性。对于相同线条构成的图像，人们从不同的角度可能看到完全不同的景象，通过转移注意力而在内心把它们区分开。或者说，对于那处于同一根基的实体，人们时而通过这个属性，时而通过那个属性去了解；就心身而言，是"一时由思想属性、一时由广延属性"去认识。[①] 不过，当事物被认作思想的样式时，我们必须单用思想这一属性来解释；当它被认作广延的样式时，则其次序和因果性只能用广延属性来解释。[②] 由此，我们或许可以理解，为什么单从主观观点或是客观观点，我们都无法发现物理概念和心灵概念的联结——如果有一个性质 P 是用来解释大脑如何产生心灵的，或性质 P 同时包括大脑功能和心灵现象，当我们用客观观点看 P 时，我们就看不到性质 P 的主观心灵性质；反之，当我们用主观观点看 P 时，我们也看不到性质 P 的全部，因为内心世界的反思能力（或所谓的直觉）不可能观察大脑现象。

---

① 斯宾诺莎：《伦理学》，贺麟译，商务印书馆 1983 年版，第 68 页。
② 斯宾诺莎：《伦理学》，贺麟译，商务印书馆 1983 年版，第 50 页。

或许可以用"表现"来理解和诠释身心关系的这一特征。"表现"具有揭示（explicate）和包含（involve）的双重含义，一方面是，它是一种揭示、一种自身之物或属性的展开（unfolding）与显现（manifesting）；另一方面，这些多重表现（multiple expression）——实体在其属性中显现自己，属性又在样式中显现自己——包含了一种统一。样式既包含又揭示属性或实体，反过来属性也包含它的所有样式的本质。① 表现主义克服了笛卡尔主义的内在困难：笛卡尔难以解释两个毫无共同之处的实体之间是如何协调一致的，而在表现主义看来，思想与广延作为实体的两个属性，完整地表现了实体的同一种自然必然性。心灵和物质由此被认为是统一体的两个方面，即只为该个体所通达的内在方面，以及可观察的大脑结构和功能等外在方面。心灵中的表象是对身体和环境之间相互作用的反映，是关于脑对环境的反应如何影响身体的反映，是身体的调节在变化的生命状态中如何进行的反映。

这样的设想或许需要一个比精神的和物理的事物更高的层次，或许依据一种基本的东西对各种事物做出统一的解释，恰如罗素所主张，感觉的本质就在于它独立于过去的经验，发挥着中性材料的作用，心灵和物质就是用它们逻辑地构造起来的。于是，每种基本的东西都既能够参与一系列构成心理之物的东西，也能参与一系列构成物理之物的东西；它们既能从物理的方面来看待，也能从心

---

① Gillian Howie, *Deleuze and Spinoza: Aura of Expressionism*, Palgrave Publishers Ltd., 2002, pp. 95-97.

理的方面来看待。而感觉正是精神世界与物理世界所共有的东西，可以定义为心灵与物质的交叉部分。① 它从属于心理学定律和物理学定律，并因而是"中立的"。如此，我们避免了心身作用的难题，不过，如何理解心身所依赖的中性材料的本质，是有待探索的另一个难题。

三、心身连续

脑中神经细胞的物理活动如何产生了非物理的现象（丰富的内心感受）？按照传统的物质观，这看起来是一个类似于宇宙大爆炸的问题。因为根据物理因果封闭原则，如果造成某个事件发生的原因是物理的，那么这个事件也是属于物理的。当然，并非所有发生在物理世界里的现象都可以使用因果概念来加以描述，例如量子力学中有些现象的发生可能只能用概率的概念加以描述，但这不会影响物理因果封闭原则。

在许多哲学家那里，意识与生物生命之间存在着深刻的差异：意识被认为是心智状态的某种主观的、内在的属性，生命则被认为是物理系统的一种外部的、客观的、结构的和功能性的属性。基于这样一种思路，试图理解意识及其在自然中的位置就会造成一个特别的困难，即个体的有意识的存在物是从内部得到体验的，它如何与从外部加以观察和理解的自然生命相关联？换言之，在意识与

---

① 佰特兰·罗素：《心的分析》，贾可春译，商务印书馆2009年版，第16、119—121页。

物理结构和功能之间似乎有一个解释鸿沟，生命与意识之间存在一个根本的断裂。

只要我们仍旧以非此即彼的方式来处理意识和生命的概念，心智与身体的关系问题就不可能得到解决。因为它假定了"心理"和"物理"的相互排斥性："物的"意味着"非心的"，"心的"意味着"非物的"。从逻辑分类看，如果把"心"看作与"物"对立的范畴，那么它们必须在时间和空间上是并列的而不包含共同的元素。然而，心灵除了具有心理的属性之外，也具有物理的属性。另外，由于这样的物质观只从广延着眼，当然就无法说明事物的运动变化——广延本身不能成为运动的原因；物质只能被看作不能自我运动的东西，运动是从外部加入物质中去的。这里，作为宇宙间的一条基本规律，"连续性"构成问题的关键所在：物质并不意味着完全是被动或"惰性的"东西，它只是意指自身独立存在而不受他物决定，它的运动变化应该出于它本身的原因；事实上，我们所注意到的知觉是逐步从那些太小而不令人注意的知觉而来的。① 当一种物质是有机体时，其自身之内具有一定的自足性，后者构成它们的内在活动的源泉。

生命本身就包含着目的性——一种包含着自我性和意义生成的内在特质，因为一切生物都具有历史地形成的遗传程序，它赋予机体进行目的性活动的能力。就此来说，每一个活的形体都有一

---

① 莱布尼茨：《人类理智新论》，陈修斋译，商务印书馆1982年版，第13页。

个统治着的"隐德来希"①。最新的细胞研究成果正在为物质和精神世界之间创造新的链接。研究揭示,细胞对于其内部的各种动向通常都有基本的"知觉",例如与它直接相关的环境中是否存在着光、氧气、激素、毒素、营养及其他刺激因素等。之所以具有这样的能力,是因为细胞膜内有数以万计的"知觉开关"——作为细胞大脑"智能"机制的基本物理亚单位,即细胞膜受体—效应蛋白,它们每一个都能够识别和传递环境中的信息,并把接收的刺激联结到引发反应的蛋白通路上,从而打开或关闭基因②;它们的互动共同创造了一个活体细胞的反应。与此同时,每个细胞用于调控其自身生理功能的信号分子也释放到环境中,从而影响到其他生物体的行为。这里的重点是,信号被转化为可被群落中所有细胞感受到的知觉,后者为初级的"心灵"提供了条件。

正是这样的通路让我们体内细胞隐秘的生存意愿被转译为心灵的、意识的意愿——一方面,遍及身体各个器官的神经递质就像"信使"一样,将身体某部分(当然包括脑)发出的信息传递给全体系统;另一方面,存在于大脑神经细胞胞膜上的信息处理受体,也存在于大部分身体细胞中,从而影响到体细胞的分裂、再生、成长、耗损、修复及对抗感染等。这样,在脑中制造与接收情感化学物质的细胞,同样遍布于整个身体。③可以说,即使最低级形式

---

① 莱布尼茨:《新系统及其说明》,陈修斋译,商务印书馆1999年版,"附录:论自然本性",第169页。
② 布鲁斯·H. 利普顿:《信念的力量》,喻华译,中国城市出版社2012年版,第74页。
③ Candace B. Pert, "The Wisdom of the Receptors: Neuropeptides, the Emotions, and Bodymind", *Advances in Mind-Body Medicine*, 2002, 18(1), p.30.

的有机体也预示了心智；而即使是最高程度的心智，也同样是有机体的一部分；心灵经由信号分子分布在全身各处。这种"生命预示着心智，而心智属于生命"的特征，正是生命与心智的深刻连续性。① 这一连续性不仅仅是组织的、功能的或行为的，而且也包含了体验的方面。由此也解释了外在世界是如何在内部世界得到描绘的：当身体与环境互动时，眼、耳、皮肤等感觉器官发生变化，大脑将它们绘制成图，于是身体外部的世界间接地在脑中得到了呈现。② 如此，通过生命范畴的联结，身心的连续性得以形成和保持。

这种关于心身关系的解释也引发了新柏拉图主义倾向的哲学家所特有的认识论问题，它不是问"我们何以能认识自己？"，而是问"我们何以认识不到一切关于我们自己的东西？"。这是因为我们的认知起初是以知觉观念开始的，只能以一种特定的方式感知某些特定的事物，而这种程度的认知存在严重的混淆——在这些观念中，外部对象的本质与我们自身感觉器官特有的本质之间，不存在任何差别。我们含混地认为，外部事物激发我们身体的方式就是那些事物本身；我们把身体当成了一面光滑的"自然之镜"，由此所产生的混淆就是关于世界、身体及心灵的无知和错误观念的源头。③ 与之相应地，我们只关注身体表达出来的可观察和可测量的

---

① 埃文·汤普森：《生命中的心智：生物学、现象学和心智科学》，李恒威、李恒熙、徐燕译，浙江大学出版社2013年版，第77页。

② Carl F. Craver, "Levels of Mechanisms: A Field Guide to the Hierarchical Structure of the World", in John Symons and Paco Calvo eds., *The Routledge Companion to of Philosophy of Psychology*, Routledge, 2009, pp. 395-397.

③ J. 托马斯·库克：《斯宾诺莎关于"身之观念"的科学》，载约翰-克里斯蒂安·史密斯编：《认知科学的历史基础》，科学出版社2014年版，第59页。

活动，而忽略了它在实现活动过程中的自我体验。为了解除这些混淆，我们在理解心灵时需要更多地去理解身体，理解自然环境中的事物所激发身体的方式。其关键在于生命物和无生命物的重要区分：生命物能够表现出行为，行为作为一种具有意向性的活动，是生物的独有特征。[①]身体具有一种内在的自我决断能力，能够积极努力地追求自己的福祉或实现自己的意图和目标。就此来说，心灵与身体具有可共同实现的机制——身体中的事件以心灵中的观念来表现，并且具有表现性的对应关系——从身体指向心灵，而实现这种表现性对应的途径已经包含在实体之中。

---

① Renaud Barbaras, "The World of Life", *Philosophy Today*, 2011, 55(Supplement), pp.8-16.

实在的两种秩序

20世纪前三十年,柏格森的影响遍及整个欧洲,而在第二次世界大战后的一段时间内却几乎消失殆尽。但是今天当人们再度审视他所留下的理论遗产时,其视野不仅仅局限于他对理性的批判和直觉的强调。柏格森明确而具体地揭示了思想与时间的矛盾,为笛卡尔以降秉承"我思"的法国传统带来新的生命。对身体化的坚持,对现代科学有限性的反思,对生命经验的倚重——所有这些当代法国哲学的主题,在很大程度上都是始于柏格森的那些理念的发展。[①] 流行于欧洲的现象学在法国虽然存在着形式上的多样性,但它们表现出一种共同的目标和关怀,这要归因于从柏格森那里汲取的至关重要的精神养分。直至今天,柏格森的哲学仍不断地被重新评价,由此也推动了当代法国哲学的更新。作为这一特色的集中体现,对柏格森关于心身关系的考察,凸显了他在身体与

---

① Eric Matthews, "The Frenchness of French Philosophy", in *Twentieth-Century French Philosophy*, Oxford University Press, 1996, p. 13.

世界的冲突中解决两难的进路,在那里,反实体论的形而上学与注重纯粹内心自我反省的法国意识哲学的精神显著地交汇到一起①。

一、心身问题的形而上学

柏格森对心身问题的旨趣是奠基于他的形而上学的任务思考——身体在精神生活中的功能是什么?——之上的。《物质与记忆》的开篇就讨论形而上学,并且把在这个哲学基本问题上的立场作为解决心身问题的前提,这就是关于实在世界的存在及其可理解性问题。他根据当时的心理学和生物学发展,将形而上学与科学密切结合起来,进而对身体和大脑所采取的方式进行讨论。他以运动的不可分割性来反对人们由理智抽象出来的同质的空间与时间所造成的分裂。以往的二元论将空间视为出发点,于是"匀质性"空间成为精神与物质之间的一道障碍:一方面,物质处于空间里,空间成为实在的媒介;另一方面,非广延的感觉处于意识中。这样就既不可能理解精神如何作用于身体,也不可能理解身体如何作用于精神。二元论的困难来自这样一个事实,即我们的有意识知觉以及这种知觉的条件都被假定为指向纯粹的知识而非动作,大脑的基本操作似乎成为纯粹知识的获取。②于是,身体被视作能表征世界的东西。

---

① Eile During, "A History of Problems: Bergson and the French Epistemological Tradition", *Journal of the British Society for Phenomenology*, 2004, 35(1), pp.4-23.

② 亨利·柏格森:《材料与记忆》,肖聿译,译林出版社2011年版,第212—213、222页。

按照表象论的逻辑，二元论最终要么沦为实体论，要么陷入观念论。因为在那里，大脑状态或是被视为我对一个客体的心理表象的原因（cause），或是被视为我对一个客体的心理表象的诱因（occasion）——如果它们是原因，那么它们就足以产生我的表象，而且意识就只能成为纯粹的副现象的意识；如果仅仅是诱因，那么它们在认识中就不具有必不可少的作用，相应地也就没有在表象中赋予物质的各种性质，于是我们又回到了观念论。换句话说，以实体论的方式提出问题，而用观念论的方式解决问题。

针对这样的困境，柏格森提出的设想是：均质的空间并非逻辑前提，而是产生于物质个体以及我们关于它们的纯粹知识之后，关乎且只关乎我们的动作；它像是一张无限的网，在物质的连续性之下不断地伸展，而我们则按动作的计划和需要去切分物质。由此，我们就去除掉了横亘在广延的世界和我们对于它的知觉之间的不可逾越的障碍，因为经过柏格森的处理，具体的广延性并非是可分割的，直接的知觉也并不是非广延的。换句话说，知觉置于事物之中。

柏格森对物质和知觉进行了重新解释和说明。物质是视像（image）的集合；视像是感官在其被开启时所接受到的物质对于身体的刺激，是物质投射于身体感觉的表现。[1] 柏格森以视像概念来克服近代哲学中的心物对立：客体存在于它自身之中，它是一个视像，但却是一个自在的视像。事实上，在柏格森那里，根本就不

---

[1] Henri Bergson, *Matter and Memory*, N. M. Paul and W. S. Palmer trans., Zone Books, 1990, p.213.

存在物质这种东西，所谓的物质无非是绵延扩张与凝缩运动的一个特殊情况。同时，他把知觉看作与物质完全相同的视像，后者涉及身体的最终行动。从本质上说，包括知觉和记忆在内的精神机能都指向了行动，身体为行动而准备，行动所形成的习惯，上升至思维并从中找到其表现形式。主体与对象相互契合并跟随着分别处于各自绵延中的身体与大脑的运动，于是，我们越是推进对物质的解析，物质就越是趋向于成为一个个转瞬即逝的瞬间，而精神则越来越将自身表现为过去在当前中的延伸。

在柏格森看来，心身难题假定了物质大脑和非物质记忆的一个形而上学的分离，因为具体的经验并不表现属于性质不同的本体论范畴的独立实体的相互作用，而是表现为一个有机的经验的整体，心灵和身体就是这一整体的抽象的维度。心身的统一并不需要克服一个终极的形而上学的二元性，相反，它们是同一形而上学实体的不同方面，这一实体是生命内在的冲动①。在柏格林那里，精神、身体、视像已经在人的活动中贯通在一起，无论是物质还是记忆，都是一种统一在绵延中的运动。

身体作为有广延的存在，不仅可以作用于其他物体，也可作用于自身；身体作为一种特殊的视像，具有可以选择其他视像的能力，也即身体并非是被动的，身体不仅是视像投射的终点而且成为行动中心。视像被知觉接受后再由意识加以判断并且反映在行动上。身体所感知的视像是接受不同的视像而整合成的整体，而身

---

① Henri Bergson, *L'énergie spirituelle*, Presses Universitaires de France, 2009, p. 180.

体的主动性也表现在对视像的选择上。可以看出,外在视像的连续性经过内部的破坏以及整合,出现了新的连续性视像,而此种连续性是经由身体所重构的。但身体的运动需要在记忆的绵延中展开。如果没有记忆的参与,那么视觉的移动所切割出的空间在每一个瞬间都是独立的,所有的视像都将成为互不相干的一个个片断。然而这种情形没有发生,因为身体不仅记忆视像,也记忆行动,视像激起运动,而运动又返回视像。

心灵与身体的关系被柏格森看作记忆的核心问题,《物质与记忆》篇首就直截了当地指出他试图以记忆为例来确定物质实在与精神实在之间的相互关系。记忆不仅唤起全部与当前知觉相似的过去知觉,而且使我们能够通过直觉捕捉到绵延的众多瞬间。值得指出的是,记忆在时间上不只包含了过去,而且还带有当下的意思,因为当我们在进行回忆的时候,我们就是在诸多"过去的此时"之间往返。当下意义的建立无法脱离过去而单独存在,同时,过去的经历与思想永远伴随着当下思维,并且以不断绵延的方式持续变化;由于现时必须同时正在逝去,才可能成为过去,因此,现时与往昔是共存并行的,而不是依次进行。① 于是,当记忆与现实相逢时,记忆就会变成当下知觉,从想象转变为实在而与感觉的元素同时生发,用柏格森的话说,就是将过去的某种东西推到现在。记忆作为过去视像的保存,脱离了任何具体的物质事物,也就是

---

① Gilles Deleuze, "Bergson's Concept of Difference", Melissa Mcmahon trans., in John Mullarkey ed., *The New Bergson*, Manchester University Press, 1999, pp. 81-82.

说，它本身不属于物质，但却是物质与精神的交汇点。

然而，真正的记忆并不仅仅依靠大脑，由于它完全沉浸在绵延中，而绵延又是我们全部的时间的实在，所以，独立于身体的记忆是一种自发性的精神活动，它通过视像把过去的经验全部保存下来。[①] 大脑运动既不是知觉的原因，也不是其结果，更不在任何意义上是其摹本——它仅只是我们动作的开始。记忆则就其本质而言属于心灵的功能。为了确立这一点，柏格森详细查阅了生理学和心理学的资料，排除了记忆被储存在大脑中的可能：如果记忆储存于大脑，那么大脑的特有的机能障碍就与记忆中的特定的间隙相对应。但是，大量的精神疾病研究案例显示，不存在这样的一致性。例如，一些患有遗忘症的个体，我们在他身上观察不到任何细微的大脑损伤；而一些有清晰和明确的大脑定位的记忆疾病（如失语症）患者，并未失去一系列特定的记忆。实际上，失语者的说话器官没有瘫痪，其所丧失的是表达记忆的身体结构的某一部分，而非记忆本身。据此他得出结论：记忆所寓居的不是身体，而是心灵，在精神的王国里，我们与记忆同在；记忆及心灵独立于身体并利用身体达到其目的。

二、作为内在性存在的身体与生命

在很多层面上，柏格森的哲学都能同当代的现象学研究有所

[①] G. William Barnard, *Living Consciousness: The Metaphysical Vision of Henri Bergson*, State University of New York Press, 2011, p.159.

对话，无论是在批判还是继承的意义上。例如《柏格森与现象学》文集就广泛地收录和列举了与此相关的各种议题，其中，一些学者在柏格森与现象学之间提出比较与思考，另一些人则通过将个体与世界、与他人相连的方式并在行动的脉络中谈论生命的展现。①

　　柏格森的思想在梅洛-庞蒂的现象学里占有重要地位。梅洛-庞蒂最初接受胡塞尔和柏格森时，就把他们的主张当作是回到事物的两种不同的探索。柏格森的身体视像观念成为梅洛-庞蒂身体思想脉络不可或缺的背景。身体问题是视像问题的某种转换。作为种种视像核心的身体视像具有优先地位：身体视像的特殊性指出了内在体验的根本意义。身体视像与感觉都是在描述一个具有中心地位的内省活动的源泉。梅洛-庞蒂秉承了这一立场，他把身体与世界相互交叉、相互渗透的无穷复归看作现象学的中心课题。这里触及心身关系难题的关键，在他看来，只要认定灵与肉是没有任何媒介项的两个本质不同的实体，心身关系问题就不可能得到解决。例如，意识与物质的关系被人们置换为知觉的事物与被知觉的事物或主体与客体的关系。这样，身体就作为我们观看、接触和内部感觉的对象，被分配给了经验的客体方面，放到与意识相对立的位置。但实际上，躯体表现出与对象这一状态完全不同的面貌、不同的存在层面，这是因为，当我们将提供感觉经验的事物看作某个对象的表现时，这种通向感觉的表现本身总是以躯体作为媒介的，它只有通过躯体才能被我们体验到。而

---

① Michael R. Kelly ed., *Bergson and Phenomenology*, Palgrave Macmillan, 2010, pp. 25-78.

正是在世界经验和介质（媒介物）的意义上，身体被看作现象学的主题。

不能不提及的是，梅洛-庞蒂对柏格森的解读呈现出一种有趣的对照。梅洛-庞蒂早期对柏格森大多持批判态度。他批评柏格森没有体现经验的深度，以致只能用第三人称的方式来处理身体逻辑。[①]他拒绝柏格森式的内省心理学，认为它最终并没有祛除自然态度的实在论特征，同时也不能认识到意识的存在论根源，因而无法将意识与事物区分开来。在《行为的结构》中，他指出，柏格森讨论了物理秩序和生命秩序，却无法用他的绵延解释人类秩序；柏格森所思考的活动始终是生命活动，是机体借以维持其生存的活动；在人类的劳动行为中，在对器具的灵巧制造中，柏格森看到的只不过是达到本能方面也在追求的那些目标的另一种方式。这两种情形是对同一个问题的两种同样精致的解决。[②]这并不是说内省本身是错误的，作为一种与外部观察同质的认识过程，内省与外部观察共同指向的对象，是通过不同的质料而在两个地方都被通达到的结构或意义。没有必要使内省成为通达心理世界的最有优势的手段，但它的确是关于行为（行为是唯一的心理"实在"）的结构和内在意义的可能视角之一。总之，在柏格森那里，知觉心理学并不因为他使它接近于活动这一事实而从根本上被改变——由于

[①] Maurice Merleau-Ponty, *The Incarnate Subject: Malebranche, Biran, and Bergson on the Union of Body and Soul*, Paul B. Milan trans., Humanity Books, 2001, p. 96.

[②] 莫里斯·梅洛-庞蒂：《行为的结构》，杨大春、张尧均译，商务印书馆2005年版，第244、246页。

活动仍然是在生命活动这一狭义上被理解的,而生命活动的目标是适应"无机的实在",所以,问题始终就在于理解:各种自然对象对于我们而言是如何构成的,而非人类的活动与知觉首先针对的是否就是这种类型的对象。

然而,到了晚期,梅洛-庞蒂发现,他早期的思想在把现象学方法当作本质哲学的目标时,导致了一种无力感:现象学的本质直观试图掌握事物和世界的绝对和恒常不变的实证性,而从感觉本身的构成来看,并没有静止不动的本质;为了要看到世界和事物,哲学家必须要处身于这个世界和事物的秩序之中,可是,一旦进入这个秩序,他就会面临还原无法完备的困境。① 梅洛-庞蒂从柏格森那里吸取了精神养分来批判本质现象学。他说,对于本质和对于事实一样,我们必须做的只是置身于我们讨论的存在中,而不是从外面观看它;我们必须做的只是将它重新放到我们生命的组织中,从内部关注与我的身体之分裂相似的分裂,这种分裂向自身开放,并使我们向它开放,而且由于它涉及本质,它也是言与思的分裂。我们的肉体覆盖甚至包裹了所有可见与可触之物,而我们的肉身又是被这些可见和可触之物包围着。世界中可见的不是感觉质料的外罩,而是存在于感觉质料之间的外部与内部界域之间的联结,通过肉身的开放,我的身体使事物成形,事物使我的身体成形——身体的各部分都与世界相联……所有这些都意味着:世界、肉身不是作为

---

① 龚卓军:《身体感与时间性:以梅洛庞蒂解读柏格森为线索》,台湾《思与言》2006 年第 44 卷第 1 期,第 49—100 页。

事实或者一些事实，而是作为真理注册的地点。① 此时的梅洛-庞蒂不再追寻一种不变的结构，而是从发生状态来看待存在：视觉并不是思想的某种样式或面向自身在场，它是提供给我的与自我本身分离、从内部目击到存在的裂缝的手段，只是根据这一裂缝，我才面向自我封闭。每一种视觉的东西，它所是的任何个体，都是作为一种维度起作用，因为它表现为存在的一种开裂的结果。可见者的本性就是要拥有严格意义的不可见的衬里，使它作为某种不在场呈现出来。② 感觉者和可感的之间的根本分裂和间隔，使我身体的器官互相交流，并建立从身体到身体的可传递性。

纵观梅洛-庞蒂前后期的态度，我们发现，即便他对柏格森的批判也不是由于彼此观点的差异，事实上，他们的立场和主张有基本的共同点。只是，在柏格森那里，虽然身体是行为的中心，但身体是预先存在的，随时间而变化的身体未被展现出来，当前对往昔的意识也就无法得到说明。梅洛-庞蒂异于柏格森之处在于：意识隐含着一个参与在时间构造中的身体。显然，在这个存在的向度中，心物二元就是身心合一，身心合一也就是心物二元。绵延是连续且不可分割的，但同时它又并不与自身同一，而是始终表现着生成与变化；它可以被理解为一种分化或差异化（différenciation）的运动。现象还原要求这样一种复归，不断要求个别回到整体，要求一种差异中的融合以及疏离中的亲近。

---

① 莫里斯·梅洛-庞蒂：《可见的与不可见的》，罗国祥译，商务印书馆2008年版，第146、162页。
② 莫里斯·梅洛-庞蒂：《眼与心》，杨大春译，商务印书馆2007年版，第84—86页。

与梅洛-庞蒂相似的是，亨利（Michel Henry）通过继承柏格森的使生命摆脱形上的超验性思想，在统一的体验中把对原则的思辨性能力和经验的物质性呈现结合起来。西方哲学从其源头开始就把可见的世界和外在性看作唯一的呈现方式，它完全忽略了生命的不可见性。在亨利看来，某些命题之所以看起来好像是矛盾的，更多地是因为我们习惯于把所有的事物都还原成在世界中的可见的表象，而不是在生命中努力去实现它的不可见的实在性。生命从根本上是内在的，并且它永远不在世界的外在性中出现，也不能被还原为超验的形式。思想只是生命的一种存在方式，因为并不是思想让我们介入生命，而是生命让思想能够反思自我。亨利从生命现象学的角度把生命定义为拥有能力和力量去感知和体验自我的本己存在。因此生命不是某种东西（如生物学的对象），不在世界的外在性中呈现——在外部世界中，我们永远不能认识生命本身，只能看到作为生命体的众生（êtres vivants）或生物体（organismes vivants）。生命的本质是实力和影响（force et effet），在不可见的和根本的内在性中，生命感知和体验它自己。[①]这是一种现象学上的生命，其根本意义在于定义了存在的本质。

　　面对"绵延是被构造的另一种抽象"的批判，亨利认为这是囿于传统的本体论思维方式，即现象的给出只有一种方式即环境或对象的给出方式，然而，与外部世界不同，主体是自感的（self-affective）的，其显现方式与"对象的显现方式"具有很大的差别。

---

　　① Michel Henry, *L'essence de la manifestation*, Presses Universitaires de France, 2003, p.233.

它反对只承认物质现实性的唯物主义,因为物质的呈现已显示出生命不断地自我揭示;也反对观念论,因为它不能从原则上理解存在的现实性,存在被它还原为不真实的图像和简单的表象。在现实的实在论那里,我们很难理解为何特定的大脑现象会伴随着意识以及对于物质宇宙的意识有何用处、为何而起,心灵状态作为副现象就只能是身体状态的无用的摹本和复制品。而根据先验的观念论,认识完全被放置在心灵的感知(表象)中,这样,身体只有作为经验的客体才是真实的。然而观察又告诉我们,身体的一点细微改变就可以改变我知觉到的全体视像(例如,只需要闭上我的眼睛,我的视觉世界就消失了),科学让我们确信所有的现象必须按照确定的秩序相继发生和互为条件,在其中结果与原因总是相称的。这样,在主体对事物的真实感知和主体对大脑运动的可能感知之间,存在一个无法说明的一致性。即我们感官觉察到的秩序和我们在科学中所寻求的那种秩序之间根本没有通路。"绵延"这个词首先是为了揭示一种未被空间化或空间性隐喻遮蔽的时间,即真实的时间、活的时间(le temps vécu)。这也就意味着绵延是直接的,换句话说,真正的主体只能是属于不可见的向度,具有彻底的内在性。人最初的基本体验发生在我们身体内,身体是经验历程的场域,也是所有流逝现象得以呈现的寓所,自我觉知就发生在身体中,也即身体是建构意义的最初场所①,活(living)优先于见(seeing)。

---

① Michel Henry, *Philosophie et phénoménologie du corps*, Presses Universitaires de France, 2003, p.129.

三、心身关系与两种实在

同样是超验的途径，德勒兹以"虚拟"概念贯穿柏格森的文本，构成柏格森哲学经由现象学途径所获得的另一种发展。心灵与物质的本性是什么，两者之间的关系与联结方式如何？笛卡尔之后，一代代哲学家对这些问题进行探讨，其意义不仅止于对问题本身给出一种合理、融贯的解答，而且在身处世界之中的个别存在者之间，确立它们之所以能够存在的普遍依据或原则。关于这一点，德勒兹立足于柏格森以生命为基础的立场，把动态的生命冲动的现实化过程作为个别生命体的存在法则，并通过说明这一法则如何作用于经验世界，阐释存在者的实际样态与存在条件之间的统一关系。

德勒兹在《柏格森主义》中对虚拟（le virtuel）概念给予了细致的分析，并将柏格森的视像一元论通过虚拟和自身差异化的途径来进行诠释。然而在柏格森本人的著述中，"虚拟"常以形容词的方式出现，被用来谈论、界定某些在脉络上更核心的概念，其本身并没有被作为直接讨论的研究对象。那么，德勒兹为什么要从"虚拟"着手？他又如何用虚拟概念联结柏格森的思想？纯粹时间性的绵延状态作为意识的直接材料，这是柏格森哲学中对存在（者）最基本且关键的界定。不同于空间再现的、由外在决定的数量多样性，纯粹绵延中的多样性是虚拟而连续的。[①] 每一事物混合

---

① Gilles Deleuze, "Bergson's Concept of Difference", Melissa Mcmahonn trans., in John Mullarkey ed., *The New Bergson*, Manchester University Press, 1999, pp. 38-42.

着空间与时间的要素,但只有从时间的角度,才能如实地把握事物的本性。我们才会看到一种内在的连续性,即性质差异如何虚拟地共存于绵延,而绵延又是如何不断地把自身的性质差异现实化。"绵延"这一与事物最直接相关的特征,表现为在性质上不断改变着自身,表现为虚拟的多样性。① 德勒兹借用"虚拟"来谈论存在问题,"何为虚拟"可以看作是"何为存在"的转换。

虚拟概念来自柏格森"纯粹记忆"的启发。与笛卡尔从经验世界中抽取出脱离世界、脱离物质的"我思"心灵实体并以此为出发点去展开世界的图像不同,柏格森对心身问题的反思一开始就以在经验世界中存在着的存在者为考察对象的。他认为,在对心灵的看法上,唯理论与经验论都犯了将普遍观念与本然事实相混淆的错误,即把心理学状态当作心理事实。其实,心理学状态只是一种分析性的表达、一种简化后的观念,而这观念是对心理事实象征化之后的结果;心理活动的每个时刻与整体人格之间是部分与整体的关系,也就是说,心理活动既隐含也影响着整体人格,并且各部分之间的界线是模糊的。② 在知觉这个统一的出发点上,交织了两种实在——空间与绵延、物质与记忆,柏格森强调处理心物关系要从其交汇处开始,也就是从混合着两种实在的个体或现象开始。不过,这两种实在的意义于柏格森而言是动态的,若以静态切面

---

① Gilles Deleuze, *Le Bergsonisme*, Presses Universitaires de France, 1998, p.119.
② Henri Bergson, *The Creative Mind: An Introduction to Metaphysics*, Mabelle L. Andison trans., Dover, 2007, p. 145.

的方式分开来观察，其框架内部就彼此矛盾。① 德勒兹将"纯粹记忆"视为"时间—视像"的生成条件，并因此改写了视像的传统观念——视像即再现。每一客体都是双重的：一方面是我们所看、所听、所触的实在，这是知觉与感觉所接触、所感知的经验世界；另一方面就是虚拟，这是使实际（经验）彼此产生差异的场域。

德勒兹以虚拟与现实的交融来探讨两种实在的发展。实在由各种差异（差异物）构成，后者是已经实际化了的虚拟，或者说，虚拟构成了实际差异的各种条件。"现在"的"现"，仅仅是当下时间的"现"，然而虚拟可能是下一个时间性的"现"。因此，无论虚或实、现或不现，它们都是处于不同方面或层次的存在。② 也可以说，视像在同一时间内仍旧在场却已经逝去。③ 从德勒兹哲学的整体脉络来看，绵延、流变（becoming）与身动力等概念回应的问题都与如何思考真正的差异有关，也即与不断分化的生命有关。

在传统哲学中，所谓的实在通常指人类已知或被给予的状态。人以主体的方式将世界规定为认识论对象，实在被简化为感官知觉所认知和把握的领域。这样的形而上学着眼于"有"的"存在"，而将"无"排除于"存在"之外；不论是一元论还是二元论，都将"在场"限定于封闭系统。而德里达指出，我们所谓的世界其实是含混的：一个是作为已在场的、构成性的当前现实，即被确定为纯

---

① Gilles Deleuze and Félix Guattari, *What Is Philosophy?* Hugh Tomlinson and Graham Burchell trans., Columbia University Press, 1996, p.163.
② Gilles Deleuze, *Différence et Répétition*, Presses Universitaires de France, 1968, p.269.
③ Gilles Deleuze, *Cinema 2: The Time-Image*, Hugh Tomlinson and Robert Galeta trans., London: The Athlone Press, 2000, pp.78-79.

粹自身的封闭实在，其作为世界观念是一种预先给出的先验被动性；另一个则是作为可能经验的无限界域（horizon infini），是构成一切判断基础的无限整体性（totalité infinie），这样的世界不是预定的，而是复杂、无定限的（indéfini）。在后一意义上，世界是无限的实在，它由相异于其自身的他物所孕育和支撑，而界域不再有起源。

　　这里，虚拟并非模仿或再现，而是与现实具有差异的另一个世界或另一种可能性。虚拟的对立面是现实——以现实生活为参照，我们把一种不同于或复制现实世界的事物称为虚拟。它所对立的不是实在（réalité），而是现实（l'actuel）。虚拟是一种未表现出来的"虚在"，但它是真实的存在。德里达由此进一步提出"延异"（différance）概念：延异不是一种基于在场/不在场（absence）对立的结构与运动，而是无法固定、永远都处于未来（avenir）的生成空间（devenir espace）。[①] 换言之，延异作为一种特殊的不在场，它悬置、中断了一切"在场"的自我同一性，使得事物不固定于封闭的结构。在他看来，"在场"仅是一种僭越（usurpation），它将自己当成了事物的起源；"不在场"是迟到和保留（rétention），若没有这种保留，我们便无法在结构中指出差异；保留产生了痕迹（trace）从而显现出差异，而这样的差异又使得一切变化的自由成为可能。[②] 也就是说，在场与不在场是一种

---

　　① Jacques Derrida, *Marges de la Philosophie*, Les éditions de minuit, 1979, p.78.
　　② Jacques Derrida, *Of Grammatology*, Gayatri Chakravorty Spivak trans., Johns Hopkins University Press, 1997, p.68.

显（可见）与不显（不可见）间的差异，这种差异构成了一切事物的来源。

同时，由延异所产生的间距是一种无法化简的差异与他者，正是这种不可化简性才使差异得以进行，使事物之间继续保持距离，而避免回到封闭的同一性或二元性的系统中。[①] 于是每一次出现都是有差异的重复而非再现，这种重复不会陷入循环。所谓解构就是这样一种无止境的差异——只有与过去有所不同的东西才是新的。世界始终是在动态的关系中展开的，虚拟作为一种与现实之间的差异或超越现实的他异性，成为迟到而尚未出现的实在，但它以不在场的方式为实在提供了更多的可能性。若我们将虚拟视为尚未到来的可能性，那么实在包含两个方面，即已在场和潜在性的在场。虚拟虽然在经验中无法定义，却是一种以"无"的方式与我们共在的他者，它延展了既定事物的边界，并因此挑战或重构了我们的实在观念。也许我们所面对的既非现实与虚拟的问题，也非心灵与身体的问题，而是活（vivre）的问题，一个关于何谓生存世界的问题。

---

① Jacques Derrida, *Positions*, Alan Bass trans., Bloomsbury Academic, 2004, p. 130.

认识论与知识论

他心感知如何可能？*

我们如何领会他人的想法？我们能否认识自己以外的他人的内心状态？如果能认识，其依据和途径是什么？这样的知识又具有什么性质？我们不怀疑正在思考着的自己的思想和经验，而对于他人，尽管我们可以观察到他的行为，从而推断出他的心理，可是我们怎样为这种心理—行为推论做出合理的辩护？几百年来，哲学家们依赖于内省给出了种种解决方案，内省在他们那个时代的心灵研究中被用来发现证据和反驳猜想，而如今我们的条件优越了许多，神经科学的研究进展已经揭示出一些隐藏在人类思想和情感背后的脑部活动过程，这为我们考察心智的有关问题提供了有益的启示。

一、模仿：联结他人与自我

当一个人觉察和认识到另一个人的内在状态（包括他的感受、

---

* 原文刊载于《哲学研究》2015 年第 1 期。本文在此基础上做了修订。

知觉、意图和思想）时，我们常常会说，他的感受达到了与他人的感受相匹配的程度。这样的推论能够被他人的经验所证实，但是，每个人的经验只有他自己才拥有，对于那些不能直接进入的心理状态，我们可以提取的只是他们表现出来的言语和非言语线索。而在现实世界中，我们不会指望别人会说出他的全部想法。事实上，当人们试图掩藏他们的心理状态时，注意他们的非言语线索而不是言语线索，也许是一种最佳策略。研究发现，语言理解缺陷者比那些没有语言缺陷的脑损伤者更擅长察觉出某人正在撒谎。什么样的行为线索会传递这种信息？哪些神经系统对这些信息敏感呢？研究显示，注意他人眼睛注视的方向能为我们提供关于他人注意状态的重要信息。当人们的言语与心理状态不相符时，眼睛注视的方向对于我们领会这种情形是很有帮助的。而颞上沟的细胞有助于我们区别头部方位和注视方向——它们中的一部分只对头部方位产生反应，而另一部分只对注视方向做出反应。[①] 尽管头部方位与注视方向常常是一致的，但是区分这两者的能力使我们有可能识别他人的外在行为与内在意图是否匹配，由此开启了利用这些线索来推测他人心理状态的大门。

另一些研究发现，当人们去猜测别人对他们自己的行为持何种信念时，是以他本人的选择和对自己人格特质的概括为参照的；相反，对他人其他方面的判断却依赖于对生活中具体事件的记忆。

[①] K. A. Pelphrey, R. J. Viola, G. McCarthy, "When Strangers Pass: Processing of Mutual and Averted Social Gaze in the Superior Temporal Sulcus", *Psychological Science*, 2004, 15 (9), pp. 598-603.

这就是说，对他心的知觉与自我知觉发生了关联。一项 fMRI 实验表明，知觉一个与自己相似的人和知觉自我均会引起内侧前额叶某个区域激活，但知觉不相似的人则不会产生激活。[1] 还有一种情形是，我们可能贮存了关于我们自己和我们生活中特别人物的非常丰富的和情绪性的信息。奥克斯纳等人的实验支持了这种观点。实验中，知觉自我和知觉自己的情侣均引起了内侧前额叶某一区域的激活。[2] 这个效应并不是由知觉到情侣和自己之间的相似性引起的，它可能代表了关于情侣和关于我们自己的储存信息在复杂程度或情绪方面的共性。

不论哪一种情况，同一个脑区参与两个过程，有可能表示一个共用的心理功能可以完成两种类型的任务。内侧前额叶参与两种知觉的现象提示我们，这一脑区对于思考自我和他人都是重要的，对他人的知觉需要自我知觉参与：对于某个我们还不太认识但又看起来相似的人，我们会利用我们自己的心理状态来理解这个人；而当我们拥有关于我们自己和与我们亲近的人的非常丰富的信息存储时，这些过程也可能联系起来。我们使用非言语线索（如表情和眼睛注视）来收集关于这些心理状态的信息，然后表征这些抽象的信息，并利用它们来形成关于这个人可能在想什么的印象。

如此说来，对他人的知觉与自我知觉之间存在内在的联系，人

---

[1] J. P. Mitchell, C. N. Macrae, and M. R. Banaji, "Dissociable Medial Prefrontal Contributions to Judgments of Similar and Dissimilar Others", *Neuron*, 2006, 50(4), pp.655-663.

[2] K. N. Ochsner, J. S. Beer, E. R. Robertson, J. C. Cooper, J. D. E. Gabrieli, J. F. Kihsltrom, and M. D'Esposito, "The Neural Correlates of Direct and Reflected Self-Knowledge", *NeuroImage*. 2005, 28(4), pp.797-814.

们有可能依靠自我知觉的某些特征来推测他人的心理。这一结论支持了模仿理论（simulation theory），即他心的理解是以推己及人的能力为基础的——通过想象自己站在别人的位置来推测别人的心理。人类天生就拥有模仿能力，我们不仅知道他人有着与我们不同的欲望、意图、信念等精神状态，而且能够大体准确地对他人有着什么样的精神状态形成理论，并借此信息预测和解释他人的行为。① 模仿理论假设，由于我们无法直接观察到别人的心智，人类先天能够以类推方式假定其他人拥有与自己类似的心智，并根据这个假设揣测他人的意向、反应与行动；或通过想象把自己置于被模拟者所处的情境，体验他人的心理感受。

人类能够进行正常的社交活动，与这种模仿能力直接相关。模仿为我们提供了通向他者个人精神世界的入口。我们不只是模仿四肢的动作，也会模仿脸部的细微动作，并且，这种脸部的模仿使我们有不同的感觉：如果看到一张笑脸，我们也会感觉开心；如果看到一张充满憎恶表情的面孔，我们会感觉厌恶。通过这种在感知和行动之间的转译能力，即使是个人情感，也会不经意地被分享。不过，这种模仿只针对生命体，而对非生命体产生印象的反应却未显示出与内侧前额叶皮质相关。② 大脑有专门的神经回路识别生物运动和无生命物体的运动，还有专门的回路用来识别面孔和

---

① Alvin I. Goldman, "Theory of Mind", in Eric Margolis, Richard Samuels and Stephen P. Stich eds., *The Oxford Handbook of Philosophy and Cognitive Science*, Oxford Uiniversity Press, 2012, pp. 410-412.

② Jason P. Mitchell et al., "General and Specific Contributions of the Medial Prefrontal Cortex to Knowledge about Mental States", *NeuroImage*, 2005, 28(4), pp. 757-762.

面部运动，使得我们明白自己与其他同类相像。这也解释了为什么我们只模仿人的行为，却不会去模仿物体。

但是，模仿又是怎样在我们内心创造出他人的内心状态呢？自20世纪末起，先后有多位科学家根据经颅磁刺激技术和正电子断层扫描技术得到的证据提出，包括人类在内的灵长类动物大脑的F5区有一种神经元，在执行一个动作和知觉到他人执行同一个动作时都会被激活。这些神经元像镜子一样可以映射他人的动作，所以被称为"镜像神经元"（MN）。[①] 我们对他人动作的理解似乎依赖于在我们自己产生这个运动时也参与的神经结构活动。由于这一对应关系，神经科学家用镜像系统来描述同时参与动作理解的神经网络。镜像神经元提供了一种通过在我们自己的身体上模仿他人的内心状态而支持我们与他人共情的能力。

这种镜像和共鸣也出现在疼痛和情绪中。研究表明，对情绪的知觉也会激发那些在情绪的产生中发挥关键作用的神经机制，而且被试在模仿以及观察各种情绪的面部表达时许多相同的脑区也都会被激活。一系列实验证实，经历生理上的恶心和厌恶情绪均激活脑岛中一个相似的区域，并且二者发生的强度与脑岛部激活量呈正相关；辛格（Singer）等人对"痛"也进行了类似的实验，这些实验情境下得到的结果提供了同样的支持：我们亲身感受一种情绪，与我们观察到别人正在发生的同一种情绪，二者所激活的神经

---

① Giacomo Rizzolatti and Laila Craighero, "The Mirror-Neuron System", *Annual Review of Neuroscience,* 2004, vol.27, pp.169-192.

模式一致。[①]

需要指出，镜像神经元不是只对动作的当下现实做出反应——即便在缺少视觉的信息，例如只有声音或想象时，镜像神经元仍然发生活化，传达该动作的意义。镜像神经元机制把单纯的动作与语义网络相连，使得我们迅速而直接地了解他人的动作。同样地，对情绪的感觉也可以直接投射到镜像神经元上。这种共享的神经机制使得观察者与被观察者似乎产生了直接的经验交流。

二、经验的直接投射

我们通过观察他人的肢体动作和面部表情，听他说出有意义的语言，读他写下的文字等，就可以知道对方有哪些心理状态，有哪些想法、意图和欲求。这是因为关于他人心智的知识是建立在"心理—行为"的因果推论之上。这个推论用到了心理因果原则：如果某生物表现了行为 B，那么心理状态 S 也在发生，而且这种因果关系具有规律性与普遍性。即在每个人自己那里，如果观察心理—行为的普遍归纳确实是正确的，如果其他人与我的行为也相似，那么通过与我的类比，这些归纳对于他们也是正确的，并且通过它们，我将有理由得出关于具体个人心理状态的具体推论。

使用心理因果推论的首要条件是心理因果定律的建立，心理

[①] B. Wicker, C. Keysers, J. Plailly, J.-P. Royet, V. Gallese, and G. Rizzolatti, "Both of Us Disgusted in My Insula: The Common Neural Basis of Seeing and Feeling Disgust", *Neuron*, 2003, 40(3), pp. 655-664.

因果定律的建立有两种途径:(1)通过对于视觉、推想、语言习得以及各种认知机制的科学研究,建立心理现象的普遍规律;(2)通过对"心理—行为"因果关系的观察,经由归纳而建立起心理现象与个体行为之间的规律。后者构成了我们日常生活的常识,普通民众进行心理因果推论,所依据的就是由这些常识建立的心理因果律。

"心理—行为"的因果推论以及心理因果原则是大多数人都接受的。但是,有什么理由认为,任何两个人只要具有相同或类似的心理状态,就会产生相同的或者类似的行为呢?心理因果原则所主张的那种规律性,并不完全适用于所有的心理因果现象。不仅如此,恐怕真正的行为与心理状态之间的关系不是一对一的,而是多对多的。换句话说,当某个环境刺激出现时,主体会同时有多种心理状态出现,并进而产生多个行为。很少有人是仅仅处于一个心理状态,产生一个行为。除此之外,借用心理因果原则来推论对于他人心智的知识,犯了循环论证的错误。因为在进行心理因果推论时,我们必须预设心理因果原则是适用于对方的,然后才能够依据我对于对方行为的观察,反推导致他行为的内心状态。如果不能确认这一点,凭什么可以将心理因果原则套用到自己以外的他人? [①]但是,他心问题不正是在询问如何能知道这点吗?

提出这些追问,当然不是试图否定这种可能性,进而断言我们没有办法理解他人的心智,而是想表明关于他心感知的结果在某种

---

① Samuel Guttenplan, "An Essay on Mind", in Samuel Guttenplan ed., *A Companion to the Philosophy of Mind*, Blackwell Publishers Ltd, 1996, pp. 84-95.

程度上可以说是一种知识论的特征，涉及一种具有私人性质的知识的获得。

我们常常认为疼痛是最为私密的体验。如果我正遭受疼痛，我自己可以知道，但是我如何能知道你的疼痛呢？如今，脑成像技术使我们发现了被称作痛感基质的网状区域，人们经历疼痛时，这个区域会变得很活跃。我们由此可以认为，这种体验的生理相关不是私有的。不过，主观的疼痛体验并不直接与引起疼痛刺激的物理性质相耦合，当注意力被分散时，你不会觉得接触某个很热的物体疼痛难忍，即使它的温度没有变化；而相应地，疼痛的感受也会因为心理暗示而加强。那么，我又如何能体验到你的感觉呢？通过精确观察"感同身受"发生时处于活跃状态的脑区，我们可以发现：某些区域的活动关涉疼痛的物理方面，如物体的温度、与皮肤接触的位置等，当你知道其他人疼痛的时候，这些区域并不显示活跃；而另一些区域的活动则关涉疼痛的心理体验或主观感觉，这些区域会变得活跃以对他人的疼痛做出反应。我们分享的正是疼痛的心理体验，而不是疼痛的物理方面。

由"镜像神经元"产生的体验，具有一种"内部视角"——他人可以被我经验到。我们并不是首先知觉到他们的身体行为，然后推理或假设他们的行为是由与引起我们类似的行为的相似体验或内在状态引起的。相反，我们将他人直接体验为一个人，也就是说，体验为一个意向性的存在物，其身体姿态和行动表达了他或她的体验或心智状态。在这里，活生生的身体同时具有第一人称和第三人称的特征。在第一人称中它由我经历，但在第三人称（或第二人称)中它也显现给你,并且在共情地理解你的体验时,我将我自己体验为一个相对你而言的他者。对于社会互动中的第一人称(本体感受)与第三人称(外感受),我们可以在它们的认知样式之间做出一个联结,以至于我能够想象你对我的感知,而你也可以想象我对你的感知——我们都参与了一个主体间视角。

身体是联结思想和知觉的界面。缺少了身体,我们无法进行情感的互动——我们绝不会与没有生命的物体产生情感的共鸣。我们在感知—行为的互动循环中理解他人,这种交流常常是以身体化的方式进行的——通过他人的姿势、表情、动作,通过双方身体的互动,达到情感的理解和共鸣。在这个意义上,他心的理解更接近于身体阅读,而不是心理阅读。① 婴儿与父母的情感交流是最原始的主体间性的体现。新生儿没有概念和知识,无法通过理论化来推测和理解他人的情感,他们对成人的面部表情的模拟和反馈是一种直接的、无中介的身体互动。这一特征也体现在成人的情感互动中,例如两个舞者之间的默契配合依靠的是身体动作和眼神的交流。相反的例子则是,杏仁核受损的患者,既不能体验恐惧,也不能辨识恐惧,以往被认为各自独立的两个现象——经历恐惧和表述恐惧——在本质上有着重要的共同性。

人们能够不自觉地体验到他人的情感,不是间接地理论化,而是直接地进行情感反应和表达。所谓"直接的",是指个体和他人

---

① Michelle Maiese, *Embodiment, Emotion, and Cognition*, Palgrave Macmillan, 2011, pp. 156-157.

情感的发生具有相同的神经通路，而不需要信息的转换。镜像神经元在感知别人意图中所起的重要作用意味着，借助自动的、无意识的模拟，人类可能经由直接投射的机制，活化引起本能动作反应的脑区，从而在理解他人以及建立社会关系方面迈出第一步。同时，人类心智具有通过想象来感知他心的能力。在想象中，我们经验到了一种接近感和一种身体的等同感，这是我们通达他心的基础。它包含了两个方面：一是有能力去归因自己或他人的心智状态，心智状态包括信念、欲望、意图、想法、知识、概念、注意力状态及所有的情绪，以意图为例，一般人都可以分辨出有意图行动的生命体与不具备意图运动的自然物体，例如人与动物是有意图的生物，而石头与树叶是没有意图的物体；二是对他人的心智状态有相当的情绪反应，我们不只归因行动者的心智状态，而且也参与他的情绪状态，会对他的情绪状态做适度的反应。我们与他人的经验有情感上的联结，也能对他人做出适当的回应。人类能够发展出对他人内在心智状态的了解（如欺骗和信念）、回应与表达情绪、与人分享等能力，这种同感与共鸣，成为社会行为的起点。[①] 当然，神经元的镜像机制，不能解释所有我们对人际关系的认知，但以此为基础，我们可以进一步了解更复杂的人际行为。

---

① Pier Francesco Ferrari and Giacomo Rizzolatti, "Mirror Neuron Research: the Past and the Future", *Philosophical Transactions of the Royal Society B: Biological Sciences*, 2014, 369(1644), pp. 1-4.

三、因果性考察

神经基础及其活动的发现揭示了阅读他人内在经验的相关机制，它们提供了一种客观的解释，但这种关于他心的解释不是完备的，我们无法在他心感知与神经相关性之间寻找到因果关系。

第一，仅仅通过身体模仿来解释他心感知现象，目前缺少足够的证据。观察动作时运动前区的激活对于动作理解是充分的吗？这种理解是否需要运动皮质的表征？这些问题还很难回答。另外，镜像神经元构成的映像系统也并不是理解动作的唯一途径或决定性因素，换句话说，它不构成必要条件。例如，患有 Mobius 综合征的病人天生脸部瘫痪，无法做出任何面部表情，但是他们能够很容易地识别和理解他人的面部表情；另外，先天身体残疾的患者对他人的身体表现也能做出合理解释。诸如此类的现象都是身体模仿所无法胜任的。或许，在解读相关的实验数据时，我们应该更多地考虑这些区域被激活的是什么、以什么方式被激活，而不是哪一种神经结构决定了他心感知。

之所以不能得出明晰的脑定位关系，其中重要的原因是脑功能通常是建立在许多过程之上的，每一个过程都包含了许多相互独立的神经活动，功能定位是在不同层次上进行的。任何复杂的神经回路，都要通过协调多个大脑区域的活动来完成功能，除了最基本的生理动作和条件反射以外，我们的行为大多都是复杂神经回路的产物，这种神经回路分布广泛而又相互关联。没有哪个神经元能够单独激发出任何特定的复杂行为。以最基本的感受质为例，外物刺激我们的感官，神经系统接受与传导相应的神经冲动，同时引起我们的某种感觉。这样产生的感觉质性与外物刺激之间不存在一一对应关系，因为感觉质是由相应神经脉冲在整个神经系统中的位置决定的，即使外物刺激的物理性质相同，只要它们产生的神经脉冲的位置不同，就可能引起不同的神经效应，进而显现出不同的感受质。此外，这种位置是以神经脉冲之间的相互关系加以定义的，也就是说，决定感受质的是相应神经脉冲及其与其他脉冲之间的相互关系。其他所有的复杂行为也都不能通过一种特异细胞类型或者一种特异大脑解剖结构的存在与否来决定。

第二，镜像神经元的激发依赖于整个动作链——动作的目标、当下的情形以及行动者之前所做的事情等。[①]动作其实是一个由不同部分组成的序列。有经验的舞者在观看熟悉舞蹈的录像时，相对于观看不熟悉的舞蹈，其镜像神经网络的激活水平更强。有背景条件下的动作观察较之孤立动作的观察导致了镜像神经系统更强的激活水平。这些说明，观察者能够将视野以外的动作与视野以内的行为联系起来，而这种联系需要某种意义作基础才能建立。也就是说，动作在脑中的重现，既包含动作的表征，也包含对动作意义的理解。由此可以推断，映射行为是建立在认知基础上的，需要镜像神经系统将视觉信息处理并转换为知识，同时也不排除理论或背景知识参与了这个过程。

---

① Vittorio Gallese, Christian Keysers, and Giacomo Rizzolatti, "A Unifying View of the Basis of Social Cognition", *Trends in Cognitive Sciences*, 2004, 8(9), pp.396-403.

当我们试图说明一个人的行动时，找到它的内在原因是必要的。行动的概念涉及动机理由（reason），理由是行动的合理根据，一种行动是否有理由，是其能否被理解的基本前提。理由与行动者的性格和情感密切相关，还涉及行动者的信念、愿望、意向、评价等。[①] 比如，我旋转电灯开关，对于这一行为的解释，需要提及我的愿望（想让房间亮起来）以及信念（我相信转动开关就会照亮房间）等内容。理由在本质上是规范性的，它与以"应该"为基础的选择有关，与人们看问题的方式及其所遵循的规则有关。此外，我们理解他人的动机、意图，与其说是受到对方行为或情绪的感染，不如说是来自引起这种行为或情绪的环境。换句话说，模仿他人内在心理所提供的信息是与其他来源的信息一同输入处理的，并且与相同情境的评估结合起来。这是因为，行为与语境和背景情况相关，例如，点头是一个行动，在某一环境中，这一行动可能意指一方同意所提议的东西，而在另外一个环境中，它可能意指一方对结果无动于衷。这里的关键是心理过程的参与使一个人所产生的感受与另一个人的情境更加一致，因此不应仅仅根据结果，还要根据潜藏在观察者和被观察者的感受之间的关系来界定——对他心的理解需要过程的完整信息。由此可见，若想掌握他人的心理状态，我们必须超越单纯行动层面的身体经验，而对他的行为动机、情感和意志等多个方面进行考察。

---

① 唐纳德·戴维森：《真理、意义、行动与事件》，牟博编译，商务印书馆1993年版，第241、255、264页。

第三，尽管他心的理解可以在人的镜像神经系统中找到一定根据，但镜像神经元的激活只是一种对他人意识、感觉的复制和再现，而非"源始性"的意识活动。镜像神经元在个体行动和观察到他人在行动时都会被激活，我们无法分辨行动的主体是谁，因此无法断定镜像神经元所激发的心理状态就是施动者所映射的心理状态。如果我仅仅观看他人被打，为什么我不会错误地以为是自己挨打了呢？这是因为我们皮肤上有触觉感受器，它会向大脑发出信息，告诉你虽然你与他人产生共鸣，但并非真正经历被碰触的过程，否则你会感到困惑并产生混淆。这里有一种反馈信号，否决镜像神经元所发出的信息，使你不会在意识上拥有真实的亲身经历。但如果你将手臂移除，或向手臂注射麻醉剂呢？大脑构成痛苦系统的各个部位存在解剖上的联系，并高度互动。但对痛苦的身体感觉和情绪感知却似乎是分离开来的。核磁共振成像扫描显示，对于情绪的痛苦感知，观察者和承受者的大脑相关部位都会激活，但对身体痛感而言，只有承受者的相关部位会激活。如果你看到另一个人出现疼痛，你会感觉焦虑，但却感觉不到疼痛本身。

另外，理解动作意图距离阅读他人的心理还有很长的道路。了解一个动作的意图并不意味着读取对方的想法，因为动作上的意图不等同于有意动作背后的目的，它可以是截然不同的思维状态的结果——行为可能是真实意图的展现，也可能是行为者故意做出某个姿势，试图造成一种假象。镜像神经元在识别简单意图和动作的基本层面上有效，但这种低层次的认知过程相对简单、原始、自发，并在很大程度上处于无意识水平。

第四，心理状态和心理状态的神经属性是两个不同性质的对象。我们运用反证法来证明这一点。根据同一性替换原则，相同的表达能够相互替换——对于任何东西 x 和 y，x 等同于 y，当且仅当 x 和 y 具有相同的性质。① 我们可以把它拆成两个条件句：L1（同一的不可区分性）：对于任何东西 x 和 y，如果 x 和 y 是同一的，那么 x 和 y 就会具有相同的性质；L2（不可区分的同一性）：对于任何东西 x 和 y，如果 x 和 y 具有一样的性质，那么 x 和 y 就会是相同的。按照这个原则，如果愉悦的心理状态等同于某种脑神经状态，那么，愉悦所拥有的一切性质，该脑神经状态都有，反之亦然。并且，所有的心理状态，与它们所分别等同的脑神经状态，都要符合这样的推论。然而事实似乎并不如此。例如，手指被割伤后产生了"手指痛"的心理状态，而且那痛觉出现在手指上。如果它等同于某种脑神经状态，难道该脑神经状态也出现在手指上吗？这是说不通的，除非我们认为，手指痛的时候，那个痛觉不是出现在手指而是出现在脑里。除此以外，"等同"是具有传递关系的，换句话说，如果 x 等于 y，y 等于 z，则 x 等于 z。假设狗的痛觉跟人的痛觉是属于同一类型的，如果人的痛觉等同于人的某类脑神经状态，狗的痛觉等同于狗的某类脑神经状态，那么，人的这种类型的脑神经状态等同于狗的那种类型的脑神经状态吗？

简言之，在如下两者之间做出区分是至关重要的，即观察者所定义的有关刺激的信息，以及刺激对于该动物而言具有什么意义的

---

① 莱布尼茨：《人类理智新论》，陈修斋译，商务印书馆 1982 年版，第 234—235 页。

信息①。前者所提供的是相关性数据，在研究方法上，相关是很容易做到的。而后者则提供了因果关系的说明，它们由知识、信念、猜想、证据、理由和推理等概念之间的关联构成，并与诸多内容的辩护逻辑特征相联，如确定性和不确定性，哪些是显然的，哪些需要证据支持，等等。这些都不可能通过发现关于脑的事实而得到推进。

也许有人会反对说，我们已经知道，对皮层直接施加电刺激会造成各种意识体验，这个事实难道不是给这样的看法——存在某些神经基质，它们对于意识的显现在最低程度上是充分的——提供了很好的理由吗？毫无疑问，内在可观察的"心智"事件与外在可观察的"物理"事件之间是有关联的，但它们的关系只能通过对这两个独立现象进行同时观察才能发现。例如：当我们对被试的脑皮层施加电刺激，被试感觉到的却是手指痛。这意味着，承认神经活动是例示一个瞬间片段的现象意识的最小充分条件是一回事，而要在对世界形成连贯的有意向的体验意义上认为神经活动是例示意识的最小充分条件，则完全是另外一回事。

当然，我们进行这些考察，并不表明神经科学只关心大脑照相成形技术的发展，仅仅试图给出大脑中每一点完成某工作的图像。对神经科学的一个批评是，它所提供的东西，似乎只是"大脑内发生某些事件的位置图"；更有甚者嘲笑神经科学不过是在表明行为

---

① 贝内特、哈克：《神经科学的哲学基础》，张立等译，浙江大学出版社2008年版，第428—429页。

是由神经系统的活动所导致的，而对于这一点，从来没有人怀疑过。① 事实上，神经科学的目标绝不限于提供一幅心智活动的图像。通过记录大脑哪些部位被不同任务所激活，特别是通过寻找不同任务所激活脑区的交叉状态，神经科学家得以理解这些问题：大脑的各个区域分别在做什么？不同脑区是如何交互作用的？大脑是如何处理不同类型的问题的？神经科学已经开始运用脑部激活差异的数据和其他线索来阐明大脑组织的规律和功能，这反过来又能够极大地增进我们对大脑工作方式的理解。与此相对照，心灵哲学关心的是，什么是心智能力或心智状态？什么叫疼痛？什么是感受的特性？……当我们追问这些"什么"的问题时，我们是在追问那些对所有具有相关心智能力或心智状态的、现实的或可能的生物来说，拥有某种心智能力或状态的共性是什么。② 所以，神经科学家并不直接为心灵哲学家所思考的问题提供答案，但心灵哲学家应当关注科学家提供的那些关于"如何"问题的解答。

四、知识论特征

我们都承认，存在这样一些东西，我自身可以了解到，却永远无法让你了解到。我无法与你分享我自己的动作体验，也无法分

---

① Robert A. Burton, "A Skeptic's Guide to the Mind: What Neuroscience Can and Cannot Tell Us about Ourselves", St. Martin's Griffin, 2014, 51(5), p. 861.
② Michael Tye, "Philosophical Problems of Consciousness", in Susan Schneider and Max Velmans eds., *The Blackwell Companion to Consciousness*, John Wiley & Sons Ltd., 2017, pp. 17-29.

享你的动作体验。当我执行一个动作时，我所拥有的各种感觉无法与你分享，我有获取这些信息的特有通道，它们使我有一种我自己的主体体验，就像他人所有的、我永远也无法体验到的主体感。这是否意味着，我对自己主体的体验与我对你的主体的体验之间必定有天壤之别？我们的日常经验并非如此。对于某一具体事件，我们可以分析它当下的情形，大致预测出结果及结果发生的时间，然后监视这些预测运行得如何。原因和结果联结在一起成为主体要执行的行动，正如颜色、形状和运动组合在一起构成了物体。通过把我执行的行动的原因和结果联结起来，大脑创建了我作为主体的体验。并且当行动的主体是你而非我时，我仍然能把行动的原因和结果联结起来。

可见，根据原因与结果之间的联结，我可以用感觉我的行动能力的方式来感觉你的行动能力。尽管我们在运动四肢时会刺激感受器，使得我们即便在没有触摸自己或其他任何东西的情况下，也能产生感觉，但是，当我们作为主体、我们自己主动运动四肢时，脑对这个刺激的反应通常会被抑制。而如果我们只是被动地进行四肢运动，如被别人抬起手臂，那么大脑皮层的反应会很强烈，我们从而能够明显地意识到这些内部信号。在这里，我们视我们自己为主体，并以相同的方式把他人视为主体，并不是诉诸自己的亲身物理体验，而是关注行动和行动产生的结果之间的关系，并把我们所知道的先前意图考虑进去。我们意识到的物质世界的模型是大脑通过结合来自于感官的信号与先验的期望来创建的。我们以相同的方式获取关于精神世界——他者心智——的知识。我们利用先验知识和从感觉中获得的线索，创建他者心智的模型。当我们作用于这个世界，当我们与他人交往时，大脑利用这些模型预测接下来将会发生什么。如果我们关于他人的预测是正确的，那么我们就已经成功地读懂了他们的心智。

一个正在观察另外一个人的主体，能够内在地重建被观察者的精神过程。这种内心重建之所以可能，是因为观察者与被观察者的神经结构是相似的，人类基本的情绪具有普遍的面部表情。在这里，视觉媒介起到了特殊的作用。同时，由于语言系统的公共性与社会性，在谈论"他心"的特性时，我们可以通过把握那些表征心灵的公共语词和公共的表达方式达到相对一致的理解[①]，就这一意义而言，关于"他心"知识的获得是可能的。心智阅读的目的就是从被观察者那里获取有用的信息。

然而，从根本上理解他心又是不可能的。每个人对于他自己的内心世界具有特许访问的地位——只有自己才拥有"特许权"取得关于自己内心世界的资讯。这一到达自己心灵状态的经验的通道是他人所不能进入的。心灵状态的"私人性"使得它只能为拥有它们的人"直接观察到"，而他人只能通过心灵的物质后果来推测它们。你可以告诉我你正在思考什么，我也可以从你脸上的表情来猜测它，甚至神经科学家通过对你神经活动模式的探测推论出你所思考的东西，但我们对你心理生活的探测，永远不可能像你自己觉察的那样，是直接的——我们无法观察或测量你的心灵本

---

① 维特根斯坦：《哲学研究》，李步楼译，商务印书馆1996年版，第139页。

身的那些状态。一个正在遭受头痛的人，即便你借助一个能够很好地显示大脑结构的仪器，你所观察到的东西与那个头痛者的感受也依然是完全不同的。假使我们十分熟悉关于头痛的生理知识，但却从未经历过头痛，那么，我们也永远无法感觉到头痛的状态。我们所要比较的实质上是这两点：一是有意识的经验在观察者看来是怎样的，二是有意识的经验在经历这些经验的某人看起来是怎样的。前者是神经活动，后者是神经事件。

意识经验存在于严格意义下的拥有者。我的意识经验只有我能够拥有，它无法被转移，变成别人的意识经验。改变了意识现象的拥有者，原先的意识现象就不再存在。我们能够把某人的器官移植到别人身上，但无法做到将某人的感觉移植到别人身上。即便我所亲身感受到的喜悦能够感染他人，那么他人所拥有的这种喜悦，也不再是我所感受的喜悦。我的高兴只有我自己才能体验到。这就是说，经验的主体不在观察者或检测者之中，即不在一个监控经验事件的实在之中——你观察不到你的经验，你只能经历这些经验。就此而言，你，部分是由那些经验所构成的。内格尔以蝙蝠为例描述意识经验的这一特征。蝙蝠是借助它独有的回音侦测系统来行动的，随着科学技术的高速发展，我们对于蝙蝠的生理构造了解得愈来愈多，但是，假设蝙蝠跟人一样有意识，它在侦测猎物时内心所经历的一切，能够被科学研究出来吗？我们能够知道它的意识经验吗？回答是否定的。为什么呢？意识经验是一种第一人称的存在，而物理世界却是"第三人称的存在"。意识经验必定是以"那个样子"来呈现给那个认知主体的。我们无法根据自身的情况去推知蝙蝠的内在生活。① 不论我们的想象力多么丰富，当我想象自己是蝙蝠的时候，终究还是我自己在经历那种意识经验。

诚然，我们都习得了对各自心灵状态性质的描述，那就是借助于可公开观察到的、能使人想到这些性质的对象。我对我的经验的描述与你对你的经验的描述是一样的，例如我们都承认自己经验到了成熟的西红柿的颜色，这显然是因为我们学会了用同一种方式去描述我们各自的经验特征。这样一来，神经活动的类型与心理活动的类型之间的联系似乎可归结为神经活动与对心理活动的描述之间的联系。这就意味着，不同的状态可以由相同的描述来表示。但是，有什么理由认为，被如此描述的两种经验完全一样呢？或许你所具有的经验与我看到一只柠檬时的经验是相似的，我们的描述也完全一致，但我所描述的心灵状态的性质与你的完全不同。归根结底，经验主体内部呈现出来的这种感受特性，是一种超越物理的存在，任何物理的说明都不能穷尽感受性的全部内容，这种"解释的鸿沟"在客观上造成了他心理解的困难。

综上不难看出，我们观察他人身体活动时所具有的与自身活动进行比较的感知能力，作为一种初级水平的理解，所采用的类推不是从结果到原因，不是寻求对他人为何以某种方式行动的因果性说明，而是阅读他人的意义表达（行动、姿态、面部表情）。这种阅

---

① 托马斯·内格尔：《成为一只蝙蝠可能是什么样子》，载高新民、储昭华编译：《心灵哲学》，商务印书馆2002年版，第109页。

读渗透在特定的情境中，后者形成了理解他人的背景和脉络。也正因如此，他心感知的神经相关性并不能为他心认知提供充分而必要的辩护。那些清晰地建立了此种关联的研究，所考察的目标任务大多是人类演化历史上已经很适应的任务，它们更多地与反射行为有关。而生活中真实的理性过程却远远复杂得多，它们涉及抽象的符号处理以及概念能力。神经解释适用于人类和其他动物所从事的最简单的行为——包括感觉交换、运动、觅食等，对于思考抽象的、复杂的、长期的决策和选择，它们仅在最低限度上有用，而后者恰恰是传统认知理论的领地，这需要神经科学研究的重心从基本认知过程转移到所谓的高级功能（如推理、社会判断、决策等）。

在关于他心的知识的性质问题上，我们不应去追求绝对无误、具有普遍必然性的知识。不能要求信息的收发双方对于信息的含义有完全相同的体认。事实上，这种知识是不存在的，也是不可能的。他心感知的真正意义在于能够对他人的行为做出预测，即在他人做出实际行为之前就已经"知道"他将要采取什么行为或他倾向于什么样的行为；而在他人的行为已经发生的情况下，我们能够解释之所以这样做的原因或动机。如果这样看待他心问题，那么我们还是有希望得到具有一定程度的确定性、可靠性的知识的。问题的关键在于弄清楚：在日常生活中，直接感知和心理推测这两套机制会分别在什么情形下适用？它们处于竞争性的关系，还是能够相互合作？如果能合作，又是在什么情形下？

个人同一性

人的本质不是以躯体的完整性为标志的,然而由后者所引发的个人同一性问题在西方哲学史上一直颇受关注。在当代,这一话题由于器官移植而更加吸引着人们的目光,其原因除了对于同一性逻辑的重新考察外,更主要地是因为它与诸如二元论、生存和不朽、责任、道德和自我等这些永恒的哲学论题具有直接和密切的关系。自1954年世界首例肾移植手术取得成功至今,器官移植已经历了半个多世纪,它作为医学领域不断发展成熟的技术得到了普遍应用,但这一普通医学过程却提出了一个自我认同的哲学命题[①],因为身体的部分缺失和替换意味着自我的完整性遭到了破坏——身体中接纳了他者的器官。

一、还原论立场

关于个人同一性,存在着两个相互对立的理论,即还原论和非

[①] Raanan Gillon, "Brain Transplantation, Personal Identity and Medical Ethics", *Jounal of Medical Ethics*, 1996, 22 (3), pp.131-132.

还原论。非还原论认为，我们是单独存在的实体，时间中个人的同一性并不寓于一个大脑和躯体的存在以及一系列互联的物理和精神事件的发生之中。这种观点的一个最为人所知的版本是，一个人是一个纯粹精神的实体，即一个笛卡尔式的自我或者精神实体。但是，我们也可能相信一个人是一个尚未在当代物理学理论中获得承认的那类单独存在的物理实体。所以，还有另一种非还原论者的观点，它否定我们是有别于我们的大脑、躯体和经验的一些单独存在的实体，认为个人的同一性涉及进一步的事实。①

还原论则否定经验主体是一个与大脑、躯体及一系列物理和精神事件相分离的独立存在的实体。还原论分为：物理还原论和心理还原论。前者认为，按照物理准则，随着时间推移的个人同一性仅仅涉及维持作为一个活生生的人的大脑所需的足量的大脑的物理连续存在；后者认为，按照心理准则，时间中的个人同一性仅仅涉及各种各样带有正确原因的心理连续性。

当代著名哲学家帕菲特（Derek Parfit）拒斥了反对还原论方面的诸多理由，包括：人的"严格的和哲学的同一性"与一种"宽泛的和通俗的"同一性概念是不同的；"意识的统一性"，即认为我的各种各样的感知、思想、感情等都只有一个主体；第一人称所指称的现象，有时要求代词"我"具有一个独特的所指，即自我；等等。他明确指出，我们有充足的依据拒绝非还原论者的观点，不论它们以什么样的形式出现，因为，人是由各种现实的生理和心理

---

① 德里克·帕菲特：《理与人》，王新生译，上海译文出版社 2005 年版，第 36 页。

因素构成的。

其实，还原论者不必是物理主义者。一个还原论者所否定的是：经验主体是一个与大脑、躯体以及一系列物理和精神事件相分离的独立存在的实体。如果我们不是物理主义者，我们要么是相信精神事件不同于物理事件的二元论者，要么是相信所有的事件是纯粹的精神事件的唯心主义者。如果我们认同存在笛卡尔式的自我，作为二元论者，我们仍然可以是关于个人同一性的还原论者。我们能够相信精神事件不同于物理事件，而且相信一个人的生命的统一性就寓于所有的精神的和物理的事件之间的各种各样的联系中，所有的精神和物理事件共同构成这个生命。

在帕菲特看来，还原论和反还原论的区别就在于是否接受有"独立于身体和心理而存在的东西"。他认为，若不接受"笛卡尔式自我"，就一定要在还原论中做选择。但是，我们可以抗拒还原论，承认存在一个"能够统观跨时之诸多心理状态的心理主体"，但又同时拒绝笛卡尔主义，强调这样的心理主体具有身体，也就是说，人就是具有身体的且能够统观跨时之诸多心理状态的心理主体。按照这种说法，人既不是身体和心理系列的组合或其部分（不同于还原论），也不是独立于身体和心理状态而存在的东西（不同于反还原论）。

二、实在论批判

一直以来，个人同一性的心理标准中被讨论得最多的是记忆的连续性。早在 17 世纪，洛克就提出，意识在回忆过去的行动或思想时，它追忆到多远程度，人格同一性就达到多远程度，这是由于同一的自我所以成立，是因为含灵之物在重复其过去行动的观念时，正伴有它以前对过去行动所产生的同一意识，并伴有它对现在行动所发生的同一意识。远隔的各种行动不论是由什么实体产生的，同一的意识毕竟可以把它们连合起来成为同一的人格者。①正是记忆使我们大多数人意识到不同时间中我们自己的连续存在。"自我"永远是对即时（当下）"自我"的认同，我们之所以能够意识到自己，是因为凡是我们意识到的信息，都会在短期记忆之内留下痕迹，而后在需要时被唤起。记忆无疑是意识到自我与行为关联的关键，记忆功能受损或是受到外力干预，将会对我们的人格同一性产生影响，例如，绝大多数的失忆症患者丧失两套记忆——对过去特定经验的记忆或经验记忆，以及关于事实的记忆，即那些有关他们自己过去生活的一些记忆。

但是，我们的记忆并不是完整的，也不是稳定的，这使得记忆标准无论在理论层面还是现实层面都遭到了质疑。假使某人不可能恢复失去的记忆，难道他不再存在了吗？假设你失去了某段生命的记忆，那么你和那段时间的你是否是同一个人？设想一下：某 A 在小时候由于偷东西被打，中年后 A 在一次战斗中缴获过敌军的军旗，年老的 A 成了将军。对于以往的事件，缴获军旗的 A 记得自己小时候被打的事情，年老的他记得缴获军旗的事情，但不记得小

---

① 洛克：《人类理解论》，关文运译，商务印书馆 1959 年版，第 334—336 页。

时候被打的事情。按照洛克的记忆论（记忆是同一性的标准），缴获军旗的 A 和小时候的 A 是同一个人，年老的 A 和缴获军旗的 A 是同一个人，按"个人同一性的传递性"，年老的 A 和小时候被打的 A 是同一个人；然而，同样按照记忆标准，年老的 A 和小时候被打的 A 不是同一个人。这个悖论如何解决？

这就需要区分"直接记忆"和"间接记忆"。前者是能够有意识的回忆起的切身记忆，后者是对于已经看到或听到一段时间的事物进行复述或其他方式加工并在需要时加以提取的记忆。间接记忆可由一些交叠的直接记忆关联起来：A 和 B 若同一，需要至少一个切身记忆[①]，由此，年老的 A 和缴获军旗的 B，基于"缴获军旗"的直接记忆而同一，又与小时候的 C 基于"偷东西被打"的间接记忆而同一。此外，记忆并不都是可靠的。有时，我们所记得的事情并不见得是真正发生了的。

关于记忆的传统理论中，记忆被认为是一种"精神实在"，从而人的记忆以"事件的重现"为基础。例如，苏格拉底和柏拉图把记忆看作对知识的再激起和再取出，它能够把以前或当前暂时被忘记的真理重新取回到现在，"当我们想要记住某个事物，我们就在自己的心灵中视、听、感觉，我们将蜡放在知觉或意念之下，让它们在蜡上留下痕迹，就好像用印章戒指盖印。这样印下来的东西我们都能记住，只要印记还保存着，我们就知道它"[②]。在洛克看

---

① David Barnett, "Chitchat on Personal Identity", in Georg Gasser and Matthias Stefan eds., *Personal Identity: Complex or Simple?* Cambridge University Press, 2012, pp. 21-43.
② 柏拉图：《泰阿泰德篇》，《柏拉图全集》第二卷，王晓朝译，人民出版社 2003 年版，第 722 页。

来，记忆"正好像是储蓄观念的仓库……人心有一种能力，在许多情形下，可以唤起它以前所有的观念，而且在回忆时，还附加另外一种知觉——知觉到自己以前曾经有过它们"①。到了黑格尔那里，所谓记忆，就是将那种在现实里只以个别的形式现成存在着的东西以普遍的形式表述出来；回忆把经验保存下来了，并且其本身是内在本质，而且事实上是实体的更高的形式。②这样的记忆就成为某种提取或复现。

受实体论影响的精神分析理论曾认为，在心理治疗过程中，患者所回忆的心理创伤事件是曾经真实发生的，它们在病人的内心非常逼真，几乎就是一种"客观现实"。所以，他们相信，只要通过精神分析妥善地处理这些过去的经验，就能够唤起病人被压抑的记忆。但后来的研究发现，患者在接受心理治疗或咨询后"回忆"起的童年曾经历的伤害，事实上却从未发生过。在催眠状态下开始自发地讲述已经被他忘记的童年期的被试，声称他们恢复了童年的记忆；同样，对于释梦理论一无所知的人，可以在催眠状态下轻而易举地描述其梦境的象征意义。他们在清醒过来再被要求解释同样的梦境时，大感不解地说："哦，它们毫无意义，不过是胡思乱想。"

造成这一现象的原因是所谓的"记忆恢复治疗法"。它基于这样一种信念，即成人的许多种苦恼和心理问题可能是由童年时期经

---

① 洛克：《人类理解论》，关文运译，商务印书馆1959年版，第124页。
② 黑格尔：《精神现象学》，贺麟、王玖兴译，商务印书馆1979年版，第163、274页。

受且被遗忘或"压抑的"虐待经历引起的。治疗师鼓励病人搜索被压抑的记忆，很多恢复的记忆来源于诱导性的提问以及催眠和暗示性的释梦。如此方法对生存在被虐待记忆中而感到痛苦的人们无疑具有安慰功能，但是对于那些没有受到虐待的人，同样有强烈的暗示虐待曾经发生的作用。催眠状态下的患者被引导，相信他们经历过这些伤害；一旦有了这种想法，他们又会不断地填充细节来强化自己的确信，而所有这一切可能根本不曾发生，仅仅是病人的幻觉。[①] 弗洛伊德式的"被挖掘"出来的记忆，或许仅仅是被"启发"而想象出来的事件。

20世纪30年代，当大多数心理学家还在研究记忆中可保留多少记忆量时，巴特莱特却已经开始关注记忆在质和量上的变化，以及人们的知识经验如何影响他们对记忆的提取。巴特莱特对错误记忆的研究具有深远的影响。他让被试学习一些有意义的材料，然后让被试在不同的延时条件下做出多次回忆，将回忆的内容与原始材料进行比较，最终测量出被试记忆不断衰减及变化的情形。最著名的例子是"幽灵战争"。巴特莱特让大学生阅读印第安民间故事"幽灵战争"，间隔一段时间后要求被试根据自己的记忆复述这个故事。被试在回忆故事时，出现了相当有规律的错误，即大多与被试的文化背景对应。错误记忆所做的许多转换和曲解使得故事更规范、更合理化——至少符合英国人的文化特点（被试是

---

① 菲尔·莫伦：《弗洛伊德与虚假记忆综合症》，申雷海译，北京大学出版社2005年版，第31—32页。

剑桥大学的本科生）。被试对"幽灵战争"的曲解、增补或删减的主要原因是，英国被试对北美印第安文化理解很少，他们在阅读这个故事时，形成的是关于该故事的抽象表征，该表征为其所在文化个人的信仰、情绪以及过去经验所同化，因此许多故事细节被去除。①

洛夫特斯采用"误信息干扰法"对记忆错觉进行了研究：被试看一段录像，然后被分成两组，分别回答关于录像的问题。第一组问题包括：那辆车经过谷仓的时候速度多快？第二组问题包括：那辆车跑在乡村小道上时速度多快？一周后，再让他们回答录像相关问题，对于同一个问题：你看见一个谷仓了吗？第一组回答"看见"的要显著多于第二组，然而事实上，录像里根本没有出现谷仓！在类似的实验中，被问道"你是否看到那个破碎的前灯？"的被试，比被问道"你是否看到了一个破碎的前灯？（没有预设那里有一个前灯）"的被试，更多地回答说"看到了"（事实上没有）。②

三、记忆作为历史"剧场"

生活中一些回忆是一成不变的，而另一些则是随着新事实和细节的添加而不断改变。记忆的延展性随着时间而改变，时间过得

---

① 弗雷德里克·C.巴特莱特：《记忆：一个实验的与社会的心理学研究》，黎炜译，浙江教育出版社 1998 年版，第 90—91、96—97 页。

② Elizabeth F. Loftus, "The Reality of Repressed Memories", *American Psychologist*, 1993, 48 (5), pp. 518-537.

越久，记忆的改变就越多；而扭曲或变形也就是可预期的了。其中"选择"和"刻意避免"是关键问题。我们理解并解释我们所看到、听到和体验到的东西，是通过唤起我们的预期和有组织的知识结构来进行的。即使是相同的原始事件，有多少人就有多少个记忆，每个人的记忆都是独特的，正所谓："一千个观众，就有一千个哈姆雷特。"针对记忆的错误，雷纳（Valerie Reyna）等人提出"模糊痕迹论"，该理论认为，人们储存经验或记忆的方式有两种——逐字痕迹（verbatim traces）和重点痕迹（gist traces）。前者指记忆到底真正发生了什么事情；后者则以当事人了解发生了什么事或此事件对当事人的意义为基础。以意义为基础的记忆，大多与虚假记忆有关。①

与此同时，人们在看到一些彼此分离的事物时，会不自觉地将这些片断组合成一个合理的、符合逻辑关系的图景。人们不仅很容易将那些与经历过的信息密切关联但实际上从未发生的事或体验，说成是确有其事，而且会以虚构来填补其所遗忘的片断。迪斯（Deese）发现，如果给被试呈现一些和目标词相关联的词，他们会错误地回忆出实际未呈现过的目标词，这一现象被称为"语词介入"，勒迪格（Roediger）和德莫特（McDermott）借鉴了迪斯的研究方法，并将其拓展到虚假再认和元记忆判断的研究中。他们发展出了36个词表，每个词表包含一个关键诱饵（即未呈现

---

① Valerie F. Reyna and Wanda Casillas, "Development and Dual Processes in Moral Reasoning: A Fuzzy-Trace Theory Approach", in D. M. Bartels, C. W. Bauman, L. J. Skitka, and D. L. Medin eds., *Psychology of Learning and Motivation*, vol. 50, 2009, pp. 207-236.

的目标词,如寒冷)和 15 个与它密切相关的学习项目(如冬天、冰雪、霜冻、感冒、发抖等)。实验发现,被试通常会自由回忆或者再认出关键诱饵,甚至自认为能够清晰地记得关键诱饵出现时的各种细节特征。关键诱饵的虚报率显著高于无关的干扰项目,甚至接近学习项目的击中率。① 可见,关联效应可以有效地引发虚假记忆。

"自我参照"(self-reference)是关联效应中突出的特征。当一张图片、一个故事或他人的某一举动与自己具有关联时,我们就能很好地进行识记;研究者运用了一项深度加工任务,在这项任务中,被试被要求回答四个与一系列目标词有关的问题。其中,一些要求对与自我相关信息进行判断(如能用诚实来描述你吗?),另外一些要求根据它们的语义特性(如和蔼和友善具有同样的含义吗?)、语音特性(如害羞[shy]和天空[sky]是否押韵?)或结构特性来进行判断(如某单词是由小写字母拼写的吗?)。在对这些单词做出判断后,被试被要求尽量多地回忆起他们所记得的单词。结果显示,回忆得最多的是与自我有关的单词。大量的研究后来都重复了这种"自我参照效应"。②

过去人们习惯于把记忆比作储藏室(storehouse),存在于中枢神经系统的某个地方;现在许多研究者更加倾向于将记忆比作

---

① Henry L. Roediger and Kathleen B. McDermott, "Creating False Memories: Remembering Words Not Presented in Lists", *Journal of Experimental Psychology: Learning, Memory, and Cognition*, 1995, 21 (4), pp.803-814.

② 乔纳森·布朗:《自我》,陈浩莺、薛贵、曾盼盼译,人民邮电出版社 2004 年版,第 107—108 页。

历史的剧场（theater of the past），这一隐喻揭示出记忆并不只是对过去事件的简单记录，而是人们借以达到过去经历的"剧场"（theater），是一个动态的中介。① 记忆不是对无数固定不变的零碎痕迹的重新激发，也不是经验的简单再现；我们关于过去的概念，受到我们用来解决现在问题的心智意象的影响，记忆在本质上是立足现在而对过去的一种重构。记忆反映了对经验的理解，而不是经验本身。我们总是把我们的个别经验置于先前的脉络中，以确保它们真的明白易懂；我们把过去的经历进行整理，以便能与现在的信念一致，而那些与之相矛盾的内容则会容易被遗忘。

当然，我们对一个事件的记忆不仅仅取决于体验本身，还取决于回忆时占优势的条件。例如，当人们回忆他们以前对于某特性的立场时，他们往往会首先想到当前人们对于此特性的看法，然后询问自己是否具有理由相信此特性已经发生变化，所谓的理由通常以具有相同文化的理论为中心；这些理论中的一些强调稳定性，一些强调变动，人们是否相信他们改变与否很大程度上取决于他们所引用的理论。② 关于这一特征，"图式"（scheme）概念给出了很好的解释。图式指过去反应或过去经验的主动组织作用。③ 以各种类型或方式传入的冲动，在图式中被结合在一起，形成一种有序的场景。因此，记

---

① Steven Jay Lynn and David G. Payne, "Memory as the Theater of the Past: The Psychology of False Memories", *Current Directions in Psychological Science*, 1997, 6 (3), p.55.
② George Botterill and Peter Carruthers, *The Philosophy of Psychology*, Cambridge University Press, 1999, pp.37-40, 93, 214-218.
③ 弗雷德里克·C.巴特莱特：《记忆：一个实验的与社会的心理学研究》，黎炜译，浙江教育出版社1998年版，第274—279页。

忆的内容便是往事的图式，它可以看作个人过去的经验与印象集结所形成的一种文化心理倾向，这样，当我们在回忆或重述一个事件时，我们事实上是在自身的文化心理图式上重新建构这个事件。

记忆在构造自我、建立身份的同时也成为社会期望的产品，它只是在那些唤起了对它们回忆的心灵中才联系在一起，并且它的各种模式源自人们把它联合起来的各类方式。关于记忆，重要的不是记忆者本身对过去所体验事件和意象的回忆，而是某种需求促成了记忆者对事件和意象的重建。在哈布瓦赫（M. Halbwachs）看来，心智是在社会的压力下重建它的记忆，正是理性或理智，按照一种符合我们此刻观念的秩序，在库存记忆中进行挑选，抹去其中一些并对其余的加以排列，由此，便造成了许多改变，并赋予它们一种现实不曾拥有的意义。[1] 保罗·康纳顿（Paul Connerton）强调，研究记忆的社会构成，就是研究使共同记忆成为可能的传授行为。他把这种传授行为锁定于纪念仪式和身体实践，于他而言，关于过去的意象和对过去的记忆知识，或多或少地由仪式操演来传达和维持；尤其是，体化（incorporated）记忆的存在方式和获得方式，不会独立于它们的操演而"客观地"存在。[2] 当记忆被视为建构特定集体认同时所依赖的象征资源，而非拥有共同身份的群体对过去所应有的认知时，它就不再只是日常生活活动，而成为意义化过程中

---

[1] 莫里斯·哈布瓦赫：《论集体记忆》，毕然、郭金华译，上海人民出版社2002年版，第89—91页。

[2] 保罗·康纳顿：《社会如何记忆》，纳日碧力戈译，上海人民出版社2000年版，第38—40页。

所被刻意运用的东西，是将过去的经验"意义化"、"象征化"后的产物，人们也因此能从未曾亲身经历或遥远的事件中产生特定意义的关系，这些过去就是一种记忆。

四、心理标准

前文已述，我们的记忆存在"真正的记忆"（被记着它的人所切身经历或由所忆事实所导致的）和"虚构记忆"之别。而一个记忆是真的，当且仅当拥有该记忆的人同一于经验该事件的那个人。可见，"真正的记忆"的语义中已经包含了"个人同一性"的意思。

这就又产生了一个结果：假如我们使用"个人同一性"去解释"真正的记忆"，就不能用"真正的记忆"去解释"个人同一性"，反之亦然，否则就是循环解释，没有给出任何有意义的信息。于是有人提出了"准记忆"（quasi-memory）的解决方案，主张某人"准记得"一个切身经历，包括：（1）该人（似乎）记得拥有某一切身经历；（2）该人实际上拥有这个切身经历；（3）该人对此切身经历的"（似乎）记得"是被切身经历通过恰当的方式（in the right way）而导致的。所有真正的切身记忆都属于准记忆，但拥有准记忆却不一定是同一个人。[①]

[①] Marya Schechtman, "Personal Identity", John Symons and Paco Calvo eds., *The Routledge Companion to Philosophy of Psychology*, Routledge, 2009, p. 636.

那么，怎样才算作"恰当的方式"呢？例如，在催眠师的诱导下，你产生了前生经验的幻觉，我们能认为你"重生"了吗？如果你完全失忆，然后给你另一个人（死去的某人）的全部切身记忆，你会成为那个人吗？回答显然是否定的。对其他人的亲身经历的准记忆，不足以使得你就是那个人。即使我们的切身记忆储存在电脑内甚至可以在互联网中被分享，我们也只能说这是一个具有高级的交往形式的人工心灵。

即使记忆对个人同一性来说是至关重要的，同一性也不仅仅被切身经历所规定，还应该有所关切的东西（希望和欲求）和所计划的东西（意图），因为失去所有所欲求和所意图的东西，也如同失去所有的记忆一样，是我们心灵的一种缺失或损毁。类比于准记忆，某人准欲求某东西可分为三种情况：（1）该人（似乎）欲求这个东西，（2）该人实际上欲求这个东西，（3）该人的"（似乎）欲求"被"实际欲求"通过恰当的方式而导致。欲求密切关联于信念、价值、态度等，后者集合在一起形成了我们自己的性格（character），任何一方面的变化，都导致欲求上的变化。所以，个人同一性是一个多维概念，即，我们是由不同的因素所规定的，所有这些在判定个人同一性时都应予以考虑。

由此，我们不需要直接记得过去的经验，不需要有直接的记忆联结，却仍然可以保有记忆上的连续性。因而，帕菲特认为有必要区分两种关系：心理联结（psychological connectedness)和心理连续（psychological continuity)。两个个体之间有直接的心理联结关系，当且仅当，一个个体继承了另一个个体的某个心理特征；两个个体之间有心理连续关系,当且仅当,他们之间间接地在心理上联结起来(存在着交叠的强心理联结关系)。而所谓 A 和 B 在心理上联结起来,指的是:A 和 B 准记忆和准欲求相同的东西。需要注意的是,心理联结之关系不具有传递性,而心理连续之关系却具有传递性,因此,人格同一的标记是心理连续性,而非心理联结性。① 与洛克的记忆论相比较,这个理论具有内在一致性的优点,既无循环,又足以说明在心理上我们成为我们之所是的多种因素。

准记忆表明,记忆的内容和记忆的主体可以发生分离。而记忆一旦被容许在人际间转移,就会涉及幻觉,从而无法保有原来的角色,如此就意味着,传递过来的状态不同于原来的状态或与原有状态没有连续。不仅继承别人的记忆会涉及幻觉,任何心理状态的跨人际继承(继承别人的信念、欲望等),都面临这一问题。假设保罗想要参军,而简在接受保罗的脑细胞移植后也继承了这个欲望,那么对简而言,不会只有报名的冲动但却说不出这样做的理由,而是连保罗的种种心理背景也要一起继承(如保罗对目前工作无兴趣、对军人职业的期望等),只有这样,她所继承的才算是一个真正的从军欲望,因为这个从军的欲望无法脱离这些心理背景。而如此一来,简必须陷入幻觉:把保罗的种种心理当成自己的心理。可见,一个心理状态的内容是镶嵌于主体的心理背景之中的,因此,它的具体含义依赖于整个心理情境。要继承一个人的某个

---

① 德里克·帕菲特:《理与人》,王新生译,上海译文出版社 2005 年版,第 298—302 页。

心理状态，必须同时继承此人的许多相关心理状态，因为后者是心理背景的一部分。①

五、物理标准

心理连续是否足以使得一个人重生？我们能否设想，对于死后的生命，只要心理上是连续的就继续活着，而无关乎是否具有同样的身体？考虑一下如下的思想实验：假设汤姆某日醒来，整个性格都变了，还知道很多之前不知道的事情，自称是杰克，而且知道了只有杰克才知道的事情，对很多不太能够解释的事情也解释清楚了，等等。可以认为这个人和杰克心理上连续。那么，这个人是杰克的重生么？同样可能的是，其他人也可以发生这种变化，例如约翰，那么，谁是杰克的重生呢？汤姆？还是约翰？汤姆和杰克是同一个人，约翰和杰克是同一个人，那么汤姆和约翰是同一个人吗？以上悖论表明，心理连续不足以确保是同一个人。这里的关键是，心理连续是"一与多"关系（很多人都可以和某个人心理连续），而个人同一在数目上是同一的，是"一与一"的关系。所以，即使承认心理连续是必要的，也不能说明它是充分的。那些连续的心理至多是复本，而不是同一本身。

为了避开复数问题，可以采取如下解决途径：或者排除各种形

---

① Sydney Shoemaker, "Careers and Quareers: A Reply to Burge", *The Philosophical Review*, 2009, 118(1), pp. 87-102.

式的分岔，或者有办法确定某一个分支同一于最初的。舒梅克提出了无分支理论：A 和 B 是同一人，必须心理上连续，且因果联结没有分支。所以，如果你和另一个时间的某人之间，因果联结有分裂或融合，同一性就不再保持。诺齐克（Robert Nozick）的主张是最近连续论（the closest continuer theory）：心理连续和物理连续是有"度"的东西，于是，只要一个人和另一个人有足够的心理和物理连续，以至没有其他个人有更近的连续，那么这两个人数目上同一。[①] 这避开了某些困难，但是如果有相同程度的连续时（例如裂脑人），又该如何呢？

不论是"无分支论"还是"最近连续论"，都依赖于其他东西（人）的是否存在。例如分裂脑，如果都存活，则有分支；等同的连续并不能表明是同一的存活，只有其中一个死去了，另一个才可能保持同一地存活。上述理论违反了一个原则，即：A 和 B 是否同一，仅依赖 A、B 自身的事实，不依赖其他。[②] 例如，一棵树与之前的一株小树是否是同一棵树，不与其他树相关，只看它们本身；同样的，你与别人是否同一，只看你和他，不与其他人相关。

由此可见，一个身体一个人是自我的单一性的根源。我们所认识的每一个人，都有且仅有一个身体。你从未见到过一个没有身体的人，也从未见到过一个"有两个或多个身体"的人，甚至连体双胞胎也不是这样。当然，多重人格失常（分离性身份识别障

---

① Robert Nozick, *Philosophical Explanations*, The Belknap Press of Harvard University Press, 1981, pp. 29-36.

② Harold W. Noonan, *Personal Identity*, Routledge, 2003, pp. 217-227.

碍）是一种病理状况。因此，正常情况下，在每一个确定的时间内，在许多同一性之中，只有一种能够使用身体来思考和行功、每次只有一种同一性获得足够的控制、成为一个人和表现它的自我，即一个身体伴随着一个自我。

为什么我们通常不会在一个身体中发现两个或多个人呢？为什么每一个人不会居住在两个或多个身体之中呢？一个明显的理由是，一个心灵对一个人进行限定，只需要一个身体；而一个身体，尤其是一个人的身体，天生就产生一个心灵。一个心灵是由身体如此紧密地形成的，而且注定是要为身体服务的，因此其中只能产生一种心灵。没有身体，就绝没有心灵。对任何身体而言，也绝不会有一个以上的心灵。

这就涉及个人同一性的物理准则，即，使某事物在经过许多天甚至许多年之后仍是同一事物的物理连续性标准。我有同一个大脑和躯体这一点使我在不同时间是同一个人。我的时间中的同一性的准则要求，我的头脑和躯体在不同时间具有物理连续性。我将继续存在，当且仅当这特定的大脑和躯体既是持存的又是一个活生生的人的大脑和躯体。今天的 X 与过去某个时刻的 Y 是同一个人，当且仅当 Y 的大脑的足量的连续存在，而且现在是 X 的大脑，而且该物理连续性没有呈现为一种"分支"形式。[①]

当然，尽管整个躯体的连续存在并不是同一性的必要条件，而

---

① Anthony Brueckner, "Branching in the Psychological Approach to Personal Identity", *Analysis*, 2005, 65(4), pp.294-301.

是足以使大脑之为一个活生生的人的大脑的连续存在——某人被置换相当多的大脑细胞,即使是用不相同的细胞加以置换,作为结果的人将非常像原先的那个人。但是,会不会有某个关键的百分比或者大脑的某个关键部分,其置换将会完全摧毁心理连续性?从而,连续性的承载者将会要么不再存在,要么不再与这个大脑互动。也就是说,会不会存在一个鲜明的边际,这个边际与个人同一性中所发生的一个完全变化相对应?

这一问题延伸开来:如果人有更真实的自我存在(譬如灵魂),那么它是否会随着器官的移植而转移,个人同一性会不会因器官的捐赠或接受而产生困难。一部车几年之后零件全部换成新的,它不再是同一部车。但是人由于器官的坏损而接受一系列的器官移植,那么他还是同一个人吗?或者,器官置换到何种程度就不再是同一个人?

不论根据心理连续性还是物理连续性,一个人和那些复制人之间没有"一对一"的关系:因为复制人有多个,而他不能同时是他们。如果说他不是任何一个复制人,那即是说他已经死了;如果只有一个复制人会承继他的半边脑袋/人格(即一对一的条件成立),我们有理由相信那个复制人是他,而不会说他已经死了;如果有多于一个复制人,那么应该有一个是他吧,但个个都一样,究竟该是哪个呢?

"同一"是某东西和自己的关系,因此不能只诉诸心理或物理的连续,后者是不同东西之间的关系。心理和身体都是能够分裂的，分裂后就不再与原先的同一，尽管是连续的。[①] 人格同一性主要由心理的延续或同一所决定，物理方面的延续是从属于心理同一性的。因此，A 和 B 是同一个人，当且仅当心理连续，且心理被相同的身体所导致和实现。这个理论能够避免复数问题，因为不允许身体的转换[②]——一个人如果有你的心灵但没有你的身体，他就不是你。

六、"非人称"与连续性

笛卡尔假定了任何思想必须有一个思想者，也假定了思想者必定是一个自我或者一个精神实体。这就预设了一个能够产生连续经验的主体，把"我"（ego, self）的存在转换为认识"我"的存在。对此，帕菲特质疑道：一个思想者必是一个独立存在的实体吗？恰当的说法是：这是一个思想，那么至少有一个思想在被思考。因为，即使把思想归于思想者而断言思想者的存在，也不能因此从经验内容推演出思想者是一个独立存在的实体。

帕菲特的同一性思想中强调了非同一性（impersonality）的理念。他主张，我们行为的理由应该以各种各样的方式变得更去个体化。关于人格的事实可还原为非人称描述（impersonal

---

[①] Anthony Brueckner and Christopher T. Buford, "The Psychological Approach to Personal Identity: Non-Branching and the Individuation of Person Stages", *Dialogue*, 2008, 47 (2), pp.377-386.

[②] David W. Shoemaker, "Moral Responsibility and the Self", in Shaun Gallagher ed., *The Oxford Handbook of the Self*, Oxford University Press, 2011, pp.495-497.

description），即可以充分描述我们的经验、经验与经验之间的联系，而不需宣称它们被某一经验主体拥有。[①]尽管在描述数不清的思想、愿望和其他经验的内容的时候某些个人是必定被提及的，但是，这样的一些描述并非主张这些经验是被某人所拥有的。

一般而言，我只能记得自己过去的经验，我也只能意欲、打算自己未来做某事，但是这些心理状态都预设了它们属于同一个主体。要让它们之间能够有独立和更自由的联结，必须去掉"属于特定主体"的标签，然后依它们之间的联结程度决定诸种心理状态是否构成同一人。当我们记得某个经验时，我们并不直接知道这是谁的经验（因为经验者与记忆者不见得是同一个人），而必须通过其他认识途径才能获知，也就是说，"经验者是谁？"的信息并不内含于记忆的内容之中——它属于另外的问题。举例来讲，若有人问："你记得听过这首歌吗？"我们可以直接回答："我似乎记得听过这首歌"，或"这首歌的确被人听过"，且同时接着说，"但我不确定，到底是谁听过——是我，还是其他人。"对于后面这个问题，必须另行寻找答案。

与此相关，不同时间中意识的统一性和整个一生的统一性并非借助主张不同的经验为同一人拥有就能够获得解释，而必须借助描述这许多经验之间的关系以及它们与这个人的大脑的关系来加以解释。我们是否能够意识到自己是如何的经验主体？我们是否能够坚定地声称经验主体的持续存在？帕菲特认为，若我们不能肯定地

[①] 德里克·帕菲特：《理与人》，王新生译，上海译文出版社2005年版，第355、358页。

回答以上问题，记忆似乎就可能像接力棒一样可以不断被传递给下一个人。换句话说，不经主张这些经验为一个人所拥有，我们就能够指称这些经验，并完全地描述它们之间的关系。总之，更少地聚焦于作为经验主体的个人，而代之以更多地聚焦于经验本身，似乎更加令人信服。就像我们忽略人们是否来自相同的还是不同的国家，忽略经验是否来自相同的还是不同的生命是正确的一样。

在常识观点中，人格同一性毋庸置疑是确定的，一个人在其存活期间是同一个人。不过，早在18世纪，休谟就提出，个人同一性概念是一个虚构，因为我们确实知道的唯一存在物是知觉，我们所感知的只是印象和观念，所谓心灵、自我不过是流变中的知觉的集合或一束知觉，把这些特殊的知觉归为一个自我是没有正当理由的。[①] 帕菲特则试图采取比较灵活的立场，防止同一性问题上的僵硬观点。在他看来，对我们最重要的是我们生活（生命）中的连续性和联系性，和我们作为一个人的继续存活。对他而言，人格同一不具有确定性，人格存活也不蕴含等同。

同一性逻辑是一种或者全有或者全无（all-or-nothing）的关系。帕菲特认为，同一性是语言上方便的使用，重要的是使其同一性的本质属性。而这些本质属性是一种程度上的关系，并非全有或全无。帕菲特提出"沙堆悖论"：从一堆沙子开始，一粒一粒地拿走沙子，我们无法说清什么时候它不是原先的那堆沙。推及人，通过手术取走某人1%的大脑，他仍然是那个人，术后与术前具有人

---

① 休谟：《人性论》，关文运译，商务印书馆1980年版，第283、289—291页。

格同一性。但逐渐酌减,我们很难说清楚在哪个临界点人格发生了决定性的变化。①

帕菲特以光谱作隐喻分析指出,在我与非我之间,没有确切的分际。形成光谱两端的差异在于光谱两端间每个阶段的细微变化,我们无法明确地说出"我"与"非我"关键变化的分界点。在光谱两端间,两个人格是否等同,没有确定的答案。只有当我们是离开大脑、躯体及各种物理和精神上互联的事件而单独存在的实体时,我们的同一性才是确定的。人格同一性的事实寓于心理持续性与物理持续性,我们既然不是离开这些事实而单独存在的实体,人格同一性便不具确定性。

因此,人格存活并不蕴含等同,重要的是这些有程度之别的各种关系,它们赋予了我们历时的人格同一的关键。这些有程度之别的各种关系是:我们不是离开我们的大脑、躯体以及各种各样在物理上和精神上互联的事件而单独存在的实体。我们的存在仅仅涉及我们的大脑和躯体的存在,以及我们行动的实施、我们的思想和其他物理和精神事件的发生。时间中的同一性只是涉及:(1)关系 R——物理的持存性以及带有确当原因的心理的联系性和/或心理的连续性。如果遇到死亡或遗忘等心理延续性中断的情形,人格同一性就视为丧失;(2)不存在另一个人也与我们有着关系 R 的联系,即不存在"分支"形式,人格同一性以人格的唯一性为前提——如果它分裂为或被复制成多个人格,那么原有的人格就不

---

① 德里克·帕菲特:《理与人》,王新生译,上海译文出版社 2005 年版,第 338—339 页。

复存在。① 与同一性不同，这个关系不因事实中的一个微不足道的差异而不能成立。

七、持续的多元重构

不同的哲学派别各自从不同的角度来诠释自我，但至今也没有得到一个明确的答复。这种现象给予我们以方法学的启示：要想弄明白"自我"这个概念的丰富性，首先要看人们究竟怎样研究它、从哪些角度去研究它，而不是急于确定它的具体内涵和外延。

亚里士多德关于灵魂是联合个体多种知觉的非物质实体的观点在他去世后的两千多年里一直影响着人们。这种观点的追随者被称为实体论者，它假设，自我作为实体而存在，可以像自然界中其他任何客体一样被发现和描述；人的核心自我中总保留着某种不变的统一的东西，或者说，有某种永恒的本质在维系着人们的自我身份，实在论就是要寻找出这种稳定一贯的秩序。

对传统的心灵实体理论的深刻批判源于休谟。休谟指出，我们关于个人同一性的观念来自这样一个事实，即我们的思想如此迅速地相互传承，以至于我们弄混了短暂的接近和统一之间的关系。我们所知觉到的是统一的，而事实上，它们是彼此独立的。② 在他看来，我们完全寻不见一个自我的影迹，意识反照的不过是一系列

---

① 德里克·帕菲特：《理与人》，王新生译，上海译文出版社 2005 年版，第 313 页。
② 休谟：《人性论》，关文运译，商务印书馆 1980 年版，第 279—280 页。

转瞬即逝的心理知觉。休谟的这一断言启发了深层自我与经验自我并存的观念。

后现代主义"抵制"作为一个个体人或一个具体参照点的静止不变的主体而进行的颠覆主体性的工作，与对于抽象的实体性自我的瓦解具有异曲同工之处。格根（Kenneth J. Gergen）提出饱和的自我（Saturated Self）这一概念。他认为，在当代社会，人们即使足不出户，也可以随时随地通过电视、报纸、网络、手机、电话等各种传媒，接触到声音、文字、影像等各类信息。而且，个人的生活空间不再局限于某一特定的社区，他的社会关系在形式上趋向多样性、呈现新面貌，在关系的强度上亦明显剧增。换言之，个人的生活处于一种社会饱和的状态。在如此复杂多变的生活脉络之下，传统实在论强调的自我的一致性、稳定性与理性取向等特质更加无法与当代社会生活的基调相符。即使个人相当有把握肯定自己是属于某一典型的人，各种各样的关系也会推动着我们向各个不同的方向发展。[①] 我们扮演着如此之多的角色，以至单一、稳定、有着明显已知特征的"真实自我"越来越远离我们的视野，而片段的、分裂的、切割的，甚至是相互矛盾无法解决的状态是后现代社会里自我的真实写照。自我被不断地建构、解构和重建，成为一种没完没了地被改写的角色。我们更多的直接经验是关于自我的折叠，即在不同生活场景中经验到的各种自我缠绕在一起所形成多

---

① 肯尼斯·J. 格根：《语境中的社会建构》，郭慧玲、张颖、罗涛译，中国人民大学出版社 2011 年版，第 219—226 页。

重复杂的状态。

最近二十年，叙事的视角为我们提供了一种答案：人们对自己人生故事的讲述也应该包括在对自我的描述中——我们生活于一个故事塑造的世界。生活是每个自我赖以存在的场域，每个人讲述的生命故事各不相同。故事不仅仅是对自我的描述或象征，而且是自我的寓身（embodiment），是自我本身。依据格根的观点，叙事提供了"未来我"的一个可能性。[①] 叙事使得个体能够收集已经做过的事情，去想象未来会变得如何，并判断是否符合个人的期待或意向。这些自述塑造了他看世界、看别人和看自己的方法。

人类的经验具有生成（becoming）的特性，因此，说一个故事，不只是描述经验的过程，而是将流动的经验纳入他所拥有的世界；故事可以再写入和修改，从而，一个人叙说自己的生命历程，可以充分反映主体的改变与成长，并且展现个人生命的复杂性与方向性。叙事对叙事者来说，是一种自我或人格的重构和延续。同时，自我是多种声音的对话。按照米德的观点，自我是在与符号互动的过程中形成和发展的，符号系统构成了文化，文化的差异也就通过符号互动影响到自我。自我中经常发生着"主我"与"客我"间的交流，在此交流中人与其他人对话同时也与他的自我对话，并根据对某人自己的姿态所作的反应控制对他人的讲话。那个应对其自身做出反应的人必定也对自我做出反应，并且正是这种

---

① Kenneth J. Gergen and Mary M. Gergen, "Narratives of the Self", in Lewis P. Hinchman and Sandra K. Hinchman eds., *Memory, Identity, Community: The Idea of Narrative in the Human Sciences*, State University of New York Press, 1997, pp. 161-184.

社会行动提供了使那个自我出现的行为。① 我成为被看和被说的对象，这种选择赋予我一个可被看成什么的空间；我的故事不是我的独白，而是视域中的我与视域外的我所进行的对话，从说者、看者和行动者交织的互相表达里，我才被给出。② 自我有着多种角色和多重身份，每一身份在其个人经验中都有着独特的观点，每一身份与其他身份以对话形式交互作用。③ 叙事使述说者处于一个具体的心理社会环境中，只不过自我所倚赖的社会互动是一种内部展开的社会互动。

在社会中，"我"之所以成为"我"就在于差异和规定；没有任何差异的"我"，只是一个空洞的代名词。这就必须超越幽闭式的"我"，引出一个含义丰富的结论："我是一个他者。"在世之人必须在与他人的交往中，进入他者、成为他者，才能不失去自己。社会证明要求他人成为个人证书的有效代理人，格根称之为"关系自我"（relational self）。在这里，决定自我本性的是关系。自我认同是在与他人的关系中被建构出来的——在各种社会关系中呈现的各种不同的"关系我"建构出多元的自我认同。④ 可以说，取消了作为实体主体的自我概念，就是将自我置入具体的情境中。从

---

① 乔治·H. 米德：《心灵、自我与社会》，赵月瑟译，上海译文出版社1992年版，第123—126页。

② Marya Schechtman, "The Narrative Self", in Shaun Gallagher ed., *The Oxford Handbook of the Self*, Oxford University Press, 2011, pp.394-415.

③ J. Hubert, H.Hemans, "The Dialogical Self as a Society of Mind: Introduction", *Theory & Psychology*, 2002, 12(2), pp.147-160.

④ Kenneth J. Gergen, "The Self as Social Construction", *Psychological Studies*, 2011, 56(1), pp.108-116.

自我最初被作为一种本能或先天基质，到后来越来越重视它的社会性，自我内涵的变化无疑折射了自我研究的文化趋势。而到了20世纪90年代，关于自我概念的文化差异占据了更加重要的位置。这些理论都在不断揭示，个人不是物体，自我不是像实体那样要么有（全）要么无的东西，而是个统一的整体，个人同一的构成是一个自我产生的过程。

情感增强的个人同一性之争 *

克服人体自身的局限是人类自产生之初就开始追求的方向和目标，随着新兴科学技术的层出不穷，这样的愿望越来越快速地成为现实——人类通过器官移植重获健康，通过赛博格修复肌体，通过基因导入提高繁衍后代的能力……而在20世纪后期伴随神经科学的迅速崛起，人们甚至试图利用神经技术进入人类内心世界，其中最前沿也最具争议性的当属情感增强，其目标是摆脱情感困扰、营造愉悦的心境。例如，忧郁症这一现代社会中人们耳熟能详的官能障碍被喻为"心灵杀手"，而情感的神经增强却有望使患者驱散生命阴霾。

然而，这种情感改良的尝试，在其出现伊始，就引发了一系列伦理质疑。这是因为，情感在决策和行为中扮演着重要的角色，与基因相比，大脑状态及其活动对我们行动的影响更为直接和有

---

* 原文题为《情感增强的个人同一性》，刊载于《世界哲学》2015年第6期。本文在此基础上做了修订。

效。情感通常与动机密切相关——良好的情感会使一个人倾向于行善避恶,而诸如羞耻、共情、公平感等道德情绪都有其生理基础,因此原则上可以通过生物学方法得到改造。科学发现的成果也确实显示,催产素提升了信任、宽容和同情心,葡萄糖增加了抵制诱惑的可能性,深度脑部刺激有利于减少偏见和挑衅,等等。

在关于情感增强的伦理讨论中,最为激烈的是个人同一性问题,即针对增强的对象而言,在不同时间历程中,个体能否意识到过去的我与现在的我同一?大脑增强这一侵入性干预行为,是否会对人格同一性有所改变?人脑每个部分都具有不同的功能,其中分管记忆的区域位于颞叶,而记忆被认为是个人同一性的主要的心理连续性标准。科学技术的发展使得通过人为方式直接操控一个人的大脑和心智变得可能,这无疑对个人同一性的判定构成了挑战。

一、自我认同中的情感标准

情感增强是否削弱了个体的真实性或自我认同?它所诱发的情感是否是真实的情感?以如此方式改造的情感与通过教育而培植和提升的情感能力,两者之间有着本质的区别吗?回答这些问题,我们必须对情感本身进行解析。

总体说来,情感有三个非自然主义的标准:真实性、理性和一致性。其中,真实性表示一个人有能力关注自我的实现,这意味着他的经历不是一种简单的呈现,而是趋向理想自我的转变过程,这就要求他发掘自己的潜能并不断地完善自我。那么,人造的情感是否真实呢？肯定的意见认为，情感是否真实与它的起源并无因果关系。情感的真实性是一种感受质，是从个人的内在情感状态中感知到的：如果一个人经历并分辨出自己的感觉，而且这些感觉与他们的自我认同是一致的，那么这个情感就是真实的；反之，如果他所经历的情感与自身的信念不一致，那么它就不是真实的，因为真实的情感要求真实的信念。这里需要区分"人造的"作为状语和表语的不同情形：就状语（adverbial）层面的含义而言，这个词是指一个实体或状态的产生过程或方式；就表语（predicative）而言，它指的是一个实体或状态的内在品质（intrinsic qualities）。显然，"人造"情感是在状语而非表语意义上使用的。[①]

相反的观点则主张，技术干预形成的情感是虚假的。我们日常的喜悦和兴奋是通过自己的努力克服了种种困难而获得的，相比之下，从大脑内部进行刺激产生的反应完全是被动的、突发的，它可以为我们创造出一种毫无缘由的快感，但我们所需要的是有理由的快乐，而不仅仅是引起快乐。[②] 毕竟，作为认知的一个部分，情感并非只是对情境的本能反应，更是体现了一种对情境的评估——在本质上，人类所追求的快乐与亲身经历或真实发生的事件密切相关。然而，人造情感作为一种感受却可以与它们毫不相干。例如，安非他明等增强药物对健康人群的认知只有微小的提

[①] Felicitas Kraemer, "Authenticity Anyone? The Enhancement of Emotions via Neuro-Psychopharmacology", *Neuroethics*, 2011, 4(1), pp.51-64.

[②] Maartje Schermer, "Ethics of Pharmacological Mood Enhancement", in Jens Clausen and Neil Levy eds., *Handbook of Neuroethics*, Springer Netherlands, 2015, pp.1177-1190.

升,但服药者却产生了其认知能力被提高的感觉。①

如果所谓的提升是一种错觉,那么神经药物服用者表现出的"机灵"又如何解释呢?答案可能是服药者受到刺激而产生的活跃性。换句话说,增强剂并不是"益智药",而只是"刺激药",是功能强大、具有潜在危险的行动促进剂;它们对健康人的作用是缩小"意愿差距"而不是"能力差距"。② 兴奋剂改变了人们对自己正在从事工作的感觉,从而激发了表现优势。在很多临床实例中,患者具有足够的能力来应对他需要做的事情,但缺少投身一项长期事业的热情和活力,而这样的事实被"刺激药"的作用掩盖了。

感受质是神经效应显现出来的某种结果,如果我们知道了神经系统的某种运作机制,那么至少在理论上就有望进一步解释感受质的秩序。同时,虽然一个人的意识体验中的每个主观和现象上的变化大致对应着脑中的某些变化,但这些变化在何种程度上可以独立于感觉运动和大脑活动的环境,仍然是个开放的问题。除非在我们的说明中明确涉及这些情境,否则经验与大脑的关系仍旧得不到解释。而在现实中,即使是非心智的物理世界也存在混沌的行为,从而表现出不确定性(量子理论),更不要说作为直接经验的个人主观现象的意识了。不同时间中意识的同一性并非仅仅借助人脑就能够得到解释,而必须依赖于它与主体所拥有的许多经验之

---

① Irena Ilieva et al., "Objective and Subjective Cognitive Enhancing Effects of Mixed Amphetamine Salts in Healthy People", *Neuropharmacology*, 2013, 64(January), p.496.

② Scott Vrecko, "Just How Cognitive Is 'Cognitive Enhancement'? On the Significance of Emotions in University Students' Experiences with Study Drugs", *AJOB Neuroscience*, 2013, 4 (1), pp.4-12.

间的关系的描述。

事实上，真实性并不是情感的根本性要求，日常生活中，人们大多会追求情感的理性品质和一致性特征。情感的理性标准涉及个人感觉以及意向性对象在认识论层面的适切性。如果情感恰当地反映了事件的状态或者以一种在理性上可理解的方式把握自身，换句话说，它与理性内容是一致的，那么就可以认为这种情感是理性的。情感的一致性标准是指情感在其历史中应该是连续的和没有分歧的。神经增强面临的怀疑是，它无法唤起适当的情感反应，因此即便这些情感是真实的，它们也不再与个人自身的情感历史一致，从而对历时性的自我认同产生威胁。[1] 情感生活具有复杂性和固有的规范性，在某种程度上，改变它意味着改变人类的理智水平以及文明程度。就此而言，制造一种与自身经验无关的情感状态就好比进行一场浮士德式的交易——用完整而独特的人性换取肤浅的替代品[2]，它所创造的虚拟的繁荣是以情感本质的丧失为代价的。

二、真实自我的叙事性与感受质

当我们的情感越来越成为医疗技术的产物时，自我的真实性是否遭到破坏？传统的自我观念倾向于采取单独个体的视角，而

---

[1] Felicitas Kraemer, "Authenticity Anyone? The Enhancement of Emotions via Neuro-Psychopharmacology", *Neuroethics*, 2011, 4(1), pp.51-64.

[2] Erik Parens, "The Ethics of Memory Blunting and the Narcissism of Small Differences", *Neuroethics*, 2010, 3(2), pp.99-107.

忽略了人格同一性的构成。麦肯齐（Mackenzie）则提出了关于同一性的较为丰满的结构，即同一性包括数的同一性（numberical identity）、实践同一性（practical identity）和叙事同一性（narrative identity）。显然，神经技术对人脑的介入并没有导致数的同一性的改变，它使人的性格、兴趣等方面发生了变化，但没有使个体成为本体论意义上的不同实体。实践同一性是规范性的（normative）自我概念，它为个体以第三人称方式解释其行为并以第一人称方式进行确认提供了基础。这一维度是共时性的，它聚焦于行为主体思考和做出决定的瞬间。叙事同一性则是历时性的、过程性的。[①]人的自我部分地是由其自我诠释构成的，同一性是一种自我的生活叙事，但它所构建的描述不能与现实生活发生抵触或矛盾，而应与个人的真实行为相关并具有很强的解释力。

同一性不仅是一个人先天特质和现实生活经历的产物，而且是他对那些经验的记忆重构。这就产生了一个问题：个体的人生叙事能够容纳多大程度的技术干预而不会影响其完整的人格同一性或改变其自我意识？例如，脑部深度刺激（DBS，向精确定位的脑深部核团输送电刺激）最早用于治疗帕金森症，后来随着这一技术范围的扩展，它也被用于运动缺陷和包括抑郁症在内的精神疾病的治疗。DBS 的使用造成了不可避免和难以消除的人格障碍，从而引发了个人同一性和法律责任问题，因为法律预设了施为主体的理

---

① Catriona Mackenzie and Mary Walker, "Neurotechnologies, Personal Identity, and the Ethics of Authenticity", in Jens Clausen and Neil Levy eds., *Handbook of Neuroethics*, Springer Netherlands, 2015, pp.373-392.

性前提，即理性的生物有能力理解和确认法律的要求和规定，而接受 DBS 治疗的患者失去了正常的判断力，无法保持健全的理智和心理连续性。① 也有证据显示，一些患者在中止 DBS 治疗后，精神能力恢复正常，但是他们的病情会因此加重，引起另外一些不良后果，而继续 DBS 治疗则有可能导致永久的不可逆损伤。如何在二者之间权衡，无疑是一个艰难的抉择。

不可否认，自我叙事能力的确会因神经干预而遭受损伤，但这种能力同时受到文化和社会多层面的影响，技术对人脑的侵入只是其中一个方面。身份的认同不是个体单独主观的选择、决定和行动，还包括他人对你的选择和行动的确认和肯定。也就是说，他人也确实"认同"你的认同。换言之，人格认同不仅在于自我（主体自身）认同某种价值，更在于他寻求他人的价值认同或主体际的认同——你选择了一个你同意其价值的群体，在其中你拥有某个身份，群体的成员也都认同你这个身份。认同是你对你在这个群体中身份的认同，也是你与这个群体的相互认同。

如果说 DBS 威胁到同一性，那么，抑郁和焦虑同样会威胁我们的人格同一性，甚至所有进入同一性叙事的生活事件，包括失业、离异、亲人去世等，都可能会对我们的同一性构成潜在威胁。事实上，人格变化并不等同于自我真实性的丧失；个人同一性是一个动态的概念，它不断地随着时间和经历而变化发展。自我叙事

---

① Laura Klaming and Pim Haselager, "Did My Brain Implant Make Me Do It? Questions Raised by DBS Regarding Psychological Continuity, Responsibility for Action and Mental Competence", *Neuroethics*, 2013, 6(3), pp. 527-539.

有能力将情感的改变整合到同一性的构成中，除非情感增强破坏了人的主体性以至于他再也无法谱写自己的人生，从而失去自我感知和自我把握的能力。神经技术仅仅改变了人的精神状态，而并没有导致他的自我的不真实性，因为这些精神方面的变化是个体主观上期望的。调查发现，虽然一些患者表示服用神经药物后，变得开朗、快乐和风趣，不再像原先的自己；但另一些患者则感觉药物给他们带来更真实的自我，因为药物诱发的个性更加符合他们的愿望。[1] 就此而言，当一个人对自己的期望获得满足，且认可他现在的自己时，他的人格才是同一的；相反，假设现在的他不是他所期望的样子，甚至是他厌恶的，那么他就没有保持人格同一性。

真实的自我意味着要发现和表现个人行为中本质的东西以及核心的人格特征，只要神经技术带来的变化不改变主体内部的价值，并且他自身认同这种变化，那么这些变化就可以被认为是真实的——真实性是一种自我的创造。[2] 谢特曼（Marya Schechtman）提出了关于自我的两种含义——自我控制和自我表现。一个人成为真实的自己，前提条件是他有能力控制自己的欲望和行动，具有支配自己行为的自由意志；同时他的行为表现出他本真的天性。这两方面对于每个人的有意义的生活都是不可或缺的——真实的自我意味着他能够管理好自己的生活，审慎地在自我表现的愿望和

---

[1] Ineke Bolt and Maartje Schermer, "Psychopharmaceutical Enhancers: Enhancing Identity?" *Neuroethics*, 2009, 2(2), pp. 103-111.

[2] Walter Glannon, "Neuroethics", *Bioethics*, 2006, 20(1), pp. 37-52.

自我克制的要求之间做出平衡。① 而从这个角度看，神经增强并没有威胁到自我的真实性，恰恰相反，它在一定程度上帮助人们更好地实现了自我控制和自我表现。

自我的真实是一种现象上的、感受性的特质，也就是说，真实性是第一人称视角的，揭示自我本质的陈述，必定是那些我们以第一人称做出的陈述，第一人称陈述构成了自我同一性的重要标准。按照这样的理论，记忆的神经抑制是把人们从实际的记忆中分离开来，弱化了他们对于自己个性的感受；它使人们的情感变得粗疏和淡漠，不愿意面对和接受生活现实，这将改变他们对世界的感知和理解，其结果是自我认知也被外部因素掩盖而发生了变化②，从而无法表达真实的自我。但同样按照第一人称陈述理论，我们也可以认为，记忆的抑制反而会强化个性的自我感受——伤痛记忆可能会被当事人放大，导致过度的悲伤，而削弱这些记忆则可以保护他们，使他们尽快走出厄运的阴影，追求自己的人生目标。这样的内心体验更为真切，因为消除了偏见的自我理解才能够真正地诠释自己及其人生。③

对于这样的悖论，我们的解决方案诉诸第一人称陈述（statements in the first person）的跨时代同一性的真相（the truth of trans-temporal identity），它必须是构成性（constitutive）的而非仅

---

① Marya Schechtman, "Self-Expression and Self-Control", *Ratio*, 2004, 17(4), pp.409-427.
② Neil Levy, *Neuroethics: Challenges for the 21st Century*, Cambridge University Press, 2007, pp.69-81.
③ Carl Elliott, *Life Story: A Bioethicist and His Creation*, American Scholar, 2013, 82(2), pp.110-113.

仅认识论意义上的，也就是说，这些知觉所描述的对象不是可被公开观察的事态或对象，其特征使人能够做出一个陈述，即相信它为真，即便这个陈述事实上为假并且原则上可能被其他人发现为假。相反，它是指那些关于私人经验或心灵状态的陈述，例如关于痛、内心感觉以及想法或观念的报告等等，如果某人做出这样的陈述，那么指认它为假是毫无意义的，并且基于这样陈述的个体具有时空连续性①。

三、自我的客体化

如果情感被人为操控，我们的内在生活是否会被当作实现外在目标的工具？它会不会成为一种机械式的客体，从而威胁着人类这一自由、理性和有责任的特殊存在？我们每个人都拥有修饰自己身体和意识的自由，情感增强作为一种自我改进方式的伦理辩护似乎很有吸引力，不过，它赋予我们的便利和自由是以社会联系的损失为代价的。假如人被所追求的事物所控制而丧失了最珍贵的东西，那么人类本身的尊严和价值又在哪里呢？

技术修饰的情感让我们快速而有效地摆脱情感的困扰，但是这种手段只能治愈表面症状，而无法解决深层或本质的问题。情感产生的因素纷繁复杂，没有确凿的证据表明它的异常都来自器质性

---

① Sydney Shoemaker, "Against Simplicity", in Georg Gasser and Matthias Stefan eds., *Personal Identity: Complex or Simple?* Cambridge University Press, 2012, pp. 130-131.

的缺陷。从医学角度解决人类的情感问题，至少需要找到与情感相对应的人体器官、组织结构的病理性改变。尽管研究发现，人类一些极端行为可能跟大脑神经损伤有关，但在不确定是否存在结构性缺损的情况下对情感进行医疗干预，缺乏足够的合理性。并且表面症状的暂时缓解有时不仅不能阻止后果的膨胀与恶化，甚至还会引起更严重、更具破坏性的成瘾行为。因为真正的积极性来自蓬勃发展的动力——生命内在的活力，而不是外部的诱惑或控制。如果人们的痛苦源于意义和价值感的缺失，那么这种整体性的生活危机是无法依靠药物得到治愈的。

与之相应，情感增强也损害了人的自我修正能力。封闭痛苦的记忆阻碍了人们战胜创伤和磨难的机会，而后者是成长过程中必须学习的课程——如果只能依靠药物来补救，我们如何学会自我管理？此外，神经增强可能导致大规模的同质化，使情感丧失多样性，人类自我的核心也将因个性的缺失而处于危险状态。事实上，快乐和悲伤是一对相互依赖的情感，当心灵因麻木而冷漠时，我们不再心痛，但我们也失去了品尝幸福的能力。生活本来就是丰富多彩的，缺少了任何一种情感都不能算作完整的人生。即使是负面的情绪体验，在整个人类经验中也起着重要作用——愧疚激发我们在社交上的敏感并减少攻击性；自我怀疑促进个人反思和进步；而当危险有可能发生但线索还不明朗时，焦虑的人更容易发现解决问题的方法。我们的人生正是因为充满各种经历和情感而富有意义。

但这里我们不能回避一个前提性的问题：所有自然赋予的东西都是人们应该去接受的吗？例如，人们有必要把曾经目击的恐怖事件时时刻刻保留在脑海中吗？那些经历过战争灾难的人，无论在身体还是精神上，都需要社会为他们抚平创伤，记忆抑制正是同情心或社会良知的体现。即便人们因道德责任必须保持某些记忆（尤其是对于那些普遍分享的人性受到侵害或攻击的罪行），也不必对记忆抑制进行广泛的限制。① 况且，在未受到记忆抑制的情况下，人们同样会遗忘很多事情。技术的意义就在于使人类在不同程度上超越原始的本能。而文明的进步恰恰体现在尽可能地远离苦难，这已成为现代人的共识。利维（Neil Levy）还提出，以下两种情况的情感直接操纵不会引起自我的客体化：一是情感反映的内容与受到的刺激过于不成比例；另一个是直接操纵内源性的精神状态，即该精神状态由人体内部因素产生或引起，且它的起因是随意性的（arbitrary）。②

我们每个人都有自我完善的欲求，世界上的每种文化都将社会的改进或提升当作一种道德责任，人类文明也正体现在改造外部世界和改善自身的行为中。但一直存在争议的是：技术的应用在何种程度上将是我们可以接受的？我们知道，人工耳蜗和人造心脏瓣膜已被快速推广，而仿生眼芯片也在研究中，科学家正在研制如何通过非传统的感知途径将语音和图像直接输入大脑。我们面对的困惑是：是否存在一个自然界限，超过了这个限度会使我们的本性

---

① Maartje Schermer, "Ethics of Pharmacological Mood Enhancement", in Jens Clausen and Neil Levy eds., *Handbook of Neuroethics*, Springer Netherlands, 2015, pp. 1177-1190.

② Neil Levy, *Neuroethics: Challenges for the 21st Century*, Cambridge University Press, 2007, p. 116.

遭到破坏？这让我们想起滑坡论证（slippery slope argument，或楔子论证）：某些行为如同滑坡中的第一步，它们将不可避免地引起一系列导致糟糕后果，因此第一步就应当及时制止。一旦我们所创造的某项技术有可能从根本上改变人性，随之而来的灾难将是无法估量的。

不过，这样的论证不得不面对双重标准的质疑：既然我们接受过去的发明，为什么却趋向于抵制新近的发展？与历史上许多科学技术在其产生之初遭到批判和质问一样，情感的增强现在还未能被理解和接受。可是，伴随着生活水平的提高，神经药物的"医疗化"也许将成为一种生活方式，而这种趋势的确反映了人们的价值选择。如果神经增强具有高品质生活的美好前景，我们为什么要对它排斥和拒绝呢？至于风险，事实上，任何药物都不会只具有一种功能，其副作用的程度从中性、温和到十分危险都可能存在，但如果一种药物的内在价值（intrinsic value）较高，那么它的风险就是大多数人能够接受和自愿承担的。[①] 这就好比尽管人们知道手机有辐射，却仍然随身带着它而不是把它放在远离自己的地方。我们希望将生存的不利方面降到最低，并朝着最优状态努力。当然，对于"最优状态"的构成，不同的人看法不尽相同，但是的确存在着更好或更坏的生活方式。我们努力拓展自己的体能和认知，试图通过超越生理极限来避免病残、痛苦、衰老和死亡，正是为了更

---

① Rod Flower, "Lifestyle Drugs: Pharmacology and Social Agenda", *Pharmacological Sciences*, 2004, 25(4), pp.182-185.

好地把握命运和享受人生。

四、选择的潜能与选择的独立性

同一性不仅仅被切身经历所规定,而且包含所希望、欲求和计划的东西(意图)。一个人的自我与身份,不只是一种心理内省的认定(我知道我自己是谁),还包括价值的选择与具体的行动(我使得自己成为谁)。透过认同的抉择以及亲身践履,我们决定了自己的身份,并回答了"我是谁"。情感增强提供的前景是每个人拥有的潜力都大大释放,它可能创造一种完全不同于我们的超人类,后者是否意味着人类自然的根本改变?在这样一个"超人"世界里,普通人的命运会如何?

对此,必须区分地位性物品(positional goods)和非地位性物品(non-positional goods)。前者指供应量有限、价格昂贵、彰显购者身份或社会地位的这一类物品,有时也称奢侈品。地位性物品因短缺而使拥有者得益,这就意味着其他人的相对损失,例如,身材高大可能是一个人的优势,但如果大家长得一样高,那么身高就无法胜出。而诸如健康之类的特性却与此形成了对照——如果你健康,你的生活会更美好,即使别人同样健康,也并不影响你的生活质量,因为健康属于"非地位性物品"。[①] 假如人类增强的结果是使更多人感到幸福,这有什么不好呢?

---

① Nick Bostrom,"The Future of Humanity", in Jan Kyrre Berg Olsen et al. eds., *New Waves in Philosophy of Technology*, Palgrave McMillan, 2009, pp. 186-215.

我们都认可"有选择"优于"无选择"——选择体现了一种自由或自主性。但神经增强给我们的未来带来丰富可能性的同时，也造成了更多的负担。因为我们面临的选择越多，对幸福的期待就越高，耗费在考虑和衡量上的时间就越长，而且后悔的概率也越大。调查显示，选项数量的增大反而减少了随后的满意度，当备选方案增加时，即使人们对现有的选择已经很满意，也往往不会忽略新出现的可能性，而是怀着好奇去尝鲜。事实上，过多的选择对于选择主体来说就是在"负重"[1]，毕竟，拥有自我决定的权利和具备自我决定的能力是两个不同的概念，而理性的生存恰恰体现于对利益和自主性的把握与平衡。

于是问题的关键在于，确保情感增强是自由选择的结果，而非听从他人的摆布。换句话说，增强行为被归为增强者个人意志的层面[2]。但是，有观点认为，情感增强实际上剥夺了未被增强者的自由。[3]那些具备优秀品质的人更容易得到青睐，而未接受增强的人则不可避免地处于劣势，后者迫于竞争的压力，有可能被迫选择增强。相反的观点则提出，情感增强扩大了人类的道德潜能，而道德高尚者在个人价值和社会价值的实现上反而会拥有更多的自由。[4]

---

[1] Saskia K. Nagel, "Too Much of a Good Thing? Enhancement and the Burden of Self-Determination", *Neuroethics*, 2010, 3(2), pp.109-119.

[2] Benjamin L. Curtis, "Moral Enhancement as Rehabilitation?" *AJOB Neuroscience*, 2012, 3(4), pp.23-24.

[3] John Harris, "Moral Progress and Moral Enhancement", *Bioethics*, 2013, 27(5), p.287.

[4] Vojin Rakic, "From Cognitive to Moral Enhancement: A Possible Reconciliation of Religious Outlooks and the Biotechnological Creation of a Better Human", *Journal for the Study of Religions and Ideologies*, 2012, 11(31), p.116.

即使一个人做出增强决定的原因是为了趋利避害，最终的抉择也是他经过认真思考后的理性权衡。从这点看，情感增强不会限制增强者和不增强者的自由。

不过，即便如此，情感增强在自由问题上也无法得到辩护。自由的观念是与自律性的概念紧密相连的，道德律建立于他的意志自律之上。① 一个真正自由的人，能够认识和驾驭自己的本性，他具有强大的意志力去抑制自私、仇恨、偏见等非道德冲动和行为，因为理性的存在者不屈从于任何不是从主体本身的意志中产生出来的意图。而依赖生物医学技术抵制消极情感，就不能算作自律的行动。在这些情形里，意志永远不是通过行为自身的观念来直接地规定自己，而只能借助于行为的预期效果在意志中所唤起的动机，即"我应该做某件事，是因为我想做其他的事情"。这样的活动受命于某种先决条件，是在外界的干预和纠正下才产生的，因而只具有他律性；它与依据理性或良心做出的自为的目的性行为相背离，从而也就不属于纯粹的道德上的善。

然而，作为规律的准则的普遍性对我们之所以有效，不是因为它使我们享受到特殊的快活的情感，后者不能当作道德动机的规定根据，因为这种情感永远都可能是感性的和病理学上的；相反，作为法则使意志得到服从的意识，虽然产生了同样的东西，却是出自另外的来源，即行动不仅仅是在快乐舒适的基础上合乎义务地发生，而且在根本上就是出自义务而发生的，这是一切道德教养的真

---

① 参见康德：《实践理性批判》，邓晓芒译，人民出版社 2003 年版，第 180 页。

正目的。① 因此，即使是出于自由意志而进行的道德增强，也不具有真正意义上的自由。从这个角度讲，神经增强就是一种对自由的干预了。

当然，这些讨论是在明确这样一个前提下进行的，即所谓的增强究竟是一种对缺陷的治疗还是对正常个体的增强？关于治疗与增强的简单区分是，治疗的目的在于控制或消除致病因素的干扰，以使机体有效功能得到恢复，增强则是对健康或正常的人体进行改造，是一种无必要的侵入行为。斯坦因（Stein）主张对增强的目的进行分类，即厘清：它是针对外在原因（如战争、污染、损伤）引起的失调或紊乱而进行的治疗，还是针对那些外部因素较不明显的无序状态（如肥胖、冲动性攻击行为）或自然衰老状况的再造和提升？如果说前者属于医学问题，那么后者或许是一种道德隐喻，被称作医学化，即把非医学问题看作医学问题，并且通过医学手段来解决它们。②

但是，对增强进行界定本身却是件十分困难的事情，因为我们难以找到一个量化的标准。增强和治疗的区分来源于疾病和健康的概念，而二者的界限却变得越来越模糊，它不仅仅隶属于医学领域，还嵌入了我们的思想和社会互动中；由于这样的价值负载，与规范或原则不符的任何一种功能性异常都可能被视为疾病。而在情感增强的争论中，无论是支持者还是反对者，很大一部分观点都

---

① 参见康德：《实践理性批判》，邓晓芒译，人民出版社 2003 年版，第 161 页。
② Dan J. Stein, "Psychopharmacological Enhancement: A Conceptual Framework", *Philosophy, Ethics, and Humanities in Medicine*, 2012, 7(1), p.5.

在某种程度上将情感看作一个独立的存在，他们放大了实证层面的研究成果，却忽略了情感承载的文化和社会内涵。事实上，情感作为人的一种特有的意识活动，离不开经验的积累，更无法游离于社会文化和群体规范之外。在未来，我们不仅难以定义健康，甚至很难分辨健全和残疾，因为机械化有机体将使人和机器世界之间不再有明确的界限——现代文明带来了新的认知方式。

我们这个时代日新月异的科学技术复制了我们曾认为是人类所独有的特征和能力，我们每天都会获知人类身份被挑战的消息：干细胞移植、基因测序、跨物种杂交、芯片植入……其中每一项都模糊了我们作为个体与其他物种之间的界限，并进一步瓦解了关于我们自己的观念。在未来，当越来越多的自然人被"增强人"替代时，人的共性是否因此减少？人将被怎样定义？人意味着什么？现实生活有多少是虚拟的幻觉？如何分辨真实和模拟？思维在哪里终结，外部世界又从哪里开始？……生活因技术而变得越间接，我们回答这些就变得愈加迫切，因为所有物种都面临着身份危机[①]。在这样一场持续性的危机中，我们将不断重新反思人类的概念，进而追问人类生活的意义。

---

① Kevin Kelly, *What Technology Wants*, Penguin Group, 2010, pp. 1-17.

同中之异：心智的表观遗传视角

基因曾被定义为"具有特定遗传效应的 DNA 片段"。然而十几年来的研究已证实，编码蛋白质的 DNA 序列仅占全基因组序列的很小一部分，例如，在人类中这个比例只有 1.5%；同时，许多 RNA 基因具有明确的生理功能，但却不编码任何蛋白质；还有一类基因，如操纵基因，它们没有转录和翻译功能，仅起着控制基因活动的作用。人类基因组计划的完成确认了 DNA 分子上相当一部分片段只是某些碱基的简单重复，而不编码蛋白质，它们一度被认为是垃圾 DNA。这些基因在真核细胞生物中，数量很大，可以达到全基因组序列的 55% 以上。[①] 这些现象如何解释？基因的本质又是什么？

一、表观遗传：创造性地适应

我们知道，人体每一个细胞的 DNA 都一样，例如：人的脑细

---

① T. 斯特罗恩等编著：《人类分子遗传学》，孙开来主译，科学出版社 2007 年版，第 445 页。

胞和肾脏细胞的 DNA 排序是完全一致的，但它们受到不同基因标记开关的控制，因此表现成脑细胞或肾脏细胞。可见，拥有相同 DNA 序列的细胞在表现上可以有很大差异，这种基因表达模式的差异是由表观遗传修饰的不同造成的。又如，同卵双生的双胞胎具有相同的 DNA 序列，但他们在外表、性格和健康状况等方面都存在差异。研究表明，双胞胎在疼痛敏感性上的差异与关键疼痛基因在化学上被改变的方式（DNA 甲基化模式）的差异有关。痛觉是由一种可以重新设置的基因调节开关所控制的，基因完全相同的同卵双胞胎却拥有不同的痛觉门槛[①]。这意味着生活方式或药物治疗具有改变痛觉门槛的潜力，同时也显示出，每个个体的基因改变都是独特的。毫无疑问，先天遗传和后天培养对于双胞胎都起着作用，而表观遗传信息则是这两者之间的桥梁或相互影响的中介。

早在一百多年前，有些生物学家就认为，一个基因型对应一个表型的说法不能解释细胞的分化。他们提出的假设是，未分化的细胞处于决定命运的转折期，此时细胞的基因并不是关键的，而表观特性（epigenetic）决定了细胞分化的命运。瓦丁顿（C. H. Waddington）首先提出"epigenctitcs"这一术语，主张表观遗传学研究的是基因型产生表型的过程，并把它定义为研究基因与决定表型的基因产物之间的因果关系的生物学。[②]这里字母前缀

[①] J.T. Bell et al., "Differential Methylation of the TRPA1 Promoter in Pain Sensitivity", *Nature Communications*, 2014, 5(2), p.2978.

[②] 薛京伦主编：《表观遗传学：原理、技术与实践》，上海科学技术出版社 2006 年版，第 6 页。

"epi-"的含义是"在表面"、"除此以外",加在"genetics"前面组成"epigenctitcs"表示"DNA 序列编码蛋白质信息以外的信息",即表观遗传学信息。表观遗传现象包括基因沉默、DNA 甲基化、基因组印记等,与环境相关的细胞遗传形态也应该被称为表观遗传学。[①]

在表观遗传修饰过程中,细胞内各种调控程序影响了基因的表达,包括表达性质、表达速度和总量的变化。许多调控基因的信息虽然本身不改变基因的序列,但可以通过基因修饰等影响和调节基因的功能和特性。环境也会影响基因的表现,前者包括食物、药物、病毒等因素。如同遗传因子一样,表观遗传状态的改变也可以遗传,原因是它们包含了染色质和其他细胞结构的改变,这些改变通过精细胞和卵细胞垂直传递给下一代,甚至持续影响好几代。[②] 瑞典医学家毕格林(Bygren)探讨了瑞典北部诺伯顿郡居民的饮食习惯对子孙的影响。该地区地方广大、气候寒冷,完全过着靠天吃饭的生活。在谷物歉收时,小孩就会挨饿,丰收时则会暴饮暴食。根据对当地居民 19—21 世纪荒年与丰年的年份健康情形的详细记载,毕格林发现,丰收年份暴饮暴食一季之后的人,怀孕所生下的孩子明显短寿;荒年饥荒期的人们所生下的子女比丰收后暴饮暴食者生下的子女长寿很多,两者平均寿命竟相差了六岁,并且其孙辈的寿命也受到相应影响。[③] 另一些研究发现,在孩子进

---

① 本杰明・卢因编著:《基因 VIII 精要》,赵寿元译,科学出版社 2007 年版,第 703 页。
② E. Jablonka and M. J. Lamb, "The Changing Concept of Epigenetics", *Annals of the New York Academy of Sciences*, 2002, 981(1), pp.82-96.
③ Lars Olov Bygren et al., "Epigenetics or Ephemeral Genetics?" "Reply to Senn", *European Journal of Human Genetics*, 2006, 14(11), pp.1149-1150.

入发育期前就开始抽烟的父亲，其子女增加了超重的风险，而且进入青春期前比较肥胖并有很多健康问题。这些现象显然超出了物竞天择自然法则的合理解释。

如果我们把传统意义上的遗传学信息比作模板，那么表观遗传学信息则是一套关于如何应用这些模板的指令。表观遗传学解释了一些偶发突变和"完全拼错"的突变，这些例外为 hard-wired 理论——认为人类 DNA 信息在出生时就已经确定——注入了新的见解。例如，过去认为癌基因与抑癌基因突变是致癌的主要原因，也就是基因发生碱基替换及序列变化导致活性丧失。现在发现，许多失去活性的抑癌基因并没有发生突变，而是调控基因表现的 DNA 区域发生了不正常的甲基化，或是组织蛋白修饰作用抑制了基因表现，即基因活性的调节出现在表观遗传水平上而不是遗传水平上。换句话说，所谓的抑癌基因如果受表观基因所影响而失去其功能，那么被抑制的致癌基因就会活跃并将正常的好细胞变成癌细胞，从而引发癌症。通俗地讲就是，基因还是原来的基因，但活性不是原来的活性。

不难发现，表观遗传学对进化的解释与达尔文的进化学说在"物种主观地改造自身还是强调环境选择物种"这一点上发生了分歧。我们可以通过以下例子做一比较。假设用杀虫剂 DDT 处理果蝇，通过对不同果蝇样本 DDT 抗性的检测来分析果蝇 DDT 抗性的遗传机制。试验把同父同母的果蝇分为两组，一组加 DDT，一组不加 DDT 同时培养。筛选若干代后，加 DDT 组中筛选到了抗 DDT 果蝇，同时在不加 DDT 的组也得到了对 DDT 抵抗力很强的品系。达尔文学说对这个试验结果的解释是，变异早在生存环境改变之前就存在了，环境只是起到一个选择的作用，因为，达尔文认为进化不是出自物种改善环境条件的愿望，而是一种残酷的自然选择结果。但是表观遗传学对此提出挑战，认为生存环境的改变诱导了生物的适应性改变。这一看法确实得到了实验结果的支持：细菌和单细胞生物研究显示出，一些遗传变异不是随机的，在生存环境压力条件下，突变与引起它们的环境相适应，并进一步产生DNA变化，适应条件的DNA变化被遗传下来——基因组的结构的进化受到细胞微环境影响而发生了改变。

这使人们重新反思拉马克的"用进废退说"，后者观点所指正是环境对于生物性状的影响。虽然对于多细胞生物，比如长颈鹿，外界"叶子比脖子高"这个信息并不能被它的细胞所"理解"，并做出反应（也就是基因表达变化），因为信息的翻译过程同时取决于信息的特性及信息受体的特性。[1] 不过，如果某一项特定的生物学功能或者实体，在某一个层次上不出现，并不意味着它全然不存在。一旦我们从不同的层次进行必要的阐释，则发现其识别问题可能不难解决。我们只需朝上或者朝下考察一个或者两个层次，去寻求这种功能或实体可能存在的背景，或者将不同物种相对应的特异性片段放在一起比较。这些经历了自然选择仍然得以保留的序列很可能在功能上有很强的适应性，它们与其他重复因素一道对基因表达的调控起着重要作用，因此，我们的任务即在于确定各种

---

[1] Kevin V. Morris, "Lamarck and the Missing Lnc", *The Scientist*, 2012, 26(10), pp.29-33.

功能得以存在并运行的层次。

表观遗传对于经典遗传 DNA 跨代桥接的简单模式无疑是一个有效的补充。人类基因组是高度复杂的适应系统，它具有沿着不同路径进行分化的巨大潜能，人体的各个器官就是明证。基因是在调节控制下发挥作用的，细胞环境的不同条件决定着基因开启或关闭的程度，因此，不去说基因"做什么"，而说基因"被用于做什么"，可能会更有帮助。这提示我们，作为遗传单位的基因，其定义应超越单纯的 DNA 序列信息，包括表观遗传学修饰信息才能真正反映基因的本质。

由此也迫使我们审视过分简单的关于基因型和表现型的二分法，因为它不能很好地解释复杂的动态表现型，例如人格和精神健康等其他方面的发育、遗传或进化。进化在某种程度上是一个创造性的适应过程，并非像新达尔文模型所假定的只是机会和随机漂移的结果。新达尔文主义认为，基因在发育过程中是有活性的，它们在随机突变和漂移的自然选择过程中逐渐地适应环境变化，因此，两个物种之间进化的差距越大，在 DNA 水平上的差别也应该越大。如此预期的进化过程是一个完全线性的生命树状图。而进化却涉及在遗传和环境因素不断变化的环境里短暂、连续的准稳态结构。准稳态结构会不断被打破而快速地跳跃至遗传和环境因素造就的新结构。所以，大量间断性平衡现象是这样一个动态机制：个体的发育和群体的进化是由许多在不同时间标尺中发生的跳跃所构成的连续过程。

二、心智的表观遗传

从表观遗传学现象中发现的分子机制，并非仅仅局限于一些特殊的生命现象。相反，这些分子机制还在更多的生命进程中被生物体所利用，心智功能的正常发育及其展现就是其中重要的方面。对于认知科学研究而言，理解"表观遗传状态"的特性至关重要。人类基因组未包含足够的信息以确定成熟人脑的结构及联结，而后者涉及一系列复杂的非线性表观遗传发育过程。神经元功能活动的改变取决于神经元内修饰基因表达的各种调控过程的改变，细胞的学习和记忆能力也都取决于表观遗传状态的准稳态特性。人脑数以十亿计的神经细胞之间有大量的联结，表观遗传的约束对维持其稳定是不可或缺的。

我们通常会说，进化只垂青"有准备的基因组"，基因组会衍生出固定的机制去克服挑战（如宿主和病原体的斗争）。这些适应能力和进化能力更确切地应被看成技能，后者是基因组在时间的推移以及一代又一代的传承中学到的。[①] 生物体能够对不同环境条件形成记忆，其通过基因表达获取并遗传给下一代的机制，已经得到证实。甚至在最低层次的植物中，也表现出惊人的能力，例如，很多与开花相关的基因可根据寒冬期的长短发生特定的变化——寒

---

① Lynn Helena Caporale, "Chance Favors the Prepared Genome", *Annals of the New York Academy of Sciences*, 1999, 870 (1), pp.1-21.

冷期越长，就会有越高比例的细胞由关键基因"开启"状态切换到"关闭"状态；开花期被推迟，植物会形成对这一现象的表观遗传记忆。当细胞分裂时，这些修饰可由分裂出的新细胞所继承，如果细胞分裂发生在生殖细胞中，组蛋白的化学修饰就被遗传到后代。[①]

而在每个个体的微观层面，遗传修饰直接影响了认知的状态和结果。许多遗传基因都覆盖一层甲基，在神经细胞中，甲基可以帮助控制蛋白质表达的精确模式。卡里姆·内德（Karim Ned）等研究者用中等强度的电击刺激大鼠，大鼠产生了恐惧，蜷缩在笼子的一角。如果在每次电击的同时给出一个特殊的噪声刺激，大鼠便会将恐惧记忆和噪声刺激关联起来，以后再听到这个噪声，就马上产生遭受电击时的恐惧记忆。随后，内德给大鼠注射一种可以抑制甲基化（阻断新记忆形成）的药物后，再听到噪声时，它们却丝毫没有退缩的意思，这说明药物有效地阻断了电击刺激和噪声刺激之间的关联。那些未被注射药物的大鼠在电击后不久，大脑海马区的基因甲基就发生了变化，但24小时后又开始恢复原状。这一现象表明，甲基化与短期记忆产生有关。如果重复电击试验并使老鼠受电击时间延长至1天，再观测鼠脑皮层的变化，结果神经细胞的甲基已附着于另一个基因之上，并且甲基化的精确模式保持稳定。由此可见，甲基的变化能够产生一种长期记忆，而不仅仅是对记忆形成过程的控制。

---

① Andrew Angel, Jie Song, Caroline Dean, and Martin Howard, "A Polycomb-Based Switch Underlying Quantitative Epigenetic Memory", *Nature*, 2011, 476(7358), pp.105-108.

那么，这种背景依赖性学习的结果如何在后代的大脑里留下印记呢？迪亚斯（B. G. Dias）等人将雄鼠暴露在含苯乙酮（一种有甜杏仁气味的化学物质）的环境中，然后给他们的脚底施加电击。每天遭受这实验5次，经过3天之后，老鼠变得真正地胆怯了，甚至在没有受到任何电击刺激时，也还是会对苯乙酮的气味恐惧。10天之后，迪亚斯允许那些雄鼠与未经实验的雌鼠交配。鼠崽长大后，与其他气味相比，它们都对苯乙酮更加敏感，并且在暴露于这种气味的时候，更加容易被突如其来的噪声所惊吓。这些鼠崽的后代，即以苯乙酮受训的老鼠的"孙辈"，竟然也会对这种气味感到惧怕。而且，解剖发现，这些小鼠子代脑中负责探测该气味的脑区和神经细胞的确也变大、变多了。也就是说，父辈对这种气味的恐惧记忆，竟然直接遗传给子孙。这种环境信息的遗传性传送是表观遗传学的结果——包裹着DNA的蛋白质会因为环境的影响而改变结构（例如甲基化），并因此影响DNA的读取过程。如此一来，即使DNA本身没有突变，环境也可以透过改变读取过程来影响基因的包装和表达，并将后者遗传给子孙。[1]

如此说来，我们一生都受到父母亲以及祖先的影响，我们的命运是否就这样被决定了？答案是否定的，表观基因的一个特征是它是可逆的，也就是说，我们的生活习惯可以减少或改变祖先给我们的不良影响。先天的本质与后天的经历一起影响了脑中的细胞，

---

[1] B. G. Dias and K. J. Ressler, "Parental Olfactory Experience Influences Behavior and Neural Structure in Subsequent Generations", *Nature Neuroscience*, 2014, 17(1), pp. 89-96.

这些细胞处理生物体经历的每一件事，并借由释放与识别神经传递物来传递信息，而神经传递物可以活化或抑制个别的神经细胞，并开启或关闭某些基因。[1] 通过光学刺激在鼠脑中创建并删除恐惧记忆的研究已表明，加强和削弱神经元之间的联结是记忆在大脑中形成和存储的基础。[2] 记忆与大脑海马区域中神经元间交流的加强密切相关。也就是说，由神经传递物影响的基因，将会决定一个神经细胞对某种经验的反应，最后可以形塑一个人的行为方式。这意味着每个人经历的事件将在脑中逐渐累积，最终造成完全不同的思想及行为模式。由环境信息选择、调整并规范着的基因活动，使得我们的基因在对生活经历的反应中被改造，而我们对生活的知觉反过来又塑造我们的生命历程。

关于基因表达对大脑信息加工和人格发育的影响，黑猩猩与现代人类基因组的对比备受研究者关注。黑猩猩是与人类种属关系最近的动物，它们虽有文化遗传潜能，但却没有自我意识。自我意识让现代人类拥有创造力和智慧，给人类带来了独有的文化和文明。那么，我们与黑猩猩的不同有多大呢？就基因组而言，这个数字是1.73%。当你比较人和黑猩猩的基因组时，你会发现找到相同点远比找到差异点要容易得多。在编码区内，DNA序列的一致性达到了98.5%，人基因组内有29%的基因编码的蛋白质的氨基酸序列与黑猩猩完全一致。即便是在非编码区内，人和黑猩猩的

---

[1] Jim Kozubek, "An On/Off Switch for Genes", *Scientific American*, 2016, 314(1), pp.52-57.
[2] Sadegh Nabavi, Rocky Fox, Christophe D. Proulx, John Y. Lin, Roger Y. Tsien, and Roberto Malinow, "Engineering a Memory with LTD and LTP", *Nature*, 2014, 511(7509), pp.348-352.

序列一致性也极少小于97%。① 在两者的基因组内，基因的方向也几乎都是相同的，而且它们的染色体外形也很像。

既然存在如此高的基因相似性，是什么使得这两个物种具有如此大的差异？为什么两足行走、巨大的脑容量、语言和自我意识都是现代人类的特征，而黑猩猩却不具备？对人和黑猩猩基因组的比较没能发现决定人特异性的关键基因，却揭示出，黑猩猩与人类之间的差异主要在于脑的表观遗传状态。沃尔夫冈·埃诺德（W. Enard）等人比较了人类、黑猩猩、猩猩和恒河猴的基因及蛋白质表达。结果显示，人类与黑猩猩血液和肝脏中的基因表达是基本相同的，而人类脑中的基因表达率与黑猩猩相比有很大的数量差异，这种差异远远大于两种鼠之间的差异。人大脑左前额叶皮质的基因表达率要比黑猩猩高31.4%，前额叶皮质的相对表达率要比黑猩猩高出5.5倍，而两种生物血液和肝脏RNA的相对表达率却基本相同。② 由此我们可以看出，与黑猩猩及其他大猩猩相比，人脑蛋白质和基因表达的表观遗传变化是最显著的，无论从哪种角度看，人的特殊性不是源于基因本身的异同，真正有意义的改变是那些活性有改变的基因。人和黑猩猩之间的差异不在于基因组的序列，而在于这些序列的表达方式。脑系统的表观遗传过程将人类与其他脊椎动物（包括大猩猩）区别开来。

---

① T. A. 布朗：《基因组3》，袁建刚等译，科学出版社2009年版，第567页。
② W. Enard, P. Khaitovich, J. Klose, et al., "Intra- and Interspecific Variation in Primate Gene Expression Patterns", Science, 2002, 296(5566), pp.340-343.

三、"心智遗传"的误读与澄清

心智能力的遗传影响是个颇为敏感的话题。几十年来，出于社会或政治的原因，科学家在涉足这一领域时，总是非常谨慎。这种谨慎的根源在于一个广为人知的陈旧观点：遗传决定命运。正是在这种观点的基础上，人们误读了现代遗传学的研究成果。他们担心，这些研究将导致新一轮的优生运动，对边缘群体带来更深重的歧视。

上述担忧很大程度上源于对遗传率的误解。遗传率是指遗传对个体差异（方差）的贡献，而不是指单个个体的表现型。就单个个体而言，基因和环境是不可分的——两者都是个体存在不可或缺的，遗传对行为的作用仅仅是一种影响或贡献因素。关于基因型和环境在人类发展中的地位问题应当这样陈述：人与人之间可观测到的差异在何种程度上受控于他们的基因型的差异和他们出生、成长、被养育于其中的环境间的差异？这就好比只问长或宽对一个矩形面积的单独贡献是没有意义的，因为离开了长和宽，面积也就不存在。但是，如果我们询问的不是一个矩形而是一组矩形，那么面积的方差可能完全归因于长或完全归因于宽，或归因于这两者。例如，身高的遗传率大约为 90%，但这并不意味着你身高的 90% 是由于遗传的原因造成而其他部分是由环境增加的，它只是意味着个体间的身高差异大部分是由于他们之间的遗传差异所致。

应该强调，遗传率是指某一时期内、某一群体中，遗传差异对某一性状的个体间观测差异的贡献的统计量。我们的许多DNA在人与人之间甚至在人与其他灵长类动物或其他哺乳动物之间并无不同。由于这些基因在每个人那里都是一样的，所以它们显然不可能对个体间的差异有贡献。但是，如果这些不变的基因被突变打乱，它们就会对发育造成破坏性甚至致命的影响，即使它们在群体中对变异通常完全不起作用。同样地，许多环境因素并无实质变化，比如，我们所呼吸的空气和我们所吸收的基本营养物质，它们对个体间差异并无贡献，但是一旦这些基本环境被打乱就可能产生巨大的影响。

就行为特征而言，由于它通常受到多个基因和环境因素的影响，因而具体基因和行为之间的联系更弱。有鉴于此，遗传影响代表的是概率或具有潜在的倾向，而不是被决定论的命运或预先设定的程序。例如，尽管对像"晚发性阿尔茨海默症"这样复杂疾病起作用的具体基因已经被测定出来，但这些基因只代表遗传病患病风险因素，因为它只提高了疾病发生的概率，但并不保证疾病一定会发生。DNA和复杂行为障碍之间最强的一种联系，就是脱脂蛋白E编码基因的等位基因4与晚发痴呆之间的联系。与简单的单基因障碍不同，等位基因4不是发生痴呆症的必要或充分条件。[1] 很多患有痴呆症的人并没有该等位基因，而很多拥有这个等位基因的人并不是痴呆患者。某一具体基因可能会与某种障碍的平均风

---

[1] John B. J. Kwok, "Role of Epigenetics in Alzheimer's and Parkinson's Disease", *Epigenomics*, 2010, 2 (5), p. 671.

险提高有关，但是单个基因在个体水平上的预测能力还不足。遗传影响反映对整个群体的平均效应，而不针对某一个体。在群体平均值的基础上为个人贴标签的做法是相当危险的。

表观遗传研究改变了我们思考环境的方式。"环境"一词囊括了除遗传之外的所有影响因素。人们部分由于遗传的原因而创造了自己的经验，这一直被称作"教养中的天性"，因为它指的是与遗传倾向相关的经验。与之相对的重要概念是，遗传对于环境的敏感性。有确凿的证据证实，在发展中起作用的环境，并不能使成长于相同家庭的儿童比不同家庭的儿童更相似。相反，环境影响倾向于使得在同一家庭成长的孩子彼此不同，因为影响着个体心理特征的环境因素不会被同一家庭中的孩子们共同分享，这种环境被称为"非共享环境"，例如，在同一家庭中，父母对孩子们表现出的慈爱程度不同。共享环境因素对于成长于相同家庭的孩子而言并无不同，因而就不能解释在同一家庭环境成长的儿童为什么不一样，这并非说家庭经验不重要，而是作用于心理发展的环境影响并不以一个一个的家庭为基础，而是以一个一个的个体为基础。[①]也就是说，环境是对每一个儿童起着特定作用的影响，而不对家庭中所有孩子起普遍作用。共享和非共享环境并不限于家庭环境，它们源自个人独特的经历并以不同的途径来施加影响，比如同伴群体、生活事件、社会支持以及教育和职业经验等。当前的研究正是尝试确定非共享环境的具体来源以及研究非共享环境和心理特征之间的联系。

---

① R. 普洛明等：《行为遗传学》，温暖等译，华东师范大学出版社 2008 年版，第 271 页。

四、因果性分析

按照表观遗传学观点，表观遗传对于生物的进化具有关键性的作用，表观标记可以传递给后代且在个体发生过程中产生稳定持久的效应。那么，我们可否认为，在生物进化的过程中，经典遗传学支持的基因突变和表观遗传变异是生物进化并行不悖的平行线？表观遗传变异可以自发发生，也可能由环境引起，它们决定的性状被环境选择，那么，基因组信息与表观信息可以彼此促进并相互转化吗？

事实上，尽管很多研究越来越确认表观标记对生物表型的影响是存在的并且很重要，但是关于表观遗传信息的遗传形式并没有令人信服的证据，特别是表观信息在生物进化中的作用，更是目前无法回答的问题。后来的实验也证明，许多DNA的甲基化，在没有环境的压力时数代后会自动丢失，也就是说，DNA的甲基化现象无法稳定遗传。更多的人尽管也认同表观遗传的生物学意义，但是认为表观遗传不直接对进化起作用。他们的质疑包括：(1)表观基因能永久维持吗？有可能，但表观基因的改变代表的是生物对环境紧迫因素的反应，这个反应可以透过表观基因标记遗传好几代，不过，一旦环境的压力解除，这个标记就会逐渐凋谢，本来的DNA密码又开始恢复它原初的程式。单纯的表观遗传标记不可能遗传，如果是遗传的信息，最终依然需要依赖基因组的传递。(2)表观遗传现象仅仅在单细胞无性生殖的生物中很重要，而在从受精卵开始发育的多细胞生物中，配子的表观信息是无法遗传的。(3)目前发现的表观遗传标记很少，不足以形成生物进化的动力。即使出现了可以传给后代的表观遗传标记，它也不稳定，因此没有进化意义。[1]

针对这些挑战，反驳的观点主张，在工业时代下，由于巨大的环境压力及社会变迁，进化的脚步开始要求我们的基因反应快一些，如果DNA本身发生改变，这个过程可能将经历几代甚至百万年之久，而表观基因标记则会在短时间内将新特性传递给接下来的一代，快速地获得适切的反应。[2]他们认为，"非基因遗传"并非不可能——遗传现象与遗传的物理机制是两个不同的概念，在最宽泛意义上，遗传是指历史上相连的统一体的世代发展所需的跨代资源保存，而DNA复制是一种遗传的物理机制。从演化观点看，没有任何理论的理由拒绝其他遗传性的非基因机制的可能性，因为只要存在可遗传的性状，那么无论遗传出现所依赖的是哪种机制，演化都会出现。

无论如何，我们现在对信息如何在世代之间传递的了解还远远不够。首先，环境暴露的影响如何嵌入一个动物的起源细胞？母亲会把怀孕期间的环境因素传递给胎儿，但环境信息如何被精子细胞基因标记？

其次，制造一个表观遗传学标记仅仅是第一步，这种标记若要

---

[1] Lucia Daxinger and Emma Whitelaw, "Transgenerational Epigenetic Inheritance: More Questions than Answers", *Genome Research*, 2010, 20(12), pp.1623-1628.

[2] U. Sharma and O. J. Rando, "Father-Son Chats: Inheriting Stress through Sperm RNA", *Cell Metabolism*, 2014, 19(6), pp.894-895.

在多个世代间传递，必须在多次严格的表观遗传再编码之中幸存下来。在哺乳动物中，这个过程只发生在受精开始的几小时内。此时的单细胞胚胎的精子DNA消除了大部分甲基化作用。然后，随着胚胎的发育，细胞开始分化为各种组织类型，甲基化逐渐再次形成。但是即使一些来自父亲的信号能够保留下来，胚胎自己的原生殖细胞——那些最终成为它的精子或卵子的原生殖细胞，也要经历第二轮的表观遗传学清洗。有些基因能够在受精过程成功地逃脱被重新编码，例如一类印记基因——来自母亲或父亲的一份基因拷贝被甲基化，并在胚胎中保持下来，但是一些非印记基因或许也能通过一个相似机制来逃脱清洗。[①] 因此，需要弄清遗传修饰如何调控特定区域的染色质结构、如何影响遗传信息的读取或关闭，从而如何导致了发育中的后代的显著改变。

最后，表观遗传学研究大部分只描述了表观现象，例如葡萄糖、胆固醇和生育能力等，但证据链条不够紧凑，由于表现受到的影响因素非常多而复杂，因果关系很难被区分。例如，小RNA也能影响DNA的功能，进入其他组织影响基因表达，并且RNA模式也能在多代保留。也许这种所谓甲基化只是复杂现象的一个伴随现象，也许有其他什么东西作为表观遗传的载体……我们无法明确这个过程的本质，关键是我们没有全面了解前后代信息传递的具体方式。

对上述疑难的讨论促成了对以下问题的探索：（1）表观遗传变

---

① J. David Sweatt, "DNA Methylation in Memory Formation", in Paolo Sassone-Corsi and Yves Christen eds., *Epigenetics, Brain and Behavior*, Springer, 2012, pp. 81-93.

异可以遗传给后代吗？后天获得的性状可以通过细胞分裂来进行传递吗？（2）如果环境可以诱导定向的表观遗传信息改变，那么这种信息能够促使基因组的定向改变吗？可以遗传给后代的表观遗传变异怎样在生物体中稳定遗传？（3）表观遗传学是否推翻了中心法则？表观遗传信息真的没有涉及基因组吗？[①]什么机制区分两个完全相同的等位基因？这种区分机制又是如何建立并在连续的细胞传代中维持下去的？环境、饮食和其他潜在的外部因素都可能通过表观遗传改变基因组表达，哪些成分在分子水平产生影响，其具体机制又是什么？

当然，我们拒绝将完全随机的基因变异作为进化的基石，并不意味着反对达尔文的自然选择理论，而是要加深我们的理解：自然群体中同一物种的不同个体彼此极其相似，这个过程的本质是什么？为什么人们可以或多或少地拥有共同的文化？在发展中历尽兴衰变迁后，人们为什么还会对许多活动有同样的喜爱？在生命等级的每一个层面上，适应性起着承前启后的作用，这是否表明，每一生物个体的发育大体上符合该物种形成前的进化过程，进而，每一个体的连续性发育事件与物种进化的步骤都是平行的，如海克尔的重演律所言，即个体发育或多或少重演了种系的发展史？换言之，表观遗传学承前启后的特点提示我们，进化有一条总的路径，其中，自我意识发展的螺旋路径是人类所特有的，而细胞记忆的表观遗传—基因调控则是生物体所共有的。

---

① C. D. Allis 等编著：《表观遗传学》，朱冰、孙方霖主译，科学出版社2009年版，第29页。

先验认知结构从何而来?

人的认识从何而来?康德的"先验哲学"曾明确肯定了先天认识形式的存在,并把它与后天的感觉经验综合起来作为知识之普遍有效的两个前提条件。但康德却未对"先验的认知结构从何而来"予以回答,"先天知识何以可能"自被提出之日起,就引起了哲学家和科学家的广泛兴趣。而进化认知(evolutionary cognition)正是近年来对这一问题的一种新的解答。

一、认知装置的心理起源

传统的认知心理学建立在两个核心假设的基础之上:(1)认知结构具有一般用途(general purpose),而且独立于加工的具体内容(content free)。这就意味着,用于选择食物的信息加工装置和用于选择配偶和住所的信息加工装置是相同的。这些一般用途机制包括推理、计算、学习、模仿、记忆、形成概念以及衡量手段—目的之间的关系等等。根据这一假设,认知心理学家在实验研究中倾向于采用既易于呈现又便于操作和控制的刺激类型如抽象化了的几何图形或人为制造的刺激，而鲜少选取那些"自然"的信息如亲属、朋友、敌人或可食用的东西等。比如，关于记忆的大量实验研究都选用了"无意义音节"作为记忆材料，因为在他们看来，含有具体意义的单词很可能对实验结果产生"污染"。（2）功能不可知论，即在研究信息加工机制的时候，不需要考虑这些机制用来解决什么样的适应性问题。[①]

这种一般性的加工机制假设至少存在两个方面的问题：（1）对于各种适应性问题的解决方案，其成功的标准在每个领域都是不同的。比如，成功地演算习题所需要的心理机制和人际沟通的心理机制是完全不同的。（2）一般性的机制所能产生的行为数量几乎是无限的，因为两种或多种连续的选择组合到一起时就会出现急速增长现象，即所谓的组合性激增，而有机体很难从无数种潜在的可能性中挑选出解决适应性问题的成功方案。如果没有特殊的程序设计，如果不对无数可能的选择给予严格的限制，哪怕是最简单的任务，都不可能得到完成。[②]

这些假设遭到了进化心理学的质疑和挑战。众所周知，达尔文的生物进化论的核心命题是：不能很好地适应周围环境变化的生物将被自然选择所淘汰，所以，幸存者必定是那些能很好地适应环

[①] Dan Sperber and Lawrence Hirschfeld, "Culture, Cognition, and Evolution", in Robert A. Wilson and Frank C. Keil eds., *The MIT Encyclopedia of the Cognitive Sciences*, The MIT Press, 1999, pp. cxi-cxiv.

[②] D. M. 巴斯：《进化心理学》，熊哲宏等译，华东师范大学出版社 2007 年版，第 39 页。

境的生物。进化认知论从这一基本原理出发，认为人的认知装置或能力（人脑及其功能）也是进化的产物。

进化认知的思想可以追溯到20世纪初的进化认识论。坎贝尔（D. T. Campbell）、波普尔（K. Popper）等是这一理论的代表人物，其中如威尔逊（Allan C. Wilson）就指出，人类进化的压力不仅来自外部环境，同时还来自人的大脑[①]；伍克提茨（F. M. Wuketits）对其理论纲领做了清晰的表述。知觉、经验和（可能的）科学知识的主观结构与现实结构至少部分的一致，以及归根到底与现实的适合，是怎样达到的？福尔迈（Gerhard Vollmer）给出的回答是：我们的认识装置，是进化的一种产物；主观认识结构适合这个世界，因为它们是在适应这个现实世界的进化过程中形成起来的。[②] 我们的认识包含了非经验的因素，这些因素部分地由遗传决定，以致人们（充其量就知觉和经验认识而言）可以谈论天赋认识结构。仅仅在这些结构内或借助于这些结构，单个生物才有可能构造经验，他们的经验才成为可能，而且在他们的结构当中部分地被规定。尔后，一种批判性的分析，将在经验中重新发现我们自己置于其中的那些结构，并把它们作为主体的来"揭示"。总之，主体的认知结构是生物学进化的产物，它们是部分地由遗传决定了的。

系统化的进化认知研究从其真正产生到今天只有短短的二十多年，然而它却衍生出诸多分支。尽管它们各有侧重，其核心

---

① Allan C. Wilson and Rebecca Louise Cann, "The Recent African Genesis of Humans", *Scientific American Special Edition*, 2003, 13(2), pp.54-61.

② 福尔迈：《进化认识论》，舒远招译，武汉大学出版社1994年版，第146页。

都主张采用一套完全不同的假设取代主流的认知心理学的两种核心假设,并将功能分析的方法贯穿在对人类认知活动的所有研究当中:如果我们不知道认知机制的功能,那么我们也就不可能理解人类是如何归类、推理、判断,以及存储和提取信息的。人类的心理机制是自然选择在远古的进化环境中所产生的适应器(adaptations)。① 人类祖先所面对的大多数非常重要的适应性问题在本质上都属于社会性的问题,所以对人类认知的研究根本不可能和对人类社会活动的研究完全割裂开来。能够在认知水平上进行描述的机制,其实是以人类的所有思想和行为(而不仅仅是知识的获得)为基础,并且将这些思想和行为全部组织了起来。所以,认知心理学应该扩大自己的范围,将这些思想和行为都包括进来。

那么,远古时代的人类生存环境与人脑交互作用过程中所形成的神经元结构,在多大程度上决定了人类的心智模式以及我们今天的认知方式?关于这一点,平克(Steven Pinker)声称,了解心智的要诀,是使用"反向工程"的方法去逆推人在演化的过程中,为了实现某些有利于适应环境的生物功能,基因如何"设计"脑的组织与结构以利于种族的繁衍。他借鉴并发展了乔姆斯基(N. Chomsky)的理论。乔姆斯基曾认为,我们天生拥有语言器官,这个语言器官是由基因决定的,在适当的环境刺激下,语言器官与其他器官如肠胃等一样,会随着年龄增加而成长到成熟阶段。平克

---

① D. M. 巴斯:《进化心理学》,熊哲宏等译,华东师范大学出版社 2007 年版,第 423—424 页。

将乔姆斯基的"先天模块(器官)论"加以推广,运用到所有认知功能,认为所有的认知功能都是特定心智器官运作的结果:每一器官分别负责不同的心智功能如视觉、听觉、触觉、痛觉、语言、肢体运动、思考与推理等,心智作为一个由若干计算器官所组成的系统,是我们祖先在解决生存问题的进程中"自然选择"出来的,这就是先天心智器官论。①

以视觉为例,单凭视觉刺激数据,我们无法推衍出对象的视觉内容,只有辅以许多关于视觉对象及环境的知识,才能形成正确的物体视觉。我们视网膜上的视觉刺激模式是二维的信息,脑的视觉系统只有借助许多相关假设,才能把二维的信息转换成三维的立体视觉。而我们的视觉系统中早已存在许多关于外在世界的知识,无须学习就可使我们的立体视觉成为可能。这些先天的视觉知识是长期演化的产物,存在于我们的大脑中。因此,不仅我们的大脑是由许多不同模块所组成,而且这些模块内储存了许多先天特殊知识,以辅助我们的认知功能运作。也就是说,为适应复杂的生存环境而形成的心理机制在神经层面表现为形态各异的神经环路。

接下来,这些心理机制是怎样产生的呢?它们具有什么特性?按照进化认知,任何一种神经环路或者心理机制,只要它有利于有机体的生存和繁衍,就会被自然"选中",在进化过程中被保留下来。这些心理机制正是构成人类本性的特殊适应器,它们是通过

---

① 史蒂芬·平克:《心智探奇:人类心智的起源与进化》,郝耀伟译,浙江人民出版社2016年版,第34—50页。

进化形成的对某些特定问题的解决办法。经过进化选择的设计后，心理机制趋向于只加工特定信息，按照决策规则对信息加以转换，并以生理活动的形式产生输出，或生成能为其他心理机制所用的信息，或直接生成外显的行为。

然而，我们的生活里不是仅仅有面包，在所有文化中，都存在着琴棋书画、故事诗歌，从生物学角度看，这些活动既不能解决温饱也无法抵挡风雨或防御安全威胁，似乎是琐碎而可有可无的东西，但如果它们没有被赋予任何生存优势，那么它来自何方，又为什么起作用呢？如果说诸如分类、推理、判断以及存储和提取信息等理性思考的心理机制得到了进化解释，那么人类的艺术、文学、娱乐又当如何理解呢？平克认为，文化产品之所以会出现，并不是因为我们拥有专门用于创造艺术、音乐和文学作品的特殊适应器，而是因为我们拥有"能够从形状、颜色、声音、笑话、故事和神话传说中获得愉悦"的进化心理机制。[1] 人类获得了如何人为地激活那些现存心理机制的方法，那就是创造出大量的文化产品如雕塑、绘画、音乐等，这些文化产品含有我们的心理机制最初被设计来进行加工的刺激信息。在这个意义上，我们仍然携带着远古时期的人类大脑。[2] 所以，尽管我们创造和消费文化的活动本身并不是适应器，而是非适应性的副产品，但是这些文化模式一定程度上揭示或反映了人类的进化心理。

---

[1] 史蒂芬·平克：《心智探奇：人类心智的起源与进化》，郝耀伟译，浙江人民出版社2016年版，第535—536页。

[2] D. M. 巴斯：《进化心理学》，熊哲宏等译，华东师范大学出版社2007年版，第465页。

二、适应性与领域特殊性

进化认知的主张体现出两个重要特点——适应性和领域特殊性，这两个特点又是相互关联的。经过自然选择而塑造的固定的神经回路，在特定刺激下会表现出固定的反应模式，这就是进化而来的心理机制。如果心理机制是按照功能目标导向来设计的，那么它一定是领域特殊性的，即用于实现不同的功能，这种领域特殊性的功能设计被称为"适应器"。克拉福德（C. B. Crawford）从成本效益分析和信息加工的角度定义了适应性：它是自然选择为了产生成本效益分析而设计的一系列基因编码的发展过程。[①] 生物个体的感知实在世界、获得特殊的世界图景的官能都是源自遗传中固定下来的程序，这个遗传程序包含着关于"为了生存应该怎样行动"的命令。当然，这个"求生行为程序"在动物的个体生命历程中是可以并且必定被不断修改的，而这个过程就是适宜性（fitness）或适应（adaptation）。适应性理论试图运用神经科学的已有成果作为支持的依据。埃德尔曼提出，人脑的发展不是一个完全由基因控制的过程，它经历了达尔文式的自然选择机制，人脑本身也是具备高度灵活回路的选择系统，大脑模式的复杂性能够选择性地匹配来自自然本身的复杂性，所有感知行为在某种

---

① Charles B. Crawford, "A Prolegomenon for a Viable Evolutionary Psychology: The Myth and the Reality", *Psychological Bulletin*, 2003, 129(6), pp. 854-857.

程度上都是创造行为，所有记忆行为在某种程度上都是想象行为；被选择的不是个别神经元，而是特定模式中由兴奋型和抑制型神经元组成的神经元群。①

传统认知研究隐含的一个观点是，心理机制具有普遍意义，不同领域的心理现象可以根据一个或几个简单的机制加以解决。例如，人类使用的推理规则是不依赖于命题的内容的。进化认知论对传统的认知观念提出挑战。柯斯米迪（Leda Cosmides）和图比（John Tooby）认为，每一种特殊的认知机制或特定范围的认知程序具有特定的功能，对应于特定的进化问题，它们渐渐地以模块的形式固定下来。②需要指出的是，模块并非实体概念，它不是生理基础意义上的脑定位或解剖概念，我们对它应从功能的意义上去理解，而"功能分解"思想具有不可替代的方法学意义。一个心理模块仅仅适于一个有限的问题解决领域，而不能接触到认知主体所加工的所有信息。③柯斯米迪及其同事还提出了社会契约和欺骗探测（cheating detection）模块。他们认为，人类社会活动中契约双方都会对"收益"和"代价"进行权衡，并衡量公平与否。这些与契约相关的模块在代代相传，成为一种社会认知模块（modularity in social cognition）。人们能成功地解决以契约形式表

---

① 杰拉尔德·埃德尔曼：《第二自然：意识之谜》，唐璐译，湖南科学技术出版社 2010 年版，第 16、32—33、38 页。

② Leda Cosmides and John Tooby, "Origins of Domain Specificity: The Evolution of Functional Organization", in Lawrence A. Hirschfeld and Susan A. Gelman eds., *Mapping the Mind: Domain Specificity in Cognition and Culture*, Cambridge University Press, 1994, pp. 85-116.

③ Samir Okasha, "Fordor on Cognition, Modularity, and Adaptationism", *Philosophy of Science*, 2003, 70(1), p.70.

达的认知任务，正是由于这个原因。换句话说，人们在把自己当成契约的一方时，往往能顺利地解决问题，而以其他形式表达时就难以达到。基于单细胞纪录实验已经确认了那些只对社会刺激做出反应的脑细胞，提示一些脑损伤患者在社会判断方面可能表现出选择性缺损，布拉泽（Leslie Brothers）因此主张将社会智力与其他智力区分开来并提出"社会脑"模块的概念。[1]

　　领域特殊性得到了许多认知研究的佐证。例如，自闭症患者能够进行代码交流，但无法进行需要理解彼此意图的交流；他们的语言习得存在困难和迟滞；他们普遍缺乏假装游戏的能力，而在客体操纵等领域的活动上可能表现正常。一些学者提出，这些特异的先天能力基础可能表现为某种"模块"的结构——正常人的大脑中可能存在特异性地负责心理归因的模块，而自闭症患者则存在缺损。[2] 又如，不同的人会有不同版本的超自然感受：科学家用电磁组合刺激大脑皮层颞叶，被试产生了皈依自然并与宇宙真理融为一体的超自然感觉。为什么大脑会有这样的"上帝区"呢? 研究人员的解释是：原始社会的人们面对生存的压力，需要凝聚一切可能的力量来改善生存环境，而共同崇拜一个神则是最有效的方法，它有利于部落内的人群统一意识并建立共同目标以减少内部的相互

---

　　[1]　Leslie Brothers, "Brain Mechanisms of Social Cognition", *Journal of Psychopharmacology*, 1996, 10(1), pp.2-8.

　　[2]　Stanley B. Klein, Leda Cosmides, John Tooby, and Sarah Chance, "Decisions and the Evolution of Memory: Multiple Systems, Multiple Functions", *Psychological Review*, 2002, 109(2), pp.306-329.

残杀。① 随着人类文明和科学技术的高速发展，人类驾驭自然的能力大大提高，对"上帝区"的依赖越来越小，虽然共同信仰一个"神"不再是生存的必需，但每一个人的大脑内仍然为信仰一个神保留着一块硬件基础。

进化认知研究揭示了人们先前没有注意到的环境与认知之间的联结纽带。例如，如果我们想知道不安全感是怎样被早期经验所调节，我们就必须首先探讨为什么自然选择使它们可以被调节。这并不是说人类行为是无限可塑的。斯金纳的行为主义曾认为，一个人只要经过适当训练，就能成为任何一种类型的人，这一理论已经遭到否定。当然，下述两个观点也不能成立，即：人类行为深植于"本能"和"先天的动机"中，以及人们之间的心理学差异主要可归结为遗传差异。许多进化心理学家的一个指导性假设是，人们之间最根本的差异就是最有可能在环境中有迹可循的那些差异。

三、超越自然选择与先天模块

进化认知论将认知现象纳入生命科学的范围加以研究，它不满足于对近因或直接原因的探讨，而把目光投向心理和行为的终极和根本原因，从而有效弥补了传统认知研究这一方面的不足，为了解人类认知本质的深层结构提供了一种新的视角。因此，尽

---

① V. S. Ramachandran and W. Hirstein, "Three Laws of Qualia: What Neurology Tells Us about the Biological Functions of Consciousness", *Journal of Consciousness Studies*, 1997, 4(5-6), pp.429-457.

管它诞生不久却产生了莫大的影响，尤其是其领域特殊性思想已被广泛接受。

然而，运用进化论研究认知在许多方面存在争议和局限，需要进一步解决，主要涉及如下几个方面。

第一，我们现在所处的环境和祖先在进化过程中的大多数环境大相径庭，在某些方面更是有着天壤之别。假如一种机制能够实现其应有的设计功能，但现在的环境发生了改变，那么该机制的输出结果就很可能变得不适应。于是，远古环境和现代环境之间的差别改变了适应性问题的主要特征，又或者，远古时代的适应性问题已经和现代环境没有任何关联。[1]

第二，目前的进化认知论从适应角度探讨人类演化形成的心理机制，它注重的主要是一些与生存和繁殖密切相关的问题，而对远离繁衍适应的心理机制的形成的研究却较为匮乏[2]，例如，人类为什么以及如何形成了意识？为什么作为社会适应器的思维能够涉及除了生存繁殖之外的众多领域？

第三，进化认知研究者经常援引脑损伤的案例说明心理的模块性以及不同层次的脑结构所具有的由进化而来的专门的神经机制。但有关大脑的研究却表明，由多种原因引起的脑损伤如脑卒中、脑外伤等所致的运动、语言等方面的功能障碍，在其病理学上的恢复

---

[1] Steven Mithen, "Understanding Mind and Culture: Evolutionary Psychology or Social Anthropology?" *Anthropology Today*, 1995, 11(6), pp. 3-7.

[2] Ben Jeffares and Kim Sterelny, "Evolutionary Psychology", in Eric Margolis et al. eds., *The Oxford Handbook of Philosophy of Cognitive Science*, Oxford University Press, 2012, pp. 480-482.

完成（一般大约为三个月）后，经过学习和训练，邻近的脑区具有了病变脑区的功能，也就是说，脑在一定条件下具有功能补偿替代的能力。接受躯体触觉信息的大脑皮层训练后可以担负与躯体触觉毫不相干的视觉功能。先天失明或幼年致盲的患者，他们脑部的视觉区域能够发生某些微妙的重组，使辨别声音的能力增强。早期失明者的视觉皮层参与了声音定位，他们的听力之所以出众，正是由于这个原因。[①] 生物的一些功能往往都是由多个结构支持，任何单一基因的缺失都不造成一些功能特征的明显异常，这种多种结构支持一个功能的能力被称为简并性（degeneracy），即某个系统中结构不同的组分能够执行相同的功能或产生相同的输出。大脑也是如此。大脑的功能并不是由单一的区域控制的，而是由多个区域一起支持的，这样如果其中一个区域出现故障，那么其他区域就会相应的多承担一些"责任"。

这解释了为什么大脑状况的异常不会造成想象中的灾难性后果，也解释了为什么科学家们在划分不同的大脑区域的功能的时候遇到了困难。大量有关神经可塑性的研究也否证了心理模块性的假设，因此，一些学者谨慎地指出，领域一般性过程的重要作用并没有被排除。卡米洛夫通过"表征重述模型"揭示了模块是领域特殊性和领域一般性的统一。[②] 或许，我们可以这样认为，领域

[①] F. Lepore et al., "Loss of Sight and Enhanced Hearing: A Neural Picture", *PLoS Biology*, 2005, 3(2), e.48.

[②] A. 卡米洛夫－史密斯：《超越模块性：认知科学的发展观》，缪小春译，华东师范大学出版社 2001 年版，第 16—18 页。

特异性并不排除认知的可塑性，只有与生存密切相关的领域才被模块化，而对于那些不密切相关的领域，人类大脑则具有相当大的可塑性，如此也保证了婴儿迅速习得生存和繁衍所必需的行为。① 认知的过程是选择与建构统一的过程，进化认知观显然过分强调了认识能力的遗传性（天赋结构）而忽视了遗传的可变性及建构作用的重大意义。与领域特殊性严格的先天观念不同，卡米洛夫主张用"逐渐模块化过程"来取代模块概念——在她看来，模块性是静止的观点，有鉴于此，有学者将思维模块看作"准模块"，即由外部因素约束的领域专门化的认知系统。

第四，进化认知研究关注的是自然选择机制对认知过程的普遍适用性，它过分强调了认知进化中的自然选择的作用，而忽视文化对于加速进化的意义。事实上，文化可以超越纯自然选择的有限作用，文化变异的速度大大超过达尔文自然进化的最高速度。这是因为，自然进化是异种之间不断分离和区分的过程，在"种"层次以上的达尔文进化，是不可逆转的扩散过程，一旦"种"从祖先的系谱中独立出来，它就不再变动，异种之间也无从混合；而文化进化则导致异种之间的接触融合，从而获得极大的推动力量。② 而不同传统的交流造成丰硕（或毁灭性）的影响，促进人类文化的变异，这是达尔文的缓慢进化无法想象的。

---

① David C. Geary and Kelly J. Huffman, "Brain and Cognitive Evolution: Forms of Modularity and Functions of Mind", *Psychological Bulletin*, 2002, 128(5), pp.667-698.

② 史蒂芬·杰·古尔德：《生命的壮阔：古尔德论生物大历史》，范昱峰译，生活·读书·新知三联书店 2001 年版，第 24—241 页。

自然进化依赖于天择过程中间接而效率不高的遗传机制。随机的差异先需提供变化的素材，然后天择过程——无法只凭自身创造后果的消极力量——消除绝大多数的差异，保留区域性调适较佳的种类。优势的种类经过几个世代的累积，造成了进化的变异。区域性的调适，必须付出无数的屠杀和死亡的代价；要到达较好的地位，靠的是清除调适不良的种类，而不是主动设计的生命剧本。直接而有效率的机制明显可见，机体并没有通过努力在有生之年形成调适性的特质，然后以改变后的遗传性质传给后代。和这种情形极端相反的是文化变异。在基本机制方面，它是拉马克式的。某一时代获得的文化知识，可以直接以教育的方式传给下一代，也能够逐渐累积起有益的革新。如果一个人发明了轮子，这个发明不会因为无法遗传而遭遗忘（身体方面的进步，则大都如此），他只要将制造方法教会儿女、学徒或是亲朋好友，就足以保存这个发明。人类独有的薪火相传的活动和人类文化的传承模式，使我们的文明有了方向性和累积性的特质，而达尔文式的自然进化，则无此功能。

意志自由的心灵根基 *

人类的意志是自由的吗？人类是否能够以及怎样有意识地控制自己的行为？自由意志能否作为一种独立的力量存在？这一存在了两千多年的哲学问题不断被人争论。它之所以得到持久而热情的关注，是因为自由意志与人的自我本性、人在宇宙中的地位以及道德责任的根据都密切相关。历史上，对自由意志的怀疑从未停息过，而如今，这个问题又进入了科学领域，认知神经科学的新近发展也引发出一种关于自由意志的怀疑论。

一、自由意志"判决性实验"[①] 及其纷争

20 世纪末以来的神经科学研究陆续显示，人们的某些选择行为是神经运作的结果，大脑不需经由我们的意识就决定了我们的行

---

* 原文刊载于《中国社会科学》2015 年第 12 期。本文在此基础上做了修订。
① 判决性实验是指能对两种对立的假说起到"证实"一个而"否定"另一个的裁决作用的实验。

动——意识参与决策不过是我们的一种感觉而已。李贝特让被试在他们选择的时间点移动自己的手腕，并记录准确时间。被试报告：他们在实际动作前大约 200 毫秒时，就已经有弯曲手腕的意图。实验同时测量了大脑的准备电位——来自对脑的涉及运动控制区的活动记录。准备电位在动作开始前 550 毫秒产生，由此推算，脑产生动作的时间发生在参与者意识到他们做出决定前 350 毫秒。① 后来海恩斯利用更加先进的功能性磁共振成像（fMRI）进行类似研究。② 实验结果与人们的日常感觉格格不入：在想好下一步将要如何行动之前，大脑已经帮你做出了决定，然后你意识到这个决定，并且相信它是出于你的选择。一边是最先引发意识思维的脑神经活动，一边是意识思维本身，二者之间确实有一定的间隔。同样，在桌上轻敲你的指尖，你会体验到好像"实时"发生的事件——在你的指尖与桌面接触的那一刻，你就主观地感到了那个碰触。但实际的情况却与人们的直觉和感受相左：大脑需要一个延迟时间（大约半秒钟）来做出适当的激活，尔后人们才觉知到这个事件。换句话说，人对指尖碰触桌面的有意识的体验或觉知，只有当大脑活动足以造成那个觉知后才出现。

这说明：意识到做出一个决定是完成这一工作的大脑活动的结果，而不是导致实际决定的原因链的一部分，所谓的"在意志命

---

① 参见本杰明·里贝特：《心智时间：意识中的时间因素》，李恒熙等译，浙江大学出版社 2013 年版。

② C. S. Soon, M. Brass, H. Heinze, and J. Haynes, "Unconscious Determinants of Free Decisions in the Human Brain", *Nature Neuroscience*, 2008, 11(5), pp. 543-545.

令下产生行为"的信念,只是行为者从对事件的反思角度而言的。基于这些发现,一些人声称,人没有自由意志①,人类的抉择无非是人的生物倾向导致的。这种论点暗含了两个逻辑前提:一是有意识的决定是自由意志的必要条件,如果确定行动的意识与行动相关的大脑活动不同时发生,那么人们就没有选择的自由;二是如果人们的思想受到特定的物理条件所限制,人们就没有自由。

然而,人们普遍相信自由意志的存在并将其看作是道德实践展开的根据,自由意志成为人类思考价值与意义的基础。作为承担责任的载体,人们要为自己的行动负责。在伦理和法律领域,如果一个人没有觉知到他关于行动做出的选择,并且正在无意识地施行这些动作时,社会倾向于认为他的行动具有一个减免的责任。一旦人们放弃相信自由意志,某些道德直觉将开始松动,因为当人们认为即便是最可怕的掠夺者,也是不幸天生注定如此,那么人们的道德感和断恶行善的逻辑也就随之削弱。

当然,对于实验数据的解读,也有研究者从科学的层面表示质疑。在他们看来,这些实验被过度简化了。一些人批评道,实验中微小的时间差或许被扭曲或误解,因为有意识思维决策的报告缺少客观性。神经学实验通常采用可控输入:在精确时刻向某人展示某图片,然后观察大脑的反应,但实验中将被试有意识的动作意图作为输入,显然是以主观的方法确定计时时刻。况且由于被试

---

① 萨姆·哈里斯:《自由意志:用科学为善恶做了断》,欧阳明亮译,浙江人民出版社2012年版,第21—22页。

的应答方式已被设定,他们可能会受到一些预先决定的信号的干扰或影响,如此测量的大脑活动就不是与实验直接相关的了。① 还有人认为,被研究的大脑区域集中于运动辅助区和前扣带回运动区,这两个区域仅仅负责运动计划的后期部分,而发挥着意志和决断力作用的更高级的脑区或许处于这部分之外。② 最后,不同类型的行为情况各不相同,用手指动作指示的行为,不能推广到思维领域或其他运动神经的动作。仅仅是一个动作出现在自我意识到它开始之前,并不意味着意识不能对它进行批准、修改或取消。毕竟,动手指这样的简单行为与审慎的思考或决定之间仍然相去较远。

自由意志之所以成为一个哲学问题,是因为它与因果决定论构成了矛盾,而后者是人们赖以理解世界的基本规律框架。人们最普通的日常观念接受了万事万物间存在先后承继彼此支配的关系,并且假设自然界一切事件的发生都是足够原因的结果。因此,当人们寻求某个事件的因果解释时,人们预设了以此找到的存在于事件背景中的原因,足以导致正在发生的事件。可是,假如一个人的想法被严格编码到他的大脑活动中,人们又如何区分这两个作为同一物理运作的不同方面?于是,相反的观点主张,当一个人运用自由意志去做决定时,这个做决定的"自由瞬间"就被看作因果链条间的间隔。在每个动机和行为之间,自由意志出现,则因果链

---

① Adrian G. Guggisberg and Anaïs Mottaz, "Timing and Awareness of Movement Decisions: Does Consciousness Really Come too Late?" *Frontiers in Human Neuroscience*, 2013, 7(7), p.385.

② W. R. Klemm, "Free Will Debates: Simple Experiments Are not so Simple", *Advances in Cognitive Psychology*, 2010, 6(6), pp.47-65.

条断裂。① 在决定论看来，根据定律 L，在条件 C 下，演绎出事件 E（C 是 E 的充分条件），那么，C 和 E 就构成了因果关系。而事实上，人类的行动、意图、信仰以及欲望之所以会存在，恰恰依赖于一个特定的系统，在这个系统中，人类自身的行为方式以及"刺激—反应"规律发挥着明确的作用。人们得以与他人进行理性的交流，能够领会他人的言行举止，都基于这样一个前提，即他人的思想与行动必须以彼此认同的"共享现实"为轨道，而人们理解自己的行为，也同样离不开这个前提。因此，作为大脑中自发的那一部分，自由意志的理由并不是随意的。

那么，神经科学实验是否挑战了自由意志观念？回答这一问题之前，人们必须厘清所谓的判决性实验否定的是什么，以及这些部分对人来说到底意味着什么。与哲学的（从因果决定论出发）和神学的（从上帝的全能全知出发）讨论不同，神经科学更多地是从意图和行动的角度入手，将自由意志问题转化为行为的决策和控制的问题，而行为的自我控制感和引起行为的真正原因是可以分离的。我感觉到我在做这件事，但就在此时此地，我也可以做完全不同的事情。就这些情况来说，我基于某一原因采取行动在因果上并不足以决定此行为。② 该行为是被激发的，而不是被决定的，在被知觉到的原因和行为之间存在间隔。这个间隔就是自由意志。即使我是一

---

① 约翰·R. 塞尔：《自由意志与神经生物学》，刘敏译，中国人民大学出版社 2005 年版，第 9 页。

② Daniel Kahneman, "Remarks on Neuroeconomics", in Paul W. Glimcher et al. eds., *Neuroeconomics: Decision Making and the Brain*, Academic Press, 2013, p.524.

个坚定的决定论者，基于每件事都是被决定了的这一原因，拒绝做出任何选择，那么对于我来说，我拒绝做出选择也只有基于自由这一假设才是可理解的——我自由地选择了不做任何自由选择。

在此需要澄清，个体层面的经验与亚个体层面上的神经活动有着本质区别。神经科学家倾向于将自由意志限定为动作的激发或反应，而自由意志陈述的却是个体层面的行为的可能性。两种用法都有真实的所指，都有其不同层次的本体论地位，但不同用法可能指称的是完全不同的对象或实在。人们所描述的经验属于作为整体的个体（person），其行为间的相互关系受知识、信念、欲望、猜想和推理等支配，这些相关的联结包含着逻辑的或概念的成分。例如，"高兴"是在个体的层面上做出的归属，这一判断部分取决于关于愉快的概念以及对愉快的理解。与此相对照，经验所依赖的神经活动是亚个体（sub-personal）层面上的现象，其内容缺少整体性和规范性特征，无法说明逻辑上的关联。由于没有做出这样的区分，一些认知神经科学家在概念层次间做了不恰当的跨越，将实验得出的亚个体层次的行为倾向的结论看作是对个体层次上的行为选择可能性的否定。[①]

神经科学本身不能给出自由意志是否存在的答案，原因在于，以下两者的区别至关重要，即观察者所定义的有关刺激的信息，以及刺激对于该主体而言具有什么意义。[②] 毫无疑问，内在可观察的

[①] Neil Levy, *Neuroethics: Challenges for the 21st Century*, Cambridge University Press, 2007, pp.224-225.
[②] 参见贝内特、哈克：《神经科学的哲学基础》，张立等译，浙江大学出版社2008年版，第428—429页。

"心智"事件与外在可观察的"物理"事件之间是有关联的，但它们的关系只能通过对这两个独立现象进行同时观察才能发现[①]，否则，人们从第三人称视角进行的观测将无法"亲知"第一人称视角的经验。例如，人们对被试的脑皮层施加电刺激，被试感觉到的却是手指痛。这意味着，承认某一瞬间的意识伴随着某些神经活动是一回事，而要在对世界形成连贯的有意向的体验意义上认为神经活动充分显现了意识[②]，则完全是另外一回事情。

神经科学运用脑区激活差异数据试图阐明：大脑的各个区域如何工作？不同脑区是如何交互作用的？大脑如何处理不同类型的问题？这极大地增进了人们对认知的理解。与此相对照，心灵哲学关心的是：什么叫疼痛？什么是感受质？自我是什么？……当人们追问这些问题时，是在追问那些对所有具有相关心灵能力的现实的或可能的生物来说，拥有某种心灵能力或状态的共性是什么。神经科学的探索与心灵哲学的思考是不能彼此替代的，尽管心灵哲学应当关注神经科学提供的那些关于"如何"问题的解答。

二、自由意志的本质性规定

心智现象与物理现象之间存在一个未被解释的鸿沟。即使具

[①] Eddy Nahmias, "Is Neuroscience the Death of Free Will？" *New York Times*, November 13, 2011.

[②] James J. Giordano and Bert Gordijn eds., *Scientific and Philosophical Perspectives in Neuroethics*, Cambridge University Press, 2010, p.109.

备对脑的物理构成和神经细胞活动的完备知识，人们也无法观察到脑中可以被描述的主观内在体验的东西。人们所能看到的只有细胞的结构、细胞之间的联结、神经冲动的产生、相关电生理事件以及新陈代谢的化学变化。作为两个独立的范畴，外在的、可观察的脑活动与相关的主观内省体验只有结合在一起，才能对意识做出说明。

不可否认，如果人有自由意志，这个自由意志一定是基于人脑的某些机制。但是，在明确自由意志的含义之前，人们无法确定自由意志到底预设什么样的能力或性质，也就因此没有办法获知自由意志的脑神经基础。进而，即使人们完全了解人脑，也不能依据这样的理解推论人是否具有自由意志。换句话说，即便科学家已经建立起详尽的理论，熟悉大脑每部分的结构及其功能，他们也需要一座搭在（明确的）脑神经术语和（有歧义的）自由意志之间的桥梁，据此对自由意志的存在与否做出论断。而当人们探究自由意志的含义、分析它的各种歧义并寻找它的完整定义时，人们就不是在做脑神经科学，而是在进行哲学分析。这种分析试图在哲学的重要概念和科学理论之间筑桥，使人们不仅了解那些用科学词汇组成的陈述，而且可以对那些使用日常词汇组成的陈述做出判断。

讨论自由意志必须明晰自由一词所含之意。如果"行动自由"仅仅指可以按照自己的愿望做出任何想采取的行为，那么人类确实不能"自由行动"，并且这种自由即使已经具备也可能对他是毫无用处的，因为这将把真正的自由和理性一起加以毁灭，而使人们降低到禽兽之下的地位。人们在讨论意志自由时所追问的是，一个人的意志本身是否有足够的独立性，他的心灵是否自由。①"是自由的"不意味着"获得人们所要求的东西"，而是"由自己决定去要求"，它所体现的是选择的自主性——区别于"达到被选择的目的的能力"。② 自主的行动者必须独立于他人的意志，不受他人的劝诫和指令的支配。他能够理解或知道他为什么做他所做的，他的行为受他的愿望与态度的影响，并经由形成意图和追求目标而产生。

自由表现为不同的程度，但在最低层面，它是相对于人为干预来说的，也就是所谓的消极自由，即一个人能够不被别人阻碍地行动或"免于……的自由"。如果说它停留于摆脱或消除某种限制、"不被……干涉"的层次的话，那么积极自由则是"去做……"的自由，积极的这个含义源于个体成为他自己的主人的愿望——希望行动是自我导向的，能够领会自己的目标与策略，依据自己的观念与意图对自己的选择做出解释。换言之，它要回答："什么是决定某人做这个、成为这样而不是做那个、成为那样的根源。"③ 可以看出，消极自由是对于自由的程度或条件的阐释，而积极自由是对自主自为性的说明；消极自由通过对"我被控制到何种程度"这一问题的回答加以限定，积极自由却是通过"谁控制我"问题的回答而得到限定的。

人们无法抹杀那种进行自愿的、有意向的行动的经验。正是

---

① 莱布尼茨：《人类理智新论》，陈修斋译，商务印书馆1982年版，第169、171页。
② 萨特：《存在与虚无》，陈宣良等译，生活·读书·新知三联书店1987年版，第603页。
③ 以赛亚·伯林：《自由论》，胡传胜译，译林出版社2003年版，第189—200页。

这些经验成为人们确信自由意志的基石，因为在这些经验中，人们会感到存在着选择行动过程的可能性。[①] 自愿行为与非自愿行为之间存在着如下明显区别：前者伴随着行为者的主观意图并服从于人们的意志，而后者则缺少这种特征。自由作为客观地开放的可能性与"没有阻碍地做我喜欢的事"之间具有本质区别：前一种情形可以是合意的，也可以是不合意的，甚至其程度是难以或不可能按规则来衡量或比较的。因为，自由是行动的机会，而不是行动本身；行动的可能性并不必然是行动的动态实现。[②] 当我决定行动时能以这种方式或那种方式行动。尽管我已经做了某事，但我知道我原本可能去做另外的事情，可以从其他原因出发做出其他的选择。因此自由是选择可能性的自由。从这个意义上说，人的行为具有一定的不可预测性。

需要指出，自由不是指免于因果律或没有任何限制，相反，它以秩序为基础，并与因果法则相容。人们的自由必定受到一些结构性的限制——人们必须有自己的思想才能够进行选择，而思想以脑作为物质基础，因而做出的决定毫无疑问要受到自己大脑状况的影响。因果律不只是说如果同一原因重复出现，就会产生同一结果，而是说在一定种类的原因与一定种类的结果之间有一恒定的关系。事实上，被发现重复出现的永远是原因和结果的关系，而不是原因本身；对于原因所需要的只是：它和人们已知其结果的那

[①] 约翰·R.塞尔：《心、脑与科学》，杨音莱译，上海译文出版社 1991 年版，第 82 页。
[②] 以赛亚·伯林：《自由论》，胡传胜译，译林出版社 2003 年版，第 39 页。

些原因（在有关的方面）应属同一种类。① 就此而言，虽然人们仍然使用"原因"和"结果"这两个词，但人们知道，当谈到某个事件是引起另一个事件的"原因"时，这种接着发生的事件并非是必然的，而且可能有例外。② 亦即原因和结果是逻辑的演绎关系，演绎可以保证观念之间的逻辑必然性，但不保证事实的必然关联。原因（条件 C）出现不意味结果（事件 E）一定出现，而是允许别的事件发生——原因不完全决定结果，它容许自由的可能性。

由于逻辑的蕴含关系不等于事实的决定性，所以当人们说"行为是有原因的"时，只是表示，行为必须有先在条件，且这些条件在逻辑上蕴含了行为，而非必然地规定行为；相反，一个人的行为如果是自愿的，没有受到他人及其他外在力量的胁迫或强制，即使他已经选择行动 A，他仍然可以去做不同于 A 的事情，从而他的行为是自由的，他要为此负责。当人们断言某人是自由的与人们把他视为受自然规律支配，两类问题产生于不同的层次，而伪问题产生于对这些层次（或相应范畴）的混淆——把因果关系想象为未来现象之预存于它的种种现有条件中，而观念的模糊意义恰恰就从这里开始。③ 这是一种把原因看作类似于意志的那种习惯。按照这样的思维，外因就相当于一种异己的意志，而根据外因可以预见的行为就是受外力强迫支配的。然而，任何人对人

---

① 伯特兰·罗素：《我们关于外间世界的知识：哲学上科学方法应用的一个领域》，陈启伟译，上海译文出版社 1990 年版，第 173 页。

② 伯特兰·罗素：《我们关于外间世界的知识：哲学上科学方法应用的一个领域》，陈启伟译，上海译文出版社 1990 年版，第 164 页。

③ 柏格森：《时间与自由意志》，吴士栋译，商务印书馆 1958 年版，第 139 页。

们的行为愿意作的任何预言到人们这里总能被证明是假的——如果某人预言我要去做某事，我恰恰会去做其他的事，而对于从山坡上滑下的冰块、从斜面上滚落的球或在自己椭圆轨道中运行的行星，则根本不存在这种选择的余地。①事实上，自由尽管不是依据自然规律的意志的特性，但绝不是无规律的，相反，它必须根据不变规律的一种因果性，只不过这是一种独特的因果性。②因为决定、意愿、努力等等本身就具有举足轻重的作用，它们引发人们特定的行为，而这些行为又会产生相应的后果——它们自身就是因果链条的一部分。

更重要的是，行为阐释的逻辑形式不同于普通的因果解释——它不是指出其充分的因果条件，而是要指出施动者行动的原因。行为主体必须具备谨慎思考的能力——不仅表现在认知方面，而且还能够控制意识状态，有能力引起并完成一些行为，这些能力即意志力或效力（agency）。作为自主的人，他所作的决定要依赖理性——作为存在物本身的理性，而不是表面上的自然因果性。理性决定的内容，是借助理智因素的考虑结果，它独立于经验中的因果关系。法则的单纯形式只能由理性展示出来，它的表象作为意志的规定根据不同于在依照因果性法则的自然界中各种事件的任何规定根据。③除此以外，行为阐释要求指明与背景相关的条件：当一种因果上的肯定用于行为的解释时，这个肯定应该关系

---

① 约翰·R. 塞尔：《心、脑与科学》，杨音莱译，上海译文出版社 1991 年版，第 75 页。
② 康德：《道德形而上学基础》，孙少伟译，中国社会科学出版社 2009 年版，第 88 页。
③ 康德：《实践理性批判》，邓晓芒译，人民出版社 2003 年版，第 36 页。

到某个条件,后者在特定的背景下足以导致需要阐释的事件发生。这样的行为解释的形式不是"A 引发 B",而是"理智的自我 S 完成了行为 A,而行为 A 是建立在原因 R 的基础之上的"。这种表达方式首先要以自我的存在为预设①,而这个自我是一个理性的施动者。

进一步讲,理性行为者的意志不仅独立于任何外在的压力或影响(他人的意志、社会习俗等),而且独立于行为者自身的"纯然欲望和自然本能"。②也就是说,假若他做或不做某事是因为期待某种物质结果或精神报酬(如名利),或是因为害怕来自外界或内心的惩罚(如坐牢、良心谴责),那么这些都不能算作自主,因为决定行为的因素是行为人的倾向或谋求对象,而不是其意志对该行为本身的理解。只有行动主体摆脱欲望、利益的纠缠,其意志才成为自由的。所以自由的意志是自己给自己立法。作为法则的制定者,意志完全是自己在指导和规范自己。基于自律的意志才可称作自由。③总之,意志自主是相对于自然而言的,是人作为理性动物区别于其他动物的首要特征。理性主体能够摆脱外在于意志的自然需要和自然倾向的支配,而按原则来行动、对行动做出评价并颁布适用于自己和他人的道德律令。于是,他的行为一方面受制于自然法则,另一方面却由于能够遵从道德法则而自由。

---

① 约翰·R.塞尔:《自由意志与神经生物学》,刘敏译,中国人民大学出版社2005年版,第28页。
② 康德:《道德形而上学基础》,孙少伟译,中国社会科学出版社2009年版,第108页。
③ 康德:《道德形而上学基础》,孙少伟译,中国社会科学出版社2009年版,第63、88页。

三、行为启动模式中的无意识

我们通过前文的分析可以看出，神经科学的实验并非关于意志自由是否存在的判决性实验，那么，实验中违反直觉和常识的现象，人们又该如何理解呢？首先，需要明确的是，人们的行动不必是有意识的才能算作自由的①，重要的是行为是自我激发、自我决定的②。清楚地意识到行动，也许有助于改善人们的行为，但这并不是必要的——它们不会仅仅因为没有被人们想到就变成非自由意志的。例如，窗外的噪音，我无法使之消失，不过，可以通过专心读书的方式驱赶它。这种调整注意力的行为不同于人们对声音的听觉反应，因为是我自己选择了关注对象。从某种程度上说，正是这样的差别让人们看到，人类是具有自由意志的意识主体。

心智既包括有意识的主观体验，也包括无意识的心智功能。这种无意识不是在弗洛伊德所谓被压抑意义上的潜意识，而是指它处于认知觉知的水平之下（意识难以通达的水平），并且由于活动太快而不被注意。尽管如此，自然选择推动了无意识的发展，这是因为有意识处理过程代价昂贵——不仅需要时间，而且需要大量的记忆；与之相反，无意识处理过程迅速自动且不受规则驱动。

---

① Walter Glannon, *Brain, Body, and Mind: Neuroethics with a Human Face*, Oxford University Press, 2011, p.69.

② Eddy Nahmias, "Is Neuroscience the Death of Free Will?" *New York Times*, November 13, 2011.

日常生活中，无意识的、持续时间较短的大脑活动总是先于延迟出现的有意识事件。① 不同种类的想象、态度、思想等最初都是无意识地发展的，只有合适的脑活动持续了足够长的时间，这样的无意识才进入有意识的觉知。

人们每天有相当一部分的思维、感觉和行动都在无意识地进行着，这样的观念很难使人接受。人们倾向于认为人们的意图和经过深思熟虑的选择支配着自己的生活，但现实是人们过高估计了意识的作用范围。例如，发声、说话和书写等，大多是无意识地启动的。② 就说话而言，开始说话的过程，甚至是要说的内容，在说话开始之前就已经无意识地被准备了。当说出的词语与说话者原本想要说的不同时，人们通常会在听到所说的东西之后进行纠正。相反，如果你要在说出一个词语之前有意识地觉知到它，你的话语将会变得缓慢而迟疑。很多对某一问题做出机敏应答的人，他们富于创造性的词语往往是自动地从唇间涌出而不是经过深思熟虑搜索出来的；在两个看似不相关的对象中寻求关联或建立联系，这一任务早已被心理过程秘密地完成，后者仅仅把其结果呈现给意识，而人这个意识的主体只是发现了这些结果。乐器演奏以及歌唱也包含着相似的无意识活动。钢琴家快速地弹奏，手指敲击着琴键的速度以至于他们的眼睛都跟不上，他们将注意力集中于表达他们

---

① C. S. Soon, M. Brass, H. Heinze, and J. Haynes, "Unconscious Determinants of Free Decisions in the Human Brain", *Nature Neuroscience*, 2008, 11(5), pp. 543-545.
② 杰拉尔德·埃德尔曼、朱利欧·托诺尼：《意识的宇宙：物质如何转变为精神》，顾凡及译，上海科学技术出版社2004年版，第218—219页。

对音乐的感受，这些感受在发展它们的觉知之前是无意识地产生的。如果演奏者要去思考正在表演的音乐，他们的表现反而会不自然。许多体育运动也是如此。职业的网球选手必须对时速100英里以曲线轨迹运动的来球做出反应。他们觉知到对方来球的运动模式，但在回击的那一刻却还没有立即觉知到球的位置。这里，判断和决定都是无意识启动的。一旦击球手决定并开始击球，即使他意识到他做了一个错误的决定，通常也无法停止击球。优秀的击球手大多能够在生理上尽可能延迟这些过程。

无意识功能所需的神经活动持续时间非常短暂，这样的速度明显有助于它发挥效力，前后相继迅速完成复杂问题中的一系列困难步骤。与此相对照，如果一个人要等到思想中的每一步都出现其对应的觉知才开始处理问题，整个过程都会被拖累，最终的行动决定将变成一件沉重而缓慢的事情。事实上，人们的大脑会对特定条件下执行某种行为导致的后果进行内部模拟，这种内部模型是意识知觉的基础。① 换言之，知觉并不简单地对输入信号进行反映，而是主动地把感觉输入与内部预期进行对比。对周围环境的意识只有在感觉输入与预期不符时才会出现；如果能够成功预测世界，就不需要意识，因为脑能够很好地完成任务。例如，当你刚开始学骑自行车时，需要大量的意识集中；一段时间之后，你的感觉—运动预期逐渐完善，骑车就变成了下意识的行动。这并不是说你

---

① Chris Frith：《心智的构建：脑如何创造我们的精神世界》，杨南昌等译，华东师范大学出版社2012年版，第128页。

没有意识到你在骑车，而是你不会意识到你是如何掌车把、踩脚蹬和保持平衡，除非发生了什么变化如一阵强风或是爆胎。当这些新情况违反了你的常规预期，意识就会启动，对你的内部模型进行调整。

  人们都有类似的经历，有些时候对某个事物即使盯着看，也会产生"视而不见"的现象，但有时自以为没有看到，其实视觉信息已经在默默发生作用。前者称为视盲或改变盲，指人们无法察觉到眼前景物有所改变的现象。这种"有视力却宛如目盲"的现象说明，睁开眼睛，并不意味着所有景物都能纳入眼帘。如果"看见"的定义是能辨识物体并且之后记得看到什么，那么"盯着看"未必就能"看见"。后者称为盲视（blind sight），指的是以为自己看不到，实则能够分辨形状与色彩，具有残余的视觉引导行动。人们曾经认为，由大脑枕叶受损所致的失明是一种绝对的失明，即患者完全不能觉察到盲区内的任何视觉刺激。然而，从高等灵长类动物实验所获得的观察结果，却与这种观点十分矛盾。研究发现，切除恒河猴枕叶后，它们仍然能够对呈现在与被切除的脑部相对应的视野区域内的视觉信息加以处理。[1] 在某些视觉皮质受损而出现部分失明的情况下，人类患者有时也能对呈现在盲区内的刺激做出正确反应，尽管他自己并不能意识到这一点，情况似乎是"在那个盲的视觉区域中没有有意识地看到任何东西"，这表明他可以

---

[1] 恩斯特·波佩尔：《意识的限度：关于时间意识的新见解》，李百涵、韩力译，北京大学出版社2000年版，第126—128页。

区别有意识的视觉与无意识的识别。

造成这两种现象的主要原因是注意力——使注意到的事物进入意识。一方面，视盲现象让人们了解到，即使张大眼盯着看，也未必真能"看到"——能进入感觉范围的刺激物很多，与之相比，意识的范围很窄，人们能真正意识的只是小部分内容，这使人们看不出场景中的某些变化。另一方面，盲视现象却展现出人类无意识视觉的能力，自以为没意识到的影像，其信息却可能接收无遗。视盲与盲视表现了人类知觉的两个相反方面，也彰显了意识与无意识的差异，而自由意志由此表现出由一系列复杂的因果关系在无意识中作用的结果。

行文至此，你或许很庆幸人类拥有这种自动本能，因为它使人们有效地发挥潜能并保持内在自我的成长，正是这种心理功能帮助处理日常事务和训练有素的任务，人们才得以把注意力集中在其他重要的方面。同时，也许你不禁感到疑惑：脑能够在人们毫不知情的情况下控制复杂的肢体动作，在这个过程中，行为主体只是体验了简单的刺激—反应贮存在无意识心灵中的一个行为程序，这看起来意识几乎未起作用。

无意识活动的确表现出对行为的深刻影响，但它们其实是主体之前的意识发展水平的体现。[①] 比如，他的知识、性格或兴趣所指等等。睡梦中解决的问题通常是睡眠者清醒时努力思考过的，即

---

① Lars Strother and Sukhvinder Singh Obhi, "The Conscious Experience of Action and Intention", *Experimental Brain Research*, 2009, 198(4), pp.535-539.

使是忽然迸发的灵感也蕴含了某种之前的倾向；瞬间形成的某个重要的科学假说基于之前关于它的大量思索和研究；作曲家或诗人的创作虽然或许只是某个时刻的展现，但其创作意愿却是长期支持他的一般性态度；一个神童不会自动学会解决缺少相应知识储备的计算任务；对于某种技艺，假如一个人既不喜欢也没有接受过长期的训练，他也绝不可能凭空在这个领域创造奇迹。

那么，在人们没有意识到行为的情况下，他们的大脑知道多少、做了哪些？意识扮演了什么角色？或者更具体一点，为什么脑能使我作为一个自由的主体进行自我体验呢？这就涉及意识的推测／阐释作用。

四、作为阐释机制的意识

在人们的有意识选择中，至少有一些是事后的合理化。典型的现象包括选择性取证（selective evidence-gathering）和确认偏见（the confirmation bias）。选择性取证是指，人们往往忽视所获得的非 p 证据，而去寻找支持 p 的证据。确认偏见是指，相比于反驳的情形，人们对自己的猜想往往倾向于搜索更多的信息来进行确认，而对于一种正在检验中的假说，他们也容易把相对中立的数据解释为支持性的。[1]容错和自我欺骗就是这类情形的体现。如果一个人处于某一特定时间、特定地点，被问及"你为什么在这里？"时，

---

[1] 马西莫·马拉法等编：《心灵制图学：哲学与心理学的交集》，樊岳红译，科学出版社 2014 年版，第 86 页。

他可能无法精确地找到原因或复杂动机系列间的相互作用，但他会提供一种有说服力的解释，来证明自己在那里是正确的。当他反思为什么感觉到如此做事时，他可能不是获得了他感觉到的真正理由，而是提出了他认为是合理的理由。许多心理学实验中，被试被暗中操控去做出某些选择，当问他们为什么做出那种选择的时候，他们开始杜撰原因，后者跟只有实验员才知道的真相没有任何关系，但他们对自己给予的解释表示出了极大的自信。① 大脑虚构了主观体验，并找到了相应的信息。

一些研究发现，人们的左脑具有阐释功能——一种根据自己获得的信息来解释事件的机制。② 它驱动人们提出假说，给人们貌似合理的解释，并编造出条理清楚的故事。例如，我听到田鼠在草丛里沙沙作响，跳着躲开了许多次。后来，我仅仅因为风吹草动而跳起来。在意识到那是风吹动草的声音之前，我就已经跳到一边。如果你问我为什么跳起来，我会回答说"因为看到田鼠"。我的解释来自意识系统对信息的事后综合：我跳起来，以及我看见田鼠的事实。然而，现实情况是，我的起跳先于我意识到有田鼠；我并未有意识地决定要跳，然后有意识地执行这个决定。我跳起来的真正原因，是大脑内置的对恐惧的自动无意识反应。就某种意义而言，我关于此问题的回答，是对过去事件补充的虚构情节，只不过我相信它是真的。

---

① Michael S. A. Graziano and Sabine Kastner, "Human Consciousness and Its Relationship to Social Neuroscience: A Novel Hypothesis", *Cognitive Neuroscience*, 2011, 2(2), pp. 98-113.
② M. S. Gazzaniga 主编：《认知神经科学》，沈政等译，上海教育出版社1998年版，第844页。

这就是说，人们的行动和感觉往往出现在人们意识到它们之前，人们做出的是事后观察的事后解释，而这些解释都以进入了人们意识的东西为基础。不仅如此，人们总会编造一些事情来创造合理的故事。之所以会进行虚构叙述，是因为人们的大脑受推断因果关系所驱动，努力地通过理解散乱的事实来解释事件。只有在故事和事实相去太远时，大脑才会停止这样的解释。例如，你用铁锤砸到了自己的手指，赶紧把手指抽了回来。你的解释大概是：由于你砸到了自己的手指，手指很痛，所以你赶紧抽开它。可实际上，你在"感到痛"之前就抽回了手指。察觉或意识到疼痛需要几秒钟，那时候你的手指早已躲开。整个过程的实际发生顺序是：你手指的疼痛感受器顺着神经将信号传到脊髓，而后立刻有信号顺着运动神经传达到你的手指，触发肌肉收缩，使手指退缩回来。也就是说，抽开手指是一种条件反射，早就自动完成了；同时，疼痛感受器的信号发送到大脑。大脑处理信号并将之阐释为"疼痛"之后，你才意识到痛。"挪开手指"并非你有意识地做出的决定，而你的解释器必须把所有观察到的事实（疼痛和挪开手指）整合成一个合理的故事。由于痛而移开手指是合乎情理的，于是就虚构了时间。简而言之，阐释机制编织了与情况相配的故事，让人觉得是自己出于意识采取了表现出的行动。

有些人可能会对这样的理论感到失望，并把它与那种虚无主义的观点混淆起来。事实上，这两者几乎完全相反。事后阐释并不意味着意识无用或意识不存在，而是表达了意识的重要特征。那么，具有这样特征的意识又有什么作用呢？如果意识是讲给人们自己的一个故事，那人们为什么需要它？实际的好处是：作为描述自身和周围世界的简化和捷径，它帮助个体模拟自己的关注焦点并控制他的行为[①]，从这个角度讲，意识在指导人们行为的过程中发挥了积极功能，它不是一道闪现在人们脑海中毫无意义的东西，而是已经成为执行和控制系统的一部分。

人们大部分的信息处理过程都是无意识地自动进行的，似乎没有统一的最高指挥者控制着人们的"自我"或知觉中心，就像是没有统一指挥者的互联网那样。但是，如此之多的复杂系统在潜意识底下以分散的多元化的方式运作，人们为什么仍然会有一种"完整而统一"的感觉呢？人们不曾感到双眼所见的图像不匹配（二者在水平方向有一定位移），相反，人们的知觉是协调一致的。意识流轻松、自然地从这一刻涌向下一刻，并且是连贯的。人们所体验到的心理统一，正是来自意识的阐释作用，它不断地对人们的感觉、记忆、行动以及突然出现在意识中的信息片段构建解释。这是一种个人叙事[②]，在这事后合理化的心理过程中，不同的行为以及意识体验的不同方面整合到了一个有意义的连贯的框架之下：杂乱中诞生出秩序。

大脑在做出全局性阐释时，忽视或抑制了与该阐释相悖的信息。并且，通常情况下，人们感觉不到意识的构建性质，只有当

[①] Michael S. A. Graziano and Sabine Kastner, "Human Consciousness and Its Relationship to Social Neuroscience: A Novel Hypothesis", *Cognitive Neuroscience*, 2011, 2(2), pp. 98-113.

[②] Michael S. Gazzaniga, "Facts, Fictions, and the Future of Neuroethics", in Judy Illes ed., *Neuroethics: Defining the Issues in Theory, Practice, and Policy*, Oxford University Press, 2006, p. 142.

输入极度匮乏或解释明显错误时，人们才能够观察到解释系统的行为。意识的形成采用了多重草稿模型：人们不能直接经验到发生在视网膜、耳朵里或皮肤表面的事物，实际经验到的是一种效果——一种许多诠释过程的产物。它接收相对原始的片面表征，产生经过比较、修改和提升的表征。① 这个理性重构的过程分布于脑的各处；大脑由无数模块构成，每个模块都有专门的功能，它们每时每刻都在彼此角力；特定时刻的意识，是此时在竞争中获胜而浮现出来成为主导的那一个，也是交互的复杂背景环境下诸多精神状态综合导致的结果。② 在此过程中，内容在记忆中留下它们的痕迹，最后这些痕迹全部或部分地或者衰减，或者被合并到后来的内容，或者为后来的内容所覆盖。

意识状态不仅是统一的，而且还或多或少是稳定的。虽然意识状态不断地在变化，意识经验对其主体来说却是连续的，甚至是没有接缝的。这种平稳和协调一致，保证了人们能把周围世界作为有意义的场景来加以认识，并使人们能做出选择和制定计划。许多证据表明，当人们注视某个场景的时候，人们提取的是场景的意义或要点，而不是其中大量变化着的局部细节。③ 事实上，人们对后者常常视而不见或是意识不到，却并不影响对场景的把握。

---

① 丹尼尔·丹尼特：《意识的解释》，苏德超等译，北京理工大学出版社 2008 年版，第 127 页。
② Robert van Gulick, "Consciousness and Cognition", in Eric Margolis et al. eds., *The Oxford Handbook of Philosophy of Cognitive Science*, Oxford University Press, 2012, pp. 23-24.
③ Bruno Berberian, Stephanie Chambaron-Ginhac, and Axel Cleeremans, "Action Blindness in Response to Gradual Changes", *Consciousness and Cognition*, 2010, 19(1), pp. 152-171.

例如，当人们阅读的时候，通常人们并不注意字体，除非它很特别或者人们有辨认它的特殊任务。

人们通过这种方式来推断因果关系，组织自己所经历的事件，进而对"人们是谁"做出一种富有想象力的解释。随着这个过程的展开，人们形成了同一性——记忆被修改，过去被重新塑造，人们的内在自我形象由此得以保持一致。这种同一性引导着人们生命的旅程，使人们以一种连续性的眼光去看待自己，不管是回溯，还是前瞻。人们据此选择性地重建自己的过去，就这样一步一步地，似乎设计了历史。而在认识他人时，人们也运用这一方式去创造有关他人如何成为当前这个人的叙事，包括关于他的动机、去向以及期望等方面的推测，其中有对重要过去的再现，也有对未来的投射。[①] 人们直觉上知道他人脑子里正在想的可能是什么，这一点也使得人们能够开展交流与合作。

那么，人们为什么会不断地对意识的内容进行修改，换言之，事后阐释机制为何能够形成呢？这牵涉到意识的不同层次。人类的意识分为核心意识和扩展意识。核心意识是人类和其他生物都具有的一种简单的生物学现象，它表现为一个单一的组织层次；不依赖于语言、推理和工作记忆而独立存在；其脑机制主要位于脑的旧皮层；它在有机体的整个一生中都是稳固的。而扩展意识是人类所独有的，它呈现出多个层次和等级；依赖于工作记忆；与大脑

---

① Marya Schechtman, "The Narrative Self", in Shaun Gallagher ed., *The Oxford Handbook of the Self*, Oxford University Press, 2011, pp. 394-415.

皮层尤其是与负责语言的脑区具有非常密切的联系；它在有机体的整个一生中是不断发展的；它为有机体提供了一种自我感和同一性，使个体把过去、现在和未来联系在一起。[①] 如果说，核心意识是进入认识的通道，是意识中一个不可缺少的组成部分，那么，使人具有创造性的各种层次的认识活动却是扩展意识赋予的。当人们说意识是人类所独有的与其他物种不同的特性时，人们思索的是扩展意识所能触及的范围。不过，扩展意识不能独立存在，它的建立需要以核心意识作为基础。神经病理学和解剖学证据显示，扩展意识受损并不会使核心意识受到损伤，例如，面孔失认的患者无法通过脸部来分辨熟识的人甚至自己，但他们能够描述脸部特征，判断性别与年龄等。相反，一旦核心意识被剥夺，那么扩展意识也随即消失。相对于核心意识主要源自基因组的先天安排，扩展意识更多地受到后天文化影响，而意识经验也正是在这个阶段得到了修改。

五、意志自由：文明的阶梯

"自由意志"表达了这样一种感觉：某些心理活动出现于人们的意识之中，并且得到人们自身的认同。作为由大量的本能和自动行为构成的巨大冰山浮出水面的一角，有意识的自我是脑中发生

[①] 安东尼奥·R.达马西奥：《感受发生的一切：意识产生中的身体和情绪》，杨韶刚译，教育科学出版社2007年版，第14页。

的事件的很小部分。不过，这并不是说意识是行为的被动旁观者。意识虽然不启动人们自由的自愿动作，但能够控制该动作的实际执行，允许行动继续或及时终止。人们可以在觉知到这个动作与该动作发生的间隔之间，决定是否予以停止。并且，有意识的意志还发挥着触发器的功能。要使意志过程能够最终成为行动，这一功能是必需的，因为在实际的身体运动之前，人们觉知到动作的冲动（或欲望），只是没有觉知到这个过程实际上是被无意识启动的。

此外，虽然人们大多数的行为都是下意识的或由本能决定的，后者被固化在神经回路和基因之中，并且具有快速高效的特点。但是，它们缺乏灵活性，一旦出现无法预见的情况就难以应对。这就需要意识的干预，并对内部模型进行修正。同时，也正是在意识的监管之下，通过不断训练，许多新的下意识动作才得以形成；而这些自动动作一经形成就不再被意识到，相反，意识反而会干扰这些自动行为的流畅执行。[1] 意识的作用是将神经系统的活动突显为更简单的形式。不计其数的具体机制在运作——有些收集感觉数据，有些发送动作指令，有些组合信息、预测形势和决策行动……意识屏蔽了所有这些复杂性和具体执行的种种细节，为人们设定目标并提供目标的概要，在诸多事物中给出一幅简明的图景。[2] 从整个行为过程来看，意识扮演着至关重要的角色，从而保

---

[1] Joseph W. Kable and Paul W. Glimcher, "The Neurobiology of Decision: Consensus and Controversy", *Neuron*, 2009, 63(6), pp.733-745.

[2] 大卫·伊格曼：《隐藏的自我：大脑的秘密生活》，唐璐译，湖南科学技术出版社2013年版，第20页。

证人们不会做出任意的选择。这里的关键在于人们所做的决定是习惯性的还是陌生的：那些熟练、重复的决定看起来是不自觉、无意识的，但在最初也是经过有意识的思考才形成的，只是人们已经忘记了这个思考的过程；而生疏的选择就依赖于高级的、结构性的意识思考——衡量利弊、分析理由等等。如果没有遇见困难的抉择，人们几乎感觉不到自由意志的存在，人们会按照习惯、常识知道应该去做什么，而在遇到不熟悉的环境或难以预知结局的境况，当人们的意向是人们有意动作的真正原因时，人们就体验到了自由意志。

值得一提的是，人类行为的受控过程和自动过程并不是性质上截然不同的两个方面，它们之间的区别是一个连续统中的状态区别，而且这种区别在刻画涉及相互竞争的不同过程的行为时才显得有效——受控系统监督着自动系统给出的答案，并在某些时候更正或抑制后者的判断。[1]过去几十年，学界大多认为，人类决策包括理性过程和非理性过程，它们由两个分别独立的机制来完成。非理性行为被归结为神经机制内在本质性的限制，而理性行为则被看作某种超越了这一生物限制的意识能力的产物。但是，现在越来越多的生物学证据表明，神经系统结构在本质上是统一的，整体性的决策过程支配了人类行为。也就是说，输入到这个决策过程中的各种信息，全部被演化过程塑型，以生成一个统一的行为模

---

[1] 阿尔多·拉切奇尼等：《神经元经济学：实证与挑战》，浙江大学跨学科社会科学研究中心译，上海人民出版社2007年版，第144页。

式，来最大化生物体在其自身所处环境中的生存适应性——演化是在多重水平上同时发挥作用的。

作为进化道路上选择出来的精神系统，阐释机制的功能事关人类的生存和繁衍：它把想象、信念和反思纳入人类的心理结构，使人们对周围环境的信息不再简单被动地反应，而是可以主动地进行选择；它赋予人们自我反省的特质——心灵监视和评估人们从事的任何程序化的行为，从而人们能够审视生命的历史，能够根据思考的结果做出未来的计划，能够控制自己的欲望和情绪……[1] 许多动物虽然也有意愿和动机，它们会根据已有的经验做出判断或选择，后者属于一阶愿望（desires of first order）能力，但它们仅仅做或不做这件事或那件事，而人类的独特之处在于能够形成二阶愿望（desires of second order），表现出反思性的自我评估的能力。[2] 意识的这种改写无意识心灵预置行为的能力，便是自由意志的基础。

自由意志问题探寻的是，是否和在哪种意义上理性（作为自我的代理）行使对于行动或决定的控制？这个问题对于人们如何看待自己具有如此根本的重要性，以至于西方哲学史上许多哲学家都对此有过思考，而在李贝特之后，越来越多的心理学家和神经科学家试图通过实验结果来检验自由意志信念的真伪。这些实验设计本身、由实验得出的结论以及在自由意志问题上所做出的最终回答，

---

[1] Christopher Suhler and Patricia Churchland, "The Neurobiological Basis of Morality", in Judy Illes and Barbara J. Sahakian eds., *The Oxford Handbook of Neuroethics*, Oxford University Press, 2011, pp. 48-59.

[2] Harry G. Frankfurt, "Concerning the Freedom and Limits of the Will", *Philosophical Topics*, 1989, 17(1), pp. 119-130.

还存在着许多争论，然而不可否认的是，它们为传统的自由意志问题打开了新的局面，那些关于大脑工作方式的深入探究，例如大脑的哪些区域决定着行为的形成与执行，相互作用的神经细胞如何主导人们的道德感，甚至"是否拥有自由意志"的看法如何影响人自身的行为等等，无疑提供了理解自由意志的实证维度，并进一步深化了关于有意识意图的认识。

当然，人们的意识无法捕捉潜伏于每个选择背后的神经活动，如果人们将神经的生理作用与人们自身分离开来，那么人们会感觉自我意识完全被神经单元所操控。但神经作用与意识知觉一样，都是人们作为一个独特个体所不可或缺的部分，它与其他部分一起，共同构成了独特的自我，只不过其中一些神经活动可以为意识知觉提供支持，另一些则不具有这项功能。虽然意识知觉并不能完全掌控一切，但作为一个实实在在的生命个体，人们的确是在真实地进行思考、选择并且采取行动，这种自我主宰与掌控的感觉并非出于虚幻。自由的实质在于可以选择自己的目的，而目的是产生行为的根本理由。坚定地朝着预定的目的前进，恰恰是意志或意志力的意义所在。

由此也启发人们，为了理解意识过程与大脑相互约束时所发生的一切，人们需要建立一套适合不同层次互动的语言。人的存在是分层次的，在这些分层的接口处找寻答案，人们才能更好地理解大脑与意识的关系。而从不同操作层面的角度看，所谓的"大脑在人们意识到之前就完成了动作"这样的说法也就变得没有意义了，因为，大脑的内容来自它与环境的交流，而大脑萌生的思想也限制了人们的大脑，这就好比单辆的汽车无法决定车流的进程。人们的冲动/欲望、情绪、感受及其有意识的控制相互联系起来，扩展到超越个体的范围，而伦理准则和规范也可以看作人们体内平衡机制（如确保生存的新陈代谢）在社会、文化层面的延伸。

自由意志不是位于大脑的独立存在，有关它的思考方式来自人际互动，来自社会层面的反馈。人类有能力超越自己当下行为的直觉和倾向性。从漫长的进化史角度看，每一个体源自他们的祖先，他在传承下来的规范、习俗以及其所根植的文化传统中不断发展和变化，从而在后代的生命和文化中得以延续。一般性行为规则构成了不同个体的心智的共同部分，正是这种共同的心智结构，使得人与人之间的理解和互动得以可能，并通过每个人的心智来支配他的外在行为。从经验中学习也由此表现为一个遵循、传播、延续和发展那些因成功而流行并保持下来的惯例的过程。

事实上，任何文明进步的形成都必须以遏制某些先天的倾向为代价，人的生物天赋中并不存在多少共同的人性，遵从习得的准则，而不是受那些追求即时性共同目的的自然本能的指导，成为人们维持开放社会之秩序的必由之路。人类的这种主体性力量是文明不断塑造的结果。进化（基因）为人类的自由意志提供了初稿，而在一个人的生命历程中，这幅图景是不停地被继续绘制的。不同文化背景下相异的道德偏好即由此而来，而即便是在相同的文化环境中，个体经历与体验的差异也使得人们的道德呈现出千差万别的面貌。

人与人之间的这种差异不仅在于各自的行为，更在于他们对自己以这样那样的方式行动所给出的原因。人们真切地相信自己所找到的解释,后者成为其人生中一个有意义的部分。人类是一种悬挂在自己所编织的意义之网中的动物。① 建构不同的意义是人类所独有的较高层级的意识能力。这种编撰不仅对制定未来的计划是必要的,而且对适应当前和接纳过去也同样是必要的。尽管这个过程有些复杂,但人们一直都受持续的自我同一性的引导,受与人们交往的他人的同一性的推断所引导。人们通过故事,回首过去,展望未来。

---

① 克利福德·格尔兹:《文化的解释》,纳日碧力戈等译,上海人民出版社1999年版,第5页。

知识的确证与心灵的限度

我们如何确定我们完全知道任何事物？如果我们知道某事，我们必定确知自己知道此事吗？一个人具有某项知识的条件是什么？知识是一种心理的状态还是只是一种信念的形式？对于外部世界，我们能否获得真正的知识，还是只能停留于现象层面？柏拉图在《泰阿泰德篇》中提出什么是知识的讨论，这一话题在当代重新活跃，成为知识论研究和论争的焦点。关于这些问题，当代知识论中存在两种截然不同的理论立场。内在主义把确证看作认知者内在的心灵活动并且能够被认知者直接把握；外在主义则坚持信念的确证不是一种内在状态，认为确证所依赖或根据的因素，是一些产生于认知者之外的关系或性质。

一、内在论的困境与信念范围的不可及性

在内在论那里，知识最根本的基础在于个人心中不可动摇的基本信念，它完全建立于内在于心灵的东西，其含义是可以通过

其主体内省或反思加以把握的。比如，我知道我牙痛，我知道我很高兴，等等，这样的信念是不言而喻的，不需要证明。通常可把握的内在状态包括知觉或记忆。例如，我有一个信念"桌子上放着一本书"，我之所以认为它是确证的，是因为我看到此事件，"看到"的知觉提供了确证。内在主义赋予主体内在状态以认识论起点的优先地位，因为在它看来，认识主体拥有某种彻底洞察、反思和凝视其信念的能力。支持内在主义的理念是：一个信念是否得到辩护要看它是否通过正确的认知过程所获得或为其所支持，一个认识步骤的正确性是它的内在特性。[①] 我们可以改变有关情景中不同于内在状态的任何事情，却不会影响到哪些信念是可以得到辩护的。

对于证成结构的不同看法分别形成内在论的不同分支。根据信念证成原则，若确证信念 A，必须有另一信念 B 作为理由而推论出来；同样道理，信念 B 又需要有另一个信念 C 作为确证的理由。如此一来，我们会面临无限后退的困境，因而必须结束于某些最终的信念，即本身是无须论证、自身可以提供确证的信念。基础论的出现，可以视为阻止此无限后退的一个解决方式，那就是，对感觉输入的直接反应构成了关于这个世界的最简单的信念，我们从这些简单的信念推知更为复杂的、无法凭借单个的感觉例子获得的信念。那些直接来自感觉的简单信念形成了认识的基础，它们自身

---

① A. C. Grayling, "Epistemology", in Nicholas Bunnin and E. P. Tsui-James eds., *The Blackwell Companion to Philosophy*, Blackwell Publishing, 2003, pp. 42-43.

不需要辩护——它们在某种意义上是自我辩护的,而所有其他信念是上层信念,最终必须由某些基础信念直接或间接支持才能得到确证。①

但是,什么样的信念是基础性的?是关于物质对象的命题的信念,还是描述自己知觉经验的命题中的信念?其次,信念的哪些特性使得它成为基础?再次,基础信念的确证如何有效地传递给基础信念?面对基础论的困难,我们很自然地会设想,是否根本就不存在所谓的基础知识?如果真是如此,那么,信念间的证成结构会是怎样的?由于这样的信念没有基础与"非基础"之别,因此也不会有上层、下层之别,所有信念直接或间接地互相支持而形成一个融贯的网络,当我们如此主张时,我们就在支持一个融贯论的知识体系。

融贯论驳斥了基础主义所主张的基础信念——基础主义建立于"所与"神话之上,它把基础信念看作是所与的材料。所与是被自我确证的片断所截取的东西。可以说,这些截取物是经验知识的不动的推动者,是被预先假定的"在场的知识"。显然,基础论是把能够被观察的殊相及序列理解为材料,并把它们当作知识的先存对象。但是,被感知的只是殊相,感觉材料的存在并不在逻辑上意味着知识的存在;感知不是知道,对感觉内容的感知,并不能构成知识,不管是推理的知识还是非推理的知识②。在融贯论那

---

① 约翰·波洛克等:《当代知识论》,陈真译,复旦大学出版社 2008 年版,第 29 页。
② 威尔费里德·塞拉斯:《经验论和心灵哲学》,李绍猛、李国山译,载陈波、韩合林主编:《逻辑与语言:分析哲学经典文选》,东方出版社 2005 年版,第 675 页。

里，不存在无须确证的基础信念，那么如何确保不出现确证的无限后退呢？唯一的途径就是从信念系统内部、从某些经验信念和其他经验信念之间的关系入手。融贯论的解决办法是把确证看作是处于同一信念系统中的信念之间的一致性或融贯性，一个信念如果可以由其所处的信念系统中的某些信念得到支持，即为得到确证。

尽管如此，无限后退的问题终究还是没能避免，融贯主义于是采用了两种隐喻给予回应。在它看来，之所以出现无限后退，是因为我们把信念证成的结构视为一种线性的说明方式，为了阻止无限后退，我们可以修正线性的证成说法。一种是将信念的证成看作环状结构。这里，融贯论者避免使用循环一词，而是用了环状结构，目的是想表明，信念的证成并不是一种恶性的循环，而是一种良性的并且是有用的循环。另一种说明方式是采用网状结构：网状结构上的每一点，都直接或间接地与其他每一点发生关联，一个信念能否被确证，在于这个信念能否被安置于这个网状模型中，或者一个信念是否能在这个网状结构中扮演某种角色。[1]

不论用哪种结构来说明信念的证成，融贯论都强调一个信念与其他信念所具有的是融贯的关系。但融贯关系是一种什么样的关系呢？一般来说，对于融贯概念最基本的要求是信念与信念之间符合逻辑一致性原则。然而，这个要求，对于信念的证成而言，既非充分条件，也非必要条件。融贯与信念的证成并不存在直接密切的关系。或许融贯论者面对批评，可以做出一些修正，例如，

---

[1] Erik Krag, "Coherentism and Belief Fixation", *Logos and Episteme*, 2015, 6(2), pp. 187-199.

宣称至少在一个信念获得确证时，一个人必须知觉到这个信念与其他信念之间的关联。面对这一修正，我们仍然可以继续提问，这里所提的知觉是推论式的还是非推论式的？因为知觉到信念与其他信念的关系，这个知觉本身也是一种信念，如果融贯论者认为这种信念是非推论式的，那么他将不再是一个融贯论者，而是基础论者；如果这种信念是推论式的，那么融贯论者将再一次面临无限后退的困境，由此必须面对的一个质疑是，这样的知识体系是否是一个循环支持系统？它是否犯了循环论证的错误？

融贯论遭到的另一个批评是针对"可选择的一致系统"。一个理论可以容许很多一致的信念系统，一个信念与此系统不一致，却可以与另一个信念系统一致，最后会导致所有的系统中的信念都一致，都是各自得到确证的。融贯论没有告诉我们如何在可选择的、互不相容的融贯信念系统之间进行区分。每一个解释或理论都有很多竞争者。占星术有时可能像天文学一样融贯，托勒密物理学也许像爱因斯坦物理学一样融贯，甚至梦和幻想也可以是融贯的……无数的信念系统可以一致并相互支持，但我们如何可能决定其中哪一个是真的或最接近真理？[①] 如果我们不能决定这些内在一致的系统中哪一个更像是真的，我们的信念就未得到确证。融贯论者能否为区分有效和非有效的系统提供附加标准？如果不能，那么我们如何在它们之中做出判决？也许融贯论者不得不接受一组

---

① 路易斯·P.波伊曼：《知识论导论》，洪汉鼎译，中国人民大学出版社2008年版，第130页。

基础信念或先天核心，但这样一来，它就不再是纯粹的融贯论。

再者，融贯论知识体系下的信念并不保证为真，只是到目前为止最好的是融贯体系，所以暂时被看作是真的。假若我们的信念扩展到一切可被信念包含的范围，而且那时只有一个最好的融贯系统，那么，我们便可以将融贯网络的信念都视为真。但是，这样的一天会来临吗？似乎不太可能。我们很难想象一切可能的信念都被掌握而且当前的信念网络是最佳的。即使有一天，我们对可观察到的所有事物都给出满意的理论说明，但这个世界还存在着尚未被发现或观察的事物，因而仍旧不能宣称目前的信念网络在涵盖一切可能信念中是最优或唯一的。

最后，在融贯论中，信念的辩护取决于一组信念的相互支持的内在联系，至于信念同外在世界之间的关系如何，则与融贯性无关。融贯的信念系统可以与经验和现实分离，只有其他信念才会对一个命题在辩护上的状态产生影响。因此，假如一个一致的信念系统与外在世界完全隔离，它仍然可以使系统中的每个信念得到确证。认识的确证根据只在信念系统中，而不关乎事实，这显然有违认识的最终目标。根据融贯理论，知识是无法通往真理的，因为它缺乏一种与外部存在关联的标准，这就是非推论的可观察信念，而后者是从外部输入的。

二、外在论的困境与知觉的非自明性

与内在主义相反，外在主义认为，只要一个信念通过一个合理的过程得到证明，那么该信念就可以成为知识。即便他不知道自己获得信念的过程是可靠的，仍然可以说他知道此事。外在主义不寻求意识或信念内在的确证，而是向外寻找，认为使一个信念成为知识的原因，在于信念与使其为真的外在状态之间的某种联系。一个认知过程的可靠性是一个或然性问题。例如，生活于地球的人类，其色觉已经发展为一个非常可靠的认知方式，但如果我们生活在光源色彩变化无常的环境中，色觉可能就不可靠，这里，色觉所涉及的认知过程的正确性对色觉本身来说不是内在的，而是由过程和环境之间的关系决定的。

在外在主义可靠论看来，一个信念是确证的，当且仅当它是以良好方式形成的（well-formed），即对于 S 相信 P 来说，受到辩护的证据必须是以合适的方式在因果关系上对此信念负有责任。根据这样的理论，可以将认识的可信赖过程归结为特定的心理过程，而不仅仅依赖于命题的逻辑状态或与其他命题的关系，甚至即使是逻辑上"恒真"的命题，假如有人通过一个不恰当的心理过程取得，也仍然是非确证的。这使得可信赖的过程不仅限于外部世界，还包含特定的心理。[1] 总之，使某一信念有资格成为知识或得到确证的因素，是它与真有可靠的联结，这种可靠的联结主要是指论证的过程和方法。

那么，什么样的过程才能提供这种辩护？而什么样的过程则不

---

[1] Bob Beddor, "Process Reliabilism's Troubles with Defeat", *The Philosophical Quarterly*, 2015, 65(259), pp.145-159.

能？通常，前者包括知觉、记忆、内省和各种各样合理的推理，后者则包括想象、猜测、基于情感形成的信念、对权威的迷信等等。二者的差别是什么呢？就在于可靠性。前者通常产生真信念，而后者通常产生虚假信念。① 例如：他看到了珍妮，相信珍妮今天是来上班了，这是由于知觉显然有一定的可信度——眼见为凭。但有时人们会看错或记错。相反，如果照相机照到了珍妮，就更容易让人相信珍妮今天真的来上班了，因为这个产生信念的过程和方式更可信赖。同样，我们没有任何根据地猜想明天会下雨，而碰巧第二天果然下雨了；而一位气象局预报员，在阅读当日气象资料后也认为明天会下雨。这两种情况的差别在哪里？后者的预测和前者的猜测有何不同？答案仍然在于可靠性。

外在主义似乎避开了知识论长久以来的许多问题，用由心理、生理性质所决定或归之于它们的自然过程解释了知识的特征。然而，外在主义也遭遇一些困难。首先，可信赖主义将知识的确证条件归于可信赖的认识过程，但对于认识过程如何是可信赖的，却没有给出足够的说明。究竟什么算作可信赖的？它能产生真信念的比例究竟有多大——85%、95%还是99%？另外，很多情形，如知觉和推理都属于可信赖的认知过程，那么究竟哪个过程的可信赖度较高呢？同一个事物出现在我们的真实世界与想象的世界，都具有可靠的信念形成方式，我们该如何解释两者的差异呢？其次，

---

① 参见阿尔文·I. 戈德曼：《认识论》，李勇、欧阳康译，载欧阳康主编：《当代英美哲学地图》，人民出版社 2005 年版，第 209 页。

不同可信赖程度的认知过程会不会使"真"变成有程度之别、依随可信赖度而发生变化的东西？最后，虽然产生信念的认识过程是可信赖的，但是这些信念的确证根源，并不在于知觉过程的可信赖性，而在于该知觉的推论或解释是否与事实相符。例如，在知觉某物时，我们可能的确看到了某物，但无法知道它究竟是何物，例如明确看到空中有光点，可是并不知道它究竟是飞行器的光点还是其他原因产生的光点。何况，知觉之类的信念形成过程存在着错误的可能性——知觉可能欺骗人，人们可能会看错、听错等等，知觉者信念形成的过程是可信赖的，但它产生的信念却是错误的。

在一个具体例子中判断一个认知过程的可靠性时，我们应当考虑它所处情境的每一事件。如果谈论认知过程的可靠性是有意义的，那么它应该产生一个真信念的不确定概率，并适合于目前情境的每一事件。但目前境况可以无限地具体下去，其中包括认知过程所产生的信念的真值。于是，这一不确定概率与客观确定概率一样，或者为1，或者为0，取决于所考虑的信念是真还是假。由此可见，可靠主义的标准蕴含着荒谬的结果：一个信念为了得到辩护，它必须是真的。

假使某个一般性条件下的可靠性为目前境况所满足。设想一个信念P，是认知过程M的产物。如果目前境况是某种一般性境况类型C，在此境况下，M是可靠的，这可能使我们倾向于将P看成是得到辩护的。例如，M可能是色觉，境况C可能包括在白光下观看事物。但如果目前境况是某种更详细的境况类型C*，在此境况下M是不可靠的呢？例如，C*可能包括在非常暗淡的白光条件下观看事物。换言之，在评价 M 时，我们不需要诉诸全部的详细情形，但我们不可能无视有可能使 M 成为不可靠的目前境况的特征。这表明我们应当将 P 看成是得到辩护的，当且仅当（1）有一个对目前境况的描述 C，使得 M 在 C 类型的境况下是可靠的，并且（2）没有对目前境况更为具体的描述 C*，使得 M 在 C* 类型的境况下不可靠。①

这里的实质问题是，在试图利用可靠性来评价个别信念时，我们再一次遇到直接推理的问题，即没有办法对缺少真值的个别信念进行客观地评估。可靠性是一个不确定的概率，通常的概率论将物理概率和相对频率联系起来。相对频率 freq（A/B）是所有实际为 A 的 B 的比率，其中，A 和 B 是属性。按照实在论的新近观点，freq（A/B）和 prob（A/B）之间的联系仅仅是认识上的——对实在世界中相对频率的观察给了我们相信其概率值的证据。所有这些理论所描述的物理概率是不确定概率，它们将属性联系起来，而不是将其附加在命题或事态之上。然而，对过程可靠主义最终有用的是客观的确定的概率。但后者是通过所谓"直接推理"从不确定概率中推导出来的一种混合的物理/认知概率。而所谓的可靠的认知是真理传导的过程或倾向，它是真信念数量的函数，或者说是真信念对假信念的高度比例。但这难道就是真理传导性全部的意义吗？或许，如果一种特质在某个领域里是提升知识的必要条

---

① Harmen Ghijsen, *Process, the Puzzle of Perceptual Justification: Conscious Experience, Higher-Oder Beliefs, and Reliable Processes*, Springer International Publishing, 2016, pp.93-123.

件，即便它产生极少的真信念，我们仍可以认为该品质具有真理传导性。这种知性特征可能会使人在取得真理之前多次犯错，但只要它们能够发现新的可靠认知过程，从而最终提升人类的知识，这就足够了。①

从上述分析也可以看出导致可靠论破产的症结：首先，可靠主义错误地表述了确证与真理之间的关系。证成标准是指称性的，是我们认为作为某信念为真或可能为真的标志的东西，然而，可靠论将证成的标准等同于任何在事实上显示真理的东西，把证成和真理之间的联系看作归属性的。其次，信念的形成过程是一种外在特征，根据它进行确证，是可以与主体相分离的。实际上，我们的证成标准聚焦于信念的起因，聚焦于主体的 S- 证据（那些在因果上支撑一个人的信念的经验状态和信念状态）；尽管 S- 证据由主体所意识到的状态组成，但主体却完全可能没有意识到信念形成的过程。②

三、知觉与知觉信念

内在主义遭遇的质疑首先是信念的唯意志论预设，即主体可以深思熟虑地决定相信什么或不相信什么。然而，信念状态是否从属于意愿的直接控制？任何知觉都是与事实相关的，我们无法主张

---

① Wayne A. Davis and Christoph Jäger, "Reliabilism and the Extra Value of Knowledge", *Philosophical Studies*, 2012, 157(1), pp.93-105.

② 苏珊·哈克：《证据与探究：走向认识论的重构》，陈波等译，中国人民大学出版社 2004 年版，第 97—98 页。

存在某个内在状态却完全没有可以意识到的存在物。试想，假如我直接就看到了面前的一本书，这时候，是否相信"那儿有一本书"，从属于我的选择或决定吗？此外，内在论的辩护概念似乎太过严格。按照直接可及性要求，只有有意识的状态才有资格作为决定辩护的因素。如果是这样，在某一时刻，人们储存的信念几乎都是得不到辩护的。因为大多数情况下，人们的信念不处于活动状态，而是保留存储在记忆中、待日后重新回忆起来的信息的点滴。严格的内在论把辩护因素限定为有意识的状态。于是，通常被认为是得到辩护的信念中，就有一大部分不能作为现实的心灵状态而为此刻的信念提供确证根据。[1]更糟糕的是，无限回归不会中止。假设我们的确获得一些基本信念，并且假设，使基本信念获得非推论性证明的东西是某种认识属性 E，那么，按照内在论，a 的基本信念 p 只能诉诸 E 来证明；我们被迫进一步承认，a 有充分理由相信他的信念具有 E 也是被要求的。但是，这一点一旦被承认，回归就成了不可中止的。换句话说，任何种类的信念都是被有条件地证明的。

这种失败的最重要原因是，它没有看到，认识的合理性不仅仅是由一个人的信念所决定的——信念的被辩护性与信念以及非信念的知觉和记忆都相关。基础论源于这样一个思想：所有得到辩护的信念最终都来自我们感觉的证据，而感觉的证据是以信念的

---

[1] B. J. C. Madison, "Internalism in the Epistemology of Testimony Redux", *Erkenntnis*, 2016, 81(4), pp. 741-755.

形式为我们所知。事实上，在知觉中，我们形成的信念几乎总是关于物理对象的客观属性的，却极少意识到事物在我们面前如何呈现。当我走进一个房间，我确信"窗帘是蓝色的"，但不会意识到"一个蓝红的长方形形状出现在我视野的右上角"，我可以这样思考，但那通常都包含了注意力有意识的转移，以及我思考的重新定位。这些思想似乎通常不会自动出现于感知中，面孔识别就是典型的例证。知觉通常并不会引起关于感觉经验的信念，因此，基础论所设想的基本信念并不存在。这正是融贯论的产生背景。融贯论正确地放弃了基本信念假设，没有给知觉信念任何特殊的地位，但它同时也拒绝了对知觉状态和记忆状态的非信念诉求，这使它对知觉和记忆的接纳变得不可能。

知觉是我们关于世界的知识的基本来源，决定一个信念是否得到辩护并不能通过关注关于知觉状态的信念来完成。这意味着辩护一定是部分地由知觉状态自身所决定的，而不仅仅是由我们关于知觉状态的信念所决定。例如，我知道有一本书在我面前，并不是我相信我面前呈现一本书，而是因为我面前呈现一本书这一事实。知觉状态可以直接许可物理对象的知觉判断而无须关于知觉状态的信念，也就是说，从知觉印象到关于真实世界的信念的过渡是直接的，不需要以关于认识主体内在状态的信念为中介。之所以如此构造，其原因大概是通常没有必要形成关于知觉印象的信念：信念有用的时候，我们可以形成它们；如果在任何情况下特别是当它们没有用时都要形成这些信念，将会毫无意义地消耗我们有限的认知资源。

一方面，一个人具有某种知觉体验不一定就具有相应的知觉信念；另一方面，一个人具有某种知觉信念也不必然具有相应的知觉经验。一个"被意识到的心理状态"就是指一个主体知道自己正处于其中的心理状态：当一个主体意识到某种事物时则其必定是有意识的，而一个具有某种意识的主体不一定能够真切地意识到某种事物或事实；当我们意识到某个事物或事实时，我们自身所具有的（心理）状态或身体状态本身不一定会被我们意识到。例如，窗外钻机持续不断地在运转，此时，屋内专注于其他事情的某人忽然觉知到刺耳的噪声。可以说，这个人听见噪音之前所具有的是现象意识（phenomenal consciousness），但只有在注意到噪音后，他对噪音才有了通达意识（access consciousness）。"通达意识"是状态的结果，它的内容被准备用于作为推理中的前提，或者被准备用于作为行动的理性控制。① 类似的还有"盲视"现象：视觉皮层中有缺陷的患者能够正确地指向目标，尽管他们声称他们并没有看到它，似乎是说，"在那个盲的视觉区域中我没有有意识地看到任何东西"。盲视现象使我们更加清楚地看到有意识的视觉与无意识的识别之间的区别。看来，人们之所以意识到自己的心理状态不是因为他们所具有的意识，而是这种心理状态在一个主体意识的过程中所扮演的角色。②

---

① Ned Block, "On a Confusion about a Function of Consciousness", *Brain and Behavioral Sciences*, 1995, 18(2), pp. 227-287.

② Carruthers Peter, "Higher-Order Theories of Consciousness", in Edward N. Zalta ed., *The Stanford Encyclopedia of Philosophy*, Stanford edu., 2007, pp. 1857-1868.

四、依赖于模型的经验自我校正

当代知识论中,内在主义与外在主义一直被视为对立的两个范畴。它们都抓住了知识的重要方面,但关于知识的这两幅图景均不能令人满意,其原因在于它们是静态的,因而似乎只能在二者之间做非此即彼的选择。事实上,经验知识之所以像作为其精致化的扩展形式的科学一样是合乎理性的,正是因为它是一项自我校正的事业,它不会一股脑儿地把所有主张都推入绝境,却可以让任何一种观点都经受考验。

无论把知识的证成看作在客体中预先形成的,还是看成是主体之内先验地存在的,都依赖于一个预设,即它们是先天预成的,其特性不会随着我们对它的信念的改变而发生变化。但这个预设本身就是有问题的,因为与人类认知有关的概念图式是一个动态的过程。内在论和外在论只顾及高级水平的认识或认识的某些最后结果,而完整的知识确证应从原初形式的认识开始,考察各种认识的起源并追踪它们的发展层次和趋向,它需要以客体作为自己的依据和极限,把认识看作是一种继续不断的建构。

在我们对于世界的认知中,我们没有办法将作为观测者的我们从我们关于世界的知觉中移除,这些知觉经过我们感官加工,它的意识内容受到主观意向的影响和修饰。因此,它们不是直接的,而更像是在某种透镜下形成的,这种透镜就是我们大脑中的解释结构。[1] 虽然信息从感官传入到脑内的过程由自下而上的被动感受机制控制,但在知觉层次,用来处理信息刺激的机制却是自上而下的——由大脑向感官下达指令的结果,它所反映的是将系列事件整合成一个个单元的能力和自由度。

我们对世界的判断建立在我们的感觉能力之上,而我们只能够感受到一些特定的刺激形式。获得感知所需要的那些知识和能力是我们大脑中固有的,它们已经过数百万年的进化并根植于(hard wired)人脑中,成为强有力的先验假设。例如,从物理学角度看,图像是由被称作像素的单个点构成的,但为什么我们所看到的却不是许多点,而是整个物体呢?这是因为,视觉皮质神经细胞对光点并不敏感,不同的细胞只对不同的特征图形或颜色发生反应。这些不同的图形特征和颜色称作"类别",其他的感觉系统也有各自相应的类别。作为进化的产物,类别规定了我们所能感知到的事物——只有与我们拥有的类别相吻合的客观事物才能为我们所感知。[2] 我们拥有的关于世界的经验,只能通过与大自然相适应的类别而获得;我们与生俱来的感官条件和能力为我们对世界的认识设定了限制。

这意味着我们关于外部世界的感知实际上始于内心的先验信念:一种有关物体空间位置的世界模型。大脑利用这一模型来解释我们的感官输入,并预测出将要接收到什么样的信号。当然,

---

[1] 史蒂芬·霍金等:《大设计》,吴忠超译,湖南科学技术出版社 2011 年版,第 38 页。
[2] 恩斯特·波佩尔:《意识的限度:关于时间意识的新见解》,李百涵、韩力译,北京大学出版社 2000 年版,第 119—122 页。

这种预测与实际信号相比会出现误差，但模型会据此不断做出调整和修正，如此循环往复，直至把误差降到最低点。大脑通过建构关于世界的模型来发现外部世界的东西。作为建构的伴生现象，我们产生了各种令人惊奇的错觉——在得不到任何感官信号的情况下，大脑会自动填补缺失的信息。例如，我们的眼部存在一个没有光线接收器的地方，被称为盲点，该位置没有视觉细胞，而传递感官信号的视神经都要汇集到视网膜上的这个点，因此，一个物体的影像如果刚好落在它上面，就不能引起视觉。但我们的大脑利用来自盲点周围最近区域的信号来弥补丢失的信息，并使它们进入这部分视觉区域。① 在这个意义上，也可以说，感知就是与现实相符的幻觉。

虽然我们所感知的不是世界本身，而是我们脑中的世界模型以及对外在世界的预测，但这并不影响我们对世界的认知。当我们所运用模型成功地解释了事件，我们就倾向于赋予它真的价值。此外，追问模型是否真实毫无意义，只要它符合我们的观测就是可取的。假如存在两种理论或者模型都符合观测，我们不能认为一个比另一个更真实；但是，我们可以使用在所考虑情形中更为简便的那个。这就是所谓的依赖模型的实在论。例如，当我走出房间看不到桌子时，我怎么知道桌子仍然存在呢？我们的确可以建立这样一种模型，当我离开房间时桌子消失，而待我回来时桌子又重现

---

① Chris Frith：《心智的构建：脑如何创造我们的精神世界》，杨南昌等译，华东师范大学出版社 2012 年版，第 131 页。

于同一位置，但这个模型将会非常笨拙——我出去时恰好天花板掉落下来，或者，等我下次再进入房间发现桌子重现了，但却是破的，并且积满了天花板的残骸，这时，我们又该如何呢？因此，我们建构了桌子留在原地不动的模型，它符合我们的观测，同时使得我们对世界的体验看起来既简便又直接。

我们不可能在对被知觉对象没有某种概念或构思的情况下知觉到它，相反，我们却能构思一个我们没有知觉到的对象。并且，相较于从记忆或想象中获得概念，知觉通常会对它具有一种更为清楚、稳定的概念。只不过，感官提供的有关对象的概念可能清楚，也可能不清楚。需要强调的是：我们仅凭外部感官获得的对象概念，不应该混同为科学的概念，后者是当人到达知性阶段后对同一对象具有的概念，它来自于对它们的各种属性或不同部分、对它们的相互关系以及与整体关系的关注。

在知觉中，我们不仅对被知觉对象有一种或多或少清楚的概念，而且对其存在有一种不可抵抗的确信和信念。[1]对一条真理的深信可能是不可抗拒的，但不一定是直接的，比如，我确信，每个平面三角形的三内角之和等于两直角之和，这是依据演绎推理而达到的。虽然数学中还有其他一些真理是直接的（公理），但我们对数学公理的信念不是建立在论证之上，相反，论证反倒建立在它们之上——它们的证据是人类知性直接洞悉的。人们很少想过要找一个理由去相信他所看之物；我们在有能力从事推理之前对感官

---

[1] 托马斯·里德：《论人的理智能力》，李涤非译，浙江大学出版社2010年版，第12页。

的信任，并不比获得推理能力之后要少。我们知觉能力的构造决定我们以我们清楚知觉到的事物的存在为基础，从中推导出其他真理，但它自身不是从任何原理中推出的。

人类理解的天然配置真实地存在于不同个人的禀赋或感受中，它们的差异无疑与他们身体组织结构的差异有关。但是，这并不意味着这些结构上的差异必定在所有的情况中都直接影响到心理现象，相反，它们常常是通过作为中介的心理原因来施加影响的。对于被清楚知觉到的对象的存在，我们具有直接的信念，能够区别纯粹想象的对象与真实存在的事物。当然，儿童最初使用感官时，是否能够在两者之间做出区分，是值得怀疑的。对任何事物存在的信念似乎都设定了存在这个概念，也许这个概念太抽象，无法进入婴儿的心灵中。我们此处指的是具有健全心灵的成人的知觉能力，人生的整个进程清楚表明，这类人不需要寻找理由或论证，它们无一例外地把存在赋予他们清楚知觉到的任何事物。

这是否提示我们，我们的认知过程可以诉诸一般的内在状态，而不仅仅是信念，由此接受一种自然主义的内在主义？如麦克道威尔所言，如果我们能接受康德的著名断言"直观无概念则盲，概念无直观则空"，如果我们能够接受如下断言——经验是我们的感受自然的现实化，那么我们便能够容纳康德的评论的要点。有意图的身体行动是我们的行动自然的现实化，概念能力无法分开地牵连到其中。[1] 我们从自然中获得的任何东西都已经被概念化，而康德

---

[1] 约翰·麦克道威尔：《心灵与世界》，韩林合译，中国人民大学出版社2014年版，第122页。

最为伟大的思想之一正是把判断视为经验的最小单位[①]——经验中已经涉及了对概念的运用。对象（概念）早已寓居于我们的概念空间之内，因而，我们可以主动地把握对象，使对象遵从我们的认识。按照这样的思路，如果我们不把内/外在论看作相互排斥的，而是找出二者在认知过程的不同层次与不同脉络里得以运作的那些方式，那么它们在很多方面可以实现对立中的融合或一致。

[①] Robert B. Brandom, *Articulating Reasons: An Introduction to Inferentialism*, Harvard University Press, 2001, p. 80.

知识的信念假设

我们每个人都拥有一些知识,但是,知识的本性是什么?各种知识之间是否有层级高低之别?我们如何获得知识?作为有限的人类,我们的知识范围和限制何在?在传统知识论那里,知识是得到辩护的真信念——信念、证成和真理是知识的三个必要条件。信念的辩护始终处于核心地位[①],而辩护是一个规范性或评价性的概念,即评估信念在观念上的正当性、合法性或适切性。如果知识是在描述世界的景象,那么必须有一个标准来判断我们的描述是"对的"或"真的",但问题是,我们感知的图像是否真正对应着客观的实体,这个怀疑论的问题直到今日仍是知识论之谜。之所以无法回答,是因为无论我们做什么,我们只能靠知觉来检验知觉,而不能摆脱经验的描述。

---

① 阿尔文·I.戈德曼:《认识论》,李勇、欧阳康译,载欧阳康主编:《当代英美哲学地图》,人民出版社2005年版,第199页。

一、基础信念的倒退

当我们产生一个新的信念时,除非这个信念符合直觉或非常清楚明确,否则,我们通常都要经过一番思考,而思考的过程事实上就是寻找信念的理由。当我们找到好的理由来相信这个信念时,我们就在两个信念间建立了一个"支持"关系,并将新的信念纳入我们的知识网络。那些在日常生活中被我们认为理所当然为真的信念是知识结构中的基础信念,位于整个结构上层的知识都由它们所支持。这是人们建立知识体系最原始的方法。很自然地,如笛卡尔一般,当我们对已有的知识体系不满意时,我们会回到我们所认为的知识的起点——基础知识——去寻找解答。不过,我们很可能轻率地将一些错误信念当作基础信念,从而推出错误的知识,因此,重建知识的重要工作就必然需要深入到基础信念的区域。

然而,事与愿违,哲学家们原本只想剔除一些可能是极少数的隐患,但后果却是斩草除根,甚至连一个基础信念都找不到,这个结果启发我们重新寻找知识结构的其他可能性。知识被看作有根据的真信念,那么怎样算作"有根据的"?事实上,辩护总是存在着程度的不同,我们相信某事物的根据或多或少。例如,我看到张三(以前的贫困生)穿着奢侈品外套,于是我有理由相信他现在变得有钱了,但理由不足——也许外套是别人送他的礼物;如果我还看到他驾着一辆新轿车,那么我的信念就更有根据;如果他告诉我他刚刚买了一栋带有几套复式结构的别墅,那我的根据就更充分了。

那么，知识需要什么程度的根据呢？拥有多少证据才能说我知道？在基础论看来，我必须有足够好的理由。但是，"足够好的理由"这个说法很含糊。同时，也可能存在有根据但仍旧错误的情况。假设杰克用直升机载我参观伦敦上流住宅区的大厦，如果他告诉我他中了彩票，我有足够好的理由相信他真的变得富有；但我还是可能犯错——也许杰克在撒谎，也许他是帮他富有的姐姐照看着这一切……尽管可能性不大，但还是有可能。

当我们问一个人如何知道某事时，我们想了解的是他相信此事的根据或理由，他被看作能够通过他的信念或其他心灵状态表征世界，这些信念或心灵状态被看作或多或少可以合理坚持的思想。但是，这样的表达几乎立刻就需要解释：什么东西使得某些理由成为正当的理由？

这些棘手的问题似乎排除了我们具有任何知识的可能性，从而令我们不得不接受一种怀疑论。因为这一苛刻的要求消解了明显得到确认的信念实例。在里德（Thomas Reid）看来，要求推理是唯一可靠的认识功能的论点太过武断。试问：你是否必须在验证了你的父母是你亲生父母之后，才相信他们是你的亲生父母呢？这几乎不可能，生活中很多事情也都不可能如此。推理可以产生合理的信念，但它不是唯一的途径。我们绝大部分信念是由我们固有的倾向产生出来的。[1]这种内在的倾向使我们不是以推理

---

[1] 托马斯·里德：《按常识原理探究人类心灵》，李涤非译，浙江大学出版社2009年版，第95页。

而是以直接的方式持有某些信念。经典基础主义所用的合理性原则是"被证明清白之前为有罪",笛卡尔就是明显的例子;而里德则认为,"被证明有罪之前为清白"才是合理的。一个人相信某些命题,除非他有充分的理由放弃这种相信。在所谓的基础信念外,还有更广泛的信念也是非推论性的,比如记忆信念、对过去发生事件的信念、关于外部世界以及他心感知信念等即刻发生的信念。

显然,为了避免怀疑论结论,我们必须规定:不是所有的信念都需要辩护,至少有某些信念可以在没有得到辩护的情况下有资格充当知识,即它们是自我辩护的。那么,什么样的信念可以称为自我辩护的信念?也许是"我相信自己存在"的这个信念——相信我存在,就证明了我确实存在——我的信念为我提供了认定它为真的理由。也许是我们关于事物向我们呈现方式的信念,或许你会说,我可能错误地认为我面前有个西红柿——我陷入了错觉,但这就是事物向我呈现的方式,在这点上我不可能出错。

自我辩护的信念规避了所谓的倒退问题——无须矫正性为它提供了一种解释。但是,如果我们将认识的基本信念看成仅仅得到初始的辩护,那么我们其实只是在设定自我辩护而没有做任何的解释。此外,初始辩护似乎不免让人感到困惑:一个信念究竟怎样才能得到初始辩护?什么东西可以赋予一个信念这样的认识论地位?

同时,它必须面对的另一个质疑是,这样的知识体系是否是一个循环支持系统?它是否犯了循环论证的错误?的确如此。不过,当这一循环足够大时,它就不是恶性循环。一个循环支持的论证中，信念成员愈少，其可信度自然愈低，但是，当其循环支持的信念愈来愈多时，可信度就逐步提升了。因为，随着成员增加，其融贯性的达成难度也逐渐变大；愈多的信念加入一个循环解释的系统，融贯系统就愈容易形成矛盾，在此种情况下，仍然没有形成矛盾，那么，信念组的可信度就愈来愈大。当然，如果任何形式的循环辩护都不能成立，那么，无论该循环的规模多大，自我辩护也是无法接受的。

二、信念辩护的取代

除了存在倒退问题外，有根据的真信念对于知识的构成条件来说也并不充分。换句话说，某人持有一个得到辩护的真信念，但他显然可以并不知道。这就是著名的盖梯尔反例[①]：一辆紫色的保时捷停在校园的停车场，我据此认为詹宁斯今天在校园里，因为我知道他驾驶一辆紫色的保时捷，而紫色保时捷车非常少见，并且他很少出现在校园。我相信詹宁斯在校园里，这个信念是有根据的。然而，这辆紫色的保时捷恰好不是詹宁斯的——其他人今天把这辆车停在了那里。但巧合的是，詹宁斯的确在校园里——他的紫色保时捷坏了，他是坐火车来校园的。我是否知道詹宁斯今天在校园里？这里，我有一条真信念，它也有根据。按照柏拉图对知识的定义，我知道詹宁斯今天在校园里。但我相信詹宁斯在学校

---

① E.盖梯尔：《有理由的真信念就是知识吗？》，张晓玲译，《哲学译丛》1988年第4期。

的根据，在某种程度上违背了使我的信念为真的事态，保时捷的出现实际上与詹宁斯在校园里没有任何关系，尽管它确实为我相信他在校园的信念提供了辩护。在某种意义上，我完全是蒙对的：我的信念恰好为真。我在有一条真信念且具有非常好的理由持有它的同时，却仍旧无知。

如果知识不是有根据的真信念，那它是什么？哲学家们尝试了诸多取代柏拉图知识定义的方案，其中知识的因果论是较为有说服力的一种。该理论认为，要知道某事物，需满足三项条件：信念，信念为真，而且这个信念必须是由使其为真的事态引起的。[1] 实质上，该理论是用关于因果性的条件取代了辩护条件。因果性条件如何得到满足？假设你想让汤姆相信他面前的桌子上有个橘子。一个非常简单的做法是放个橘子在桌上：假定汤姆的眼睛睁着，灯光也打着，橘子的出现会让汤姆相信他面前有个橘子。光线会把桔子映入汤姆的眼帘，在他的视网膜上造成一幅图像，后者又会产生电子脉冲传到他的大脑，使得汤姆相信那里有个桔子。那么，汤姆是否知道面前有个橘子？根据因果理论，他确实知道——汤姆相信面前有橘子的信念，是由那里的橘子造成的。

当知识的全部条件就是他的信念必须是由使其为真的事态引起时，他不需要为自己的信念提供任何辩护，不再纠缠于下述要求：要算作知识，其信念必须得到辩护。正是我的信念与外部世界之

---

[1] 路易斯·P.波伊曼：《知识论导论》，洪汉鼎译，中国人民大学出版社2008年版，第94—96页。

间的关系，使我的信念成为知识，虽然我不一定要意识到或直接把握到这种关系。因果理论解释了葛梯尔反例。以紫色保时捷为例，显然，尽管我有根据相信詹宁斯在校园，尽管我的信念是真的，但我并不知道他在校园。原因在于，我的信念不是由使其为真的事态造成：我不是因为詹宁斯在校园才相信他在校园；从根本上说，即便詹宁斯没有来，我也会相信他在校园，因为我看到了那辆紫色的保时捷。

但是，我们如何根据因果理论获得外部世界的知识？仍以汤姆为例，他相信他面前有个橘子的信念，是由一种特殊的知觉机制造成的：他的眼睛。但并不只有眼睛使我们的信念与周边世界发生因果关系——我们不只有一种感官，而是有五种：视觉、听觉、触觉、嗅觉和味觉。在产生真信念方面，所有的感官都在某种程度上可以产生可靠的机制。感官使我们的行为像温度计一样运作，温度计上的刻度可靠地反映了它所插入的那些液体的温度。于是，窗外有车越过，耳朵会使我相信有辆车正驶过窗前；车辆禁止通行，我就不再相信有车经过；饼干放在舌头上，使我相信我正咀嚼着它，而拿走它，我会相信饼干消失了……人们知道周边世界，正是因为后者通过感官在因果上发生了关联，这种关联使他们的信念对世界中事物的存在方式做出反应。

然而这毕竟是直接呈现于我们面前的事物，对于那些发生在遥远过去的事物，我们如何获得关于它们的知识？假设我有下述信念：数百万年前恐龙漫步在地球上。这种信念为什么有资格充当知识？毕竟，我无法观察那段历史。事实上，这里依然存在因果链条，只不过，因果链条非常间接：恐龙变成化石，那些化石被考古学家发现，他们著书立说，这些著述又被电视制片人看到，然后制作成电视节目播放给我们……最后导致我相信恐龙曾经出现在地球上。我相信恐龙在地球上漫步是因为它们确实曾经在地球上漫步，只是我的信念链接到使其为真的事态的因果链条相当长。

因果理论的关键是引入了经验认知，诉诸知识与事实之间的因果关系。葛梯尔反例之所以不能成为知识，在于使信念为真的事实与相信它的理由是不同的，即 S 在未掌握事实 P 的情况下，以其他方式巧合地确证 P。而因果理论可以防止巧合，保障信念的确证性。不过，事实与信念之间的因果关系如果限于信念 P 和事实 P 之间的直接因果，可能会使理论太狭窄。例如，全称命题"所有人都会死"如果要得到相应的事实作为原因，就必须有"所有人都会死"的事实，但这是不可能的。因此需要对因果关系进行扩展，使逻辑关系包含于其中：如果 X 是逻辑地与 Y 相关联，并且 Y 是 Z 的原因，则 X 是 Z 的原因。这样一来，个别事实可以作为个别信念的原因，也可以作为普遍信念的原因。[①]

虽然成功地避免了葛梯尔反例，但因果论也同样面临困难：试想，珍妮是个通灵人，她具有"第六感"。现在，珍妮相信，她母亲今天在镇上。此信念是她的通灵能力造成的。她母亲平时住在数百里外的地方，但今天她决定看望女儿，给她一个惊喜。珍妮知道母亲今天在镇上吗？根据因果理论，珍妮的通灵机造了一条

---

① Jason Bridges, "Knowledge and Presuppositions", *Analysis*, 2017, 77(2), pp.473-476.

真信念：她就像是一个温度计。但事实上，我们无法证明存在着通灵之类的能力。珍妮的信念完全是非理性的，她没有理由相信她的母亲在镇上，她只是发现自己怀有一个无法摆脱的信念：她母亲在镇上。既然这个信念完全是荒谬的，我们如何能说她知道？

对于我们大多数人来说，信念者完全非理性的信念怎么可以算作知识？当然，我们可以通过在因果理论上添加一条要求——信念还必须得到辩护——来轻易解决通灵人珍妮这个例子引出的问题。这就排除了珍妮是一个知情者，因为珍妮无疑没有根据相信她所相信的。由此看出，在知识的界定上，辩护无疑是重要的，信念要成为知识必须得到辩护。但这个要求把我们引入辩护倒退，从而排除了拥有知识的可能性。因此我们面临一个难题：为避免辩护倒退，我们能做到的唯一方式似乎是取消"充当知识的信念必须得到辩护"这一要求；然而一旦我们取消这个要求，那么我们就会陷入类似于通灵人珍妮的困境：完全非理性的信念也可以算作知识。换句话说，我们发现自己处于两难：一方面，辩护似乎是知识的必然要求；另一方面，它似乎不可能是知识的必然要求。我们该如何解决这个难题？

事实上，我们无法保证，一切合理信念 P 都必须是由相关事实引起的。因果理论似乎无法包含先天知识如"单身汉是未婚男子"这类分析命题或"如果 a 则 b，现在发生 a，所以 b"这类永远有效的逻辑推论，因为，我们不需要相应的事实就可以判别其真假。此外，我们不能排除某些道德信念被证明为合理的可能性，并且我们仍然怀疑因果关系有效的数学事实的存在，但它并不意味着数学信念因而不能被证明是合理的。

更为重要的是，因果论否认了假信念可以被证明为合理的可能性。假信念 p 不具备引起它的事实 P，对于它的反驳只能借助一种对于假信念的正当理由的描述，这种描述不同于真信念的描述。但是，无论真信念还是假信念，都必须基于正当理由。

三、内在状态的可直接访问性

从上述分析可以看出，关于知识定义的补充和修正的许多论证蕴含着一种"信念假设"，即一个认知者的信念的可辩护性仅仅是由她所持有的信念来决定的；除了信念，没有什么可以决定辩护。[1]

事实上，一个信念的可辩护性取决于相信者的内在状态。但内在状态远不止是信念，还包括知觉、记忆和个人主观的感官经验等，即使他对这些没有任何信念。从知觉中所获得的信念不是自我辩护的，它们必须有不同于它们自身存在的其他来源，不过，这些来源并不是其他的信念，而是知觉过程所提供的知觉印象。任何知觉动词都是与事实相关的，所以我们无法主张有内在状态却完全不提及那些我们一般可以意识到的存在物。例如，一个人坐在窗边，他感觉到阳光温暖着他的身体，显然，窗户存在是个不争的事实。这样看来，所谓的基本信念并不基于自我辩护，而是

---

[1] John L. Pollock and Iris Oved, "Vision, Knowledge, and the Mystery Link", *Epistemology*, 2005, 19(1), pp. 310-311.

由其他非信念的内在状态来予以辩护。之所以能够提供这种辩护，是因为非信念的内在状态是我们"可直接访问的"东西。认知可以利用任何它可以直接访问的内在状态，而无须有关于这些状态的信念。正如我们不必思考我们的推理才能推理——推理的过程可以从信念到信念而无须我们思考推理或思考信念；通过推理，我们思考信念究竟是关于什么的，而不是思考信念自身。同样地，我们的认识规范可以诉诸任何内在状态而不必有我们处于这些状态的信念。①

一些哲学家通过对意识经验的考察提出，知识通常包括知道什么（knowledge of what X）以及知道关于什么（knowledge about X）的方式，它们表达的是对某个对象的知识，而不是对某个命题的知识。内格尔认为科学无法提供给我们某某经验像什么的知识，因此无法说明意识经验的主观特性；而在杰克逊看来，关于意识经验的知识超出了对物理世界的知识，意识经验不过是物理世界中的副现象，从而对物理世界不具有因果效力。此外，"知道什么"还有一层含义，即"知道 X 是什么意思"，也就是对"意义"的知识。这种知识的对象不见得是一个命题，因为 X 可以只是一个词而不是一个句子。诸如此类在心灵哲学和语言哲学中的讨论，对以往的知识论研究无疑是一种重要的补充。

由于我们并不总是成功地遵守认识规范，因此认识论中存在着能力与表现的区别：一个关于我们认识规范内容的理论不仅是对我

---

① 约翰·波洛克等：《当代知识论》，陈真译，复旦大学出版社 2008 年版，第 171 页。

们在认知时做什么的描述，而且还是一个能力理论，它描述了我们是以怎样的方式知道如何认知的，无论我们实际上是否按照那种方式做了。知识论最关心的是命题知识，亦即事物是如此这般的知识。这类知识之所以称为命题知识，在于"知道"这个动词后面的 that 从句。命题可能为真，也可能为假。知识论为何要把知识聚焦于命题知识呢？因为在他们看来，相比知道如何和知道某人或某地方的知识而言，命题知识是更基本的知识。例如，知道如何打高尔夫球，就是知道以下某些真理，如将左臂伸直可以将球打得比较远，同时保持低头的姿势等等。同样地，知道某个城市，可以还原成知道这个城市的许多真理——街道、地标、建筑的位置等等。不过，这个说法显然不具有足够的说服力。设想你决定要提高打高尔夫球的能力，难道为了达到这个目标，你必须无止境地追求关于打高尔夫球的命题知识吗？难道你打高尔夫球的能力，会随着那些命题知识的丢失而降低？另外，我们也不难设想下列情况可能发生：即使某人很难正确描述这个城市的任何信息，我们仍可能认为他非常熟悉这座城市，换言之，他知道这个城市。

在日常生活中，我们所说的知识包括了所有一切我们知道的东西，但是，这些所知道的东西并不是都可以被语言所表达，所以，我们说，知识的范围超过语言所能够达到的领域。从这个角度来看，我们可以把知识区分为能够用语言表达的以及不能（或难以）被语言所表达的。前者通常称为命题知识、理论型知识或明言知识（explicit knowledge）等等；后者则是非命题知识、实践知识（practical knowledge）或内隐知识（implicit knowledge）。内隐知识能被我们隐约感觉到却不能被我们清楚地把握，因为它们属于非表征型的东西，也就是说，不能被语言或符号所表达，但它们是人类知识的背景和最基本的部分。

有鉴于此，我们赞同基础融贯论的主张。与基础论的某些形式类似，基础融贯论容许一个人的经验同对他的经验性信念的证成相关；但与基础论不同的是，它既不要求严格区分基本信念和派生信念，也不要求证据的支持本质上是一个方向的关系。基础融贯论与融贯论的相似之处是，它承认一个人的信念之间相互支持的普遍存在以及在认识论上的重要性，不同之处在于：它并不把证成解释为仅仅依赖于信念之间的逻辑的或准逻辑的关系，而是还会考虑来自外部世界的输入——没有这种输入，经验性知识将是不可能的。[①]

四、蕴藏于"知"的信念

我们常说，知识就是被一个认知主体所知道的东西。从这个角度来看，知识的存在预设了认知主体，没有认知主体就不会有知识。虽然，有哲学家主张，知识是可以客观存在的，例如，在波普尔看来，即使所有认知主体都消失在宇宙之中，一本存在于图书馆的几何学理论著作依然可以算作知识。但是，我们通常认为，

[①] 苏珊·哈克：《证据与探究：走向认识论的重构》，陈波等译，中国人民大学出版社2004年版，第3页。

只有认知主体的存在或再现，这些客观知识才能成为活的知识，或者笼统地说，认知主体使得那些知识成为有存在意义的东西。① 这样，至少我们仍可以肯定知识与认知主体密切相关。

如果我们接受了这种关联，那么，我们不难理解，知识和知道是息息相关的。当我们说"我有某个知识"，同时就是说"我知道某个东西"。而这一点恰恰意味着，我们的所知无法摆脱我们的信念。按照惯常的经验，知觉与幻觉似乎处于二元状态，前者是看到东西，后者是看不到任何东西。而知觉与错觉的差别却并非如此，也就是说，在错觉情况下仍有东西被主体知觉到——错觉是把某些被看到的东西给予了错误的描述，就像把蓝色说成黄色一般。我们可以运用指称理论分析这一特性。指称理论认为，一个语言行动之所以指涉到 X 而不指涉 Y，是因为说话者（心中）以某种描述选择了 X，即只有 X 会满足该描述而 Y 不会。知觉系统在辨识知觉对象上也有着类似的机制②。我们可以将知觉系统分成两个部分来看待：

直接呈现部分：相比于语言或思想，知觉更像是直接呈现（present）对象而非一种间接的表征（representation），这也使得知觉具有某种时空上的限制——被知觉的对象一般而言不能与主体相距太远，例如我不能在密闭的房屋内看到另一个房间的珍妮在跳

---

① Valentin A. Bazhanov, "Modern Neuroscience and the Nature of the Subject of Cognition: A Logico-Epistemological Study", *Epistemology & Philosophy of Science*, 2015, 45(3), pp.133-149.

② T. Burge, "Five Theses on *De Re* States and Attitudes", in J. Almog and P. Leonardi eds., *The Philosophy of David Kaplan*, Oxford University Press, 2009, pp.246-316.

舞，但是我却可以想象这件事或这个画面，我也可以断言另一个房间的珍妮在跳舞（不论真假）。这就是两者的差异。我们可以诉诸因果关系——知觉内容是被知觉的对象造成的，例如我看到墙上的黄色污渍，这一视觉经验内容是墙上的黄色污渍造成的。类似的，使用哈勃望远镜观察外太空，我们看到的现象是外太空这一对象造成的，即使它事实上距离观察主体极其遥远，即使这个因果过程涉及望远镜背后的一些物理学原理。

陈述部分：我们在知觉某物或某事态时，知觉到的永远不可能是东西或事态本身，而只是它的某个侧面（aspect），因此知觉内容往往带有反映着那个侧面的某种视角（perspective）。在语言现象中，指称需要通过视角而达成——被我们指涉到的对象是处于某个侧面而被指涉到的，例如"汤姆踩到石头"这句话指涉汤姆这个人，该指称是把特定的对象放在"他是汤姆"这个视角下进行的，同时，我们也把汤姆置放到"踩到石头"这个侧面下指涉。知觉系统也有类似的特性，当我们看到地上有蛇时，我们把我们的知觉对象放在"蛇"的视角下把握，也把那条蛇置于"地上"这个侧面来把握。

直接呈现部分和陈述部分共同构成知觉辨识对象的机制。从指涉来看，知觉会给出描述，只有符合描述的对象才是被知觉的对象。不过，有时候陈述部分给出的标准未得到满足，我们却仍然能够知觉到对象——错觉就是其中一例。这里需要追问的是：如果没有任何陈述部分被满足，那么我们是否仍能有所知觉（不包括幻觉）？伯奇（T. Burge）的答案是：不可能；若要有所知觉，必须有某些核心的陈述得到满足。举例而言，假如汤姆（认为自己）看到"拿着一杯可乐的人"，实际上那个人拿的不是可乐而是威士忌，这表示汤姆之所以只是看错，是因为被知觉的对象仍满足类似"拿着什么东西的人"这样的陈述。如果是一种极端的情形：假如汤姆（认为）看到"有蛇"，但他事实上错把草绳看作蛇，这是否意味着他还是看到了东西？而他之所以看到，正是因为草绳满足了汤姆知觉系统中某些更根本的陈述，例如，它是有外延的、可被视觉追踪的（trackable）等。这些基本的知觉陈述构成了看的界限，若不满足，那么什么都不会被看到。

于是，知觉和错觉的分界可被更细致地描述为：成功的知觉就是对象符合了知觉陈述，而错觉就是知觉陈述并未被完整地满足，或只有核心的某些陈述被满足。至于幻觉，则是没有任何知觉陈述被满足，但却被某些东西造成了主体（自以为）看到的那些视觉画面。这一区别在很大程度上由我们的识别能力所形成。假设一下我们在感受周围环境时所需要的那些属性：一种颜色，如一个苹果可能具有的红，或一种形状，如一个台球的球体。关于"球体"的思想状态之所以是它自己而非别的，就在于它是一种由系统的因果关系同球体所在的正常环境联系在一起的状态。当一个人说它是他在那一刻所思考的球体时，他就把他自己在那一刻的特定状态归于一种思考球体的状态。而这种特征描述意味着，正是他本身的特殊状态以某些方式同球体所在周围环境因果性地关联起来。[1]

---

[1] 恩斯特·索萨:《形而上学》，段德智译，载欧阳康主编:《当代英美哲学地图》，人民出版社2005年版，第168页。

从对知觉的分析中，我们不难发现，一个人若欲获得外部世界的知识，需要预先熟悉视觉经验语言的使用，认同语言的意义，并承担起它所赋予的责任。他对世界的认识不只取决于他们在当下的直接相遇——丰富的日常经历和宽广的推论空间是其必不可少的条件，这也体现了信念的奠基和制约作用。可见，所有的问题都绕不开"信念"这个概念，当一个信念为另一个信念进行辩护时，前者就被看作后者的一个理由。而辩护是依赖理由得到推进的，因此要想解决信念的辩护问题，就必须先弄清楚究竟什么能够算作信念的"理由"。这是任何一种知识论理论所必须回答的问题，也是当代知识论纷争留给我们的重要启示。

知识的精神分析

由弗洛伊德所开创的现代精神分析学,本身并不是严格意义的哲学,但是它关于人自身以及人对于自身理解的独特解析,为哲学反思提供了深刻的启发。而在当代法国哲学界,这一点表现得尤为明显,许多著名的哲学家,无论就其理论还是方法而言,都深深地刻上了精神分析学的印记,他们没有单纯地把它看作精神疾患治疗术,而是当成剖析和揭示人类复杂精神现象本质的思想利器和基本概念,甚至是问题本身的来源与发展动力。

精神分析学说从其本质上讲是一个关于主体的命题,后者也正是法国哲学一直致力于思索、发现和阐释的。20世纪的法国哲学中,主体与其自身的关系,再也不是自身对自身的建构或通过自身而实现对世界或生活的建构,换句话说,主体并不首先同其自身相符合,相反,他必须先在他的自然或他人中赢得其自身。这比之前占统治地位的哲学,更坚定地显示为自我建构的或与其自身相吻合的主体哲学,精神分析则在此方面被看作是对于现代哲学所产生的主体问题和悖论的一种回应。

法国哲学在 20 世纪开端就形成了两个主要流派：一边是生命哲学，另一边是概念哲学。生命与概念的纷争在接下来的时间中一直占据着核心位置，而它们争论的焦点是生命与概念的交汇——人的主体问题。人，一方面是有机的生物体，另一方面又是抽象概念的创造者——人的主体性融合了其固有的生物性以及思维所赋予的抽象力和创造力。法国新科学认识论的奠基者加斯东·巴什拉正是通过一种受精神分析启发的辩证法将这两方面紧密地联结在一起。

一、客观性何以能够"精神分析"？

巴什拉的学术研究主要体现在认识论和诗学领域，这看似处于两极的学问在他的思想中却并不对立。就前者而言，精神分析之所以能够带来启示，是因为它避开了诸如灵感、闪念或形式美等模糊的概念，并对一个"比原始的本能在其中展开的领域更浅近的领域"[①]进行审视。在他看来，知道和创造是人们对自身加以标志的某些需要，是一种知识性的意志。如果将它们归于实用的价值，其实是低估了这些行为本身的目的意义。对于严密的科学思想来说，这一中间地带具有异乎寻常的作用，毕竟复杂的科学活动必然伴随着复杂的心理活动，从心理学角度看，唯物论似乎是一种

---

① 加斯东·巴什拉：《火的精神分析》，杜小真、顾嘉琛译，生活·读书·新知三联书店 1992 年版，第 14 页。

结构精细的心理过程，充满无数角度的变换，而理性是一种本质上多形态的心理活动：它要反复考虑问题，将问题多样化，把它们嫁接起来，让它们迅速激增[1]。那些阻碍科学进步的各种认识障碍无不兼有想象的事物的性质，同时，理性就其本质而言是可以互相沟通的……它们在个人心理特有的行动中显示出来，因此，无论从科学知识的起源、发展还是推理过程来看，对它们进行心理分析都是十分必要的。

《科学精神的形成》是巴什拉在科学哲学领域的代表作，"客观知识的精神分析"构成了其中的主要问题体系。它意在表明，所谓的客观知识必然在其基础部分潜藏着一种主观性，并试图把这种与主体相连的本真面目揭示出来。这也意味着不把客观性视作本来就已存在或者能够简单掌握的东西，而要把它理解为在某种长期的练习过程中获得的，并且意识到其间伴随着怎样的精神活动。为了对客观知识进行精神分析，巴什拉试图在经验和科学知识基础本身中寻找无意识的价值，因为在他看来，原初经验中，更为直接的东西依然是我们自己，是我们隐蔽的激情，是我们无意识的欲望，它们可能感染科学思想。只有让知识接触使之产生的条件，不断回到这种"出生状态"，即精神活力状态，进而排除无意识的干扰，才能展示认识的本质。

在传统上拒斥主观心理内容参与的科学知识中探讨研究者个人的心理，其目的并不是从中寻求客观知识的根据，而是充分了

---

[1] 加斯东·巴什拉：《科学精神的形成》，钱培鑫译，江苏教育出版社2006年版，第39页。

解了心理活动对于知识获得的根本性的意义。既然科学家也是人，就不可能没有遐想和想象，不可能不包含这种非科学的心理内容。巴什拉进一步提出表面上看来是悖论的观点："正如处于活动状态的非心理主义能够一边消除心理主义，一边继续发展一样，必须使一少部分心理学返回到各种各样的公式中。"① 为了取消心理主义，就要运用一些心理主义，只有当人们有能力把自己的思想绝对隐藏起来时，才可能自由地思想。主体在其求知任务中向着反对自身的方向进发，他的内心深处经历着活跃和抑制的辩证关系，因为任何深刻的内心都是二元化的。② 超越心理主义并保持对思想本身来说是自由的境界，巴什拉通过反论所要表达的，就是这样一种深意。

在他看来，若要指出观念如何获得客观性就必须阐明伴随这种观念的心理性历史和客观化过程。科学是人的一项事业，它包括它自己的生产者，并且使之成为它的普遍方法。对知识进行精神分析，是尝试探讨科学进步所具有的心理条件的需要，这植根于认识进程本身的特征——真理有时恰好就是在人们极度困惑、迷茫或懊悔之时被发现的。客观性不但不是静态而简便的给予物，反而是主观与客观交替运动的产物。任何客观化都从排除主观性谬误中产生，不可能存在一开始就提出的、清楚而有明确证据的真

---

① 金森修：《巴什拉：科学与诗》，武青艳、包国光译，河北教育出版社2002年版，第197页。
② 参见安德列·巴利诺：《巴什拉传》，顾嘉琛、杜小真译，东方出版中心2000年版，第514页。

理。真理不是属于某种独有观点的一种特质，从而必须排除任何其他质而接受这种质，除非它是各种观点相互冲突否定的结果。这种冲突处于一些确切的思想生产者之间。既然没有对内在和初始的错误的意识就谈不上客观的方法，那么，我们的反省应该从真正地忏悔我们的智力错误开始，客观态度的心理分析就是一部呈现我们个人谬误的历史。

为此，巴什拉详细地展现了从事理性思考的实证主义者和唯理论者的心理状态。例如对于唯实论者，在精神上拥有它就像拥有某个明显的好处，如财富或实际的利益等。参与性推理同样源于对占有感的精神分析，因为每个人的内心都有一种促使他夺取外部世界、把它拉过来、使它屈服于自己的意图的倾向，以及一种希望沉溺于外部世界的倾向。假如普遍的精神分析确认客观的演绎重于纯粹个人的信念，那么它必须非常认真地检查那些证据确凿的、躲避讨论与检查的思维方式。而躲避客观讨论的最佳办法就是以物质为挡箭牌，让物质带上五花八门的细微差别，把物质变成我们主观印象的镜子……[①] 正是这些占上风的占有感，正是这些无意识，给认知行为本身造成了持久的紊乱。

不可否认，对不太直接而且比物质试验较少情感色彩的事实基础进行精神分析是非常困难的，但在科学家或多或少容易接受的理论中，常常存在着某些质朴的信念，而那些科学家由以凭借的总体、体系、成分、演变、发展等概念，其感情色彩确实不容忽略。

[①] 加斯东·巴什拉：《科学精神的形成》，钱培鑫译，江苏教育出版社2006年版，第154页。

所以必须自它们的情感源头开始勾勒导致科学概念的推理线索，必须监视贯穿推理线索的心理活力。巴什拉进而关心各种不同的兴趣，并将其列入特殊的心理分析范围，因为它们从某种角度构成了科学精神的情感基础。假如希望揭示精神能量组成因素的全部特质，准备进行科学进步必需的认知—情感调节，那么就不应该忽视心理特点的低级形态，而兴趣的调动又是探讨理性所不可或缺的，更确切地说，是为对理性作精神分析打下初步基础。[1]他希望给人一种印象，即通过智力文化的情感特征，我们隐约看到了坚实的、可资信赖的东西。

与此同时，巴什拉解读了18世纪以前大量二流、三流的科学文献，寻找它们未能对以后的科学发展做出贡献以及它们为什么会犯错误的原因。借助现代知识去抨击过去的谬误，接近一种所谓的辉格史观，即同样一个客观认识会引发各种不同的理性化[2]。他之所以这样做，就是要对主体本身潜藏着的自我陶醉和虚幻理解进行斥责，并试图表明，无意识的作用使得那些在我们的思想中起作用的常识和科学概念，都已经变得过时。毕竟人们可以看到，随着谬误用无意识来打扮自己，随着谬误失去其清晰的轮廓，它变得更易被人们容忍。研究多少世纪来曾压抑科学研究的问题在获得解决之前如何被骤然分割或弃置，将是一件极为有益的工作。这进

---

[1] T. Ebke, "Monika Wulz: Erkenntnisagenten. Gaston Bachelard und die Reorganisation des Wissens", *Studies in East European Thought*, 2012, 64(1), pp.143-148.

[2] Tatiana Sokolova, "Gaston Bachelard and the Topicality of Historical Epistemology", *Epistemology and Philosophy of Science*, 2016, 48(2), pp.209-219.

一步印证了他的初衷,即为了使客观知识得到净化,必须摒弃其中一切非概念的成分,必须克服和超越深层的心理活动。

《火的精神分析》是对《科学精神的形成》一书所持的总论点进行阐明,被看作是最清楚地表明哲学与精神分析学之间辩证关系的例证。巴什拉在文首开宗明义地指出:"我们曾想为生热的现象勾勒出一条科学的客观化的确定轴线……把经验纳入科学的轨道。现在我们要寻求的是一条相反的方向——主观性的轴线,以便提供双重前景的范例……本书要研究的是思考的人,当炉火正旺时在家中孤独思考的人,犹如孤独的意识一样。"[1] 这是一部火的直觉在科学中所积聚起来的困惑史——火的直觉展现出认识论的障碍。巴什拉首先对火的现代科学解释进行了批评,因为它们基本上不符合史前发现,它们产生于一种枯燥的和简洁的理性主义,而同最原始的发现的心理条件毫无关系。他相信,存在着一种非直接的精神分析,它始终在意识之下寻找无意识,在客观必然性之中寻找主观价值,在经验下寻找遐想。他剖析了与火相连的各种主观态度,如普罗米修斯情结、恩培多克勒情结、诺伐利斯情结、霍夫曼情结等。这是一种基于诗与梦的新精神分析学说,它将人心内在深处晦暗不明的潜意识与外在世界的主要物质(火、水、气、土等自然四元素)联结在一起。

这无疑开辟了一个独特的研究领域,即"元素的精神分析",

---

[1] 加斯东·巴什拉:《火的精神分析》,杜小真、顾嘉琛译,生活·读书·新知三联书店1992年版,第3页。

之所以说独特，是因为巴什拉对一个对象的精神分析不仅是在其想象中和使用中，而且是在其固有的物质性中。为了对精神的自由展开给予更多的关注，他又对多种物质的形象进行了精彩的精神分析。他把想象力分为形式想象力和物质想象力两种。前者具有可动性和绘画性，它在面对某些新事物时就开始跃动。与此相反，后者比较稳定，涉及事物的根源，居于事物的核心和基础。他宣称，自己要关注未被给予关注的物质想象力，因为很多诗性形象之所以失败，是由于它们是简单形式的游戏；而一种幻想要有意义，就必须找到适合自己的物质。幻想发现自己的元素之后，把自己所有的形象都融入其中，这样，幻想就使自己物质化了，而在形象的领域里迫使无意识接受一种有活力的法则的东西，正是在物质本原深处的那种生命力。[①]巴什拉表示不仅在古典意义上对幻想进行精神分析，而且还要构思出对物质进行精神分析的精神物理学或者精神化学，这是极具唯物论意义的精神分析，它提供了无意识中具有活力的有机唯物主义的范例。

二、精神分析如何净化与升华？

巴什拉在当时法国大多数哲学家还不了解弗洛伊德的情况下率先将精神分析引入认识论，然而，他的精神分析与弗洛伊德的精神分析却是划清界限的。弗洛伊德所注意到的那一阵阵的梦使梦者

---

① 加斯东·巴什拉：《水与梦：论物质的想象》，顾嘉琛译，岳麓书社2005年版，第2、144页。

感到心理压抑，巴什拉对此质疑道，在这入睡过程中，潜意识本身是否经受了一次存在的衰亡？相异于弗洛伊德对于人类心理构成和内部运作的原理以及心理组织状况的揭示，巴什拉进行的精神分析明显地包含了客观知识的一面；与原始本能所展开的层面相比，它研究更为知性化的心理层面，在这种意义上，它是探讨"文化情绪"的知性精神分析。在他那里，深藏于人心的潜意识并不是一种被抑制的意识，并非由被遗忘的回忆所形成，而是一种最原始的天性。

精神分析对于巴什拉来说是一种接近的方法，目的在于显示出富有创造力的心理的实际功能，使精神摆脱自我陶醉，使理智摆脱造成错误归纳的诱惑。他期待着精神分析的净化行动，因为弗洛伊德的精神分析仅限于通过形象的象征意义来确定形象……它忘却了想象领域本身。他批评道，受宿命论的影响，精神分析学家把形象智性化，在阐释形象时，把它表现为一种不同于诗的逻各斯的语言，他们在阿尼姆斯（拉丁文 animus，意为思考及各种官能之中枢）之中研究梦中形象，"在形象中寻找实在，却忘记了反向的研究，即在现实中寻找形象的实在性"[1]。梦中形象始终意味着异于它自身的他物。主体在梦中失去他的存在，更无法拥有一种"我思"的经验。换句话说，对于夜梦者，似乎不能谈到什么有效的"我思"。诚然，要划分夜的心理领域与白日的心理领域的界限颇

---

[1] 加斯东·巴什拉：《火的精神分析》，杜小真、顾嘉琛译，生活·读书·新知三联书店1992年版，第143页。

为不易，但是这界限的确存在。我们身心中有两种存在中心，夜里的存在中心是模糊的聚结中心，它并非一个"主体"。①

巴什拉于是提出一种以梦想为基础的新的"我思"，这不同于概念性思维的我思。他强调，梦想是白日的梦，与精神分析学家所研究的夜梦不一样。夜梦的梦者是一个失去了自我的影子，而作为梦想的梦者，若他是一位哲学家的话，便能在梦者自我的中心提出我思。换句话说，梦想的梦者在场于他的梦想中。梦想拥有其本身固有的实体论和缺乏紧张感的安逸存在的实体论。进行梦想的人与这一梦想对象互相同情、互相渗透。比起思维的我思，梦想的"我思"不活跃、不准确，但它却不断扩散，直接渗透到世界中。

弗洛伊德的精神分析定位于个体潜意识的动力分析，而对于集体潜意识并未触及。巴什拉的《空间诗学》却不啻为研究人类集体潜意识的敲门砖，其对梦想的开发为集体潜意识的表意层面找到更深的接壤之处，但是他所开发的梦想绝非精神分析所主张的表象，这是一种"场所分析"②。作为精神分析的辅助分析，它一开始要致力解决的便是：如何透过对那些回忆中孤立的、寂静的空间的分析，使得流落在外的潜意识回归它幸福快乐的住所，让人走入自身存在的内部？回忆中的孤寂空间是我们内心的角落，场所分析刻画出通向这些角落的小路，使它们成为我们"原初的

---

① 加斯东·巴什拉：《梦想的诗学》，刘自强译，生活·读书·新知三联书店1996年版，第186页。
② 加斯东·巴什拉：《空间的诗学》，张逸婧译，上海译文出版社2009年版，第14页。

壳"。于是，面对这些独处的情形，场所分析会探寻：卧室是否宽敞？阁楼是否拥挤？角落是否温暖？光线从何处射入？在这些零零落落的空间中，人又如何得到安宁？又是怎样品味孤独和宁静的？巴什拉摈弃精神分析的整体决定论并求助于那种可称为"物质抗拒"的东西，他用这种"场所分析"法进行我们私生活场景的系统的心理研究。精神分析为梦想的再现赋予了意义并将意义固定化，而场所分析则试图把灵魂的空间保持在梦想场所，并让集体潜意识在其中游动。

对于巴什拉来说，精神分析的标准是富有创造性的想象力，根本的力量是有活力的形象。他驳斥了那种把幻觉视为诗意形象活力的关键这一说法，在他看来，正相反，诗歌形象是一种真正的"精神细胞"。早在1932年，巴什拉就曾阐述被数学不断解决并进一步解决的实体的作用，而现在，针对实体的价值和标志着理性主义信念并奠定科学基础的数学的价值，巴什拉却要确立相对于理性的"形象的正当性"。

那么，形象与"意识"和"理性"之间有什么样的关系呢？是否还存在着一种作为补充的想象，它的地位和特殊功能又是什么？巴什拉承认，形象与概念形成于心理活动相反的两极，即想象与理性这两端，理性的意识和想象力的意识属于两个分离的世界。他曾在十二年左右的时间里见证了想象和经验之间的分离的各种情况，后者逐渐地像一种方法论原则迫使他接受。这种分离会使他意识到想象的唯物主义和受教的唯物主义之间的根本对立。他觉得在这样两个图像中区别人类信念的各种因素是很有意思的事情，即通过想象和形象而产生的信念以及通过理性和经验产生的信念。① 事实上，无论从经历还是在方法论上巴什拉都对理性—形象做了区分，但这种区分并不走向实际上分裂的两种生活，而是走向一种情愿的紧张，两种生存之间的丰富的紧张。这是源于现实的存在的那种综合，是梦想—理性—瞬间—清醒，或者说是精神与存在的统一，即理性和想象一同构成了我思的结构和活力，只不过它们参与的程度要从它们的竞争、互补性及相互关系等方面来加以确定。

传统哲学家把形象作为感知的残留物和意识的无生气的内涵，或作为可用感知的一些因素进行分解的东西。巴什拉不再把形象当作可感实在物的简单替代，而认为它超出所有感知的事物。在他那里，形象不是辅助的表达工具，相反，我们是直接体验形象——形象是新的，世界就是新的。它以某种方式超越世界，是对所有感觉与资料的超越②，形象具有双重实在——精神的实在和有形的实在。正是通过它，进行想象的存在与被想象的存在处于最相近的地位。按照按巴什拉的意思，如果形象不是过去的回声，那么，一定存在着一些形象，它们的对象确实是非现实的，也就是说，相对于每种感知，它是虚无的。与此相连，必定有一个纯粹的创造性的活动——形象是存在的给予者，通过把我们变成它所

---

① Cristina Chimisso, "From Phenomenology to Phenomenotechnique: The Role of Early Twentieth-Century Physics in Gaston Bachelard's Philosophy", *Studies in History and Philosophy of Science*, 2008, 39(3), pp.384-392.

② 加斯东·巴什拉:《空间的诗学》，张逸婧译，上海译文出版社2009年版，第20页。

表达的东西从而表达我们，换句话说，它既是表达的生成，又是我们的存在的生成。这意味着，形象是一种人类精神的行动。我们知道，萨特也将形象看作一种意识行为而非物，但巴什拉不像萨特那样仅停留于心理学层次，而是在本体论层次上谈论形象，形象"在其新颖性和主动性中具有一种特有的活力，属于一种直接的存在论，我们要研究的正是这样一种存在论"。①

与形象密切联系的是想象，根据巴什拉的解释，二者都是非现实的，形象的新颖性恰恰是创造性想象的标志，而形象也正是想象力的直接产物。如果说想象是主观的改变实在的过程或精神脱离实在的过程，那么形象则是上述转变由以发生的语义手段，它不仅改变外部实在，而且也改变内部的主观的实在。哲学家们通常认为，一般想象力或者表象作用就是削弱过去已经知觉到的材料的痕迹；内心表象不过是知觉的二次加工，而且它也不如现实准确，甚至连它的魅力都远远不及现实。巴什拉明确反对这种把想象力理解为知觉的派生的观点，并试图在新的层面上重建起想象与感知的关系。他给出的理由是，想象是先于感知的主体存在，它在思维之前已经具有产生意向的能力。因此想象力具有改变知觉提供的形象的能力，特别是它使我们从常规形象中解放出来。② 如果没有形象的变化和意外的结合，那么就没有想象力——想象力就是开

---

① James M. Magrini, "Dwelling and Creative Imagination in Gaston Bachelard's Phenomenology: Returning to the Poetic Space of Education and Learning", *Educational Philosophy and Theory*, 2017, 49(8), pp.759-775.

② C. Thiboutot, "Gaston Bachelard and Phenomenology: Outline of a Theory of the Imagination", *Journal of Phenomenological Psychology*, 1999, 30(1), pp.1-17.

启的经验、新颖的经验。

根据巴什拉的分析可以看出，"非现实"正是"对存在的超越"——这种超越体现着精神分析的升华，它所强调的是一种崭新的探求，即放弃对不在场者进行再现，切断形象与回忆或现实的类比等同，着重扭曲与变形的积极意义。在形象扭曲变形而非遵守在知觉上的"实在"规定时，意义本身得到了放大。任何景观在成为某种有意义的场景之前都是一种梦幻体验……梦中景物并非是一种充斥着印象的框架，而是某种扩展着的物质。景物没有被赋予客观思维，也不是作为一种普通的先验的形式强加于主体的，而是当作一种从内部发出的并赋予存在以活力的灵感，从内部获取的。世界并不作为物体总体而存在，而是作为显露中的总和而存在，它以形象的形式一丝不苟地奉献给我们……[1] 哲学的目的正是使我们置于形象的起点，而形象则凝聚于想象之下。这从另一个角度回应了巴什拉所坚持的观点，即形象不再由它们的客观的特征而是由它们的主观的意义所解释，人所感知到的东西与他想象到的东西相比，是无足轻重的。想象摆脱了实在的或心理的决定，它构成了一种产生于自身的自发统治，巴什拉正是用精神分析这个词，来表示自发地产生形象的想象力所具有的特性，它无需借助感觉和记忆，也无需先前经验的残留物相助。

---

[1] Joseph Lefevre, "Gaston Bachelard", *The Review of Metaphysics*, 2003, 57(2), pp.391-392.

三、为何最终走向"去精神分析化"？

　　精神分析的研究是否已深入先于主体的存在？假若它已深入这一区域，它能否在此发掘澄清个性矛盾的解释成分？人们也许已经注意到，巴什拉后期著作包含了对他后来称之为"古典精神分析"的彻底批判，即便仍然保留了其中的个别概念。他甚至公开抛弃"精神分析"这个词，并把"心理分析"和"心理综合"加以对照，尽管他在探讨认识论时仍然坚持对客观知识作心理分析的必要性。这是因为精神分析学家离开了对形象的存在论研究：经典的精神分析的局限在于，通过使过去的激情现时化的方式来解开各种情结，而从不赋予那些已经显示为粗糙和不适当的感情以某种程序……问题不再在于对人格最初形成中出现的混乱进行分析……问题在于作心理综合，这综合尤其是要确定形成人格的综合条件。[①] 巴什拉表达了"去精神分析化"的必要性。精神分析学家几乎从不关注这种紧紧裹在表达的存在本身之中的现实性。他由于这种表达的极端稀有而判定它对人来说微不足道，然而，正是这一稀有唤起了现象学家的注意力，并且现象学家提请精神分析学家用全新的眼光，从形而上学家和诗人所指明的存在视角去看。[②] 精神分析学家把形象当作"症状性的"，现象学家则以另一种方式对待这些东西，

---

　　①　Cristina Chimisso, *Gaston Bachelard: Critic of Science and the Imagination*, Routledge, 2001, p.204.

　　②　参见加斯东·巴什拉：《空间的诗学》，张逸婧译，上海译文出版社2009年版，第259页。

更准确地说,他如其所是地对待形象。

借助现象学方法不是对种种现象进行经验性的描述,而是把它们置于意向性的轴心线上。巴什拉显然已经感觉到,形象是不需要认知的,它涉及的是现象学的交互主体性——诗形象介于诗人与读者之间。这一由诗形象所中介的交互主体性将给予意识的动作联结到意识的瞬间即逝的产物上。这种结合是意向性的结合。一个往往非常奇特的形象如何能够作为全部心理活动的浓缩而出现?这奇特而稍纵即逝的事件,如何能在毫无准备的情况下,在别的灵魂、别的心灵中引起反应,而这一切又完全不受制于任何常识所形成的独断,不受制于任何稳固的理性思维?这些问题始终缠绕着他:一方面是纯粹但转瞬消逝的主体性,另一方面是并非必然形成完整构造的实在性,在二者经由形象建立起来的联合中,巴什拉最终通过现象学的视角发现了一个充满经验的领域。而现象学的方法,在促使我们有步骤地反观自身并对诗人所提供的形象努力进行体悟时,也将我们带入了与诗人的创造意识进行交流的尝试中。[①]

按照巴什拉的构想,用以阐述创造想象力的将不再是精神分析,而是一种想象的形而上学,或者说是先验幻想论。它在方法上引领巴什拉离开精神分析,并且发现现象学能够满足此要求。巴什拉将注意力从物理的空间转向想象的空间,发展出一种诗意想象的现象学取径。因为,在他看来,人的存在意识的根基正是在

[①] Christian Thiboutot, "Some Notes on Poetry and Language in the Works of Gaston Bachelard", *Journal of Phenomenological Psychology*, 2001, 32(2), pp.155-169.

科学与诗学这两个领域都展开的想象的活动。浮现于意识中的诗的形象，作为心灵、灵魂、人的存在的直接产物，在现实中被把握。崭新的诗的形象本身就是一个绝对的起源，一个意识的开始，如果已经处在形象的存在本身之中却去寻找形象的前身，这在现象学家看来是心理主义根深蒂固的标志，相反，我们要在形象的自身存在中抓住它。

此时的现象学想象力理论显然不同于先前支持"元素诗学"的物质想象力理论。与知觉的强制性特征进行比较，物质想象力理论的本质是，既反对认为想象力就是无限自由的尝试，又为想象力设定了一定的方向。想象力通过元素展示的世界来规定和限制自己的行为过程。而现象学想象力理论却正好与此相反，想象力在意识上必须脱离元素，脱离充分的知觉材料的客观世界。在这种意义上，想象力更加趋近于纯粹的内部发生性运动。诗人对自己内心的广阔程度感到吃惊，在那里涌现出的纯粹语言既不受知觉影响，也不受元素束缚。[①]

我们也不难发现，从一开始，巴什拉的著作中就出现了现象论这个术语，但这是马赫意义上的概念，也就是说，这是现象主义，而不是胡塞尔的现象学。他们的学术构思不同：胡塞尔的论述注重为意识中因直接被给予的、内在的、绝对准确的事物提供依据和直观，而巴什拉却不断指出直观所与的谬误性，并且信奉在全体

---

① Gaston Bachelard, "Noumenon and Microphysics" (reprinted from "Recherches Philosophiques"), *The Philosophical Forum*, 2006, 37(1), p.75.

概念装置中研究概念机能的理性主义。在《空间的诗学》整本著作中，巴什拉使用了许多以"现象学"为后缀的词语，如想象现象学、精神现象学、灵魂现象学等。他声称自己要进行一种现象学的转向，但在这些概念中，我们难以清楚地分辨出他所秉持的现象学基础究竟是什么。循着现象学运动史，我们可以罗列出各个现象学派，如胡塞尔现象学、海德格尔的存在现象学、梅洛-庞蒂的知觉现象学等等，但无法借此指出巴什拉所依据的现象学范式，因为巴什拉没有明确表达与这些思想脉络的关系。

当然，巴什拉使用的"现象学"一词，确实是指自胡塞尔之后发展的现象学，而不是康德、黑格尔使用意义语境中的现象学，但是，巴什拉并未遵循严格的胡塞尔式用语，并且也表达了对胡塞尔的某些批评，尽管并非是对现象学的否定。他指出：现象学意向性的概念是静态的，其原因是过于重视形式而忽略物质，以至于缺少动态性。由此，他把想象力分为静态的模式与动态的模式，而他所反对的是静态的现象学。形象不适合静止的观念，更不适合确定的观念，想象力不断地进行想象，并以新形象丰富自身，我们要探索的正是这种想象的存在的丰富性。巴什拉声称，最纯粹的现象学领域是"没有现象的现象学"，这种现象学为了了解形象产生的流变过程，只需等待想象的现象自行构成，自行固定为完成的形象，把我们直接交给我们的想象意识。通过这样的分析，我们在自己心中实现纯粹想象力的纯粹存在。

由此可以看出，巴什拉的现象学既得益于胡塞尔的现象学方法，以及科学思维中的现象概念，也结合了动态想象的辩证法这一展示其现象学独特性的核心。这种现象学的路径展现出,仅仅用悬置自然的态度来对意识中显现的现象进行描述是不够的,还需要有一种前反思的、作为意识根源的诗形象。在这种现象学的转向中,他的对象从知识或科学知识转变为文学形象,方法上从实验转变为想象——一种强调动态性的想象。

从精神分析到现象学,巴什拉的态度变化始终伴随着对 20 世纪两种倾向的批判:对于"在世之中"这个事实,有些哲学家只要谈到认识,就希望得到直接、直观的认识,他们认定精神具有与生俱来的自明性;而另一些哲学家只要谈到经验,就想立即达到自身的经验,描述个人对世界的观点,似乎由此可寻求到世界的意义。针对这样两种极端的倾向,巴什拉借助想象力指出一个"超越"的方向[1],由于想象力的使用借助了世界之中的种种物质形象,因此,这种超越不是与世界的脱离,更不是对它的否定或摒弃,而是强调想象意识与自然彼此生发的关系。

---

[1] 弗朗索瓦·达高涅:《理性与激情:加斯东·巴什拉传》,尚衡译,北京大学出版社 1997 年版,"理性与经验的和谐——代译序",第 1 页。

价值论

意义的来源[*]

语言是人类最重要的思维工具和交流工具,那么文字和符号如何会产生惊人的力量?它们为什么能够指涉事物?其意义又来自哪里?我们可以把某个符号如"⌒"看作一个箭头、一只楔或一座山,似乎没有什么规定它只能表达一种意义,而不能表达另一种意义。诚如洛克所言,各种文字在自然方面是没有意义的,换句话说,字词本身没有意义。但是,如果语言就其本身而言不表征什么,那么是什么赋予它们以意义?它们是怎样实现的?

一、作为内部进程的意义与意义的公共性维度

假设我说"我的牙好痛",人们知道我是在描述牙痛这一感受状态,而当一只鹦鹉在学舌时即使完美地复制了我的外部行为和能力,我们不会认为其词语代表什么实质的含义。为什么鹦鹉和我

---

[*] 原文刊载于《世界哲学》2016 年第 6 期。本文在此基础上做了修订。

都经历了相同的外部的、可观察的进程——我们都说出"我的牙好痛",但我有指涉而鹦鹉没有?因为当我说"我的牙好痛"时,说话的外部物理过程伴随着施意的心理内部进程,正是后者赋予了词语以生命,把它们从纯粹的声音转化成有意义的语句,从而将我们的语言与那些通过训练能够模仿我们的动物的发声从根本上区别开来。

意义是心中观念的标记,因而它在本质上是"内部的",洛克就是持这样的观点。在洛克看来,心灵就像一个容器:出生时,容器是空的;渐渐地,我们的感官开始用对象来填充这个内部空间,这些心理对象称为观念。我们具有简单观念,比如红颜色的观念,这被当作某种心理意象;我们也有由简单观念组成的复杂观念,例如,对雪球的观念包括了白色、冷、硬和圆的观念。观念构成了思维的素材。词语通过对这些观念的表达而获得意义,因此,我和鹦鹉之间的差异是:我能够把外部的字符串与某个心理对象系列关联起来,我说这些词语的外部进程伴随着内部的观念轮替;而鹦鹉的心灵中没有发生这样的心理事件。

作为洛克的意义理论的基本范畴,观念是一个人在思想时或理解中所具有的任何物象,是外物在心中的表征。洛克用它来表示幻想、意念、影像或内心所能想到的任何东西,表示人的心灵知觉和思想的直接对象、材料或基本元素。这意味着:在人的一般思维里,观念与观念意指的那个对象,是完全一致的。同时,洛克不只把语词看作观念的标记,而且把观念看作事物的标记。在他那里,意义理论的构成要素为语词、观念和事物。语词的原始的或直接的意义,是表示利用文字的那人心中的观念[①],其间接意义则是观念所表示的事物。

通常,一个意义理论至少必须说明:(1)什么东西决定一个词的外延?它是如何决定的?例如,为什么我们说"爱因斯坦"的时候,这个词会指涉到那个发现相对论的科学家,而非其他人?(2)沟通如何可能?例如,当我说"爱因斯坦"时,为什么人们会知道我在谈论谁?洛克式的意义内在论认为,一个词的意义就是这个词所代表的心灵图像或观念。按照这样的主张:(1)一个词的外延是由这个词所代表的心灵图像或观念决定的。例如,"苹果"的意义就是我心里理解的那个红色的、有甜味的水果,因此,苹果的外延就是所有跟我心里的苹果图像外形、气味、口感一样的东西所成的集合。(2)沟通的内容是我们的想法。例如,当我说"苹果"时,别人知道我在讲什么,因为别人也会想到跟我的心灵图像一样的心灵图像。

洛克的意义理论体现出这样的见地:意义的内涵和外延需要放在交流的背景下来理解。一方面,要有说者存在,而说者又必须是有思想或要表达意义的存在;另一方面,还要有听者,听者必须能说出或表达相同观念的话语,唯其如此,他才能基于他所听的内容把握说者的话语。它指出了一般日常语言中,谈到某个对象(无论它是具体的特指,还是抽象的共相的指称)时,所包含的真正内容即是,人对意识中的那个被建构起来的表象的可感性的特征

[①] 洛克:《人类理解论》,关文运译,商务印书馆1959年版,第416—417页。

或特质的语言陈述，以及建基于这些特征与特质的语言陈述之上的逻辑演绎的陈述。

当然，洛克的理论也面临着难以回避的质疑。洛克把直接意义等同于观念，这犯了心理主义的谬误。洛克最早提出了"颠倒色觉"问题。所谓颠倒色觉是指对于同样的行为，主观经验可以各不相同，同一个对象在不同的心灵中也许会产生不同的观念。例如，紫罗兰在一个人看来可能与金簪花在另一个人看来颜色相同，反之亦然。① "颠倒色觉论证"形象地描述了语言一致却感觉相异的现象，洛克试图用它证明观念与意义的同一性。但我们从这个论证也能推出两者不等同的结论。即使一个人把这个词与错误的观念连在一起，这个视觉异常的人仍会用"黄"一词指称金簪花和黄金的颜色；他会把金色头发说成"黄色"，但会把它"经验"为蓝色。无论被意指的事物在心中以何种方式呈现，重要的是把话语与被意指的事物联系起来，而借助精神或客观抽象的实体使得言语诱发思想的能力，目前已经被识别。② 意义不仅与心理的东西有关，还与外在的事态有关。洛克试图回答话语为什么有意义、如何有意义，然而他仅在心灵中去探寻话语有意义的根据和条件，从而滑向了内在主义。

自洛克以后，许多哲学家都为意义的"内部进程"模式所吸引，人们用"回忆"一词意指的就是这样一种内在过程。不过，

---

① 洛克：《人类理解论》，关文运译，商务印书馆1959年版，第397页。
② Arda Denkel, "The Problem of Meaning and Its Lockean Solution", *The Natural Background of Meaning*, Springer Netherlands, 1999, p.58.

这一看法在 19 世纪末受到质疑，并在 20 世纪初奎因的行为主义意义论之后，得到了更加全面的反思。

前文已述，在"内部"模式中，理解一个词语就是参与一种发生在心灵中的"查找"。似乎内心存在一个观念的储存室，其中颜色的记忆意象与它们的名称早已关联在一起。当接收到词语"红色"时，你在记忆中搜索你之前学会关联到该词语的那个观念——红颜色的一种记忆意象，后者为你提供一种模板或样本用以与其他事物进行对照；然后你把周边的物体与这个记忆意象进行比较，直到发现匹配之物。

但这种内部查找并不能解释你挑选出词语"红色"适用的那些事物的能力。因为它预设了它要解释的东西。当你接收到"红"的时候，你如何知道该选取什么颜色？你会说，你选取的是你心中出现其意象的那种颜色。可是，你怎么知道"你心中出现其意象的"是哪一种颜色呢？对此是否还需要进一步的判据？这里的困难在于，心灵意象不是被贴上标签、储存起来的固定事物，一旦你意识不到它，它就消逝了。那么，下次当你想唤起一种"红"的心理意象时，你如何确认你要想象的是什么样的意象呢？这需要你早就知道"红"的意义，"红就意味着当我听到这个词的时候，我心中出现的那种颜色——这将是一个定义"[①]。然而，那个心理意象要解释的正是你对"红色"意义的知识。

如此说来，内部模式在解释你"如何能够识别外部对象是红色

[①] 维特根斯坦：《哲学研究》，李步楼译，商务印书馆 1996 年版，第 132 页。

的"时，已经假定你"有能力识别哪些内部对象是红色的"。对于其他任何事物也是如此：你能够挑选出正确的外部对象，但你必须有能力挑选出正确的内部对象。它预设了那些恰恰需要我们对之进行解释的现象。维特根斯坦以下棋作类比，给予了有力的回击：如果我们想知道某人是否会下棋，那么我们对发生在他内部的任何事情都不感兴趣；如果他认为对他来说懂得如何下棋是一个内在过程，我们感兴趣的事实上正是他内部发生的事，那么我们就只能请他想一想什么是向我们表明他的能力的判据，以及什么是检验"内在状态"的判据。

如果词语和其他符号从根本上是依赖它们被关联到内部对象（即观念）来获得其意义的，那么这些内部对象是如何获得其意义的呢？假如你把词语"红色"关联到一个红色方形的心理意象上，你是否因此就赋予了"红色"一种意义？并非如此。这就如同印在一张卡片上的红色方形，可以用无数的方式加以解释——它们没有内在的意义。其原因在于，内部进程模式提出的解释是循环解释。按照内在论的观点，掌握意义就是处于一个特定的心理状态；给定任何两个人，只要他们处在相同类型的心理状态，他们关于字词意义的掌握就会是相同的。这个模式试图诉诸私人的、内部的对象来解释公共的词语和符号如何具有意义，并且直接设定了这些内部对象的意义。

在内部模式中，语言行为包括两个部分：符号操作以及对这些符号的施意、理解和解释。后者的活动似乎发生在心灵这一介质中。而维特根斯坦提醒我们抵制这样一种诱惑，即把意义和理解视为一种神秘的内部活动或进程，并试图使我们从对内部事件的关注转移到我们公开的可观察的能力的关注。意义不是隐蔽的，而是依赖于我们赋予词语和其他符号的用法。把握一个词语的意义，不是把它与某个神秘的内部对象关联起来，而是知道它被如何使用，"让使用教给你意义"①。维特根斯坦并没有提出一种替代的意义理论，事实上，于他而言，我们根本就不需要这样的理论，因为语言的意义在使用中产生，用法建构了语言当下及未来的意义。

由此，我们可以发现，意义似乎是一种呈现方式：一方面，意义与"思想着"的人的心理生活有关，是一种在心灵中的呈现；另一方面，意义又是客观的、可交流的。但决定意义的东西却是某种独立于心理生活和外在世界本身的东西，这就是规则或规范，因为个体大脑所实现的结构依赖于制约该个体运用概念的规则。正是这种规范性，使得不同表达的意义联系在一起，对他人行为的解释和预言才有可能，人们的交流才会正常进行。语言表达式的意义是那些有助于语言学习者和使用者决定意义所诉诸的所有证据的联合产物。以最直接的说法，就是证据构成意义；这里的证据是公共可取得的证据。意义（和指称关系）是公共互动、经由合作生产出来的。②

---

① 维特根斯坦：《哲学研究》，李步楼译，商务印书馆 1996 年版，第 324 页。
② Dagfinn Follesdal, "Mind and Meaning", *Philosophical Studies*, 1999, 94(1), p.140.

二、意向网络与惯例

在上面的分析中,我们看到,语言行动的满足条件来自心灵表征,某些类别的语言行动与某些类别的心理模式有关。例如,信念是断言的真诚条件(S 断言 p,前提是 S 相信 p),而与命令相应的真诚条件是欲望。S 在进行语言行动(断言 p)时,会有意地把他的信念 p 的满足条件施加到他的发声行动上,使后者承载了命题内容而获得意义。就此而言,我们可以说 p 的意义来自 S 的心理状态(信念 p),S 的心理状态决定了他所说的语句之意义。

既然心理状态决定语句的意义,那么,在心理状态内容相同的情况下,为什么指涉到的对象会不同?其实,这也是意义内在论的难题。塞尔(John R. Searle)认为,传统内在论无法解决这一困难,是因为在它那里,每个意向内容是彼此孤立的,独立于任何非表征的能力,而且意向状态与因果无关。[①] 与此相反,塞尔强调,心理状态是彼此相关的,任何一种心理状态必须预设其他的心理状态才能被合理说明。举例来说,我相信"珍妮明天会还这本书",这一信念必须预设,我拥有(不管我是否意识到)"有珍妮这个人"、"存在这本书"、"珍妮借了这本书"的记忆、"珍妮会履行诺言"等心理状态,否则我们无法解释我的原始信念是怎么一

---

① 约翰·R. 塞尔:《意向性:论心灵哲学》,刘叶涛译,上海人民出版社 2007 年版,第 204—236 页。

回事。另外，心理状态也必须预设非表征的能力才能被合理说明，例如"我想去植物园看花展"，我必须被设想为具有懂得去植物园、懂得如何购票、懂得寻找方向等的能力，否则我这个欲望是不能被满足的。这些相关的心理状态或能力原则上无法穷尽，因为当我们写出某些相关的心理状态或能力时，它们便可能进一步预设其他的心理状态或能力。除此之外，意向状态是因果地自我指涉的（causally self-referential）。譬如，"我看到那个苹果"的满足条件是这样的：我看到那个苹果，而且我的"看到那个苹果"的知觉经验是由那个被我看到的苹果造成的。

需要指出，日常生活中我们所说的语句，其字面意义是不准确的，如果我们按照字面意义说话，我们的语言行动的满足条件并不清楚。例如，当我们说出"那只猫在桌子上面"时，如果猫与桌子中间其实存在 3 毫米的空隙，我们的断言为真吗？如果我们说这话时身处无重力的情境，我们的断言为真吗？诸如此类，语句的满足条件是相对于某个背景，如与之相关的物理环境、主体的生理构造、文化习俗等，这些要素都是非表征的，它们本身不是语义的，但在语义内容的辨识中扮演着重要的角色，因此，不同的背景下，同一个语句会决定不同的满足条件；缺少某种背景，则语句不能决定一组特定的真值条件。①

心理状态也是如此。要想具有某个信念和欲望，必须具备包

---

① B. Loar, "Expression and Meaning: Studies in the Theory of Speech Acts", *Philosophical Review*, 1982, 91(3), p.488.

含其他信念和欲望的整个网络，因为任何一个概念内容都可能由不同的方式被解释，它们的意义并不取决于它们自身的经验内容，而是取决于被假定的背景——"内在过程"的外部判据，后者决定一种经验如何被解释，而这个背景本身并不是概念网络的一部分[①]。一个人如果只知道他的心理状态，并不可能知道他的心理状态有着怎样的满足条件；而若不知道满足条件，他也不会知道自己处于怎样的心理状态之中；只有被给定不同的背景，他才能对心理状态加以辨别。背景是一个由立场、习惯、技能、实践构成的集合，它能够使意向内容以它们所具有的各种方式来运作，正是在这种意义上，背景通过为意向状态提供启动条件集而发挥作用。这意味着语言行动的满足条件是被整体性的心理状态共同决定的。[②]

前面我们讲到，语言通过意向传达出意义，然而"我所说的"如何能表达出"我所想的"呢？塞尔将语句划分为命题部分与意向部分：意向部分是指言说者想通过语句表达出的含义，命题部分是指语句直接表达出来的内容。两者之间之所以能够产生联系，是因为约定俗成的概念在起作用。具体而言，说者利用语句将其意向表达出来，听者利用所听到的语句去理解说者试图利用语句所表达出的意思，这个意思可能只是语句上的单纯意义，也可能是言说者利用语句而另有所指。听说双方的表达和理解都是基于各自的知识、认知结构以及使用语言的方法，所以说者的意向和听者所推

---

① 约翰·R. 塞尔：《心灵的再发现》，王巍译，中国人民大学出版社2005年版，第147页。
② 参见约翰·R. 塞尔：《意向性：论心灵哲学》，刘叶涛译，上海人民出版社2007年版，第146—147页。

测出的说者的意向有可能出现偏差，但是惯例却把两者联结起来。比如，在一间不通风的教室里，老师说"今天天气很热"，他的意思是希望学生将窗户打开，而学生既可能理解老师的言外之意并随即将窗户打开，也可能认为老师只是在陈述"今天天气很热"这个事实。可见，老师心中想开窗户这个意向实现的前提是学生和老师至少有共同的认知背景，这个背景就是惯常的经验。惯例在"言"与"听"之间扮演着桥梁的角色。

三、复合意义与内在论的精致化

我们知道，意义理论的主要目的是说明，在一个成功的沟通中，说话者所言说的一个表达式的意义是什么。而戴维森（Davidson）则转换了问题的解答方式：相较于其他哲学家诉诸说者对于语言的理解和使用，他更倾向于诉诸听者的理解，即当言者说出一个语句时，该语句的意义在于听者对该语句的解释。戴维森认为，意义并不是一种独立存在的具体的对象，当我们说语言是有意义的，只是表明它是可以被理解的；如果我们对理解语言所必需的要素进行了充分的说明，那么语言相应的那种意义也就得到了阐释。质言之，一个意义理论就是一个解释理论。拒绝将意义对象化，这一出发点明显脱离了从洛克经验论到弗雷格的意义理论的传统。

语词或句子之所以有意义，是因为人们可以理解它，而且可以用来与他人沟通；反之，如果一个或一串符号或声音无法为人所理解，那么它就不是有意义的。由此我们便不难看出，一个为语言 L 而设的意义理论，应该满足这样的条件：一个人若具有那个意义理论所陈述的知识，他就能够理解使用语言 L 的人所说的话；一个人若懂得语言 L，他就可以被认为是获得了能够理解 L 的语言能力。语词的使用规则是通过言说者的相应能力来表征的。主体所揭示的逻辑形式和理解语义的能力方案紧密联系：一个句子的逻辑形式通过揭示真理句子的相关语义结构来表现；同时，说明真理句子的相关语义结构是为了表明这类表达式的规则，而表达式又反映了语言言说者的语义能力。[①] 对于一种语言，其言说者是有能力来使用该语义结构的，而且共同体成员之间具有某种一致性，即语义结构和言说者复杂能力结构之间具有一致性。简言之，"赋予意义"必须与"理解"和"解释"的语言能力紧密相连，因为后者已蕴含在掌握他人的意义中。

因此，这样的意义理论必须告诉我们：一个解释者需要具备何种理论才能了解他人的言说，以及如何知道此理论真的能够正确地描述他人的语言。而一个接近塔斯基理论的真理理论，可以满足一个作为合理的意义理论所需的形式上的要求。戴维森主张为语言寻求一种复合意义：语言可以分为语义的原初表达式和复杂表达式，我们对语言的意义的理解就是基于这种原初性及复合性[②]。所谓复合性是指，言说者所获得的语言资源是有限的，但他却能够利

---

① Donald Davidson, *Essays on Actions and Events*, Clarendon Press, 2001, pp. 105-121.
② Donald Davidson, *Inquiries into Truth and Interpretation*, Clarendon Press, 2001, pp. 8-9.

用这些有限的表达资源构成无限丰富的意义，从而能够在特定的立场中理解任何潜在的话语，可见言说者可以通过掌握一个语句而知道另一个语句的意义，这就要求两个句子具有某种共同的成分，并且这些共同成分以一种有规律的方式联系在一起。戴维森强调利用真理论的复合性来捕捉语义能力。真理论之所以可以用来解释一个特定的句子，是因为我们不仅知道句子的 T- 语句是可解释的，而且我们也掌握关于其他 T- 语句的所有证据。这样，语词和语句的意义都以一种恰当的方式抽取自语言语境整体，而不是通过个别地询问，将个别心灵的表象当作语词的意义。

从前面的论述中我们看到，语言的意义经历了从洛克到维特根斯坦这样一个由内而外的发展过程，而塞尔、戴维森等人又或多或少地显现出洛克的内在论的思想。内在论强调，当言者发出一串有意义的声音，这串声音所负载的意义，就是言者脑中的、想要传达出去的内在事物。而这样的观点，正是外在论要否证的。

维特根斯坦之后的外在论者大多援引普特南的孪生地球思想实验，来论证语词的意义不完全取决于心理状态。孪生地球与地球唯一的不同是，地球的水的化学分子式是 H_2O，孪生地球则是 XYZ。当奥斯卡与孪生奥斯卡同时说"请给我水"时，这两句话的指涉不同——一个是 H_2O，一个是 XYZ。由此外在论强调社会约定等外在环境因素以及意义与言说者所身处的外在世界的关系。[1]

---

[1] Tyler Burge and Carlos Muñoz-Suárez, "Anti-Individualism and Perceptual Representation: Interview with Tyler Burge", *Europe's Journal of Psychology*, 2014, 10(4), pp.589-597.

换句话说，意义是由言说者所指涉到的东西来决定的。

然而，这一观点面临的困难是无法解释感知：不同于信念、欲望等心灵状态，诸如痛、痒、冷、热等感受，似乎不指向某个对象，如此一来，用以说明心灵内容的外在论就把感知排除在外。除此之外，孪生地球论证存在一个关键的疏漏：两件事物是否一样，要看对谁而言。在这里："水"这个字对于孪生地球上的居民和地球居民而言意义是一样的；然而对于知道这二者差异的旁观者而言，它们的意义并不一样。孪生地球所预设的地球人与孪生地球人的相同的心灵状态其实是不同的，前者脑中想的是 H_2O，后者想的则是 XYZ。既然两者心灵状态不同，那么普特南的论证就无法成立，因为他所试图表明的是在他们拥有相同心灵状态的前提下，"水"和孪生地球上的"水"具有不同的指称。事实上，无论是在地球还是孪生地球上，一个人在不知道其中差异的情况下，无法说明他要表达的是 H_2O 或 XYZ，但他依旧表达了不同的意义。

按照外在论的观点，无论语言使用者是否知晓，他所运用的词汇所表达的意义都会根据外在世界的变化而有所改变。这是令人疑惑的。我们可以假设一下：汤姆看到远处有条蛇，而那里也确实有条蛇。他的经验是真实的，"蛇"这个字所表达的意义就是蛇。再考虑另一种情况，汤姆弄错了，他以为自己看到蛇，但其实那是某个人用草绳编织的模型。按理我们应该说，汤姆看错了，他的经验是错误的，因为他所看到的并非事实。然而，如果我们接受意义的外在论，我们就得认为，他看到前面有条蛇，虽然他的心灵状态与之前真实经验中的一样，但外在世界已经改变，他所说的"蛇"的意义也就跟着改变了。换言之,他所说的蛇,表达的其实就是草绳的意义,这样一来,他说他看到前面有条蛇就当然是对的。显然,意义的外在主义使我们陷入这样的困境:我们不再拥有幻觉,我的心理内容就是现实存在的……

不难看出,无论地球上的水还是孪生地球上的水,无论蛇还是草绳,两种事物具有本质的不同,但这一事实并不影响交流的双方互相沟通的内在事物可以是相同的。生活中我们常遇到类似的情形。例如,甲说:昨天晚上那瓶波尔多葡萄酒很好喝;乙回应:是的,昨天晚上那只德国葡萄酒真的很好喝。某天,甲乙见面了,俩人想要找上次那种酒,他们同时指出橡木桶包装的那瓶酒。此时红酒商铺的店主回复:这是皇家澳洲红。这三人指涉的事物本质不同,它们是真实世界中存在的三样不同物品,但三人所指内在事物却是相同的,他们通过言语的表达成功地做了一次有效的沟通。

相反,若不涉及心中的想法,即使同一个语词,也会产生歧义。例如,港人在香港称呼女士为"小姐"时,对方很客气地给予了回应;然而他在大陆称呼女子"小姐",对方却非常愤怒。按照语义外在论,由于社会环境不同,小姐二字意义改变了。事实上,这样的解释过于简单和笼统,确切地讲,是小姐二字在大陆人心中产生的想法,不同于港人心中的想法。"小姐"一词作为一个音符和意符的结合,本身只是一些线条和音波,而人类可以借助它进行思想上的沟通,不过,由于习惯和文化的原因,不同时代、不同的人对此符号拥有不同的想法,误解的现象也就无法避免。因此，合理的心理主义应该是一种精致化的心理主义，即语言的意义是指说者心中的想法与听者或读者心中的想法达到了契合。

正是在这个意义上，我更认同戴维森的主张。在他那里，信念与真扮演着重要的角色。我们对这个世界有一些基本的信念，这些信念正是我们所使用的语言表式之意义的根源。由于当一名言者在沟通的情境中说某一语句时，他所意指的显然是他的某一个信念，所以当听者宣称他理解言者某个语句的意义时，他所理解的就是言者拥有的某个信念。[①] 那么，听者如何表征言者的信念？在戴维森看来，听者对言者所说的语句进行解释时，并不是把该语句翻译成他自己所用语言之语句。事实上，解释基本上是一种信念的赋予（ascription of beliefs），即听者赋予说者某些信念。这个信念可以借着言者所拥有的若干其他信念来表征，其他信念被听者当作言者的信念得以成立的真值条件；即便这个信念是主观的，它也仍具有公共性，因为它被个人视为真的语句和被公共视为真的语句二者共同限制。

如此看来，意义理论的主要任务是去描述并理解一种语言，由此表明言者是如何有效地确定任何表达式的意义的，但是这种有效确定并不是简单地"指称"或"满足"。一个意义理论适用与否并不取决于对意义本身的直接理解，只有在成功的交流中，意义的概

---

① Donald Davidson, "Symposium-Responses to Barry Stroud, John McDowell, and Tyler Burge", *Philosophy and Phenomenological Research*, 2003, 67(3), pp.691-699.

念才能彰显其真正的价值。[①] 当我们言说的所指相同，我们就可以认为彼此已沟通好，因为沟通始于原因的聚合：如果你的信念与我的信念是由同样的事态和原因构成的，那么你的言语所指就是我的言语所指。意义属于人类的信念之网，并且是编织这张网的一种方式。

---

① Donald Davidson, *Truth, Language and History*, Clarendon Press, 2005, p.145.

话语心智

在西方两千多年的哲学传统中,语言更多地被看作表达思想的工具、人际沟通的媒介和记录文化的载体——语言是一面镜子,它能真实地描述和表征人们内在的心理状态。这种"语言工具论"在 20 世纪遭到"语言建构论"的批判,建构论认为,世界并非先于语言被给予,而是在语言中确立自身的;语言不是反映它,而是创造了它;语言的作用不是表达心理,而是规制心理;语言不只是通向社会世界的途径,而是社会世界的组成部分。[①] 心智是通过语言而形成的。

一、语言作为"世界经验"

解释学被传统地理解为对文本的解释或在社会和历史情境中

[①] Kenneth J. Gergen, "The Social Construction of Self", in Shaun Gallagher eds., *The Oxford Handbook of the Self*, Oxford University Press, 2011, pp. 633-650.

对人的理解，认知研究则被理解为对知觉、记忆、思维、判断、推理、解决问题等的因果性说明。这样两个看似明显对立的领域常常被认为没有什么共同之处，但在伽达默尔那里，语言则被视为世界经验和解释学本体论的基点。无论何时，只要我们碰到那些可知觉的形式——另一个心灵对象化于它们之中，并通过它们向我们的理解力说话——我们就开始了我们的解释活动。任何解释过程都是一种"三位一体"的过程：意义充分的形式起到一种中介作用，它把在自身中得以客观体现的心灵与解释者的心灵沟通起来，解释就是重新认识或复制体现在这些形式中的创造心灵。①

我们关于自己的心智活动的知识是借助于理论赋予这些活动的概念而形成的，这些概念仅仅具有功能的作用，而没有标示任何关于心智活动的固有本性的知识，因此，内省活动没有显示心智活动是一种物质过程这一事实，并不意味着心智活动是某种非物质的实体的过程。对于思想和语言的关系以及这两者与非语言的外部世界的关系，我们可以借助语义学范畴来解释思想的意向性，因为思想和说出来的话语虽不等同却是相似的。除了在概念方面具有相似之处，在我们用以做出经验陈述的语言和非语言的外部世界的事物之间，也存在着另一种完全不同的相似之处——前一种可称作"意味着"，后一种被称为"描述"。②叙事是人类体验世界的方式。

---

① 汉斯-格奥尔格·加达默尔：《真理与方法》，洪汉鼎译，上海译文出版社1999年版，第560—561、809页。
② 威尔弗里德·塞拉斯：《经验论和心灵哲学》，李绍猛、李国山译，载陈波、韩林合主编《逻辑与语言：分析哲学经典文选》，东方出版社2005年版，第673—764页。

世界本身是在语言中得到表现的：哪里有东西被产生、经验、领会和掌握，或不可信的东西被抛弃，哪里就会有引入语词和共同意识的解释学过程在发生。我们的整个世界经验都是从语言这个中心出发展开来的，因为根本不存在外在于语言世界经验的立场，这并不是说世界变成了语言的对象；事实上，即便是科学所认识并据以保持其自身客观性的对象性，也属于由语言的世界关系所把握的相对性。①

解释学从本体论的层面确立了认知与叙事的关联，那么在对象内容方面二者又如何联系起来呢？意识具有一种"叙事化"的特征，即对实际行为的比拟性模拟，这似乎成为意识超出关于它的共时态讨论之外的一个明显的表现。意识常常让事情富有情节，给任何事件安排一个前奏和结尾。这个特点是我们的物理自我的一种心理对应，物理的自我在具有空间的连续性的物理世界中行动，这种连续性可以变成心灵空间中的时间上的连续性，从而导致了关于时间的意识概念，即时间是我们将事件、将我们的生命放入其中的空间化了的时间。一个典型的例子是：米乔特（Albert Edouard Michotte）曾进行一项因果性知觉实验。实验中，红色方块 B 停留在整个区域的中心位置上，黑色方块 A 停留在 B 的左方一定距离的地方。在某一特定的时刻，让 A 沿着水平方向向 B 运动，在这两个方块接触的时刻，A 突然停止，B 开始运动。实验控制了方块

---

① 汉斯-格奥尔格·加达默尔：《真理与方法》，洪汉鼎译，上海译文出版社1999年版，第 575、793 页。

运动的速度、方向和距离,然后让被试说出矩形运动的原因。结果,观察者倾向于对这些活动矩形做出情感意义的解释。若 A 移向 B 的速度大于 B 离开 A 的速度,被试把该现象分别描述为:"A 推 B";"B 的离开是受了 A 的影响";A 的运动"引发"了 B 的运动;"A 的接近吓着了 B,于是 B 逃跑了";"好像 A 的接近产生了一种电流,使得 B 离开";"A 的到达似乎为 B 带来什么信号";"A 似乎激发了 B 的什么机关,使得 B 开始运动";等等。反之,若 A 移向 B 的速度小于 B 离开 A 的速度,则被试的描述为:"A 去找 B"或"B 的离开吸引了 A",等等。①

按照多重草稿模型,各种各样的知觉能在大脑中完成,依靠的是平行的、多轨道的对感觉输入的诠释和细化过程。我们不能直接经验到什么发生在我们的视网膜上、什么发生在我们的耳朵里和我们的皮肤表面;我们实际经验到的,从效果上说,是许多诠释过程的产物。从最初接收的相对来说未做加工的片面表征到经过比较、修改、提升的表征,它们都发生在各种活动流里,也发生在大脑的不同部分。大脑内这些按时空分布的固定内容,可以在时间和空间上精确定位。这些分布于各处的内容区分,随着时间的推移,产生了某种很像叙事流或叙事序列的东西,好比多重"草稿"受制于分布在大脑各处的许多过程的连续编辑,而且可以无定限地延续到未来。②

---

① Patricia Cheng, "Causal Reasoning", in Robert A. Wilson and Frank C. Keil eds., *The MIT Encyclopedia of the Cognitive Sciences*, The MIT Press, 1999, pp.106-107.
② 参见丹尼尔·丹尼特:《意识的解释》,苏德超等译,北京理工大学出版社 2008 年版,第 126—128 页。

传统心理学隐含地支持了个体主义的主张和制度形态,即把人看作根本上是孤立、自我满足的。人类关系是功能独立自主的个体的人为副产品;社会对个人是次生的,并且是由个人派生的。批评者们认为,当这些概念在文化生活中形成时,它们会使疏离、自恋、冲突以及自私自利变得自然而然,因为每人都单独地处于自己的经验中。伴随着这一批评,他们提倡学术主要目标应当是充实文化资源,尤其是,通过在文化中发展新的本体论和更有前途的行动途径,促使人们投入到用个体主义术语之外的语言对个体的再概念化之中。这种再概念化可以采用多种形式,而建构主义元理论引入的是个体的社会重构。也就是说,在构成建构主义运动的许多对话中,社会被赋予高于个体的地位,受到重点关注的有语言、对话、协商、会话定位等。

语言作为"世界经验"的视点成为当今认知科学的新方向和不可替代的研究手段。这里所包含的观点基于人类智力的研究假设,即研究故事的结构和使用可以对自我的根源和思维的本质提供洞见,它表明了叙事作为一种认知风格和话语类型以及作为与其他形式的交流的资源的重要性。[1] 以访谈为例,实证主义的访谈是一个"刺激—反应"的心理行为过程,在实证主义看来,访谈的标准化才能保证测量的一致性。为了达到一致性,访员尽力回避自己的"在场",他仅仅将受访者视为提供信息的来源,而不描写访谈过程的细节、他对于受访者的感觉以及与受访者互动的品质等。然而

---

[1] David Herman, "Stories as a Tool for Thinking", in David Herman ed., *Narrative Theory and the Cognitive Sciences*, CSLI Publications, 2003, pp. 163-192.

访谈中的述说建构关乎"意义",而非"事实"的再现。事实本身就是一个建构,它从解释的情境脉络中得到意义,它是说者与听者协商或折中的结果。

通向一种社会化心理学的切入点已经在当代话语分析中出现。这种分析典型地聚焦于话语的语用学,并以指涉(语义学)问题作为支撑点。就心理话语而言,分析者较少关注这种话语是否指涉了某种心理现象,而更多关注这种话语在关系中发挥作用的方式。例如,"态度"概念去除了心理对象而被用来指示社会交往中的地位,这样,一种态度本质上是一种社会诉求("我感觉……"、"我的观点是……"、"我更喜欢……"),而不是一种内在冲动的外在表达;关于记忆的文章也着眼于人们如何通过协商达成对过去的描述,因此记忆不是被界定为心理事件,而是一种关系的完成。

语言对事实具有建构作用,这一作用借助述行语(performative language)而得以实现。塞尔根据"是否依赖于观察者"标准,把实在划分为两种不同类型:一种如石头、树木、桌子等,它们是不依赖于观察者而存在的自然的实在;另一种如货币、规则、政府等,它们是依赖于观察者而存在的社会的、制度性的实在,是已被人们接受的、通过主体的态度建构的实在,可以通过集体意向性、功能归属和构成规则加以建构。语言的一个独特特征是"象征化",即用一个对象来代表、表示、表达或象征某种另外的东西。这是"制度性事实"的一个本质性的预设前提。[①] 塞尔进一步发展

[①] 约翰·塞尔:《心灵、语言和社会:实在世界中的哲学》,李步楼译,上海译文出版社2001年版,第106—113、131、133、147页。

了奥斯汀的"以言行事理论"：说话是一种受规则约束的实施行为方式；语句在表达字面含义、给出一串有意义词语的同时，也完成了各种行为，譬如承诺、期待、赞同、致谢、道歉等。例如，某国总统宣布战争开始，战争就正式开始；老板说"你现在可以不上班了"，实质上是实施了一种解雇职员的行为；而中断谈话和"较慢地做出反应"代表了控制谈话的一些手段；等等。语言在这些情形中无疑具有行动的力量。

二、话语作为心理本体

关于人类行为的理解和解释，归因理论及其所依据的认知主义均依赖于一个牢固的假设：个体天生具有某种心理结构或过程——对于行为主义者而言，环境可以激活或影响内在状态；对于认知主义者而言，环境条件为认知使用提供了原始资源。在这两种情况下心理基本原理本身都并没有得到生产、消减或转化。后者构成了一种心理实体。话语是从这些实体生发出来的，心理化的词语如观念、记忆等，似乎就是指涉心理状态和心理存在的。行动者遇到的"刺激条件"是一种客观实在，认知是内在于行动者的信息加工装置，行动被视为认知系统自然的产物。20世纪哲学的语言学转向在很大程度上影响了心理学的发展，心理学内部开始反思重视内在认知机制而不够重视社会互动的倾向。话语心理学认为，大部分心理化的词汇根本没有"内心"的指涉；这些词汇与其说是对心理状态的描述，毋宁说其本身就是具体的社会实践中的自主组成部分。活动被赋予优先于实在与认知的地位：并非自足的个体先于文化，而是文化建构了心理功能的基本特征；心理是社会的建构，是一种言说的社会实践。因此，话语分析不再关注内在的心理结构和心理过程，而是要勾勒出：人们在做什么以及在实践的过程中如何制造出各种形式的实在与认知。

以"理解"一词为例，这个词语起初可能被视为对某种私密的或内心体验的描述，然而，当我们仔细考察该词语被使用的方式之后，这种看法就无法成立了。若假定一个人只有根据心理学法则做出因果推理才能理解另一个人的言行，那么就会得出如下怪诞的结论：即使一位心理学家发现了这些法则，他也决不能把他的发现传达给别人，因为根据此假定，如果不按照这些法则从他的言论推出他的思想，他们就不能领会他对于这些法则的阐释；可见，理解一个人的言行并不是对其隐秘过程进行占卜，也不在于推出或猜测它由以存在的内在生活中的先导。[①] 尽管认知过程显然是存在的，而且人们如果没有大脑肯定无法做出理解，但这不是理解的充分条件。理解要受到公共标准和实践检验的评估。只有当这些标准能够而且已经得到满足，而不仅仅是当人们有某种体验时，理解这一词语才会得到合理的使用。诸如此类的问题无法通过概念性的分析来获得合适的解决，而需要对它们所置身的话语序列以及参与者所显露出来的对它们的意向进行理解。

话语分析超越了内在心理的解释，其中，参与者的话语或社会

[①] 吉尔伯特·赖尔：《心的概念》，徐大建译，商务印书馆2005年版，第57、59页。

文本本身被作为对象，而不是作为研究态度、事件或认知过程的间接途径。它批判地考察了许多基本的内在心理解释，力图从语言管窥人的心理状态。在每一个案中，使用话语的具体组织来给出描述和解释，而不是"头盖骨下的活动"——人们描述这个世界，塑造出各种相关的细节，进而说明它所具有的因果影响力；人们也描述认知，塑造出一种信念、动机和感觉的内心活动，从而使他们的行为能被理解。① 我们是通过日常语言而不是通过寻找日常语言的抽象表征来思考和认知的，这一点与认知主义形成鲜明的差别。话语的观念被当作心理学的本体论和认识论。

将话语置于研究的中心，其最大的优势在于将心理学的关注与社会分析结合起来。传统的社会心理学假设社会场域是一个预先设定的群体结构，心理过程内在于个体之中；话语仅仅用来表达和反映这些先在的心理实体和社会实在。诚然，在实际生活中，多数有关心灵的现象，是在人们讲话、书写、回忆和与人交谈等情境中，以主体间性的方式展现出来的，但由于话语分析家并没有赋予"内心"和"外在"或者"心理的"和"非心理的"不同的地位，因此，个体对心理状态的描述如何呈现出或者说符合他们的心理状态，即话语描述的准确性以及作为私密的主观心理经验之描摹的完备性，在他们的视野中便不是一个研究的主题。

在这种意义上，建构论并不是关注共同体背后的真理，而是关

---

① 乔纳森·波特、玛格丽特·韦斯雷尔：《话语和社会心理学：超越态度与行为》，肖文明、吴新利、张擘译，中国人民大学出版社2006年版，第170—171、190页。

注那些先在的可理解性。因此,我们不要拷问它的真理性或谬误性,这些问题的提出和回答的方式本身必须看作一种共同体的副产品,既非嵌入"真实",其回答也与"真实"不相关,而只是反映了当时共同体的承诺和习惯。这绝不是对这些探究的怀疑,一个人只能在特定传统之中提出关于真和善的问题,而决不能超出该传统。没有任何词语的集合对实情如何的描述是终极正确的,我们只能从我们的文化和时代的视角来言说或书写。对于社会建构论的宣称也同样如此。建构论引入了一种理解方式,即对会话的参与,它促使人们投入到用个体主义术语之外的语言对个体的再概念化之中。[1] 我们所要关注的是:当我们以这些方式说话时,我们的共同生活发生了什么?

话语分析已被确立为社会心理学的主要研究分支,它帮助确立起定性方法的合法性,并发展出定性访谈和对互动记录研究的新方法。其着眼点在于,通过对语言细节的解构揭示隐藏于语言后的社会意识形态以及不平等的权力关系即宏观社会结构,即批判话语分析。批判话语分析提供了对话语进行社会分析的元语言,其代表人物费尔克拉夫(Norman Fairclough)指出:"话语分析"并不像某种传统的做法那样,把语言分析限定为句子或更小的语法单位,而是侧重于对话的高级结构属性,并且重视言者和对象之间的相互作用,因此也重视话语的生产过程与解释过程。[2] 话语结构被

---

[1] 肯尼斯·J.格根:《语境中的社会建构》,郭慧玲、张颖、罗涛译,中国人民大学出版社2011年版,第38页。

[2] Norman Fairclough, "The Language of Critical Discourse Analysis", *Discourse and Society*, 2008, 19(6), pp.811-819.

置于相互关联的话语结构的复合体中，后者又被认为是互为话语的（interdiscourse），这样一个话语结构的特定意义是由它与话语领域的其他话语的关系所决定的。①

在社会变化中，许多变化不仅涉及语言，而且借助于语言实践中的变化被构筑到了一种富于新的意义的程度；语言在社会变化和文化变化中日益重要起来的一个象征是，变化方向的各种尝试越来越包括改变语言实践的努力。当然，我们的任务在于把握一个隐含的事实，此事实为观察者提供的或许只是琐屑无聊的互动方式，而这种方式恰恰掩饰了它的真相。有时，人们之间所交流的言谈表面上有助于"话语分析"，而且言谈过程中所发生的所有可见的"互动"，表面上也为他们自己进行的分析提供了所有必要的工具，但所有场景的展现目的在于确定谁具有社会认可的能力来讲述有关争论的真理，因此话语是涉入其中的行动者之间客观力量关系（或更准确地说是不同"场域"间力量关系）的反映——这些人就置身在这些场域中，并在其中占据不同等级的位置。②语言规范束缚了人的言行，话语信条钳制人的思想，由此在一定程度上生产、建构和强化了权力体系，只有在实际研究中构建出客观关系的空间（结构）——我们直接观察到的那些沟通交流（互动）只是这一空间结构的表现，我们才能避免卷入话语解释彼此冲突的纷争。

---

① J. van Brakel, "Interdiscourse or Supervenience Relations: The Primacy of the Manifest Image", *Synthese*, 1996, 106(2), pp.253-297.

② 皮埃尔·布尔迪厄、华康德：《实践与反思：反思社会学导引》，李猛、李康译，中央编译出版社 1998 年版，第 384—385 页。

三、认知研究的隐喻描述

相对于作为心理本体的话语，隐喻是作为这一本体的辅助展现形式而出现的。修辞（rhetoric）曾一度被认为是一个纯粹的文体或语言的问题，而不是构建我们概念系统和我们各种日常活动的主要手段。20 世纪 60 年代，随着后结构主义和后现代主义思潮而崛起的"新修辞学"重新审视和解读构筑西方人文和社会科学的思想基础，修辞逐渐成为学术界各个领域的重要范畴，而隐喻则是其中的常见手段。传统的隐喻研究只限于对语言内部结构的研究，并且由于受到逻辑实证主义的影响，人们一般以直陈式语言作为科学文本的叙述规范语言，很少有人将隐喻与科学文本联系起来。而近年来，隐喻的定义被不断地扩展，远远超越了语言本身的范围，并与人类思维和认知建立起密切的关系。我们试图在分析隐喻的认知价值基础上，选择有代表性的案例重点展示认知研究中的隐喻描述，以求从多元视角揭示认知的本质。

传统哲学观中，只有陈述才能表达真实的东西，隐喻仅仅用于表达情感，与真实无关。而保罗·利科却在《活的隐喻》中阐述了这样一个基本概念——隐喻的真实：隐喻不仅提供信息，而且传达真理；隐喻在诗中不但动人情感，而且引人想象，甚至给人以出自本源的真实。在利科看来，"诗意的情感也展示了对现实性的体验，在这种体验中，发明与发现不再相互对立，创造与揭示同时发生"①。为什么会产生隐喻？维柯认为，最初的诗人们就是运用隐喻使一些物体成为具有生命实质的真事真物，并用以己度物的方式使它们也有感觉和情欲；一切表达物体和抽象心灵的运用之间的类似的隐喻一定是从各种哲学正在形成的时期开始。② 他的观点说明，抽象概念的难于表达性即使不是隐喻被广泛创造和使用的最初原因，也是其部分原因。诗通过隐喻来讲述神话与寓言，而神话与寓言是远古时代人类智慧的表现方式，隐喻反映了人类早期的将思维与现实相互对应的努力，而陈述所依赖的抽象思维，则是将隐喻固定化的产物。

作为一般认知能力的反映，语言能力由一般的神经过程所控制。根据这一事实，各种认知之间是一个连续体，语言并非人的心灵和大脑中独立的"模块"。莱考夫和约翰逊指出，隐喻是人类思维的重要手段，直接参与人类的认知过程，并从认知的角度首次提出了概念隐喻理论：（1）隐喻存在于概念之中而非词语当中；（2）隐喻通常不是基于相似性，相反，它通常是基于我们经验中的跨域关联，这导致隐喻中两个域之间的感知相似性；（3）即使我们最深切和最持久的概念，如时间、事件、因果关系等，也是通过多重隐喻得以理解的，并通过多重隐喻来推理的，在每一种情况下，一个概念域（例如时间）是通过另一个域（比如空间）的概念结构来推理和谈论的；（4）概念隐喻系统不是任意或偶然的，而是在极

---

① 保罗·利科：《活的隐喻》，汪堂家译，上海译文出版社2004年版，第339页。
② 维柯：《新科学》，朱光潜译，商务印书馆1989年版，第200页。

大程度上由我们身体的共同性质和我们在日常世界中运作的共同方式所塑造的。① 隐喻意义都是由最终出自于我们经验的相关性的概念隐喻映射给出的。

经验主义阐释弥合了客观主义神话和主观主义神话关于公正性以及做到公正客观的可能性之间的鸿沟。客观主义神话没有看到的是：理解以及由此获得的真理必然跟我们的文化概念系统相关，而且，这种理解不能框定在任何绝对或中立的概念系统中；人类的概念系统本质上是隐喻的，牵涉到以一种事物来富于想象地理解另一种事物的这一事实。而主观主义神话所没有看到的是：我们的理解，即使是最富想象的理解，都是依据一个概念系统的，这个概念系统源自我们在自然环境和文化环境中的成功运作；隐喻性理解涉及隐喻蕴涵，隐喻蕴涵是一种富于想象的理性形式。② 隐喻只能描述现实的观点其实源自这样一个观念，即现实完全外在于并独立于人类如何概念化世界，似乎对现实的研究就是对物质世界的研究。这种所谓的客观现实观忽略了现实中人的方方面面，尤其是构成我们大多数经验的真实感知、概念化、动机、行为。然而，对于作为某种文化成员的个体而言，现实的内容是他的社会现实和塑造他的物质世界经验方式的一种产物。由于我们许多的社会现实是以隐喻来理解的，也由于我们的物质世界概念是隐喻性的，因

---

① 参见乔治·莱考夫、马克·约翰逊：《我们赖以生存的隐喻》，何文忠译，浙江大学出版社 2015 年版，第 134—135、212—213 页。
② 参见乔治·莱考夫、马克·约翰逊：《我们赖以生存的隐喻》，何文忠译，浙江大学出版社 2015 年版，第 171—172 页。

此隐喻在决定我们的现实内容方面起着非常重要的作用。

隐喻思维的实质是不同领域之间相互关联的认知方式。在对新概念的探索和阐述中，隐喻成为一种重要的研究工具。在这一过程中，语义转移的基础是喻体和本体之间的相似性。通过发现原先没有任何联系的事物之间的相似性并对它们进行比较，人们获得了解某一事物的新的角度。鉴于认知系统中模型描述的局限，认知研究常常以隐喻性的词汇建构理论。比如，我们会将头脑比作一个容器（事情都"装"在头脑中）或一部机器（头脑"运转"不灵），而且这部机器的运行还是有空间分隔的，以致存在着"深"层意识和高级的心智过程。我们通常认为大脑中存在不同的区域或者空间，其中一些区域或空间是被区隔开的，因此人们在必要的时候会认为自己突破了心智"障碍"，这是人本主义心理学家经常采用的比喻。

一个通俗的隐喻是视觉注意的"聚光灯"。在聚光圈内，信息以特殊的方式进行处理。这就使得我们能够更精确而迅速地看到被注意的物体或事件，而且可以较容易地记住它。聚光圈外的视觉信息很少被处理，或是以完全不同的方式处理，或根本不进行处理。脑的注意系统很快地将这个假想的聚光灯从视野的一个位置移动到另一个位置，就像在一个相对慢的时间范围内移动您的眼睛。① 探照灯比喻以最简单的方式向我们暗示，视觉系统注意的是

---

① 参见弗朗西斯·克里克：《惊人的假说：灵魂的科学探究》，汪云九等译，湖南科学技术出版社2004年版，第64页。

视野中的某个地方。

关于统一的认知理论涉及一个著名的剧院模型。巴尔斯（Bernard J. Baars）从多个层次分析了意识活动和无意识活动的脑机制，并把它们深入浅出地呈现于"意识剧院"的隐喻。在这个模型中，意识内容局限在注意舞台上的一个亮点上，舞台上的其他内容对应于即刻的工作记忆。布景后面是执行过程，包括一个导演和许多背景操作员，他们形成意识经验但是并不进入意识。观众是一个巨大的智慧的无意识机制，包括一些自动程序，如引导眼动、讲话或手与手指运动的脑机制。工作记忆的内容在舞台上，如果它们不处于注意的聚光灯下，那就是无意识的。不同的内容传到舞台上共同工作，并将一个演员置于有意识的亮光下，这就是会聚的过程；但是一旦登上舞台，意识信息又广泛地分散到观众。

我们的经验来自我们愿意注意的地方，虽然仅仅是注意不足以构成意识，但它对意识的作用的确很大——"注意"是进入"意识大门前的岗哨"。人的大脑同时接受来自身体内部的和身体外部的感受器传来的多种刺激，却只有少量刺激信息引起我们的注意，好比剧院里只有少数角色得到"聚光灯"的照射，其间有一个选择的问题——照射到的角色才是意识活动反映的对象；聚光灯下的演员享有特权，他们将信息传播给观众。注意的聚光灯起着重要的作用，因为在不同"演员"之间，意识显示出竞争和合作，这些演员是不同意识体验的来源，他们都努力登台表演，聚光灯不会一直眷顾其中的某位演员，而是不停地转换照射的位置，只有那些最为卖力、表演最为出色的角色，才能被聚光灯所关照，被台下的观众所注意。无意识的背景操作员将背景设置为不同于演员表演的前台明亮的布景。他们在后台是看不见的，但是对意识有着复杂的影响。这些后台操作员中有一个导演，他执行主管功能，那就是"作为代理者和观察者的自我"[①]。剧院隐喻形象地描述了意识、无意识、注意、工作记忆这几个概念之间的联系和区别，为人们理解认知机制的基本原理提供了很好的说明。

"统觉团"概念是另一个代表性的隐喻。赫尔巴特（Johann Friedrich Herbart）反对官能心理学将灵魂分为各种不同的官能，因为在他看来，灵魂是统一的整体。他认为，灵魂的本质是不可知的，人们只能探究灵魂的现象，即观念。他把观念及其之间的相互联合与斗争视为心理学的基本内容。人所有的心理活动，都不过是各种观念的活动：从静力学看，观念各有其特点，彼此不同；从动力学看，观念在不同时间存在强弱的差异，彼此相互吸引或排斥，如快乐是观念的和谐状态，痛苦则是观念的冲突状态。为了进一步揭示观念相互作用的规律，赫尔巴特在莱布尼茨的微觉统觉说、康德的统觉原则的基础上，提出了"意识阈"（conscious threshold）与"统觉团"（apperception mass）概念。他认为，两个相互冲突的观念虽然可以相互抑制，但那种被抑制的观念在一定条件下仍可转变为现实状态即显示出来观念的状态，这就需跨过一条界线，即意识阈。当两个以上的观念在发生冲突时，较弱的一方被较强的一方所取代或压抑，但是它并没有消失，而是从意识中下

[①] Bernard J. Baars:《在意识的剧院中：心灵的工作空间》，陈玉翠等译，高等教育出版社2002年版，第25—29页。

降，以至于觉察不到。但意识阈并不是固定不变的，因为意识和无意识是可以相互转化的。被抑制的观念，可以通过有关的意识观念的吸引，从意识阈限之下进入意识阈限之上。相反，随着时间的变迁，意识阈限上的观念可以转入意识阈限下而成为无意识。只有知识与意识中有关的观念才容易穿越"意识团"而进入意识，并为意识所融化，否则就会被排斥。这就是他的统觉团概念，即把分散的感觉刺激纳入意识形成统一的整体——"统觉团"，后者就是对已知事物的完整理解。[①]

意识的交响客观还原（orchestrated objection reduction，ORCH-OR）隐喻也常常被提及。该模式建立在神经元中的微管这一生物学基础之上。它主张，神经元内部由一束微管（microtubule）组成，它们传导化学物、控制轴突的强度与改变神经传导物的数量。每一微管的行为很像一个自动操作细胞，换句话说，虽然一个神经轴突只是一个细胞，但是组成它的许多微管中，每一根都表现出一个细胞的功能。构成微管蛋白的两个"牙齿"形状不同，它们扮演着计算机里的0或1的数字状态；包围着每一根微管的微管蛋白是如此之多，以至于每一根微细管可以看作一架计算机。[②]而一根神经元又含有那么多根微管，在这个意义上，我们可以说神经元是由无数多台计算机组成的。

[①] Rosemarie Sand, "Herbart, Johann Friedrich", in Edward Erwin ed., *The Freud Encyclopedia: Theory, Therapy, and Culture*, Routledge, 2002, pp.254-256.

[②] Stuarf Hameroff and Roger Penrose, "Conscious Events as Orchestrated Space-Time Selections", *Journal of Consciousness Studies*, 1996, 3(1), pp.36-53.

情感依赖的理性与推理[*]

千百年来，理性被看作是人类的本质属性，而情感作为一种身体对行为在生理反应上的评价和体验，也一直被视为人类灵魂或精神存在的基础。尽管人们已经认同理智的过程融合了非理性的因素，但在生命最本质的意义上揭示它们的内在关联机制，却是在生物学取得突破性进展的时期。20世纪末，情感现象及其与其他认知过程的相互作用构成了当代认知科学研究的前沿领域。随着认知神经科学的发展，人们已能够解释一些潜藏在道德判断与伦理权衡背后的大脑运行机制，然而，理智与情感是否是两个独立的过程，它们之间的关系究竟怎样，以及情感如何影响推理和判断，依然是备受关注的学术话题和颇具潜力的研究领域。

---

[*] 原文题为《认知视野中的情感依赖与理性、推理》，刊载于《中国社会科学》2012年第8期。本文在此基础上做了修订。

一、情感在何种意义上是理性的

这里首先需要指出，虽然情绪和情感有区别，但为了方便起见，本文将它们统一起来，取其共同之处，即把它们都看作人对客观事物是否符合自身需要而产生的态度体验，在这个意义上，文中对二者的差别不再加以区分，从而在很多地方将它们互换使用。其实这也是深受斯宾诺莎的启发，斯宾诺莎把动机、情绪和感受等概念总体上都称作情感，他认为这是人性的核心方面。在探讨相关问题的著作中，他既不是用情绪（emotion）一词，也不是用感受（feeling）一词，而是使用情感（affects）一词来指代所涉及的概念，因为他把情感理解为身体的情状。

自古希腊始，理性主义就认为，情绪的侵扰会误导诸如理性和决策这样的高级认知功能。柏拉图曾在《斐德罗篇》借苏格拉底之口描述人的灵魂犹如一辆由两匹飞马驾驶的战车。这两匹马中，一匹是白马，代表人的道德和节制；另一匹是黑马，代表人的情感和欲念。而这战车必由人的理智来驾驭方能完美。[①] 在他看来，只有圣人和精神病人能成功地克服狂热的激情与欲望。情绪或激情不断挣脱理性的控制，成为人类灵魂的潜在威胁。由此，不难理解为什么亚里士多德会说，各种激情是改变人们判断的情感。当

---

① 参见柏拉图：《柏拉图全集》第二卷，王晓朝译，人民出版社 2003 年版，第 160、163、168 页。

然，他并不仅仅认为情感像头脑中的噪音干扰了纯粹理智的思考与表达，而是较为全面地理解情绪的功能，例如，情绪可以使行为再次出现；情绪对回忆有积极作用，也有消极作用；情绪激动时会妨碍记忆，因为激动会失去意志的控制，使回忆不能按照要回忆的方向进行，不过，愉快的情绪是会增加记忆效果的。①

尽管如此，作为日常生活基本素材的情感体验，仍被认为对人们理解认知活动并非不可或缺，人的理性思维是一项独立的心智活动，无需情感的影响。譬如，我们劝人要理智客观，不能被感情所左右。但斯宾诺莎认为，情感和情绪与认识或思维相伴。他把情感理解为身体的感触，这些感触使身体活动的力量增进或减退，顺畅或阻碍。通过情绪，我们能理解身体的变化，身体自身行动的力量以及有关身体变化的观念一起，或得到增强或被减弱，或得到帮助或被阻碍。②

及至休谟，情感和情绪已被纳入人对外在世界的认识过程之中。在休谟看来，情感是一种原始的存在，它构成了行为活动的最初动力；理性则不一样，它属于观念的范畴，是对原初的情感和意志的一种复本。正是理性的这种自身本质的规定性，才使得它在任何时候都不能单独构成任何意志活动的动机，在指导意志方面也不能反对情感。抽象的或理性的推理只在指导我们有关因果的

---

① 亚里士多德：《灵魂论及其他》，吴寿彭译，商务印书馆1999年版，第142、243—244页；苗力田编：《亚里士多德全集》第九卷，中国人民大学出版社1994年版，第409页。
② 斯宾诺莎：《伦理学》，贺麟译，商务印书馆1983年版，第98、165页。

判断的范围内,才能影响我们的行动。① 比如雨天带伞,从理性上说是为了保持衣服的干燥,但感觉告诉我们被雨淋湿衣服是件不快的事。也就是说,只有出现了我关心的事、我的爱好或某种对我有吸引力的东西,符合情感、在情感的推动下,那些理性原则才能在我身上发挥一定作用。所以,休谟说"理性是、并且也应该是情感的奴隶"②。休谟并不否定理性对人的意志行为的作用,但他认为,只有理性与情感共同作用,才能产生完整的或者说正确的意志行为。

不过,即使人们认可情绪是动机中的有力因素,但是对于情绪能否有助于理性行为,人们依然感到怀疑。有人认为,情感就像生理的干扰,无法构成行动的理由。因为情感的内容是空洞的。也有人认为,情绪虽然具有认知内容,但是过于个人化,是生理(甚至病理)反应的产物,无法提供行为可靠的理由。不过,近年来许多哲学家开始为情绪在理性或行动理论中的地位平反,并提出应重新评估情感的重要性。一些哲学家和科学家甚至主张,情绪本质上是理性的,在这种背景下,"理性的"这个术语不是指外显的逻辑推理,而是一种对有机体表现情绪有利的行动或结果的联结。这种回忆性的情绪信号本身是非理性的,但它们促进了可以理性获得的结果。可能有一个更好的词可以说明情绪的这种特点,它就是"合理的"(reasonable)。③

---

① 休谟:《人性论》,关文运译,商务印书馆1996年版,第451—453页。
② 休谟:《人性论》,关文运译,商务印书馆1996年版,第453页。
③ 参见安东尼奥·R.达马西奥:《寻找斯宾诺莎:快乐、悲伤和感受着的脑》,孙延军译,教育科学出版社2009年版,第95页。

理性的推理已被证明难以通过计算实现，因为，汇集一套解释数据的假说，其所需的时间，随着参与命题数量的增加而呈指数性增长，就此而言，没有一台电脑可以穷尽所有的搜索。然而，人类思维模式和当前的计算模型利用的是启发式技术，如反向规则的链接和激活概念的传播，它可以缩窄假设搜索的范围。而情感是人类启发式搜索的宝贵部分。一旦要解释的某个事实被标示了重要的情绪特征，那么解释它的相关概念和规则也被赋予了情感方面的特性。例如，沃森和克里克发现 DNA 的结构时，他们对于双螺旋的想法异常兴奋，而后者与结构推测具有密切的关联。

可能有人会对情绪的功能进行反驳：即使情感在发现语境中发挥有益的作用，它也必须被排除在辩护的语境外。对于语境的这种区分最早可追溯至逻辑经验主义。卡尔纳普和赖欣巴哈等人把科学理论看作是信念的连贯系统，这些信念通过逻辑推理的链条与经验证据相连。这些链条提供了科学知识得以辩护的"语境"，逻辑经验主义者为自己规定了充分阐释这种辩护语境的艰巨任务。此外，他们把辩护语境与另一语境区分开，这就是科学信念得以形成的发现语境。在他们看来，与辩护语境不同，科学发现的语境是不需要理性的，它是情绪、愿望和社会利益的积聚所在，应由心理学家、历史学家和社会学家去分析研究。也就是说，促使科学理论产生的心理、社会、政治、历史等外在因素属于发现语境；而基于中立观察基础上的理性计算则属于辩护语境。科学发现是一回事，对科学理论的证明则是另一回事。两种语境之间的区分推进了如下观点，即无论科学理论是如何被发现的，它们都只允许被可获得的证据的准确推理所证明或反驳。

然而，情感在推理过程中实实在在地发生着作用。科学哲学的历史主义转向之后，科学家个人的心理因素已成为科学发现和科学理论评价的不可忽视的一个部分。情感可以使某一前提突显出来，从而使个体更偏好这一前提所得出的结论；还可以对各种事实的存储予以协助，使得我们能够在无须仔细考虑的情况下迅速做出反应。推理通常是由惊异引起的，这是一种我们的预期被扰动时所发生的情绪反应。我们在遇到与原有的信念不符的事实时，会产生由情感的不一致所带来的惊喜，于是，我们把注意力集中于那些令人惊讶的事件。在解释性假说的评价中，面对某一假说，你确信它具有解释力，这种评价往往是由一种愉悦感引发的——高度一致的学说以其优雅美丽而受到科学家的好评。在此，从一致性中产生的欣喜就成为我们对科学理论进行评估的一部分，而焦虑感可能暗示着现有的理论不十分融贯，它可能引发人们寻找新的假说。可以说，一种代表了情感的直觉可能是评价相互竞争的诸多假说是否具有高度融贯性的一个有效预示。此外，我们知道，类比有助于推理，而情绪往往可以帮助我们寻找类比。例如，要解释的事实 F_1 与已经得到解释的事实 F_2 相似，且科学家在用假说 H_2 解释 F_2 时拥有积极的情感态度，那么他们可能会兴奋地用 H_2 去解释 F_1。类比把正性情绪从一个理论转移到被看好的另一个与之相似的理论。当然，它也可以传递负面情绪。因此，无论选择所要解释的事实还是指导寻找有用的假说，情绪都是产生解释性假说的重要组成部分。

其实，对情感与理性分离传统的挑战，并非针对发现语境与辩护语境这一区分本身。相反，它代表着认识上的一种转变，即从把知识看作由抽象的逻辑规则捆绑在一起的统一的信念系统，转变为把知识看作一种设置了适当的程序和目标且联结较为松散的一系列认知实践。事实上，认识论最近几年发展的知识模型已不再符合最初遵循的语境区分的假设。[①] 例如可靠主义。它认为，一个信念如果通过一个可靠的方法形成，那么它就被证明为合理的。而情绪在科学信念的形成中发挥了可靠的作用。

二、理性选择："满意"而非最优

传统的行为学理论认为，如果人们能够获悉所有相关信息，那么他们就可以确定并做出对他们最有利的选择。理性人假设甚至假定了作为经济决策的主体都是充满理智的，既不会感情用事，也不会盲从，而是精于判断和计算。任何一个从事经济活动的人都会运用各种运算法则和规范化的逻辑程序进行有意识的认知加工，力图以最小的经济代价去为自己获得最大的经济利益。

然而在真实的行为中，人们往往追求的是"满意"而非最优。这里的"满意"指的是，选择一个最能满足个体需要的行动方案，即使该方案不是最理想或最优化的，这就是有限理性（bounded

---

[①] Jeff Kochan, "Reason, Emotion, and the Context Distinction", *Philosophia Scientiae*, 2015, 19 (1), pp.35-43.

rationality）。① 按照理性的要求，行为主体应该具备关于每种抉择的后果的完备知识和预见。由于后果产生于未来，他们必须凭想象来弥补尚未发生的体验，除此之外，还要在全部备选行为中进行选择，但对现实生活中的人们而言，他们只能想到全部可能行为方案中的很少几个并且无法对未来的状态进行正确的预测。完全的理性导致决策人寻求最佳措施，而有限度的理性导致他寻求符合要求的或令人满意的措施。

人们力求达到完全的理性而又被束缚在其知识限度之内，这恰恰是情感发挥作用的地方。有限度的理性行为产生了比按逻辑和计算方式行动更合理也更真实的结果。神经经济学研究发现，人们面对短期决策时，非理性冲动因素在人脑决策中的作用与猩猩毫无二致。还有实验表明，人类的大脑在被迫根据极少甚至互相矛盾的信息或证据做出决定时往往感情用事且不合逻辑，甚至不能达到冲动性与自我控制的平衡。最后通牒游戏较好地展现了情感和理智之间的这种矛盾冲突②：先给被试甲 10 美元，然后让他决定从这 10 美元中分出一部分给被试乙。按照理性人假设，在给乙 1 美元的情况下，甲的收益最大，能获得 9 美元。从纯粹理智的角度推测，乙将会采纳甲的建议，因为得到 1 美元总比 1 分钱都没得到要强。可是，实验显示，实际情况与"理性最佳方式"相去很远：

---

① 赫伯特·西蒙：《管理行为》，杨砾、韩春立、徐立译，北京经济学院出版社 1988 年版，第 20—21 页。
② 转引自陈光宇：《奇妙的学术"联姻"》，人民网：http://theory.people.com.cn/GB/49154/49155/5439000.html，2007 年 3 月 5 日。

乙在听到甲只给他们 1 美元或 2 美元的建议时，无一例外地拒绝了甲的提议；超过半数的人拒绝接受低于 20% 的价码；充当角色甲的参与者约 2/3 的人提议分给对方的比例在 40%—50% 之间，只有 4% 的人开出低于 20% 的价码。

跨文化研究还揭示出，无论国别、性别、年龄、教育程度或计算能力如何，实验结果都没有明显差异。这是因为与追求收益最大化的自私行为相比，全世界大多数人更崇尚公平公正。参照实验把甲替换为电脑，结果不论电脑给出了分多少钱的建议，角色乙都很乐意接受。对此，科学家的解释是：在与人做此游戏时，人会觉得钱太少，自尊心因此受到伤害；而在与电脑游戏时，则不存在这一感受。研究人员借助 fMRI 可以从屏幕上观测到在整个游戏过程中人的大脑的运作情况。乙在听到甲提议的这一少得可怜的数目时，其大脑岛皮层部分就会变得活跃起来。岛皮层是大脑中相对简单的部分，它与愤怒、厌恶等负面情绪有关。研究发现，做决定的过程中，前额叶皮层促使人做出选择：扮演角色乙的参与者其岛皮层越不活跃，他们就越倾向于拒绝甲给出的 1 美元提议。[①]

那么，人脑中主情感与主理性分析这两部分区域相冲突的迹象是如何的呢？格林（J. D. Greene）与科恩（J. D. Cohen）等人发现，当人们苦思冥想要在牵涉到徒手杀人的两难困境中做抉择的时候，

---

① Jonathan D. Cohen, Samuel M. McClure, and Angela J. Yu, "Should I Stay or Should I Go? How the Human Brain Manages the Trade-Off Between Exploitation and Exploration", *Philosophical Transactions of the Royal Society. Series B: Biological Sciences*, 2007, 362(1481), pp.933-942.

他们大脑中的几个网络会被激活。首先包括脑前叶的中央延伸部分,该部分涉及对他人的感情;其次还包括前叶的背外侧部分,该部分涉及持续的大脑计算(包括非道德推理);第三个区域,是前扣带皮层,大脑某个部分的冲动与另一个部分的忠告之间的冲突就在这个区域中体现。但是当人们思虑一个不需要亲自插手的两难困境时,人脑的反应则大为不同——只有涉及理性计算的部分被激活了。其他研究也表明,因前叶受损而感情迟钝的神经病患者只会从功利角度思考,这都支持了格林的观点,即我们的非功利直觉是感情冲动战胜成本效益分析的结果。[①]

再思考一下著名的"电车难题":设想你是一辆有轨电车司机,电车正高速运行,刹车突然失灵。前方是道路岔口,岔口左边轨道上有5名工人正在维修轨道,右边轨道上只有1名工人。如果你听之任之,电车将拐到左边轨道并撞上那5名工人。拯救这5名工人的唯一办法是通过扳闸改变电车路径,那么你将撞死1名工人。会做何选择呢?另一种情形:你正站在天桥上目睹那辆失控的有轨电车,但这次轨道上没有岔口,你旁边正站着一名工人,如果你猛地把他推下天桥,他将摔死,他的尸体将阻挡电车前进,你是杀死这名工人来拯救5条性命,还是活生生看着5条性命魂飞天外?

从逻辑上看,这两个问题应该得到相似的答案。但大多数人更愿意扳闸换轨而不愿把别人推落天桥。那么,为什么在一种情

[①] Joshua D. Greene et al., "Cognitive Load Selectively Interferes with Utilitarian Moral Judgment", *Cognition*, 2008, 107(3), pp.1144-1154.

形下是正确的事，在另一种情形下却变成错误的？问题的关键不在于道德判断的逻辑规则而在于判断者的情绪。正是情绪推动着道德判断的选择。尽管两种选择都能拯救5个人的生命，但它们触发的脑部机制不一样。直接用手去杀死别人，任何时代都被看成是不道德的，它会唤起那些古老的、占据压倒性地位的负面情绪，从而否认杀死那名工人能够带来任何好处。而做出扳闸换轨的选择，则是我们的祖先所未遭遇过的情形。在这种情形下，原因和结果被一系列机械和电子所分隔，因此选择扳闸换轨不会触发突然的道德选择。[①] 我们依赖于抽象理性思维——例如权衡代价和后果来判断是非。可见，人们的理性抉择追求的并非"最佳"而是"满意"。

三、情感影响推理的神经基础与进化解释

情感是对主体的内部状态的感受。通常情况下，感觉的产生起因于外部事件。推理所做的决定是以事实为依据，它要求做到公正和明智，但它也往往基于什么感觉是"良好的"或"合适的"。这样，推理发生的基础必然涉及整个身体。躯体标记就是作为以前情感经历的化学记录，存储在大脑的前额叶皮层。我们自觉或不自觉地访问它们，把它们与我们遇到的情形进行匹配，判断出哪

---

① Joshua D. Greene et al., "Pushing Moral Buttons: The Interaction Between Personal Force and Intention in Moral Judgment", *Cognition*, 2009, 111(3), pp. 364-371.

种选择是最好的。①

能否设想，一旦离开情绪的指引，完全诉诸理性与逻辑时，人类的行为将会是怎样一种情形？20世纪90年代，达马西奥（Antonio Damasio）研究了因中风、肿瘤或脑部遭到重击以致额叶皮层部分功能受损的病例。眼窝前额叶皮层（简称额皮层）专司情绪判断控制，这部分结构受到损伤时，病人会丧失大部分的情绪功能，他们在面对可怕景象或美景时不会像普通人那样产生正常身体反应。

这样的病人在接触外在世界时，不受情绪干扰。那么，他们是否会变得非常讲求逻辑，是否能看穿蒙蔽常人的情感迷雾，走向完全理性之路？情况刚好相反，虽然基本注意力、记忆、智力和语言能力都完好无损，但他们却很难做出决策，甚至连简单的决定都无法做出，任何一个小的目标都无法实现。造成这一麻烦的根源或许在于，患者情绪的丧失使得他无法赋予不同的选择以不同的价值，无法对自身的社会角色形成一个正确的定位。换言之，他们的内心没有喜恶之感，以至于做每一项选择都必须用理性逐一分析对错。而正常人面对这个世界时，那充满各种情绪的大脑会立即自动地评估种种可能性，并且做出最佳选择。只有在两三个方案都不错的情况下，才需要用理性衡量不同选择的利弊得失。②

这些患者的推理缺陷以及管理自己生活的缺陷，是由与情绪相

---

① 安东尼奥·R.达马西奥：《笛卡尔的错误：情绪、推理和人脑》，毛彩凤译，教育科学出版社2007年版，第138、144页。

② 乔纳森·海特：《象与骑象人》，李静瑶译，中国人民大学出版社2008年版，第11页。

关的信号受损所造成的。这使他们不能够使用自己在生活中累积的与情绪相关的任何阅历，也就是说，在面对一个给定的情境时，他们无法激发与情绪相关的记忆来帮助自己做出更有利于自己的选择。达马西奥的研究也证实，即使最基本的智力和语言能力看起来没有受到损害，脑损伤也可能导致患者丧失已习得的社会习俗和道德规则。由于情绪已成为决策者决策时的一个重要信息源，如果与情绪有关的大脑区域受损，那么，患者可能在社会性计划和决策上出现严重缺陷，而大脑健全的个体则会由情境诱发的情绪更好地做出决策。情绪在个体决策中的重要作用已为科学实验所证实。

在某商学院进行的一项研究中，研究者考察了经理人在执行MBA项目中对虚构的战略和战术管理困境的反应，并用fMRI测量他们的脑活动。通常被认为与战略思考相联的脑区是脑额叶前部皮层，它使得人类能够从事预测、模式识别、概率评价、风险评估和抽象思维。然而，在这些被试中，即使是表现最佳的战略执行者，其脑额叶前部皮层神经活性比与同理心、情绪智力联系在一起的脑区（如脑岛、前扣带皮质等）显著减少。换句话说，意识执行功能在淡化，而无意识情绪区域的加工操作就自如多了。同时，战术推理不仅依赖于前扣带皮质，还依赖于与解析感官刺激、预期他人想法和情绪相联的区域，如颞上沟。[①] 可见，通过对认知和情感的神经基础的研究，既可了解某一个特定的认知和情绪活动

[①] Roderick Gilkey, Ricardo Caceda, and Clinton Kilts, "When Emotional Reasoning Trumps IQ", *Harvard Business Review*, 2010, 88(9), p.27.

在大脑的哪个区域以及在什么时间发生，也可了解认知和情绪的发生是否涉及相同大脑部位的活动。

事实上，大脑中没有专门负责处理认知和情绪的区域。即使被奉为情绪中枢的"边缘系统"（如杏仁核）也具有认知功能。对颅骨的相关研究揭示出，推理并非存在于某一个脑区，它依赖几个具体脑区的协同配合。从前额叶皮层到下丘脑和脑干，即无论是高级还是低级脑区，都参与了推理过程。正如达马西奥指出的那样：推理和情绪实际上是依赖于相同神经系统的不同心理机制完成的。[①] 因此，可以说我们用来思考和用来感觉的组织结构在生理系统中相互交织在一起——逻辑性思考与情绪感觉使用的其实是同一种类型的细胞和化学物质，生理基础决定了完全独立的推理任务很难实现。

不仅如此，而且所有更为高级的理性计算过程实际上都事前受到躯体标记的影响。达马西奥认为，情感被躯体感觉皮质记录时会产生躯体标记（somatic marker），后者对情感进行评价并长期保留在躯体中，这样，躯体信号在遇到新情况时就能够指导有机体的行动。例如，有些产生负面情感的行动会被自动屏蔽。这种影响可能发生在各个层次的神经系统中，有些是有意识的，有些是无意识的。因此，身体在建构情感等认知活动的过程中居于核心地位。[②] 也就是说，情绪这一有组织的状态，不仅起着动机的作用，而且也

[①] 安东尼奥·R.达马西奥：《笛卡尔的错误：情绪、推理和人脑》，毛彩凤译，教育科学出版社 2007 年版，第 60 页。

[②] Antoine Bechara and Antonio R. Damasio, "The Somatic Marker Hypothesis: A Neural Theory of Economic Decision", *Games and Economic Behavior*, 2005, 52 (2), pp.336-372.

起着知觉的作用。

达马西奥描述了他所参与的如下实验：给一个患三叉神经痛的病人实施中枢神经手术，手术破坏了部分中央前回皮层，其与情绪通路的神经传递有关，但对通向皮层体表感觉区的神经通路却没有影响。结果该病人报告虽然类似的疼痛来自相同的部位，但疼痛的强度却减弱了。达马西奥提出了这样的假说：任何一种感受都是由两个心理特征结合而成——一个是由某种刺激引起的在神经中枢的初级映像，另一种是伴随的情绪。这两个心理特征通过两个不同的神经通路产生，然后在次级神经映像区结合起来，从而形成关于这一刺激的完整的感受。可以说这是对"感受"的组织结构的新的发现和解释，揭示了感受的深层本质，并且表明了情绪在具体的感受中的独立性。[1]

从演化的角度看，在大脑的演进历程中，情感引起的躯体标识机制比人类高级思维更早地形成，情感过程不仅先于理性过程，并且在一定程度上塑造了理性过程。作为进化遗产的一部分，情绪在与认知和思考的互动过程中，导引我们的行为朝向生存以及繁衍的目标。[2] 人类智力还不发达的时候，情绪就已经在帮助人类"思考"并做出抉择，以反应敏捷地进行自我保护。事实上，情绪存在的意义就是忠诚地为我们争取生存以及采取利己行动。达尔文很早就

---

[1] Antonio R. Damasio and Thomas Metzinger, "The Feeling of What Happens: Body and Emotion in the Making of Consciousness", *Scientific American*, 1999, 281(5), p.125.

[2] Michael Shermer, "Wag the Dog: Emotions Are as Much a Product of Our Evolutionary Heritage as They Are Our Environmental Circumstances", *Scientific American*, 2008, 298(4), p.4.

指出，情绪具有优化人们互动方式的进化价值。人类是群居动物，人类以群居的方式进化了几千年，并以群体共同合作的方式一起工作。像所有的群居动物一样，人们需要快速地判断和读懂种群里的其他人。而情绪告诉人们，可以接近哪些人，需要避开哪些人，以及人们当前的状况是同自身价值需求保持一致，还是背道而驰。

人类在演化过程中获得了远比一般动物更复杂、更精致，从而也更强大的情感能力，例如，进化使人类具备了一种反感粗暴对待无辜者的本能情绪，这种本能倾向于压倒一切关于人命得失的功利的计较。在漫长的进化过程中，人类情绪对决策的影响，经受住了严格的自然选择，达尔文将其原因归纳为三：第一，情绪能够在环境未提供客观分析所需的信息时给予实际上有用的指导；第二，情绪促进决策的情形比阻碍决策的情形更常见；第三，情绪有助于人们的行动快速而果断。[①] 显然，按照进化心理学的观点，理性是生物个体面对没有先例的事物时的一种神经反应模式，主要用来应对迅速变化的环境，其能量消耗要超过本能和情感。因此从效率角度看，如果生物个体的所有行为都采取这种方式，显然是不经济的。

四、情感影响推理的可能机制

近十几年来，理智与情感之间的交互影响逐渐成为国内外认知

---

① 参见达尔文：《人类和动物的表情》，周邦立译，科学出版社1958年版，第210—214页。

研究领域的热点和前沿问题。行为和神经科学证据研究证明，情绪对认知的作用主要表现在心理功能与神经机制两个层面上。在心理功能层面，情绪对诸如记忆、注意、言语、决策等认知过程都具有明显的影响。在神经机制层面，传统理论所认为的认知脑与情绪脑的分离已经被大量研究证据所否定，新近许多研究发现，参与认知加工的重要脑区参与情绪加工过程，而在情绪活动中扮演主要角色的脑区也参与认知加工过程。① 情感和认知是一种更为宽广的系统的组成部分。感情激发动机或目标形态，而后者反过来又会影响未来过程的程度和本质。研究证实了理智与情感存在交互作用，那么，这种交互作用的具体机制是怎样的？

已有研究表明，情绪对推理的影响存在三种可能的机制：一是情绪影响工作记忆，二是情绪影响条件归因陈述的解释方式，三是情绪影响即时决策。福加斯（J. P. Forgas）提出情绪浸润模型（the Affect Infusion Mode，AIM），所谓情绪浸润是指在个体学习、记忆、注意和联想等一系列认知过程中，情绪有选择性的影响个体的信息加工，甚至成为信息加工的一部分，从而使得个体认知结果产生情绪一致性效应。② 这表明，情绪在个体的认知活动中能够发挥组织作用。

关于情绪对认知活动的组织作用，过去人们曾认为，一般来说，正性情绪如愉快、兴趣等，对认知活动起协调、促进的作用；

---

① 刘烨、付秋芳、傅小兰：《认知与情绪的交互作用》，《科学通报》2009 年第 18 期。
② Joseph P. Forgas, "Mood and Judgment: The Affect Infusion Model (AIM)", *Psychological Bulletin*, 1995, 117(1), pp.39-66.

负性情绪如担忧、沮丧等，则起破坏、瓦解或阻断的作用。但新近的研究却发现，无论是积极的还是消极的情绪都对条件推理起到了抑制作用。例如，摩尔（S. C. Moore）等人的研究表明，积极的与消极的情绪抑制了推理是因为在情绪的诱导下，中央执行加工系统会自动加工一些与推理不相关的任务，后者占用了一定的执行加工的空间，从而导致推理的缺损。① 亦即根据认知资源分配理论，可推断抑制作用产生的原因是，演绎推理加工主要是在工作记忆中完成，而情绪的启动占用了工作记忆中的认知资源，减少了用于推理的资源，从而导致更多的推理错误或推理失败。

对于与心境相关的记忆削弱作用，一种颇有影响力的解释是埃利斯（Ellis）和阿什布鲁克（Ashbrook）提出的理论，其依据是注意和认知干扰概念。它认为，悲伤或任何一种情绪状态可能引发以下机制：（1）间接的情绪引起与思维无关的任务，这会干扰到任务的完成；（2）直接发生的情绪改变了可获得的大量空间，降低了分配到记忆任务上去的认知资源。无论哪种机制，无关思维与相关的记忆任务相竞争都会导致注意容量减少，从而对记忆任务的操作产生不利影响。② 当情绪诱导事件与推理任务同一时，一定强度的积极情绪会提高被试推理的能力。而即便如此，正性情绪对认知的促进作用也并非一成不变，它取决于情绪的强度水平。研究

---

① Simon C. Moore and Mike Oaksford, "Some Long-Term Effects of Emotion on Cognition", *British Journal of Psychology*, 2002, 93(3), pp.383-395.

② Markus Kiefer et al., "Emotion and Memory: Event-Related Potential Indices Predictive for Subsequent Successful Memory Depend on the Emotional Mood State", *Advances in Cognitive Psychology*, 2008, 3(3), p.363.

表明，认知操作与情绪强度呈倒 U 形的关系，中等强度的情绪状态可以使认知操作达到最优水平，过低或过高的愉快唤醒均不利于认知操作。这一不同唤醒水平的情绪对认知活动的不同效应称为"叶克斯——多德森定律"（Yerkes-Dodson Law）。[1]

情绪导致诸多特殊的认知倾向。一般情况下，正面情绪注重人们的内部、主观的数据，提示探索性的加工；负面情绪注重人们的外部、客观的数据，提示系统性的加工。研究发现，生气会使人关注的范围变得狭窄并使其注意一些特殊的事情，悲伤可以导致对影响目标完成的障碍的偏重。负面情绪比正面情绪更多提示对信息进行系统的搜索，并使人把注意力集中于细节和问题的特定方面，运用更多的个体化信息。这大概是由于正面情绪的个体往往会依据诸多表面信息做出判断，而负面情绪的个体对这些表面信息并不满意，因此，他们需要寻找更多的信息。[2] 不仅如此，认知过程在情绪的影响下变得有选择性。人们倾向于回忆那些与他们进行回忆时的心境保持情感一致性的信息，即心境一致记忆（mood congruent memory），例如，高焦虑个体倾向于注意威胁性刺激，并将一些模棱两可的刺激和情景看作是威胁性的，而悲伤会使人们高估各种原因导致的死亡风险。与此同时，个体提取何种信息还可能取决于回忆时情感状态与对信息进行编码时情感状态之间的一

---

[1] Günther Bäumler, "On the Validity of the Yerkes-Dodson Law", *Studia Psychologica*, 1994, 36(3), pp. 205-209.
[2] 王翠玲、邵志芳：《国外关于情绪与记忆的理论与实验研究综述》，《心理科学》2004 年第 3 期。

致性（心境依存记忆，mood dependent memory）。① 可见，情绪对个体获取信息的范围和选择信息的倾向有重要的影响。

在心境和记忆的关系问题上，最引人注目的观点就是联结网络理论，它认为，特定的情绪状态，如抑郁、愉快或焦虑，都以特定结点或单元来表征，后者包括与每一种情绪有关的方面。当一种情绪被激活，情绪结点会把兴奋扩散到与之相连的记忆结构②，导致信息的搜索产生偏向，从而出现与心境一致的记忆或者思维。一个占优势的心境状态可以看作是加工、组织信息和指导回忆的功能结构图式，它会有选择地组织信息，并为与心境有关的特定的记忆指引回忆方向，例如，抑郁情绪由以引起的特殊压力激活了一种主导图式，它们与注意偏好和对带有消极意义的信息的记忆有关。

情绪不仅影响对信息的选择和加工，还规定了认知策略与风格。人们会因所处的情绪状态不同而采取不同的思考历程，例如，人们在正向情绪下会倾向于维持现状而采用一般性的知识和经验法则，行动上也依赖于常规；而当人们处于负向情绪状态时，则倾向于改变现状以改变当下的负向情绪，表现为仔细、小心地采用逻辑分析的思考方式去处理信息。被试个体的情绪状态也会影响决策。被引发哀伤情绪的被试会倾向做出能够改变现状的决策；而被引发厌恶情绪的被试会倾向做出排斥或拒绝性的决策。处于消极情绪状态的

---

① John D. Mayer et al., "Mood-Congruent Memory and Natural Mood: New Evidence", *Personality and Social Psychology Bulletin*, 1995, 21(7), pp.736-746.

② Penelope A. Lewis and Hugo D. Critchley, "Mood-Dependent Memory", *Trends in Cognitive Sciences*, 2003, 7(10), pp.431-433.

人比处于积极情绪状态的人在人际感知和传递信息方面更有效。[1]

大量实验表明，愉悦的情绪状态倾向于使个体采用快速节俭启发式策略，进行自上而下的加工，较少注意加工对象的细节。所谓快速节俭启发式是利用最低限度的时间、知识和运算能力做出现实环境中的适应性选择。它们能够通过设定目标或选项来解决系列搜索问题，使用易于操作的决策限制它们对目标或信息的搜索。这种方式仅仅进行选择性的搜索，但可把尝试的次数减到最小，以便迅速、经济地解决问题。[2] 这种自上而下的加工（top-down processing）又叫概念驱动加工（conceptually driven processing），亦即知觉者的习得经验、期望、动机引导着知觉者在知觉过程中的信息选择、整合和表征的建构，也称为建构知觉（constructive perception）。此时，大脑中的观念和期望会影响哪些刺激被注意，如何将刺激组织起来，大脑如何解释它们，也就是说对刺激的解释有引导作用。与此相反，消极的情绪状态倾向于使个体进行自下而上的加工，较少依赖原有知识结构而将注意力集中在当前刺激物的细节上。自下而上的加工（bottom-up processing）也称数据驱动加工（data-driven processing），是指个体接受外部刺激后，将环境中细小的感觉信息以各种方式加以组合形成知觉。总之，这些即刻的情绪反应能够中断现有的认知加工并将其重新引向最需要优先关注的问题，从而影

---

[1] Joseph P. Forgas, "When Sad Is Better than Happy: Negative Affect Can Improve the Quality and Effectiveness of Persuasive Messages and Social Influence Strategies", *Journal of Experimental Social Psychology*, 2007, 43(4), pp.513-528.

[2] 哥德·吉戈伦尔、彼得·M.托德：《简捷启发式：让我们更精明》，刘永芳译，华东师范大学出版社2002年版，第17页。

响个体认知策略。

五、情感：一种内化的行动

情感对推理的影响前文已述，这里，想强调的是，本文不是在二元论的意义上讨论它们的，也就是说，不是把"情感"和"推理"表述为相关的两个并行过程，或将"情感"和"推理"用连字符联结起来，而是想说明，情感和推理是一体而不可分的，情绪是推理过程的一个组成部分，它是我们内在的心理向导，它与推理的网络交织在一起，这种关系体现了"心灵与身体的统一"。这里所表达的是情感"寓于"推理的观点：推理依赖于处于环境中的大脑和身体系统；心灵和精神是生物体的一种活动方式。

如果推理不是脱离身体的独立实体，如果情感不仅仅是"对推理起作用"的存在于理性之外的心理现象，那么我们能否尝试一种"基于情感的推理"的理论构想呢？这一构想的核心在于：推理不仅不是脱离身体的某种实体或者属性，而且原本就是行为或者身体活动。推理系统是作为自主情绪系统的延伸进化而来的，行为的产生以及做出有利于自己生存和进步的决定都需要规则和策略方面的知识和特定脑系统理智的完整性。这意味着情感是理性和推理的基础。如果我们把二元论支配下的心灵称为实体之心，那么"基于情感的推理"所强调的是：心灵与能动身体活动的等同。

也许有人会产生这样的怀疑：理性与情感之间如此的紧密联系揭示了人类行为背后隐藏的生物机制，这是否在把人类行为简单地还原成具体的生理机制,把社会现象降低为生物现象?回答是否定的。虽然文化和文明都源自生物个体的行为,但是,这一行为却是某种环境下的相互作用的个体共同产生的,因此它们不可能被退化到生物机制层面。对它们的理解不仅需要认知神经科学的知识,还要对复杂的社会文化机制、生物物理及社会环境相互作用进行足够的了解。

这要求我们建构一种对于人类行为的多重层级解释的图像。在此我们仅以心灵哲学和认知科学为例予以比较和说明。认知科学关注心智能力是如何工作的,比如,情感是怎么一回事?它是如何产生的?又怎样影响了认知?这些问题都在问"如何",它们是关于某一类生物的现实问题,而无关非现实的或可能的生物类别。也就是说,认知科学根据特定的心智能力所对应的神经生理学基质来探讨产生这些能力的基本心理组分。而心灵哲学要问的却是,什么是如此这般的心智能力或心智状态?譬如什么叫情感?什么属于理性?我们追问这些"什么"的问题,是针对所有具有相关心智能力或心智状态的、现实的或可能的生物,关心心智能力或状态的共性或普遍特征是什么。[1] 所以,神经科学并不直接为心灵哲学所思考的问题提供答案,因为那些普遍性的问题理论需要在更宽泛的层次上进行思考。

许多情绪是行动的动机,这不是因为它们是行动的原因,而是

---

[1] Michael Tye, "Philosophical Problems of Consciousness", in Susan Schneider and Max Velmans eds., *The Blackwell Companion to Consciousness*, John Wiley & Sons Ltd., 2017, pp.17-29.

因为它们以某种方式表明了与"相信"有关的东西以及"相信"的构成组分;用作为动机的情绪驱使来解释某一行动,不是在某种解释(如愿望、习惯和倾向)中引入另外的因素,而是将它作为一种解释模式渗透到人类的普遍行为中。

当涉及行为选择时,人们的合理性原则常常诉诸贝叶斯决策理论,后者的目的是"使预期的获利最大化"。作为一个规范的原理,贝叶斯法则对于所有概率的解释是有效的,但概率不足以产生对于实践问题的明确结果。面对复杂而笼统的问题,人们往往依据可能性而非概率来进行决策,从而产生了行为结果对经典模型的系统性偏离。① 这也说明了逻辑是有缝隙的,而情感的作用恰恰在于填补纯粹理性决定行为和信念所留下的空隙。

我们知道,知觉经验有表征的功能。但是经验以什么方式表征主体环境中的事物、性质和关系?它是如信念、判断等心理状态一般,以概念性的方式来表征世界,还是以一种非概念的方式进行表征?近年来,学界对于这一问题存在着广泛的争论:以迈克道威尔(John McDowell)和布鲁尔(Bill Brewer)为首的概念主义者主张经验要为信念提供理由,起到知识确证的理性作用,其内容必须完全是概念性的;而克兰等非概念主义者通过经验信息的丰富性、一致性与细致性等论证表明,经验内容具有非概念性的组成。②

---

① Mike Oaksford and Nick Chater, "The Uncertain Reasoner: Bayes, Logic, and Rationality", *Behavioral and Brain Sciences*, 2009, 32(1), pp.105-120.

② Tim Crane, "What Is the Problem of Perception?" *Synthesis Philosophica*, 2005, 2(40), pp.237-264.

相对于概念内容，非概念内容的表征比较困难，也缺乏任何类似语句的结构，而且不能作为信念或判断的内容。非概念性内容虽然不属于理性空间的片段，但它们提供了心灵与世界的因果性协调[1]，一些属于情感类的经验就包括在此类。情绪是一个复杂的整体，它丰富细微且具有非概念内容，一个人的思想、知觉或内心影像常常可以描绘出来，但情绪却经常缠绕纠结难以厘清。

情绪的作用之一体现在它确立了问题。情感中包含着识别（recognition），从而为信念和欲望做了铺垫。而问题同答案密切相关，在此意义上，情感也可以被看作一种判断，因为人们往往借助情感来观察世界并帮助理性做出判断。这种机制使我们把通过个人经验获得或加工的知识同后来的感受体验联系起来。与未来行动结果有关的情绪暗含了对将来的预测和行动结果的期望。情绪和感受并没有预见未来的能力，然而，在适当情境中，它们成为事件的一个先兆性提示。这种预期性的情绪和感受可以部分地或者完全发挥作用，也可以明显地或隐蔽地发挥作用。

情绪里的认知是某种方式的判断，包括命题式的、非命题式的和无意识的，甚至连情绪的感觉本身也是一种判断。情绪的认知判断形式虽然具有丰富的多样性，但大抵分为两大类——思想和知觉，前者是抽象的判断，涉及的判断明确、单一，后者是具体的影像，涉及的判断丰富且多方面。认知的一个高层次呈现方

---

[1] Michael Tye, "Philosophical Problems of Consciousness", in Susan Schneider and Max Velmans eds., *The Blackwell Companion to Consciousness*, Blackwell Publishing Ltd., 2017, pp.17-29.

式是思想,思想在心理上的意义,绝不只是命题那样的一个逻辑建构——它既可以是事态或事件性的(episodic),也可以是如信念那样的倾向性判断;知觉可以是程序性的(procedural),也可包括像运动的判断或情绪的感受等等。① 各种情绪感觉的彼此区分造成情绪感受的分化,从这个角度讲,它本身成为某种判断。这样的判断有客观与主观两个方面:其客观方面是表达外在环境关于生存的状况,例如害怕的感受反映出外在环境里有让人惊恐的危险状况,因此产生了恐惧的意向;其主观方面本身构成生存和幸福的一部分,例如,害怕的感受本身令人难堪,如内心惊恐或悲痛——平安快乐的内在感觉本身就是一种价值。

但是这样的判断与一般的认知判断非常不同:它既非抽象的命题、概念,也不是知觉或与知觉类似的内心表象,甚至在其中没有对象与性质的区分,也不描述外在世界的状况。它是一种具有评价性的判断,是认知与感觉的联合,其所直接表达的是情绪主体关于个体生存发展的状况。情绪中理智性与非理智性的各种认知判断构成多样式、多层次的认知体系——洞察外在环境关于个人安危的状况。作为一种评价或诠释,情绪引导着一个经验模式或场景。只要我们假设了某些基本的或预先存在的欲望,动机将指导和控制注意力,突显特性、偏好以及推理的策略。情绪的判断系统尽管不构成观点或观察的框架,但它营造了一种景象或情境,事

---

① R. Solomon, "Emotions, Thoughts, and Feelings: Emotions as Engagements with the World", in Robert C. Solomon ed., *Thinking about Feeling: Contemporary Philosophers on Emotions*, Oxford University Press, 2004, pp. 76-88.

物在其中以某种方式被看作或想象成某个样子。因此，情绪是一种内化的行动（internalized actions），在这个行动的情境中，人与他所关心的世界联结在一起。

需要指出的是，情绪可以解决我们的复杂环境所呈现的很多问题，但显然，它并不能解决所有问题，而且，在某些情况下，情绪所提供的解决办法对问题的解决实际上是无益的，甚至在某些情况下会导致推理过程的混乱。情感可能不适当地缩小搜索解释的范围。如果科学家沉迷于某种特定的假设，他们可能会被蒙蔽而变得盲目，从而阻碍他们去发现非同寻常的假说来解释一些特别令人费解的事实。情感在缩小假设搜索范围方面具有宝贵的认知功能，但是，像所有的启发机制一样，它们也可能会把搜索引入歧途。尤其当挑起激情的目标是私人性的而又缺乏审慎的态度时，这种误导更加容易发生。如果科学家对于能使他们富有和出名的假说特别兴奋，那么他们不大可能去寻找那些少利可图的假说，但后者却有更大的解释力。可见，即使在科学中，也可能存在着这样一种危险，即个人的情感偏见通过情绪感染蔓延到他的同行。正是由于情感可能放大认知扭曲的影响，因此，基于情感的推理和决策存在许多改进的余地。

情绪所展示的结论非常直接和迅速，但情绪信号并没有替代正常推理，它只是起到一个补充作用，以增加推理的效率和速度。这是因为，行为决定的中间步骤或知识是不能缺失的。在推理过程中，由于决策环境的不同和决策者经历的不同，情绪必不可少地参与可能产生有益或有害的结果。情绪和感受是生物调节机制的表达，而推理策略的有效利用在很大程度上可能还要依赖后天发展出的感受能力。同时，推理对于情感的依赖并不意味着推理没有感受重要或推理处于次要地位，也并不能否认自由意志的作用，相反，这些研究结果提示我们需要对自己脆弱的内部世界给予更多的关注，减少负面情绪的潜在干扰，从而免于计划和决定过程中的非正常感受所带来的危害。

此外，情感的变化是通过操纵个体"想什么"和"注意什么"来起作用的，但这样的操纵并不总是可行的，它可能被先前的情感所阻碍。即使某一情感已占优势，情感和注意力在因果上的可理解的顺序也并未确定。情绪对于决策是促进还是遏制，这要取决于情境，尤其是当我们试图把推理计算运用于社会决策时，更是如此，因为许多行为的成本和收益是很难进行评估和比较的。例如，邀请一位有魅力的陌生人约会，如果把"被拒绝"看作一种损失、"被接受"看作一种收益，那么，要给约会的结果赋值似乎不大可能。因为，我们只知道存在着被拒绝的概率，但却无法确定准确的数值。更重要的是，人们对社会环境的反应是主观易变的。可见，理解人们在自然情境中的选择要比理解实验室游戏规则困难得多。

情绪的影响机制极其复杂微妙，随着无损伤技术大量应用于心理学，我们将会看到阐述情绪对推理作用的更加精致和详细的理论。因此，关于正在加工的情绪内容是通过何种精密机制影响逻辑推理的问题，还有待深入研究。正如哈蒙德（K. R. Hammond）所言，直觉与分析是同一谱系上的两端，重要的是弄清楚情绪在何时、以何种方式使直觉与分析的成分比例在两极间发生变化,以及在什么情境或背景下情绪的直觉和认知的系统分析分别占主导位置①,所有这些都需要我们做进一步的研究和探讨。

---

① Kenneth R. Hammond, *Beyond Rationality: The Search for Wisdom in a Troubled Time*, Oxford University Press, 2007, pp. 255-262.

情绪的因果性探析 *

情绪是普遍而深刻地影响着人类其他精神活动的重要精神现象。20世纪后半叶，科学家开始重新审视情绪在认知中的意义和地位，情感现象及其与其他认知过程的相互作用构成了当代认知科学研究的前沿领域，并由此开启了人类心智研究的新阶段。与之相应，对情绪的本质及其因果性的探讨也成为心灵哲学的重要话题。

一、情绪的感受质

提到情绪，人们通常想到的是一种生理或心理上的感觉。例如，爱的情绪使人有温暖而甜蜜的感觉（受），紧张的人会感受到心跳加速，恐惧者往往感到毛骨悚然或不寒而栗等。因此，这里

---

* 原文题为《情绪的哲学分析》，刊载于《哲学动态》2013年第10期。本文在此基础上做了修订。

首先要问的一个问题是：假定把这些生理、心理的感受去掉，情绪还存在吗？

在西方哲学史中，笛卡尔和詹姆斯（William James）是比较重视情绪的感觉或感受者当中的两位。笛卡尔极其强调情绪所涉及的身体因素，在他关于情绪的长篇论述中，最引人注目的也许就是他对各种情绪的身体表现以及对血液流动和"生命精气"的各种运动的描述："当人的理智表现某个爱的对象时，这种思维活动就会在大脑中引发一些印象，这些印象会引导一些动物精气，使它们通过第六对神经，而流向那些围绕在肠部和胃部的肌肉，由此，就可以使食物的汁液——它们会转化成新鲜的血液——迅速地，在肝脏部位也不停留，直接流向心脏，而且，比起身体的别的部分的血液来说，由于它们带有着更大的冲击力，因此它们会大量地涌入心脏中，并且在那里会激发起一种更加强劲的热量，……这种血液也会向大脑输送一些动物精气，相应地，大脑中的这部分动物精气也会比平时显得更加厚重和活跃，于是，这些动物精气就使得那个由之前的思维活动所促成的关于该可爱的对象的印象得以进一步加强，并使得灵魂停留在了这个思想上，正是由此，爱的激情就形成了。"① 这是因为，在他看来，这些激情的成因不仅存在于大脑，而且也存在于人的心脏、脾、肝和所有服务于血液生产和最后形成心灵的所有身体的各个部位。

值得一提的是，尽管笛卡尔强调情绪是对生理性骚动与兴奋等

---

① 勒内·笛卡尔：《论灵魂的激情》，贾江鸿译，商务印书馆2013年版，第79—80页。

的知觉,甚至以血气的运动作为引起、维持与强化情绪的原因,但是,他仍然认为能够知觉或感受者是灵魂。相比之下,詹姆斯则把精神体验看作仅仅是生理变化的主观意识,认为唯一真正的内在知觉是机体知觉。情绪是对外界事物所引起的身体变化的感知;如果没有了身体变化,如肌肉紧张、心中加剧等,也就没有什么情绪。当它看上去对它们起作用时,它只是通过它自己身体的媒介做到这一点的,所以对它们起作用的不是它,而是身体,而且大脑必须首先作用于身体。当我们知觉到使我们激动的对象,就立刻引起身体上的变化,我们对这些变化的感觉,就是情绪。① 这就是说,对于刺激我们的对象的知觉心态,并不立即引发情绪;知觉之后,情绪之前,必须先有身体上的表现发生。如果没有身体的变化跟随在知觉之后,那么这种知觉只是暗淡无光的认知,而毫无情绪性的暖流。

于是,在情绪中,只有机体的变化才是真正感觉到的。知觉以及生理反应等与情绪的关系是内容同形式的关系。也即,不是一个精神事件引起一个生理事件,或者相反,而是机体的知觉和生理变化只构成情绪的内容。既然只是内容,它们就不足以用来定义情感,但是,如果没有感觉或机体的变化,情绪也不可能形成,因为形式不可能离开内容而存在。②

但是生活中,我们常常发现,不是所有的情绪都有身体的变

---

① 威廉·詹姆斯:《心理学原理》,田平译,中国城市出版社 2010 年版,第 140—144、326 页。
② J. 阿然奎:《笛卡儿和维特根斯坦论情感》,贺翠香译,《哲学译丛》1998 年第 2 期。

化。比如，处于恋爱中的人，其"爱的情绪"可以长时间保持着，但身体变化不会持续很久。也许一个人的身体感觉已经回到了唤醒水平的基准线，但是他却能赋予爱情美好的理解和描述，甚至在爱人已经逝去的时候，仍然可以说"我还在爱着她"。长期存在的情绪使它的主体具有某种身体变化的倾向，但它本身进入了一个平稳和安静的阶段[①]。由此可见，情绪作为一种对身体变化的感知的观点是不充分的。

同时，情绪与感觉之间也有着明显的不同。情绪不是外部知觉，而是一种内感知。外部世界可以区分为表象与实在。我们只能知觉到事物所呈现的现象，却无法发现存在于现象之后的实在。但是，情绪是一种我们所感觉或体验到的精神状态，它所呈现给主体的那种质性感受就是它的本质。只要情绪是一种有意识的状态，一种我们感觉自我的方式，那么感觉的对象和感觉的方式就是同一的。在这里，表象就是实在，情绪的存在成为被感觉到的存在——感到惊恐就是处于惊恐的情绪中，正如我们不可能在处于惊恐状态时不感到惊恐一样；同样，我们也很难区分"怀有痛苦"与"感到痛苦"的差异。因为，具有某种情绪与感受到某种情绪并没有实质的差别。

这并不是说，我们所具有的到达我们情绪状态的路径是不可错的，然而，即便如此，这一路径仍然是独一无二的。你对具有喜

---

① Jesse Prinz, "Embodied Emotions", in Robert C. Solomon ed., *Thinking about Feeling: Contemporary Philosophers on Emotions*, Oxford University Press, 2004, pp. 49-50.

悦或痛苦是有自我意识的，而我只能对发生在你的内部的事件进行推理。你到达你的情绪状态的途径是直接的，无需任何中介，我到达你的情绪状态的途径则是间接的。当你喜悦时，你无须借助证据或观察的帮助，就可以直接意识到你的情绪是喜悦，而我即使看见你的脸部表情和手脚挥舞雀跃的动作，也看不到你内心的"欣喜若狂"和内心想要大声叫的"冲动"的那个心理状态。我只有通过观察你的行为来推断你的情绪状态，而行为与情绪是两种不同的事物，尽管由于某些类型的神经活动与某些类型的心理活动是相互关联的，从而使得我们能够基于对大脑的活动的观察来推测心灵的状态。但是除了我们自己的心灵之外，我们还是无法观察或测量心灵本身的那些状态。

这个区别在某种程度上可以说是一种知识论的区别，也就是说，它涉及我们关于这些事物的知识的特征。情绪的这一感受质是我们通过所谓的亲知能够把握到的，而对于我们周围的世界或实验室中所观察到的物质对象的质，我们就不可能有这种亲知。正因为如此，感受到某种情绪以及"有意识地觉察到"这种感受，不是"意识到脑中的情绪系统处于活动状态"（尽管这种系统是能够具有这些情绪的因果条件），而是感受情绪本身（爱、嫉妒或羡慕）并意识到这些感受，因为我们在感受情绪时并不知道与脑的活动相关的确切状态。例如，情绪变化导致循环系统活动速度和强度发生变化，但如果不用血压仪进行测量，我们自己是无法得知相应的血管舒张和收缩状况的；同样，我们也不知道心跳速度或强度改变的数值以及血糖、血液含氧量等方面的变化。

我们对自己情绪状态的了解与对别人的这种状态的把握之间具有本质的区别，这意味着，对情绪的任何说明都必须给自我意识以一定的地位。外部实在通过知觉给予意识，而内部实在是通过情绪给予意识的。意识作为有机体对自身的自我和周围环境的一种觉知，与情绪之间存在这样的关系：首先，有机体拥有一种情绪状态；其次它能感受到这种情绪状态；最后则是意识到这种感受状态。[1]快乐得忘乎所以或悲伤得不能自拔，就是一种情绪状态；但有时我们感受到自己处于焦虑或兴奋之中，却并不一定意识到：仅当处于一种被意识到的感受状态时，才有意识的出现。

此外，我们所有的意识状态都是以这种或那种情绪对我们呈现的。我们总是处于某种情绪之中，即使这种情绪并不用"兴奋"、"抑郁"这样的名称来表示。例如，此刻我并不特别"兴奋"，也不特别"沮丧"，甚至也不是感到"无聊"，然而，我的经验确有某种可以称之为"乏味"的东西，这种乏味就是我们所说的"情绪"。[2]任何意识状态始终带有某种色彩，这一事实在一个戏剧性的转变过程中就显得更加清楚明白——如果我突然得到某种很坏的消息，那么，它就会使我陷入沮丧的状态；或者我得到某种极好的消息，它就会使我进入兴奋的状态——在这些情况下，我会非常确切地知道我的情绪的变化。

---

[1] 安东尼奥·R. 达马西奥：《感受发生的一切：意识产生中的身体与情绪》，杨韶刚译，教育科学出版社 2007 年版，第 218 页。

[2] 约翰·塞尔：《心灵、语言和社会：实在世界中的哲学》，李步楼译，上海译文出版社 2001 年版，第 74 页。

二、情绪与行为

作为了解情绪过程的一个方面,对行为的关注无疑是重要的。一个人说他心中有某种情感,未必真是如此,而他的行为常常是在表达这个情绪,因为情绪活动引起了机体多方面的反应,除了外表的变化和体内的生理反应,它还决定了知觉和认知过程的选择性以及随后的行动。这在关于情绪的语言分析中体现得尤为明显。逻辑实证主义主张,心理状态无非是用行为或行为倾向来表征的,后者正是物理事件的一种。例如,"他是兴奋的"可用物理语言表述为,他的身体(尤其是中枢系统)具有高度的冲动性,也就是说,"兴奋"可以转换为快速脉动、呼吸频率增加等现象。一个人的内心活动可以用描述躯体外部行为的语言来描述。而在语言哲学中,赖尔(Gilbert Ryle)等人试图纠正概念范畴的错误,他们从语言分析出发剖析了日常用语对情绪一词的含糊用法。按照这一思路,如果说婴幼儿具有羞耻情绪似乎概念上是有问题的,因为首先需要弄清他们是否已经拥有自我的意识或概念。赖尔从概念角度讨论词语"情绪"与"感受"被使用的方式。他不认为情绪是内在或私人的经验,而认为它具有行为倾向的意义。他认为,涉及我们精神过程和观念有意义的分析在于倾向的过程。例如,爱并不是心目中一份特别的感情,而是倾向于做某种日常的可观察的事件,如将其他事情置之脑外而只是与某人交谈、对他/她不怀任何防御心、以种种极端的方式去博得他/她的喜欢等等。[①] 正是在这个意义上，力图刺激或引起情绪而无视与情绪相应的活动，将导致一种不健全的和病态的心理状态。

那么，行为对于情绪是否是必要的呢？如果身体的可见运动以及做出这些运动的倾向是必需的，假设某人既没有行为发生，也没有显著的外在反应，所有能用于可见的躯体外部行为的描述都不具备，那么，他的情绪该怎样解释呢？行为主义显然没能解释机体内部所正在发生的一切。也许你会说，一个自主体之所以可以被认为拥有某种情绪，不仅仅是因为自主体做了什么，而且是因为他能够做什么或"倾向于"做什么。但这样一来，我们便遇到了一个新问题：什么是"倾向于"一种特定的行为方式？主体在具有一个倾向的同时，完全可以不把这种倾向表现出来。例如，你感到痛苦，你可能会倾向于呻吟、紧锁双眉，然而，你也可以不执行上述行为，譬如你不愿让别人知道你痛苦，在这种情况下，尽管你倾向于用某些特定的方式去行动，但实际上却没有采取这样的行动，而是表现得很平静，或者用其他行为去掩饰。倾向的独特性在于，它是一种介于我做和我希望做之间的东西。我可以做我倾向于做的东西，也可能倾向于做许多由于时机不成熟或受到其他相反倾向的支配而从未做过的事情。

这就是说，情绪被还原成行为（或行为倾向）时，对行为的分析是末端开放的。心理状态与行为之间是因果关系，而不是相互

---

① 吉尔伯特·赖尔：《心的概念》，徐大建译，商务印书馆2005年版，第116页。

等同。这种因果关系可以受到改变，使得应该出现的行为被压抑，或不应该出现的行为因别的因素而产生（如伪装或模仿）。当你拥有某一情绪时，你可能做或倾向做的事情有无限多。你做什么将取决于环境，而环境在许多方面是极不相同的。由于新的信念或愿望的作用，某种行为并非必然伴随着某种特定心灵状态的出现而出现。此外，在你倾向做的那些事情中，显然包括形成新的信念和获得新的愿望，而这些信念和愿望又需要新的行为分析。真正的困难不是这些其他的心灵状态中的每一个都需要进一步的行为分析，从而使分析的任务变得过于复杂和宽泛，而是在于，任何对心灵的既定状态所可能产生的行为的陈述都不可避免地会涉及心灵的其他状态。[①] 只有在你具有其他心灵状态的前提下，并且处于某一特定的心灵状态，你才会倾向于以特定的方式去行动。试图通过行为分析"除去"心理性的东西，注定是不可能实现的。行为或行为倾向不是心灵的内在本质。

另外，行为也不能构成情绪认定的充分条件，它们或许只是某个情形中情绪扰动事件的综合特征的一部分。某人的手会因为疲劳而颤抖，某人会因为炎热而出汗——这些都不是因为他害怕；某人可能会流泪（因为他正在给洋葱削皮），某人可能会呻吟（由于疼痛），某人的目光可能显得呆滞（由于困倦）——这些都不是因为悲痛。情绪性激动的身体伴随事件分为主观感受到的感觉和

---

① 约翰·海尔：《当代心灵哲学导论》，高新民等译，中国人民大学出版社2005年版，第63页。

客观的生理特性。主观的身体伴随事件存在于某种确定情绪的感觉中（如对跳动的脉搏和怦怦跳的心脏的感觉，紧张的感受，神经质的发抖），它们表现了害怕、希望和激动的特性。客观的身体伴随事件典型地体现了情绪扰动特征的生理变化，如脑部的神经兴奋、内脏的活动和腺体的分泌物、皮肤电反射，等等。这些反应是不是某种情绪的表现，取决于具体的情境和主体对于自己身处其中的环境所知道、所相信或所关注的东西。

同时，我们也无法罗列情绪发生时所有的行为状况。因为把一种情绪分解为"在情况P下对方式A、B、C做出反应"是很难操作的。我们不可能清楚地对某种特定情绪的相关行为加以区分。例如，"咯咯地笑"可能意味着紧张，而抽泣或许意味着悲伤减轻。相同情绪引起的行为表现并不一致，一个人生气时，可能砸门、掀桌子或大喊大叫，另一个人则可能沉默不语、小心地关门离开；一个人愤怒时，可能脸红、哭泣、双目怒视，也可能拍门、大喊大叫或面部肌肉抽缩。情绪的行为千变万化，它取决于个体的性格、教养和文化背景等多种因素。

情绪的行为表现有多种形式，既有属于行动的行为，也有不属于行动的非自主行为（脸红、出汗），而前者又包含了自主的、非自主的或部分自主的（微笑、皱眉、呜咽、扮鬼脸）；还有作为行动的心境或态度的行为（说话的音调、手势的方式）。根据与心灵的相关程度，我们可以把行为进一步细分：一些行为与心智是没有关系的，如反射动作等，它们是生物本能的展现；另一些行为是受到环境制约而产生的，是无意养成的习惯；还有数不清的行为是通过对自己的经验与想法进行反省、透过思想或意向状态而产生，这类行为属于"意向行为"，它们是与内心状态密切相联的。① 行为主义② 显然忽略了意向行为这一情绪中比较核心的特质。例如，就身体状态的知觉或感受来说，如果只是哭泣而没有意识到运气不佳，很难说是感到难过，因为也可能是喜极而泣；只是逃跑和颤抖，而对野兽带来的危险却一无所知，很难说是感到害怕，因为也可能是因极度兴奋而发狂奔跑。类似地，如果把羞耻与血压及皮肤毛细管两者的变化简单等同，或者把它简化为脸红、低头、不敢见人等行为倾向，却一点也不涉及一些意识或态度，如我不应该这样做等，也似乎与个人的体验不尽相符。如果情绪本身不完全等同于生理感觉、行为模式或其生成条件的话，任何不触及情绪本身的情绪解释都将是有缺失的。

因此，无论是在心理学还是哲学领域，试图用行为去解释情绪的做法都遭遇了下列质疑：第一，情绪本身与情绪的表达或情绪所导致的行为是否同一？换言之，二者之间的联结可能是实证上偶然的因果联结，而不是概念上必然的同一关系。譬如说，突受惊吓的人可能会呆若木鸡，人在欣赏美景时会进入出神忘我状态。如果是这样，就不能说情绪只是行为上的反应倾向而已。第二，即使情绪与行为或表达之间具有必然的联结关系，针对同一情绪，随着成长环境、文化教育等因素不同，其行为与表达也会有很大的差

---

① 参见丹尼尔·丹尼特：《心灵种种：对意识的探索》，罗军译，上海科学技术出版社1998年版，第65—77页。

② 这里的行为主义有别于心理学中的行为主义，特指分析哲学和语言哲学中的行为主义。

异。最后，如果承认生活中有模仿、不真诚等现象存在，那么我们就更加难以认为情绪只是行为或其倾向。[1]

三、情绪的意向性

意向性是许多心理状态和事件所具有的一种特征，通过这种特征，心智指向（direct at）或关涉世界上的对象和事态，它可以表现为信念、愿望、希望、恐惧等等。根据布伦塔诺（F. Brentano）的观点，意向性是意识的主观过程固有的特性，心智获得具有关涉在它以外的某种事物的能力，心灵的这一能力是它的内在的、本质的职能。每一个意向经验都包含内在于自身的对象，并将这种内在客观性看作对象的意向性存在[2]。换句话说，它们超出感觉材料而达及世界中的事物：当我们思考或言说事物时，当我们感知事物时，我们是在直接处理它们，而不是处理精神性的中介。

心智与世界的关联就是通过这些不同的意向性状态来实现的，例如，我有所担忧，那么，它必定是对某样东西的担忧，或者害怕某件事情会发生；假如我有一个愿望，它一定会是要做某件事情的愿望，或者是关于某件事情应该发生的愿望；假如我有一种意图，它必定是一种想要去做某事的意图。[3] 对于其他大量情形来说，情

---

[1] William Lyons, "The Philosophy of Cognition and Emotion", in Tim Dalgleish and Mick Power eds., *Handbook of Cognition and Emotion*, John Wiley & Sons, 2005, pp. 21-44.
[2] 转引自梯利：《西方哲学史》，葛力译，商务印书馆2000年版，第679—680页。
[3] 约翰·R.塞尔：《意向性：论心灵哲学》，刘叶涛译，上海人民出版社2007年版，第1页。

况也是如此。只有当意识的意向性投射于外部事物，当外部事物成为意识的对象时，它们才有了意义和秩序。这些实在的东西是这些相互关联的意向性的极，通过相互关联的意向性发挥的功能，它们具有并且获得了自己的存在意义①。比如，爱一定是发生在某人对所爱对象所具有的信念和愿望基础之上的，即由意向性联结到其意向性对象——被爱的人对所爱的人的产生了价值或意义。

作为心理状态的一种，情绪也是有意向的②，是关于某事物的，例如，我生气，这不是无缘无故的，而是关于某人侮辱了我。意向性不是仅仅指向某事物，而是涉及了我的主动诠释，也就是我以某种方式看待某事物。在同一过程中，情绪和意向共同存在，缺少了意向性就不成其为情绪，而只是生理感觉。例如，我发现我先前是误以为他侮辱了我，我就立刻不再生气了，但是感觉却存留下来——一些逐渐消退中的面红耳赤、悸动、暴躁等。有时候，当我们发现情绪目标消失或自己的情绪缺乏理由时，我们的情绪会转变成其他情绪（由悲转怒）甚至相反的情绪（由悲转喜）。

情绪的意向性一方面包含了指向事物这一特征，另一方面也反映了主体被外部世界所影响或改变的方式。因此，情绪的意向性与情绪的对象密切相关。在情绪中被意识到的事物即为情绪的对象。如果某人害怕，他是怕某个人或某件事，或者怕某事已经发

---

① 胡塞尔：《欧洲科学的危机与超越论的现象学》，王炳文译，商务印书馆2001年版，第221、279页。
② Ronald de Sousa：《情感的理趣》，马竞松译，台湾五南图书出版股份有限公司2006年版，第93—94页。

生或即将发生；如果某人感到懊悔、内疚或遗憾，这是针对做什么事；如果某人感到嫉妒，这是嫉妒别人的好运气。情绪的对象必须与它的原因区别开来。例如，你的见义勇为让我自惭形秽，但我羞愧的是我自己的不良行为；机会的变化可以让某人感到有希望，但他所期望的是最后的胜利。情绪的对象是某种指示性的外在表现所涉及的对象；而情绪的原因是导致情绪产生的事件或事物状态等，它可以是事物，也可以是一个突然的想法、一条不经意的评论或者一个暗示，情绪本身即是对这些事件的一种情意性或规范性的判断。[1]

情绪的对象与它的原因在某些例子中是一致的（如某人既因隆隆的雷声和闪电而惊恐，也对雷声和闪电感到惊恐），但在另外一些例子中却并不一致——当害怕、希望或激动的对象存在于未来（可能发生，也可能不发生），或者这个对象不存在（如某人害怕鬼），他害怕、希望或激动的对象就不可能是这种情绪的原因。例如，我惶恐地穿过小区，当被问及恐惧的原因时，我指了指说："狗……咬我。"显然，"狗会咬我"不是一个实际事件、事物或状态，因此，它不是引起我恐惧的原因。不过，狗的追逐或攻击却可以是恐惧的意向性对象。更严格地说，恐惧的意向性是指向该事件的价值意义——即将到来的危险。即使去除事件上的价值意义，情绪的原因也并不一定是情绪的对象，因为情绪的原因发生在

---

[1] Martha C. Nussbaum, "Responses to Comments on Upheavals of Thought: The Intelligence of Emotions", *Philosophy and Phenomenological Research*, 2004, 68(2), pp.473-486.

情绪出现之前，而情绪的对象则内含于情绪意识之中。

并非每种情绪都有对象，但主体无论如何必须相信它的存在。对于很多意向状态来说，我可以处于这种意向状态，但该意向状态所指向的对象或事态却根本就不存在。我可以希望天正在下雨，即使天没有下雨；我也可以相信半夜看见了鬼，尽管事实上根本不存在鬼。因此，当我们说到某人感受到某种确定的情绪是因为如此这般时，这个"因为"所提供的解释有时指涉情绪的对象，有时则代表情绪的原因。这可以通过更进一步的辨析得到区分，例如，某人对于他应该知道或相信的情况的命题的真实性，是否是一个必要条件？如果这不是必要条件，那么所指明的是他感受情绪的原因；如果是必要条件，那么所指的就是情绪的对象。①

由此我们不难看出，由于情绪的意向性，当人们感受到某些情绪时，感受者的信念、欲望以及感受的预备状态等已经内含于其中，这正体现了情绪的主体性或内在性（inwardness）。换言之，感受者对什么事物感到害怕或羞耻，是与感受主体对事物或情境的诠释逻辑地相互关联的。事实或情境本身是一回事，而感受者对该事物或情境的看法却可能不同。情绪的主体在情绪的意向性之中显示出如何评价（appraise）事物或事物如何对行为者显现。意向性形成了心灵的深层结构，起着某种心灵框架（frame of mind）的作用，它能使人们倾向于以某种方式来解释情境，进而影响到个

---

① 贝内特、哈克：《神经科学的哲学基础》，张立等译，浙江大学出版社2008年版，第218、230页。

人如何产生何种即发性情绪[①]。意向性这种具有影响力的心灵状态位于人类存在的深层基础之中。

不过，情绪的意向性观点也引起了一些争议，反对者指责它将某些不指向特定事物与没有什么特定意向对象的情绪排除在外，例如，幸福感、忧郁、沮丧等，都是当代很重要的社会现象与议题，但是却被意向性理论排除在外。也有人认为意向性观点忽略了心理感觉在情绪中的重要性，而心理感觉可能是无意识的。然而，这不足以否定情绪的意向性，它只是表明我们有可能不知道意向的对象为何物[②]——由于无意识的心理感觉的存在，我们可能不知道自己的情绪指向什么，例如，我生气，但是我可能不知道我生你的气，或甚至不知道我在生气。那些被视为心情而非有意向性的情绪如忧郁、沮丧等等，在我们看来仍然是有意向性的，只是由于无意识的遮蔽，而使当事人自己不知情绪所指或误认情绪（如无意识的自欺），甚至会产生替换现象，包括情绪的替换（如恼羞成怒）或情绪所指对象的替换（如迁怒）。

四、情绪的评价性

基于情绪的意向性，情绪本身就具有了认知的内涵。换句话说，体验到某些情绪，其实已经包含了感受者的某种认知。事实

[①] Michelle Montague, "The Logic, Intentionality, and Phenomenology of Emotion", *Philosophical Studies*, 2009, 145(2), pp.171-192.

[②] K. M. Fierke, "Emotion and Intentionality", *International Theory*, 2014, 6(3), pp.563-567.

上，大部分情绪中的认知不仅是事实性的描述，而且还包括价值性的评判，包括信念、判断、诠释、评价等。譬如，自己的名字被对方遗忘了，这件琐碎的小事却可能引发愤怒，因为当事人认为它代表了疏忽与轻视。可见，情绪中蕴含着当事人对情境的评价，而且，这种评价性认知本身就是情绪的组成要素。

当我们受到外界的某一刺激所影响时，情绪的神经生理层面、动作或行为表达层面以及主观经验层面几乎同时发生变化并产生作用。然而引发不同情绪的因素除了与外在或内在情境刺激有关外，个人对情境的评价与关心的差异，更是决定人们经验到的情绪种类与特征。在评价的基础上，每一种情绪都承担了适应环境的功能。以生气为例，当个人判断某刺激是在反对自己、冒犯自己时，他会出现生气情绪，并试图面对或逃避这种冲突——当他评估自己的回应不具危险性时，他可以直接对生气对象做出反应；反之，则往往会逃避或压抑自己，以免遭受进一步的伤害。个人生气的程度如果符合实际刺激引起的程度，此时的生气是一种状况提示，用以帮助他应付情境的负面刺激，这就是所谓的适应性情绪。

评价显然是一种主体性的活动，一个事物是主体性的，表示它是依赖于主体的，但并不意味着这些属性不是客观的或它们不是事物的真实属性。相反，事物的一些真实属性，只有通过主体的评价才能发现。比如，我感到某物令人厌恶，那么我厌恶的是这个客体，而不是我的感觉本身。简言之，评价必然要依赖于主体，但被评价的是客体，因此评价的性质是属于客体的。

那么，相比于纯粹理智上的认知，这种带有评价性的情绪有何独特之处呢？生活中可能遇到这样的情形，你知道壁虎是无毒无害的，而且告诉他人不必害怕它。可是，当你看到一条宠物狗时却吓得惊慌失措——理智上知道它不可怕，情绪上却害怕。又例如，明知山有虎、偏向虎山行，以及没有合理理由或充分理由的情绪（如杞人忧天、过分强烈或过度冷淡）。为什么会有这种情况呢？这一情绪—信念冲突提醒我们，蕴含于情绪意向性的认知并不一定是完全概念化的、清晰地表达出来的信念，它可能具有一种前反思的性质。这可以用来部分地解释类似的情绪现象，即虽然感到伤心或高兴，却无法明确地说出对象，或者虽然感到后悔，但无法明确说出我们的行为错在哪里。①

情绪判断具有描述之外的意义，有些情绪判断建立了一个情境或场景（scenario）。当一个恋爱中的人说她的恋人是世界上最好的人，她不是在陈述他真的是世界上最好的人这个事实，而是在陈述另一个事实——他在她的经验里占有非常重要的地位。她在她所陈述的事实里建立了一个场景，也因此创造了某些意义，作为思考关于他的各个方面的相关脉络。②这与其说是在描述事实，倒不如说是在提供意义的脉络。维特根斯坦就强调，关于情绪的字词是一种描述还是一种表达取决于整个语境，取决于一种语言游戏。例如，"我大怒"这个命题通常不是自己观察的结果，也不是描述

---

① Charles Taylor, "Reason and Emotion", *International Philosophical Quarterly*, 2000, 40(4), pp. 514-515.

② Robert C. Solomon, "On Emotions as Judgments", in Robert C. Solomon, ed., *Not Passion's Slave: Emotions and Choice*, Oxford University Press, 2003, pp. 100-101.

我在愤怒，而是在表达它。情感术语的含义不是通过实指定义确定的，而要通过它们的描述性和表达性作用之间的逻辑关系加以判断。情绪的内容不是抽象的命题，而要依赖于情境或场景。

综上所述，当我们分析某种情绪时，以下几个方面是基本的：主体在某一环境中的某个恰当的情绪对象，他与情绪对象相关联的特点（为什么与他有关）和随之产生的他可能具有的行动理由，通过相关的评估或评价提供的动机，与情绪对象相关的行为或行为倾向，以及对于相关的思考、幻想和愿望的了解或信任。正是在识别某种情绪的适当对象的情形中，在对它关注的情形中，以及在对该对象表现适当的某种形式的行为或倾向（如主体的目标与信念）的情形中，主体的感觉与行动反应才可以被称为情绪的表现。我们不断地对周围以及与自己有关的事物进行分析和判断，这些行为是自动的。除非评价的过程很长，否则我们不会意识到自己正在进行评价。一旦最初的评价过程结束，情绪出现了，我们就可能意识到自己的情绪或情绪化，之后，我们就能够控制自己的情绪，并且对当时的情况重新进行评价。从这个意义上说，情绪是我们与世界关系的显示以及对我们如何看待这个世界的表达，它以一种超越了理性的方式证明了我们在这个世界的存在，并由此也决定我们在这个世界的存在方式。

情绪的内在经验与情境重构

早在古希腊时期,柏拉图就意味深长地问道:我们之所以爱某物是因为它可爱,还是由于爱它而觉得它可爱?① 是先有爱这一情绪,然后认识到爱的对象可爱,还是先判断爱的对象可爱,其次才有爱的情绪呢?前者的主张预设了情绪生成的外在条件,而情绪只是察觉、反映了这些实在;后者则将情绪的生成回溯至人的主体特质,认为某物不过是情绪自身的投影。

一、情绪作为一种认知评价

对于情绪与认知的关系,两千多年前,哲学家们就已开始进行思考。有的认为,情绪受到认知约束,但又想挣脱认知的控制,柏拉图就持这样的态度;亚里士多德则把情绪看作高级认知与低级的纯感官欲望相结合的产物,并且一种情绪与另一种情绪的根本

---

① 参见柏拉图:《柏拉图对话集》,王太庆译,商务印书馆2004年版,第14页。

区别不在于生理层面，而在于信念。而到了近代，斯宾诺莎主张，情绪是认知的结果，尽管他也将欲望和感觉看作情绪中重要的方面，例如，他说，爱是为一个外在的原因的观念所伴随着的快乐，恨是为一个外在的原因的观念所伴随着的痛苦。① 显然，这些身体反应只有按照某种方式进入我们的认知过程，才能称为情绪。

20世纪后半叶出现的情绪认知论（cognitive theory of emotion）提出，情绪产生于对刺激情境或对事物的评价，认知过程是决定情绪性质的关键因素。情绪认知理论呈现以下多种形式，如阿诺德（M. B. Arnold）的评定—兴奋说——任何评价都带有感情体验的成分，评价补充着知觉并产生去做某事的倾向，情绪是认知评价的结果；沙赫特（S. Schachter）的认知—归因理论——任何一种情绪的产生，都是由外界环境刺激、机体的生理变化和对外界刺激的认识三者相互作用的结果，而认知过程又起着决定的作用；拉扎勒斯（R. Lazarus）的认知—评价理论——情绪是个体对环境事件知觉到有害或有益的反应，在情绪活动中，人们需要不断地评价刺激事件与自身的关系，从而认知评价成为情绪状态的构成基础和组成特征。②

从上述理论可以看出，无论情绪发生在认知之前还是之后，认知都是情绪产生的必要条件。情绪认知理论的核心词语是评价，即情绪源于对情境、事件、事实等做出的评价。情绪必须包含一

---

① 参见斯宾诺莎：《伦理学》，贺麟译，商务印书馆1983年版，第153—154页。
② Cheshire Calhoun, "Subjectivity and Emotion", in Robert C. Solomon ed., *Thinking about Feeling: Contemporary Philosophers on Emotions*, Oxford University Press, 2004, pp. 108-110.

种判断或信念，例如：如果我害怕熊，那么我不仅仅会体验到手脚冰凉，而且我相信或判断熊是危险的或对我有威胁。这一恐惧情绪发生的必要条件或主要原因是，我判断或我相信我处于危险之中。对于情绪本质的认知解释显然强调了其理性的一面。作为一种动态水平的描述，评价不仅仅涉及神经生理相关事件，而且涉及外界环境；它不仅仅与当前状况相关，而且延续较长的一段时间。这些并不意味着评价不客观，而是表明对于情绪的解释并非简单直接。

情绪认知理论有助于我们解析日常生活中难以理解的情绪现象。人们常常发现各种情绪之间会互相冲突，他们的情绪反应也会摇摆不定，认知理论对情绪的这种复杂性与微妙特征都做出了较为清晰的解释。由于情绪是一种评价或判断，那么信念和判断等的改变就会改变情绪状态或使情绪消除。比如：我听到你说我"口吃"，然后发现你实际想表达的是"口齿"，我的生气情绪会缓解或消除。虽然最初的判断引发了不快的情绪，但随后我判断出你说话的意思，相信你并没有取笑我，所以不再生气。认知理论坚持行为源于认知，正是后者帮助我们判断愤怒、焦虑、紧张等行为的特征，例如，人们节食很可能是担心发胖，而非认知主义理论却没有把它们联系起来。情绪认知理论还能很好地解释情绪的动力性和情绪行为的理智性和固定性。例如，一个人被无辜伤害，他可能愤怒地进行报复；相反，如果施害人使他产生了特定个人特征的评价，如漂亮、迷人、善良等，复仇者很可能产生动摇。总之，情绪认知理论不但考虑到行为背后的动机，而且考虑到微妙的、理性的、调节良好的动机对于情绪的重要意义。

情绪既然是一种判断,那么就有一个判断的标准或依据问题。情绪评价所依据的是人们自己的需要、欲望、价值和目标等,即情绪的对象是对个体有意义的内部或外部环境的事件——外部环境是除自身以外的周围事件,内部环境就是自己的思想、记忆和意象(image)。里昂斯(William Lyons)指出,情绪是包含对自己或与自己相关的一系列对象、事件或情境的判断,也可以是根据自己的判断标准对其他人所处情境进行的判断;情绪的识别、命名与分类需要借助特定的概念、信念和判断,如生气是判断一个人被冒犯,悲伤是判断一个人遭受了损失,恐惧是判断一个人处于危险之中,等等。[1] 由此我们不仅可以体验到自己的情绪,也能理解他人的情绪,从而使得情绪具有人际交往的功能。

但是,评价和判断能否作为情绪的起因,认知被置于情绪发生的核心地位又是否合理呢?是否存在不具有认知性的情绪现象呢?设想一下:我的朋友考了高分,此时认知判断告诉我要为朋友感到高兴,但是我的情绪却是嫉妒——认知判断和情绪状态在此时并不一致。日常生活中,我们也经常看到,对于厌食症、强迫症、恐怖症等,认知是无法控制它们发生的;莫名的恐惧和焦虑,其间完全没有认知评价,甚至连情绪的对象和目标都不存在,但是人们确确实实体验到了这类情绪。再比如:无缘无故地讨厌一个人,

---

[1] William Lyons, "The Emotions: A Philosophical Exploration", *The Philosophical Quarterly*, 2003, 53(213), pp. 622-624.

毫无理由地爱一个人，虽然有情绪的对象，但没有认知判断，纯粹是一种无意识的情绪。这些都是情绪的认知理论无法解释的。

上述情绪的发生，有些有认知参与，另外一些则没有，而有些相同的判断导致的情绪结果却大不相同。无论是哪种，人们都体验到了情绪，并且他们的生理和肌体都发生了变化，而认知理论恰恰忽略了情绪的这个方面。那么，为什么情绪的身体反应可以独立于认知状态？情绪与认知之间的关系究竟如何呢？

二、非认知情绪与现象学考察

情绪的认知理论是典型的笛卡尔模式。在这样的情绪概念中，人们不需要与外界的客体直接接触，仅仅是通过（主观地）评价客体的方式产生情绪，身体在情绪的体验中不是一个必要的元素。也就是说，评价是离身的（disembodied），环境条件的认知表征无须满足情绪体验的基础。[①] 但是，日常经验告诉我们，情绪的含义并不仅仅依赖于情绪主体的心理表征。

在反对情绪被还原为认知评价这一点上，詹姆斯的主张再一次引起人们的重视。詹姆斯认为，表情引起身体的感受，情绪因而就必然总是有这些身体感受相伴随，其结果就是不可能将它单独理解为一种精神状态，或者将它从上述较低级的感受那里分析出来，

---

① Michelle Maiese, *Embodiment, Emotion and Cognition*, Palgrave Macmillan, 2011, pp. 82, 87.

也就是说，它不是作为一种独特的心理事实而存在的。[①] 情绪只不过是对于身体所发生的变化的感觉，如果没有身体变化如肌肉紧张等，也就没有什么情绪；身体变化在先，情绪体验在后，认知本身无法产生一个情绪状态。人们无法控制情绪所伴随的生理变化如心跳、体温等，后者是自动发生的。有实验表明，恐惧和悲伤比厌恶产生更快的心跳速率，愤怒比恐惧产生更高的手指温度，而认知却无法使恐惧和厌恶产生相同的心跳速度。也就是说，认知不能控制生理变化的产生及其程度。

那么，是否可以把情绪定义为自主的或自发的生理变化呢？因为无论是否有认知判断参与，情绪中都存在心跳、血压、体温、激素等的生理变化，而且不同情绪的生理变化各不相同。答案是否定的。因为那些生理变化完全可以由运动引起，而没有情绪的面部表情也的确是存在的。

情绪的发生不只伴随着生理变化，还有肌体活动，其中最主要的是面部表情。艾克曼（Paul Ekman）等人发现，生气、恐惧、愉快、惊讶、沮丧、厌恶等的基本情绪表达具有跨文化的共通性。[②] 对于表情正常的人来说，每种情绪的发生必然包含特定的面部表情——情绪不同，面部表情也不相同。此外，人为地操纵面部肌肉运动表现某种面部表情，能导致与其相应的情绪体验的产生或增强，即对情绪体验具有反馈效果，这就是"面部反馈假设"（facial

---

[①] 威廉·詹姆斯：《心理学原理》，田平译，中国城市出版社2010年版，第326页。
[②] 保罗·艾克曼：《情绪的解析》，杨旭译，南海出版社2008年版，第12页。

feedback hypothesis)。研究者把被试分为两组，第一组用嘴含住一支铅笔，第二组用牙齿咬住一支铅笔。被试报告体验到的情绪，并接受生理变化测试。第一组被试报告体验到生气的情绪，第二组被试报告体验到高兴的情绪，而且，两组体验到的皮肤温度和心跳速度分别接近于生气和高兴。也就是说，用牙齿咬住铅笔，面部不得不形成微笑的动作，嘴角向上并向后拉，同时面颊自然上提，从而体验到高兴的生理变化；而嘴唇含着铅笔聚拢双眉并使之向下（皱眉），同时咬紧牙关并使嘴唇紧闭，会体验到生气的生理变化。此外，研究人员还发现，面部表情受限或缺乏的被试，其情绪感也不同程度受到了影响。[1]

情绪过程中的生理变化和认知评价拥有各自的持续时间。埃斯沃思（Phoebe Ellsworth）曾提出情绪流的概念。他认为，情绪就像在河流（stream）中一样，随着认知评价、行为倾向、身体状态和感觉的改变而改变。[2] 比如前面那个"口吃"和"口齿"的例子，我起初是生气的，在判断是发音不准造成的时，评价自己"不该生气"，但是生气的生理变化不会立即消失，情绪也不能立刻中止。又例如，当某一危险已经结束，你仍会感受到内心翻腾，那些感觉要10—15秒才会逐渐平息，你无法缩短这段时间。也就是说，认知评价在情绪的过程中扮演了一个裁判的角色，起到监督情

---

[1] Robert Soussignan, "Duchenne Smile, Emotional Experience, and Autonomic Reactivity: A Test of the Facial Feedback Hypothesis", *Emotion*, 2002, 2 (1), pp. 52-74.

[2] Jenefer Robinson, "Emotion: Biological Fact or Social Construction?" in Robert C. Solomon ed., *Thinking about Feeling: Contemporary Philosophers on Emotions*, Oxford University Press, 2004, p. 38.

绪的作用：认知一吹哨，警告终止情绪，但是情绪具有持续性，只能慢慢地减弱，比如生气缓解的表现是心跳逐渐减速、人们逐渐冷静下来等。

不论情绪是否得到控制，也不论情绪是自发的还是刺激引起的，面部表情的变化都反映了情绪的强度以及激发情绪事件的细节，同时它产生了一些生理活动和情绪的主观经验。具体情绪在意识中出现，即情绪的主观体验的产生，依赖于表情模式快速的、具体的感觉反馈。表情是情绪的外显行为，也是情绪的发生机制。当然，做鬼脸不是情绪产生的一般情况，而且，人们在没有体验情绪的情况下也可以做出虚假表情。但有一点可以肯定的是，人们在无认知判断参与时依旧可以体验到情绪。

从情绪发展的角度来看，人类早期的情绪也是不需要复杂的认知的。弗莱吉达（Nico Frijda）提出了情绪的"非习得性（unlearned）刺激"。他指出，包括人类在内的很多动物对于陌生和新奇的刺激都会本能地进行情绪反应。例如，婴儿害怕陌生人或不熟悉的环境，引起恐惧的这些刺激在他们出生时并不存在，但却很容易获得，几乎不需要学习（对蜘蛛和蛇的恐惧就是典型的例子）。其他恐惧情绪只是对于最原始恐惧情绪的一种迁移，或是对于原始恐惧情境的一种共鸣和共情。人类在出生时就拥有或内嵌了原始情绪（基础情绪），以后更为复杂的情绪只是对于原始情绪的再加工，而原始情绪是不需要认知判断的。[①] 尽管按照弗洛伊德的观点，情

---

① Nico Frijda, "Emotion Experience", *Cognition and Emotion*, 2005, 19(4), pp. 473-498.

绪自婴儿出生起就被不断地释放与压抑，但它作为一种本能并没有改变，情绪种类的发展只是对于最基础的本能的一种修饰或完善。

然而仅仅用本能论来说明情绪可以独立于认知，似乎缺乏足够的说服力。因为人类的本能是无法观察和描述的，况且，研究对象是新生儿，未涉及成人被试，其结论也难免片面。作为一种理论假设，它需要更多的实验证据。后续的一系列研究恰恰弥补了这一不足，它们通过实验验证了情感优先假说，即对刺激的简单情绪属性加工比更高级的认知属性加工的速度要快得多。

（1）纯粹接触效应（mere exposure effect）。研究人员先向被试快速展示一组不规则的多边形，接着又快速展示另一组多边形，并让被试选择更喜欢其中哪几个。被试所挑选出的两个多边形恰好是第一次看过的。由于展示的速度非常快，被试来不及对刺激进行认知加工和判断，此时表现出的喜好纯粹是一个自动的、无意识的反应，它直接由一个频繁接触的刺激引发。这就是单纯接触效应：一个刺激越频繁，你就会越喜欢它，即使人们不能识别它。[①]

（2）无意识情绪启动。实验者让被试对中性刺激产生情绪反应。这里的中性刺激材料是汉字（被试不懂汉字）。启动刺激材料是一些带有高兴、悲伤等表情的图片。先给被试快速呈现一幅表情照片，然后再呈现一个汉字，由被试判断喜欢哪些汉字，实验发现，被试对于跟随在愉快表情图片后的文字表现出好感。但是，

---

① Steven G. Young et al., "Stimulus Threat and Exposure Context Modulate the Effect of Mere Exposure on Approach Behaviors", *Frontiers in Psychology*, 2016, 7(1), pp.1-8.

如果将文字前面的表情照片慢速展示时,被试能有意识地识别表情图片,他们对汉字喜好的选择则很少受到面部表情的影响,即启动效应消失了。[1] 表情图片作为被试判断汉字的根据,未被被试觉察到,但确实引发了被试的情绪,这类情绪称为无意识情绪。该实验表明,情绪的产生可以脱离认知的参与。

(3)阈下知觉(subception)。实验展现给被试 10 个单词。被试在看到其中 5 个单词时被给予电击刺激,另外 5 个则没有。实验者以很快速度向被试呈现单词,并让被试识别哪些单词是先前实验已经看过的。当被试再次看到有电击刺激的那 5 个单词时,会有增强的皮肤电反应[2]。皮肤电反应加强证明被试是讨厌或抵触这些单词的,但是这种负面情绪没有经过认知的加工,它独立于认知,是意识无法识别的。此效应称为"阈下知觉"效应,即这类知觉是发生在意识之下的,人们意识不到它。

无论是艾克曼、扎荣茨(R. Zajonc)还是弗洛伊德,他们都反对这样一种观点,即认知发生在情绪的身体变化之前。不过,他们的情绪学说是以内省观察为基础,并从现象学角度进行描述的,而神经生理学的实验结果则为相关结论提供了更为精确的依据。勒杜(Joseph Ledoux)以老鼠为实验对象进行研究发现,大脑中的杏仁核是恐惧反应的中枢,恐惧的情绪意义在这里进行登

---

[1] Piotr Winkielman and Kent C. Berridge, "Unconscious Emotion", *Current Directions in Psychological Science*, 2004, 13(3), pp.120-123.

[2] Richard Lazarus, "Appraisal: The Long and the Short of It", in Paul Ekman and Pichard J. Davidson eds., *The Nature of Emotion: Fundamental Questions*, Oxford University Press, 1994, p.33.

记（catalog）。丘脑是大脑的"感应中转站"，它接受输入的刺激，并把这些刺激传输到皮质的不同部分，负责不同感觉模块（视觉、听觉等）的高级加工。老鼠听到蜂鸣后，听觉信号传入听觉丘脑，听觉丘脑被激活。这时接收的信号有两个并行的传输路径：一个是信号传输到听觉皮质，听觉皮质对听觉信号进行识别并进行认知加工，然后把加工后的信号传输到杏仁核，由后者评估是否产生恐惧的情绪反应；另一个传输路径是，听觉信号绕过皮质，直接把听觉信号传输到杏仁核。听觉刺激经丘脑—杏仁核这一直接通路到达杏仁核要用12毫秒，但是经皮质通路却要用2倍的时间。[1] 换句话说，杏仁核可直接获取感觉输入并赶在皮质思维中枢做出决策之前抢先做出反应。

勒杜由此揭示了大脑中恐惧情绪的两条神经通路：一个是"快速加工系统"，反应非常快，提醒有机体周围哪些事情是危险的，但却不能仔细地识别这些事情。另一个是慢速而更具识别性的加工系统，是通过皮质操作的，能计算出丘脑—杏仁核的"无意识情绪"是否合适。后者相当于对于无意识情绪的再评价。也就是说，恐惧情绪最初产生是通过杏仁核的"非认知评价"，随后的较慢的"认知评价"评估之前自发情绪的适合性，以此指导有机体后续的反应。如果两个评价不一致，就要修改最初的"非认知评价"；反之则不用。值得一提的是，他根据化学递质追踪的结果发

---

[1] Joseph LeDoux, *The Emotional Brain: The Mysterious Underpinnings of Emotional Life*, Simon & Schuster, 1998, p. 28.

现，恐惧切断了丘脑向杏仁核传递的通路，从皮质传来的信息有可能证实或否定直接从丘脑—杏仁核传来的信息，从而确认"情绪评价"是否合适以及所产生的情绪反应应当保持还是中止。这说明，恐惧或其他原始情绪，在信息到达大脑皮层进行评价和做出反应前就已经被激活。

以上考察表明，身体对与自己有关的事情或刺激有一个非认知的或无意识的情绪反应，这类反应是自发的。换句话说，没有认知的参与，情绪依然能够发生，认知对于情绪不是必要的，因为意识阈限之下的情绪的确出现了，人们不能因感受不到或意识不到它们而否定其存在。

三、无意识层面与情绪的自主性

前文已述，情绪可以独立于认知，这意味着我们需要在意识层面对情绪进行区分——意识情绪和无意识情绪是情绪的两个水平，不需要认知参与的是无意识情绪，它经由认知监督和约束形成意识情绪，后者是日常生活中可以用语言表达的情绪。无意识情绪既可以独立存在，也可以作为意识情绪的一部分。认知则是情绪从意识阈限之下向意识阈限之上过渡的"监督者"，它负责协调情绪由低层次向高层次转化：判断哪些无意识水平可以进入意识水平、哪些不能进入、哪些还需经过修改以及依据何种标准，等等。如果把情绪比作球员，认知就好比是裁判，在认知吹哨的一瞬间，有些球员继续比赛，有些球员被黄牌警告，而有些球员却被红牌罚下，中止比赛。能继续比赛的，是经过认知允许并让人们体验到的情绪；红牌罚下的，是被禁止进入意识的情绪；黄牌警告的，则是被通知修改和完善后方可进入意识的情绪。无意识的自主反应是情绪发生时必不可少的一环，而认知是意识情绪发生的中介，但它不是必需的。

既然情绪存在无意识的情形，那么即使人们刻意掩饰自己，他们的声音和面部表情也会泄露其所隐藏的情感。艾克曼正是通过现象学法分析了微表情所暴露的真实内心感受。微表情是最原始的情绪表达，它一闪而过，持续的时间只有 1/25—1/5 秒，而表情的持续时间要长一些，比如微笑一般持续 2 秒。微表情对应的是非认知评价，表情对应的是认知评价。微表情难以被发现，它往往被表情掩盖，这意味着认知评价掩盖了非认知评价，所以情绪的真假需要通过比较两个评价是否一致来进行判断。尽管如此，微表情这种独立于认知的无意识情绪恰恰是真实的心理体现。①

无意识情绪尽管没有产生意识的感觉，但这些反应仍能促使人们达到所期望的状态或行为。例如，人们在经历了严重的车祸、火灾等创伤事件之后，会出现选择性遗忘——遗忘对于人们伤害较大的情境，这就是认知把创伤记忆从意识压入潜意识中。但我们的身体或情绪对于这类痛苦事件的记忆是永久存在的，情绪会唤醒人们对事件或情境的记忆。假如在判定车祸或火灾凶手时，给被试设置一个模拟火灾现场的情境，被试可能逐渐回忆起事发的情

---

① Paul Ekman, "Happy, Sad, Angry, Disgusted", *New Scientist*, 2004, 184(2467), pp. 4-5.

形。此时,情绪冲破了认知的封锁,使模糊的记忆逐渐变得清晰,这就是由无意识情绪引发的陈述性记忆。当然,对于过去情绪场景的回忆,既可能出自主观的意愿,也可能是脑中突然想到,但不论何种途径,都有可能引起当下真实的情绪反应。艾克曼等人通过引发情绪记忆研究了各种情绪的特殊表情和生理反应。他们原本以为,被试知道自己正被观察,并且身上缠绕着测量心跳、呼吸、血压和体温的各种装置,因而很难重新体验过去的情绪。结果完全相反,大部分人重新进入过去的情绪情境,有些人甚至是立刻产生情绪。不过,情绪这种打破认知禁锢的能力,并非必然表现出来,而且还需在特定条件下才会发生。

从进化的观点看,无意识情绪是生存适应的结果,这也是情绪的一项重要的生物学功能。作为对外界环境的一种最迅速、最直接的反应,情绪使我们有效地调动自己的认知资源去处理问题——它可以让我们从众多的竞争因素中,选择对于自己的需要、目标和利益重要的事物;它会在几毫秒内指挥我们的行为、言语和思想,告诉我们当下的处境是安全还是危险的,随后的机体活动和自主神经系统的改变则为有机体未来的行为做准备,比如转动方向盘,以避开其他车辆,并用脚踩下刹车,同时脸上会闪现害怕的表情:眉毛抬高、双眼圆睁,嘴唇向耳后方拉长,同时,虽然没有做出费力的动作,不需要增加血液循环,但心脏还是开始快速跳动。[1]

---

[1] Paul Ekman and Daniel Cordaro, "What Is Meant by Calling Emotions Basic", *Emotion Review*, 2011, 3(4), pp.364-370.

这是因为在进化过程中，那些反应有助于我们在害怕时做好逃跑的准备。这些情绪体验是我们对外界环境或需要处理的问题的直接投射和自我保护，使我们在尚未知道发生什么时就做出反应，帮助我们诊断和处理紧急的情形。情绪的这一功能把我们的注意力集中在环境的某些方面，判断这些方面对于我们的意义和价值。

但是，情绪提示的防卫往往会有过当的情形，这是因为认知有时无法控制瞬间爆发的情绪。一些"激情犯罪"的人常常说"我当时脑子一片空白"，这正是无意识情绪失控的后果。一种非正常的情绪状态，需要有某事件的情绪记忆和一个特定的刺激。例如：玛丽曾滑雪摔倒，对此她有痛苦的记忆，现在，即使在一种非常安全的情境下（如干燥的路面），一个轻微的滑动也会使她害怕。这个例子中特定的刺激是"打滑"，它能引起一种无意识的或是自动的情绪反应。虽然这一特定刺激和自动情绪反应之间的联结是错误的，但却是认知无法改变的。与此相似，汤姆对有权威的女性充满了怨恨，这是因为他母亲是一个女强人，他从小就没有感受到母亲的爱。后来，汤姆参加了工作，刚入职的他就对自己的老板珍妮产生了怨恨，然而之前他对她的情况一无所知——对母亲的异常情绪扩散到了其他女性的身上，权威母亲成为其他权威人物的一个原型。同样，对父母和兄弟姐妹早期的正反情感并存的体验也可迁移到同事、下属、领导、爱人、朋友等，先前的情绪已经被固定在记忆中，并在以后生命中的类似情境中重新产生，即便人们不愿让它们发生。

类似的情形还有，很多人不相信这世界有鬼，但是半夜到了墓地，却仍然感到害怕。虽然相信世界没有鬼，但是孩提时的情绪惯性一时无法改变。还有所谓的后怕，或者沉醉于梦境。生气、害怕、快乐的理由或对象已经消失，但是情绪仍然存在或者转化为别的情绪（如喜极而泣）。情绪的这一现象意味着情绪具有自主的动力，不是认知的附属，不会随着认知而起灭。[①] 与情绪惯性相似的现象是情绪的自我引导，例如，假戏真做或弄假成真（本来没有情绪，也没有情绪对象，伪装之后却有了情绪），推波助澜、放任情绪使之增强（悲痛欲绝、借酒浇愁愁更愁），自我安慰（精神胜利法、沾沾自喜、为赋新词强说愁）等。

综上可见，无论在实验研究还是现实生活中，无意识的、不自觉的反应都是存在的，它们完全不受认知的控制，这也是心理治疗和心理障碍旨在解决的重要问题。目前很多研究都在致力于寻找认知掩饰和修改下的无意识情绪，以期找到真实的情绪以及情绪的本质，从而充分地认识自我。不过，这样一来，又产生了新的问题：无意识情绪已经发生，为什么还需要认知来改变呢？如果没有认知，无意识情绪将会怎样？什么原因促使认知参与了情绪的发生？这就涉及社会和文化的因素。

四、情绪与典范场景

情绪产生后，我们会在记忆中对它进行登记并将它编入某类情

[①] Sabine A. Döring, "Why Be Emotional?" in Peter Goldie ed., *The Oxford Handbook of Philosophy of Emotion*, Oxford University Press, 2009, pp. 297-298.

绪中，同时也需要对与情绪相关的一系列事件或情境进行记录和分类（catalog），这在很大程度上依赖于情绪概念的界定及其所处的文化背景和社会规则。

许多研究证实某些情绪的确是跨文化的，但这并不表示所有文化的情绪经验是类似的。不同文化的情绪经验具有多样性，文化是理解和预测其多元化的重要模式。文化的差异造就了不同国家和民族情绪的不同特点。人们在识别和表达情绪时除了依据普遍的情感程序（universal affect program）还要凭借具体的情感程序（specific affect program）。普遍情感系统存在于所有文化群体中，来自不同文化的人都能理解，而具体情感系统存在于每种特定的文化群体，因此不同文化背景下的个体，其情绪表达呈现差异。埃尔芬宾（Elfenbein）和安巴迪（Ambady）以方言理论作类比：方言在发音、语法、词汇等方面具有不同程度的差别，普遍情感系统好比整个语言系统，具有通用性，不同文化群体在其中可以相互识别；而具体情感系统就类似于"方言"，独立地执行相应的功能。[1]

社会文化和情绪核心的联结之一是如何获得概念的问题。[2] 某些情绪的出现必须以拥有某些概念作为前提，譬如，有了死亡的概念才能经验到死亡的恐惧，要体验背叛的感受必须有"背叛"的概念等。而人类的许多概念又是在社会文化中习得的——只有

---

[1] Hillary A. Elfenbein et al., "Toward a Dialect Theory: Cultural Differences in the Expression and Recognition of Posed Facial Expressions", *Emotion*, 2007, 7(1), pp. 131-146.

[2] John Deigh, "Concepts of Emotions in Modern Philosophy and Psychology", in Peter Goldie ed., *The Oxford Handbook of Philosophy of Emotion*, Oxford University Press, 2009, pp. 18-39.

学会了"人道"、"公平"等概念,面对虐待、仗势欺人或恃强凌弱等情形时,才能够产生不平、义愤等相关感受;只有学会了尊严、自我、生命权等概念时,施暴者才可能产生内心的不安、懊悔或罪恶感。

既然某些情绪必须依赖于某些概念才能出现,而这些概念只有在某些文化中才能获得,那么,其他社会文化中的人要感受这些情绪就可能面临困难。试想,一个普遍盛行奴隶制度的社会,要主人对贩奴行为感到羞愧或有罪的话,除非他具有普遍人权或类似的概念。在一个缺乏个人财产制度的社会中,要社会成员产生偷或被偷的感觉或情绪似乎不大容易。这也正是某些情绪在某些社会特别受到珍视或贬抑的原因。我们通常以为"怒"是人类普遍的情绪,人类学家却发现某些爱斯基摩部落的人不会感到生气,而且所使用的词汇也没有"怒"这个字;与此类似,太平洋岛国的居民经验到的同情、爱与悲伤的混合情绪,是我们亚洲人所无法理解的。[①]

文化在这里无疑起到了典范场景(paradigm scenarios)的作用。典范场景包含两个方面:第一,提供特定情绪类型的特征对象的一个情境类型;第二,对于这一情境的一系列"标准"反应。所谓"标准反应"首先是一个生物学的事件,随后变成了文化上的。在很大程度上,正是借助于对该典范场景的反应成分,情绪才通常被认为是动机性的。不过,在某种意义上,这是由后到前

---

① Hillary Anger Elfenbein and Nalini Ambady, "Universals and Cultural Differences in Recognizing Emotions", *Current Directions in Psychological Science*, 2003, 12(5), pp.159-164.

的，因为情绪通常由反应倾向而得名，只是随后才被假定为引发了这种倾向。① 前面我们谈到，快速的非认知评价可以粗略地区分最基本的情绪如恐惧、生气、悲哀等，然而对于诸如羞耻与愧疚、猜忌与嫉妒之间的细微差异却无法进行精确识别，这些细致的区分是由认知参照具体情景完成的。例如，笑可以分为微笑、嘲笑、奸笑、苦笑等，对于这几种笑的命名和分类就要借助情绪的场景——不同的场景引发了不同的笑，我们根据场景进行判断和理解，并对照个体的生活和文化背景，进而在意识中区分笑的含义和表情。有些情绪只有依靠典范场景才能得到理解，比如：在日本文化中，有一种被称作依赖（amae）的情绪，它是一种被动的爱，一种类似儿童对母亲撒娇的特殊的依恋。欧美国家的人们感受不到如此这般的情绪，而在日本，"amae"是其国民社会心理最突出的特点，即"依靠他人的爱"的倾向，如孩子对母亲的依赖、下级对上司的依赖等，不仅人们能够很敏感地觉察，甚至日本的国人性格以及社会结构都是围绕着这样一种依赖建立起来的。②

典范场景与情绪的真实性（authenticity）紧密相关。人们有时会克制自主的情绪而把外部的肢体语言隐藏起来，甚至表现出相反的情绪动作，也就是说对情绪进行掩饰或修改。例如，通常喜悦的表现是笑和心跳加快——笑是面部表情，心跳加快是生理

---

① Ronald de Sousa：《情感的理趣》，马竞松译，台湾五南图书出版股份有限公司2006年版，第205页。
② Rebecca J. Erickson and Marci D. Cottingham, "Families and Emotions", in Jan E. Stets and Jonathan H. Turner eds., *Handbook of the Sociology of Emotions*, Springer, 2014, vol. II, pp. 364-365.

变化，二者都是反应倾向；老板责备我，我面带微笑，心跳也加快了，而我的情绪却是愤怒。笑的表情可出自内心的喜悦，也可以是矫揉造作或强颜为欢。显然，仅仅依靠简单的反应倾向来定义情绪是不完备的，喜悦的情绪概念必须包含能引发喜悦的情境，也就是说，场景成为定义某类情绪的主要元素。那么，如何判断当下情绪状态是否真实呢？这就需要区分它属于认知还是态度。例如，你听到某人说："我生气了！"可是她并没有真实的生气状态，没有产生自动的情绪反应，也未体验到生理变化。相同命题内容的判断，为什么有时能导致生理变化并产生情绪，而在另一些情形中却没有？因为上述所谓的"生气"涉及的仅仅是一个认知状态，它告诉人们在某一特定情境下应该有什么样的标准情绪反应，但却不识别人们自身体验到的情绪状态，或者说认知已经意识到真实情绪与适当情绪的矛盾，但却无力改变。人们经常会说："我应该生气的，为什么不生气呢？"认知判断是"我应该生气"，我也努力表现出生气的样子，但依旧无法使自己"体验"到生气——情绪反应不受意识的控制，因此，认知评价需要依靠典范场景使个体产生标准的情绪反应，只有当二者一致时，情绪才是实际的、真实的。

综上所述，情绪的存在与意义，是由个体与其社会情境互动形成的。人类最原始的本能或内驱力表达了他们最基本的需要和欲望，然而文化为情绪设定了边界并构建起不同的典范场景，以此来约束和协调情绪的发生，使之变得更加合理、更具可交流性，从而使人们能更好地理解他人并融入社会。

情绪的社会形塑

情绪究竟是怎样产生的？千百年来，哲学家、生物学家和心理学家分别从各自的角度寻求答案。自詹姆斯之后，现代情绪理论有了很大进展，不过，早期的情绪研究主要集中于情绪的生理变化、主观经验和表情行为等方面，情绪被看作简单的、无意识的、非认知的现象，20 世纪后半叶，情绪中的认知成分越来越受到重视，如动机、评价、态度等。其实早在古希腊时期，亚里士多德就主张，情绪是由人们的认知对于世界中的事件的解释和评价引起的，而情绪研究的一个新方向——情绪的社会建构论——就与此观点密切相关。这里所探讨的情绪的社会建构，其目的不仅在于探寻情绪的社会属性，更在于探究情绪在社会活动中的形成与表现方式，特别是情绪**参与**社会文化及其特定伦理**秩序**的方式。

一、情绪的建构主义主张

情绪的社会建构论深受米德（George Herbert Mead）人际传播

思想的影响。米德认为，一个人的行为意义由他人来决定，而群体是"泛化的他人"，那些参与同一过程的人的态度，会影响到个体自身行为方式的选择，因此，个人的经验和行为是由社会群体的经验和行为建构的。[①] 米德的理论影响了社会与个体行为之间相互依存性的研究。除此之外，孟德斯鸠关于政治构成和民法的社会学基础的分析，也为个人经验与特定文化系统的宗教信仰、政治和社会意识形态之间关系的跨文化研究提供了启示。

伴随着 20 世纪西方哲学的语言转向，语言不再是传统哲学讨论中涉及的一个工具性的问题，而成为哲学反思自身传统的一个起点和基础，于是情绪的表达及其文化差异的研究也慢慢浮出水面。

所谓情绪是社会的建构是指，情绪总是透过社会与文化过程而被经验到或得到理解与命名，情绪被视为通过学习获得，而不是天生的行为或反应[②]。情绪的社会建构论是在认知理论的框架基础上发展起来的。情绪的认知理论把情绪分解为一系列由信念、欲望、需要和期望所引起的生理变化、感觉和行为反应。以"M 对 S 非常生气"为例，"生气"可以解析为：生气的对象是 S 的行为；M 的信念是 S 的行为是指向他的；M 的评价是 S 的行为侮辱了他；M 的欲望是报复 S……以上要素组成了情绪。在认知理论看来，一种情绪之所以不同于另一种情绪或情绪过程，正是在于对事件的认知不同。社会建构论则更进一步，它主张，情绪是态度引起的，态

---

① 乔治·H. 米德：《心灵、自我与社会》，赵月瑟译，上海译文出版社 1992 年版，第 137 页。
② Deborah Lupton, *The Emotional Self: A Sociocultural Exploration*, SAGE Publications, 1998, p.15.

度包括信念、判断和欲望等，其内容由特定群体的文化信念、价值和道德观等决定，或者说，态度是个体所在文化中的信念、价值、规范和期望的一部分，情境的解释和规定使得个体获得与文化相适合的情绪态度①。

情绪不是与生俱来的反应，它的体验和表达像语言一样依存于特定的文化，这一理论无疑对传统情绪观（尤其是还原主义和自然主义）构成了巨大的挑战。还原主义认为，高级情绪是由低级或简单的情绪构成或派生出来的，前者是一种复杂的状态，而后者由本能驱力和生理反应组成。例如，笛卡尔断言，原初的、基本的感情有 6 种，即惊奇、爱、恨、渴望、高兴和悲伤，而所有别的激情都是由这 6 种激情中的某些组合而成的，或者属于其中的某一类，或通过什么方式从这 6 种激情中演化出来的。② 根据还原主义的理解，人类和动物的情绪在本质上没有差异，都是生理反应。自然主义也主张，情绪作为一种自然反应，无论形式如何不同，都有一个确定的核心——生理反应，后者是先于或超越社会文化的。

但是，情绪通常并不会突然出现。情绪反应会因为环境中所出现的刺激、个人感受到的生理变化以及随之而来的认知等多种因素诱发而产生，情绪可以被视为有机体对自己身体、内在想法以及外界环境进行监控之后所获得的产物。而这些过程和机制也说明了情绪的复杂性——仅仅感觉到生理的变化并不足以理解情绪的

---

① C. Armon-Jones, "Prescription, Explication and the Social Construction of Emotion", *Journal for the Theory of Social Behaviour*, 2010, 15(1), pp.1-22.
② 勒内·笛卡尔:《论灵魂的激情》，贾江鸿译，商务印书馆 2013 年版，第 56 页。

发生与存在。因此,情绪的社会建构理论在认同自然主义部分观点的同时,为自然情绪限定了范围,认为情绪的体验和表达由社会文化所决定,并且只有在特定的社会情境中才能获得。换句话说,情绪的社会建构论并不否定情绪的生理属性,而是反对"生理反应决定情绪的发生"这一观点,并支持社会约定的解释。情绪的社会刺激与生理过程的关系就像钥匙和锁——特定的社会刺激(钥匙)符合特定的生理(锁),产生特定的情绪。不同的社会约定引起了不同的生理过程,不同的生理过程引起了不同的情绪[1]。总之,在建构论看来,如果社会文化因素能决定情绪态度,而情绪态度又构成了情绪反应,那么社会文化因素也就能决定情绪感觉,即社会文化因素建构了情绪。

根据社会建构论的观点,社会功能的实现是行为的社会建构的根本原因。情绪之所以被建构,是因为它承担了维持现存社会的功能——与文化相适应的情绪起到了限制或禁止不合理的态度和行为以及支撑或肯定文化中某些价值的作用。换句话说,情绪的建构有着社会控制的作用,规范着个人在某些情境中的反应,也赋予个人某些责任。[2] 例如,应受到谴责的行为会让人生气,生气的目的是纠正不道德行为并重新确立被广泛接受的行为标准;生气具有正向的心理和社会的功能,给人们力量去与不公平现象斗争。

---

[1] Jenefer Robinson, "Emotion: Biological Fact or Social Construction?" in Robert C. Solomon ed., *Thinking about Feeling: Contemporary Philosophers on Emotions*, Oxford University Press, 2004, pp. 33-39.

[2] Jerome Neu, "Emotions and Freedom", in Robert C. Solomon ed., *Thinking about Feeling: Contemporary Philosophers on Emotions*, Oxford University Press, 2004, pp. 167-178.

情绪是对于社会构成的一种暂时角色、脚本或图式的设定。例如，生气的社会建构表现在：社会构成生气的脚本，定义生气的特征——根据现存的社会规则，生气开始于人们对故意的不道德行为的感觉，终止于道歉和赔偿的出现。社会共识是指引起生气的适当原因和适当的生气反应。这说明情绪本质上是附属于社会控制的，社会规则是传递情绪的主要原因。

情绪对社会不满意的行为进行调节和控制，促进和加强了该社会中的政治、道德、审美、宗教等方面社会约定的态度的形成。例如，恐惧具有保护社会价值的作用。恐惧反应最初是与特定的寓言联系在一起的，因为那些寓言中展现了恐惧对象的范围，例如生病、老虎等。同时，恐惧也与道德系统相关，道德规则包含了"分享、互惠和尊重"的内容。根据这一信念，违反这些规则将导致寓言中恐惧对象的迅速再现。为了避免它们再次出现，人们尽量不做违反道德规则的事情——恐惧在这里起到了维护道德系统的社会功能[①]。除了生气、恐惧外，内疚、同情、不安等也都是道德情绪。

道德情绪表现出对社会约定的遵从以及对道德规则的支持，那么一些不道德的情绪以及不适当的情绪，是如何体现情绪的社会功能呢？建构理论认为这些情绪同样也反映了与特定文化背景相适合的态度。例如，嫉妒意味着被嫉妒的对象包含了群体中人们都想

---

① Christine Tappolet, "Emotion, Motivation, and Action: The Case of Fear", in Peter Goldie ed., *The Oxford Handbook of Philosophy of Emotion*, Oxford University Press, 2009, pp.341-343.

得到的特征，某些欲望，如性格欲望（想要成为仁爱、体贴、勇敢的人）或角色欲望（想要成为教授、商人、工程师等等），是社会文化所期望的，拥有这些品质就拥有了一定的社会价值；相反，缺少这些特征，个体则会被谴责。个体渴望得到被社会所认可的价值，这吸引他们不断地去努力，如果在此过程中不断失败，那么就有可能产生破坏性的行为，引发负面情绪（如嫉妒）。

需要指出的是，情绪的功能解释要求情绪在某些程度上与主体的责任相关。也就是说，一旦获得某种情绪态度，主体就有责任在规定的背景下采用和表达它。所以，情绪能加强社会价值，反过来，社会价值也强化了主体要承担的义务，从而命令或控制个体的情绪反应[①]。例如，第一次世界大战初期，英国政府在招募士兵时通过宣传爱国精神，激励士兵在战场上不断厮杀和掠夺。士兵体验到的自豪、勇敢等情绪模糊了战争的残酷性，压倒了他们的其他欲望（直接的自我保护）和责任（家庭责任），或是压抑了其他情绪（同情），因为他们相信保家卫国是作为一个公民和一个男子汉必须承担的责任。士兵的情绪与那一历史时期的社会期望是相符的。

二、价值的内化与约定

情绪的意义是在社会文化系统中实现的，情绪在被建构的过程

---

① William G. Graziano and Renée M. Tobin, "The Cognitive and Motivational Foundations: Underlying Agreeableness", in Michael D. Robinson, Edward R. Watkins, and Eddie Harmon-Jones eds., *Handbook of Cognition and Emotion*, The Guilford Press, 2013, pp. 351-354.

中，要与文化系统中的信念和价值保持一致，这就是前文所述的情绪社会功能的体现。情绪包含了内在化的社会价值，与社会相适应的情绪同社会价值之间有一个自动的、可靠的联结[①]。符合社会认可的标准和规范的情绪，被认为是合理的情绪，因为只有与社会约定相一致的行为才会被他人所接受，才不会受到道德或法律的惩罚。这就促使人们用社会期望的方式去表达自己的情绪，或对它们进行调节和控制，使之趋于"合理"。

按照理性主义伦理学的观点，义务，即绝对命令，是道德的内在源泉；而情感主义伦理学则把道德行为的功用和愉悦，即道德给人们带来的幸福，作为道德行为的动机。前者认为，道德话语应该表现出道德问题合理判断的客观性和一致性，而情绪是一种天生的气质，具有不稳定性和分布不均的特点，它不能引起或参与这类判断。后者则认为，道德话语本质上是一种功能，其功能是表达说话者的情绪以及煽动他人的情绪。两者都认为情绪这一现象，在本体论上是先于道德判断和行为的，只不过，理性主义主张情绪不应被包括在道德判断内，而情感主义则把情绪视为道德判断的必要条件。

然而，根据建构主义的观点，道德情操（moral sentiment）例如内疚和同情等，在本体论上不是先于道德判断的，因为人们对于某些道德规则的理解是感觉到道德情绪的前提条件。在他们看来，

[①] James M. Jasper and Lynn Owens, "Social Movements and Emotions", in Jan E. Stets and Jonathan H. Turner eds., *Handbook of the Sociology of Emotions*, Springer, 2014, vol. II, pp. 530-532.

这些情绪不是原因或条件，而是其本身要依靠对于道德规则和话语的理解。换句话说，道德情绪包含道德态度，包含主体的责任，只有正确理解了社会约定和道德规则，并对某一行为是否符合道德进行评价和判断，才能产生道德情绪[①]。

可以看出，情绪建构论的最主要特征就是规定性（prescriptive）主张。情绪被看作人们在特定情境产生的一系列社会规定的反应，它使个体实现社会所期望的适合行为。规定含义已经嵌入了文化情境，情绪的特征从而在文化情境中得到解释，同时也被群体成员的反应所证实。情绪的存在反映出个体对于文化价值的遵守，这是由于个体在社会化过程中，环境、文化因素内化为个体人格特性的一部分，而后者又渗透入情绪，即个体在情境中的情绪表现与社会约定是一致的。社会约定有利于个体获得与文化相适应的情绪以及随后的情绪控制和调节[②]。

人们在社会中扮演着各自的角色，而每个角色的表现早已为社会文化所决定。比如，男性应该更有责任感、更坚强，而女性应该更温柔、更体贴，每个人的行为和情绪应该与其所扮演的社会角色相符。女性化是与温和、腼腆、安静等特征相联系的，这些性格代表了成人时期的理想女性形象；男性化是与"自我驱动、事业心和力量"相关的，自我控制与自信心是成熟男性的特征。情绪

---

① Phil Hutchinson, *Shame and Philosophy: An Investigation in the Philosophy of Emotions and Ethics*, Palgrave Macmillan, 2008, pp.47-54.

② Kathryn J. Lively and David R. Heise, "Emotions in Affect Control Theory", in Jan E. Stets, Jonathan H. Turner eds., *Handbook of the Sociology of Emotions*, Springer, 2014, vol. II, pp.59, 71.

正是暂时的社会角色的体现,这些社会角色与戏剧"情节"的隐喻联系在一起,剧中的角色是社会角色,情节是文化系统[①]。这意味着,情绪是整个文化的一部分。

那么,社会规定的依据又是什么呢?这就是社会共同接受的日常生活经验。由于情绪本身就拥有沟通与展示的社会功能,因而在不同的文化中,对于特定场合中所应表现出的情绪反应,通常具有一些约定俗成、广为公众所接受的情绪表达标准。[②]例如,参与婚礼的宾客被期待表现出欢乐与祝福,如果他悲伤哭泣,不仅不符合当下的喜庆情境,甚至会引发一些误会或联想。人们通过日常生活彼此互动而习得的这些社会性情绪经验,构成了分享相同文化的群体非语言沟通的重要基础。情绪的发生与表现一部分来自于所身处社会的期待,如某些情绪是否被允许,是否符合社交惯例,等等。西方一些国家的人们在葬礼上盛装礼服、诵诗唱歌,甚至为逝者有意义的一生而庆祝和欢笑,而不是为其死去而哭泣,他们更多的是回忆过去的好时光,并且祈祷亲人的灵魂在天堂永生。塔西提岛人很少意识到悲伤、寂寞,他们几乎没有形容悲哀的相关词汇,当发生重大哀恸的事件时,往往会用疲惫、生病和身体不舒服等相关的字眼来描述悲伤经验。而且,他们虽然有许多描述愤怒和羞愧的词语,但在愤怒时常常会用微笑掩饰,而不会公开表达

[①] Eva Illouz, Daniel Gilon, and Mattan Shachak, "Emotions and Cultural Theory", in Jan E. Stets, Jonathan H. Turnereds., *Handbook of the Sociology of Emotions*, Springer, 2014, vol. II, p.228.

[②] Patricia Greenspan, "Learning Emotions and Ethics", in Peter Goldie ed., *The Oxford Handbook of Philosophy of Emotion*, Oxford University Press, 2009, pp.541-543.

出来。当然，社会约定是历史地变化着的，情绪因此也表现出与社会历史条件的一致性。有些情绪，如"厌恶犹太人"、"鄙视黑人"，无疑受到道德的谴责，但在纳粹时期和种族歧视的社会文化背景下，它们却是"合理"的。也就是说，虽然每个人有自己本能的情绪反应，然而，该不该表达出来、如何表达出来，则受到了文化价值和规范的制约。这些规范会反映在主流文化认可的情绪意义、管理规则与表达方式中。

当然，所谓的约定并不代表情绪完全可以从社会文化中得到说明，而是表明，社会文化已然成为情绪本身的一个组成部分。虽然情绪的感受与表达通过社会标准的传递而具有一定的共通性，然而，个人过去的生活经验也会对个体的情绪经验产生具体的影响。这意味着，人们会随着自己的生活经验不断修改对情绪的感受与解释，因此，不同的成长背景和生活经历使每个人感受到自己所知觉的世界，逐渐建立起属于自己的情绪经验与感受——情绪同时是一种个人生活经验的汇整，具有个体的独特性。

三、范式转换与情绪的再建构

前文已述，情绪以社会的约定为基础，只有拥有和理解了这种约定，才能恰当地表达情绪，那么，这些社会约定又是如何得到实现的呢？

我们知道，刚出生的婴儿只会哭和笑，那些原始情感如同积木组合中的基本木块或构成混合色的基本颜色。而成年的个体却会根据社会的需要和期望，表现出与社会文化相适合的复杂情绪。这是他们依据情绪"标准"不断进行修饰、丰富或完善，并经过长时间的积累和变化的结果，从这个意义上讲，文化无疑起到了典范场景的作用。关于婴儿笑的功能和发展的研究，很好地描绘了典范场景的发展。婴儿具有与生俱来的笑的能力。在最初阶段，笑是纯粹的生物学行为，而不涉及任何有意义的沟通。三个月之后，婴儿开始知道以笑为手段获取成人的注意和关心。当然，必要的加强来自与看护者的互动所提供的反馈。再后来，看护者的表情已成为婴儿能期待做什么和感觉什么的信号和指导。婴儿将跟随看护者的目光，指望从她那里学到如何做出反应。仅从结果看，不同阶段都有笑的反应，但引起笑的情境却不相同，当蹒跚学步的幼儿似乎已经具有主体存在的感觉后，他们开始意识到同样情境的不同参与者。由于角色不同，相互之间会有不同感受。慢慢地，幼儿能理解到，一个人的行为会导致另一个人的悲伤，某种类型的事件典型地引起某种情感。他们也知道，人们可以表演或"假装"他们并未真正感到的情绪，并清楚什么样的故事会导致什么样的情感。随着情感的剧目变得越来越复杂，对种种场景的学习会不断地继续下去。

由此我们可以看出，情绪是一种获得性的反应，个体在成长过程中不断对社会规则和道德进行内化，内化的过程就是社会建构的过程。教育在此方面起到了关键的作用，它告诉人们如何识别情绪反应，如何对情绪分类并命名，以及如何在给定的典范场景下产生相应的情绪。教育的本质在于教导儿童体验到某一特定情感，学习感受正确情感，不断增强语言能力，使情绪技能变得越来越复杂，这是伦理教育的核心部分，而其中的关键在于情绪恰如其分的表达。人们通过日常生活彼此互动而习得的社会性情绪经验，构成了相同文化中非语言沟通的重要基础。印度狼孩卡玛拉是个典型的案例。卡玛拉唯一的情感交流方式是嚎叫，虽然她具有人类的遗传基因和生理结构，但从小生活在狼群中，所以无法理解人类社会的规则和文化，也就无法拥有人类的情绪。

不同年龄阶段的情绪差异，包含了特定年龄段理想的情绪范式（即某个年龄阶段哪些情绪是合理的），这些范式借助群体的常态行为得到实现和稳固。例如，吵闹、粗鲁、脾气暴躁是与自我失控联系在一起的，这些情绪常常在孩子身上体现出来。在儿童期，哭闹虽然会受到批评，但能得到宽恕，因为哭闹是符合儿童情绪特征的；而到了青年时期，"闹"则会被认为是幼稚的行为。随着个体智力的成熟及自我控制力和社会敏感度的增加，人们逐渐拥有忧郁、忧伤等情绪，这反映出，有些情绪只有年龄和智力达到一定的阶段才能体验到，诸如正直、谨慎等美德是与人生中的某些阶段（比如成年时期）相联的。总之，情绪与成熟等级相关，而社会约定影响了这些等级，个体在不同时期的情绪取决于社会中扮演的不同角色。① 这也说明，情绪是朝着社会约定的方向发展，并在其间不断进行控制、消解与转换，趋于更成熟和理性。

---

① Brandon J. Schmeichel and Michael Inzlicht, "Incidental and Integral Effects of Emotions on Self-Control", in Michael D. Robinson, Edward R. Watkins, and Eddie Harmon-Jones eds., *Handbook of Cognition and Emotion*, The Guilford Press, 2013, pp.272-286.

社会规范的约束意味着,生活在社会中的人们,不能无所顾忌地表达自己与生俱来的情绪——为了避免惩罚或受到欢迎,人们有时会掩饰自己,表现出与自己意志相反但会让社会满意的情绪。这就是情绪的适当性(appropriateness),也是情绪策略的体现,它展现了情绪的最重要的人际交往的功能。借助于对典范场景的不断学习,人们获得了情绪的表达规则(display rules),它具体地说明了特定情境应产生的情绪类型以及适合特定情绪的行为,潜在地约定了可以向什么人、在什么时候表达某种情绪。[1]这些规则会支配真实感受的情绪表达,或是减轻,或是夸大,或是隐藏,并且这些规则因文化而异。通常来说,在强调个体的文化中,情绪反映个体的主观内在世界,用来界定个人的独特性——它属于特定个人;在注重集体的文化中,情绪主要用来表达客观的事实,强调人们彼此间的基本关联性和相互依存性,情绪似乎把人们结合在一起。个体型文化更容易接受骄傲情绪的表达,集体型文化中人们的感觉良好大多伴随着人际投入。例如,日本人比美国人更会以微笑来掩饰负面的表情。日本人善于克制自己,尤其不在陌生场合中表现愤怒,更多地表现出社会融合性情绪,例如羞愧、怜悯、平静等,而美国人的情绪表达则直截了当,表现出更多的非社会融合情绪,例如自豪、恼怒、激动等,而且他们以自己的直率为荣。

但是,相同的文化或社会规范中,为什么有些人的情绪表达

---

[1] Ronald de Sousa:《情感的理趣》,马竞松译,台湾五南图书出版股份有限公司2006年版,第209—213页。

方式容易被接受，而有些人却存在一定的困难呢？这就涉及情绪管理和情绪调节。情绪调节是通过一定的策略和机制，使情绪在生理活动、主观体验、表情行为等方面发生一定变化从而处于适度水平的过程，其中既包括削弱、去除或掩盖正在进行的情绪，也包括激活或伪装需要的情绪，即既包括抑制也包括维持和增强的过程。情绪管理是一种改善情绪与行为联结，通过控制自我情绪产生亲社会行为的能力。虽然个体在成长过程中，获得了很多情绪规则，但是如何运用这些规则、以及情绪与情绪规则能否建立正确的联结，还要依赖认知进行协调。认知这一中介对情绪规则进行加工，而每个人加工的方式是不同的，所以情绪规则内化为认知图式的途径也不相同。① 这可以用来解释那些非正常的或不符合社会约定的情绪，例如，某人对于空旷的场所感到害怕，认为这些情境会对他造成威胁。他在错误的信念和情绪之间形成了联结，这个联结并非先天形成的，而是在成长的过程中，生活中的某些情境或事件对他的信念产生了特定的影响。按照弗洛伊德的解释，童年经验对个体将来的生活有很大影响，一些创伤事件会造成个体一生的心理阴影，如果不能把创伤事件正确纳入认知图式中，那么个体就会产生情绪扭曲。

总之，情绪不仅是约定性的反应，而且是获得性的反应，是一个缓慢、渐进、积累的过程，在这个过程中，规则不断地产生、重

---

① Aaron Ben-Ze'ev, "The Logic of Emotions", in Anthony Hatzimoysis ed., *Philosophy and the Emotions*, Cambridge University Press, 2003, pp.148-149.

构或被禁止,规则的变化引起了情绪的变化。就表达的层次而言,情绪区分为一个较符合社会期待、具有社会展示意味的社交情绪以及另一个符合内在真实感受的隐秘情绪。社会约定在不断地传承、转换和变迁,而在不同的时空环境中,人们知觉到情绪的某个层面或不同部分,进而产生各自的感受与反应,这也正是情绪之所以让人捉摸不定、难以掌控的原因。